21世纪本科金融学名家经典教科书系

教育部经济类专业主干课程推荐教材

保险营销学

（第四版）

Insurance Marketing

郭颂平　赵春梅　编著

中国金融出版社

责任编辑：王　君　李葛禹
责任校对：刘　明
责任印制：张也男

图书在版编目（CIP）数据

保险营销学/郭颂平，赵春梅编著 . —4 版 . —北京：中国金融出版社，2018.8
（21 世纪本科金融学名家经典教科书系）
ISBN 978 - 7 - 5049 - 9189 - 8

Ⅰ.①保…　Ⅱ.①郭…②赵…　Ⅲ.①保险业—市场营销学—高等学校—教材
Ⅳ.①F840.41

中国版本图书馆 CIP 数据核字（2017）第 225769 号

保险营销学（第四版）
BAOXIAN YINGXIAOXUE（DI-SI BAN）
出版
发行　**中国金融出版社**

社址　北京市丰台区益泽路 2 号
市场开发部　（010）66024766，63805472，63439533（传真）
网 上 书 店　www. cfph. cn
　　　　　　　（010）66024766，63372837（传真）
读者服务部　（010）66070833，62568380
邮编　100071
经销　新华书店
印刷　保利达印务有限公司
尺寸　185 毫米×260 毫米
印张　18.5
字数　416 千
版次　2001 年第 1 版　2007 年第 2 版　2012 年第 3 版　2018 年 8 月第 4 版
印次　2021 年 12 月第 2 次印刷
定价　42.00 元
ISBN 978 - 7 - 5049 - 9189 - 8
如出现印装错误本社负责调换　联系电话（010）63263947
编辑部邮箱：jiaocaiyibu@126.com

21 世纪高等学校金融学系列教材
编审委员会

第四版前言

《保险营销学》第三版是 21 世纪高等院校保险类教材，并经教育部专家评审作为保险专业的推荐教材之一。现应广大读者要求，将第三版进行修订，重新出版。

本书从 2012 年 8 月出版至今已有五年了。这五年来，我国的保险法再次进行了修订，保险的社会管理功能也日益得到认可和加强，保险营销的理论与实践随着保险公司业务的发展发挥着越来越大的作用。为此我们对本书进行了修订，以期使它更加适合保险专业教学与保险培训的需要。本书与第三版相比，主要的修订内容是根据《保险法》的修订做了相应的修改，同时对近年我国保险业的发展情况补充了一些新的数据，并将一些新型的保险营销方式做了适当的介绍。此外，本书在结构上也做了一些调整；一是将第三版的第十五章内容与第十二章内容进行了整合，使本书的章节有所减少，内容更加精练；二是增加了学习目标、知识结构图、本章小结等，方便教师教学和学生学习。

本书第四版仍由广东金融学院郭颂平教授和南开大学赵春梅副教授负责修订，广东金融学院张庆娜老师为本书修订做了大量的工作，在此表示感谢。中国金融出版社的王效端老师长期以来支持作者，并为本书的修订与出版付出了辛勤的劳动，我们在此深表谢意。

应该说明的是，虽然对本书再次进行修订，但近年来我国保险实践发展日新月异，理论研究总是略显落后。同时，由于本身水平有限，错误在所难免，恳请广大读者提出批评意见。

编者
2018 年 5 月于龙洞

第三版前言

《保险营销学》是 21 世纪高等学校保险学系列教材，2001 年，经教育部专家评审，确定为"教育部经济类专业主干课程推荐教材"之一。现应广大读者要求，对第二版进行修订，重新出版。

本教材第二版自 2007 年 8 月出版至今已有五年了。这五年来，我国对《中华人民共和国保险法》再次进行了修订，保险的社会管理功能也日益得到认可和加强，保险营销的理论与实践随着保险公司业务的发展发挥着越来越大的作用。修订后的《保险营销学》（第三版）将更加适合保险专业教学与保险培训的需要。第三版与第二版相比，主要是根据《中华人民共和国保险法》的修订作了相应的修改，同时对近年我国保险业的发展情况补充了一些新的数据，并对一些新型的保险营销方式作了适当介绍。

本教材第三版仍由广东金融学院郭颂平教授和南开大学赵春梅副教授负责修订，广东金融学院张庆娜老师为本教材修订做了大量的工作，在此表示感谢。中国金融出版社的彭元勋主任、王效端主任长期以来支持作者，并为本教材的修订与出版付出了辛勤的劳动，我们在此深表谢意。

应该说明的是，虽然我们对本教材再次进行修订，但近年来我国保险实践发展日新月异，理论研究总是略显落后。同时，由于我们本身水平有限，错误在所难免，恳请广大读者提出批评意见。

编者
2012 年 4 月于龙洞

目 录 Contents

Master Series

21st

Century

第一篇

基础篇

第一章
保险营销与营销理念

学习目标

    保险营销学是一门专门研究保险企业的营销活动过程及其规律性的新兴学科。通过本章的学习，要求首先掌握保险营销及其核心概念，了解保险营销的特点；其次要了解保险营销理念的演变及发展历程，特别要了解保险的现代营销理念。

知识结构图

第一节　保险营销概述

一、保险营销的定义

    保险营销是以保险这一特殊商品为客体，以消费者对这一特殊商品的需求为导向，以满足消费者转嫁风险的需求为中心，运用整体营销或协同营销手段，将保险商品转移给消费者，以实现保险公司长远经营目标的一系列活动。具体而言，保险营销是关于保险商品的构思、开发、设计、费率厘定、分销、促销及售后服务等进行计划与实施，以满足消费者保险需求，实现保险公司利润目标的交换过程。

由保险营销的定义，我们可以得出如下结论。

1. 保险营销是一种交换过程，是买卖双方即保险人与投保人为实现各自的目标而进行的交换过程。

2. 保险营销是由包括保险推销在内的一系列具体营销活动构成的一个整体管理过程，而非仅仅指保险推销。

3. 保险营销的起点是发掘消费者的保险需求，终点是满足消费者的保险需求，因而是一个循环往复的过程。

4. 保险营销的目的是通过满足消费者的保险需求来创造利润，而非通过扩大消费者的保险需求来创造利润。

二、保险营销的核心概念

（一）保险需求

保险需求是不同于保险需要和保险欲望的一个经济学意义的概念。

保险需要是人们感到一些风险威胁到其财产与生命安全又无法通过其他途径获得基本满足的一种状态。它存在于人本身的生理需要和自身状态之中，是一种客观现象，不是任何人能够凭空创造出来的，正如对死亡风险的保障需要一样，它不是因为有了寿险营销员以后才有的，而是先于寿险营销人员而存在的，因而，寿险营销员不能创造这种需要。

保险欲望是指人们希望通过保险这一有效的财务安排达到其转嫁风险的需要的满足。人们的保险需要并不大，只要获得基本满足即可，但人们的保险欲望却很多，如对生存风险，人们除了保险保障能满足其基本的生存需要之外，还希望能提供享受、发展的需要，而且，不同的时期度量的标准也不同。这就使得在对某些特定风险的转嫁上，人们表现出一种程度、层次上的递进，即不同的保险欲望。

保险需求则是指对某些特定保险产品而言，人们有缴费能力且也有投保意愿。即在一定时期消费者愿意并且能够购买的保险商品量。所以，当有足够的缴费能力时，保险欲望就变成了保险需求。因此，从营销的角度出发，保险公司不仅要预测消费者的保险需要，更重要的是要掌握消费者的保险需求，即到底有多少人愿意并且也能够购买保险。

适当的保险营销手段，并不能创造消费者的保险需要，却可以影响他们的保险欲望，进而影响其保险需求。

（二）保险商品

消费者通过购买保险商品来满足其转嫁风险的需要和欲望。对于保险商品这样一种特殊形态而言，其重要性并不在于投保人或被保险人拥有了保险单本身而在于这"一纸承诺"，在于当保险事故发生时这张保单能为被保险人或其受益人提供哪些以及什么程度的保障，正如人们购买小汽车不是为了观赏，而是因为它能够提供交通服务一样。因此，一张保单仅仅是保险保障的有形载体、一个外壳，营销人员大可不必描述保单本身，而是要让投保人明白在保险事故发生时这张保单究竟能为他做些什么，即强调被保险人需求的满足，否则，就会患上"营销近视症"。

（三）交换

以保险这一特殊商品满足人们转嫁风险的需要和欲望，唯一的途径就是交换，只有交换，才会产生保险营销，因而交换是先于保险营销的前提性概念。

交换应该是一种互利的交换，亦即交换后的双方比交换前获得了更有利的满足，投保人以交付一定金额的保险费为代价，换取了保险人对其所面临的风险的保险保障。为促使交换的成功，营销人员必须清楚为准客户提供的保险商品的功能，而投保人希望得到什么。

三、保险营销的特点

（一）保险营销是保险企业的一种经营理念

保险营销是保险企业的一种经营指导思想，一种经营管理的哲学，一种导向，一种理念。具体就是如何摆正保险企业、消费者和社会三者之间的利益关系的问题。

（二）保险营销不等于保险推销

保险推销是指保险商品的售卖，或保险单的售卖，仅属于保险营销的一个阶段，这一阶段的任务就是千方百计地把保单卖出去。

保险营销与保险推销的比较如表1-1所示。

表1-1　　　　　　　　　　保险营销与保险推销的比较

	出发点	中心	手段	目的
保险推销	保险公司	产品	推销和促销	通过扩大消费者需求来创造利润
保险营销	目标市场	顾客需求	协调营销	通过满足消费者需求来创造利润

（三）保险营销特别注重推销

由于保险商品及其消费的特殊性，在保险业中流行着一句老话，这就是"保险必须靠推销"。因而，加强保险推销的管理，就成为保险营销特殊性的要求。

1. 保险商品的无形性。保险企业经营的是看不见摸不着的风险，"生产"出来的商品仅仅是对保险消费者的一纸承诺，而且这种承诺的履行只能在约定的事件发生或约定的期限届满时，不像一般商品或服务可以立即实质性地感受其价值和使用价值（即保险单的收益与效果），而需要较感观更高层次的思维去体验这样一种既抽象又过于复杂的商品，这就需要通过推销人员的推销技巧去唤起人们的需求欲望，引起人们的投保兴趣，并促成人们实质性地购买。

2. 保险商品的非渴求性。非渴求商品是指消费者一般不会想到要去主动购买的商品。保险商品属于典型的非渴求商品，因为通常很少有人主动买保险，除非法律有强制性规定。

3. 保险需求的滞后性。几乎没有人想到明天就死，除非他已患有不治之症；也没有人想到明天会遭火灾，除非其蓄谋纵火；而退休对大多数人而言也很遥远。然而当一个人身患绝症需要巨额医疗费而无着落时；当一家之主惨遭不幸，家庭经济陷入危机时；当惨遭火灾居无住所时，才意识到应事先准备，应"防患于未然"。因此，人们总是在风险事件发生之后才知保险的必要，而在此之前总是存有侥幸心理，但是，对一个濒临死亡、退休或残废的人而言，已无挽回余地。在保险的消费上，亡羊之后再补牢，为时太晚矣！所以，保险的这种需要严重滞后于消费使保险推销显得尤为重要。

4. 保险消费的隐形性。购买保险难以满足人们普遍的一种消费心理，即图虚荣、炫耀身份和地位的消费心理。

（四）保险营销更适于非价格竞争

这一特点在我国表现得更为突出，因为在我国主要险种的基本条款和费率是由保监会统一制定的，所以，价格竞争在保险营销中并不占有重要的地位，而非价格竞争更适于保险营销活动。这主要是因为保险营销的服务性和专业性。

1. 保险营销的服务性。保险营销是一种特殊的服务性活动，这种服务性活动不仅表现为在投保人投保之前保险营销人员应根据其保险需求，帮助设计保险方案，选择适当的保险险种，而且还表现为在保户投保之后，保险营销人员应根据保户保险需求的变化和新险种的出现，帮助保户调整保险方案，确保保户的财务稳定，或在保险事故发生时，迅速合理地进行赔付。服务的优劣是关系到保险营销成败的重要因素。

2. 保险营销的专业性。保险营销需要高素质的专业营销人员。他们不仅要具备保险专业知识，还应懂得相关的其他知识，如经济、法律、医学、社会学、心理学等，因为对一个被保险人而言，购买保险并不纯粹只是一种消费行为，更重要的是一项风险管理计划、一项投资计划、一项财务保障计划。因而保险营销人员需要运用其丰富的知识，根据保险商品的市场行情，同时结合不同客户的心理特征，帮助其认识自身面临的风险，为其设计合理的财务保障方案。

（五）保险营销的挑战性

保险营销是对保险营销人员全方位的锻炼，极富挑战性。劝说人们购买保险本身就是一种艺术，特别是当客户把保险赔付视为遥不可及时，保险营销人员既是一个保险宣传工作者，又是一个保险顾问，如何发挥好这双重作用，对保险营销的成败极具挑战性。因此，保险营销工作给保险营销人员提供了广阔的发展空间。

拓展阅读 1 −1

保险营销被误解为传销的原因 ▪▪▪▪▪▪▪▪▪▪▪▪▪▪▪▪▪▪▪▪▪▪▪▪▪▪▪▪▪▪▪▪▪▪▪▪▪▪▪

保险营销与传销活动存在根本的不同，但是在日常生活中，保险营销员常被当作非法传销人员而被拒之千里之外，其原因主要在于以下几个方面。

1. 社会群众方面。对保险有较为全面了解的社会群众毕竟是少数。在非法传销活动产生的不良影响下，部分社会群众，特别是受到传销迫害尚未走出阴影的消费者，面对走街串巷、登门造访的保险营销员，会本能地产生一种抵触情绪。保险知识的匮乏使部分消费者不能清楚地区分保险营销与非法传销活动，进而造成误解。

2. 保险营销员方面。保险代理人方面的问题已经成为影响保险行业形象，甚至阻碍保险业健康发展的不可忽视的因素。部分保险营销员个人素质不高，不遵守职业道德，不按照执业规范展业，甚至采用非法传销活动常用的杀熟、欺诈、胁迫、纠缠的手段进行销售，严重影响了行业形象，造成了社会群众对保险的误解。

3. 保险公司营销管理方面。一些保险公司采取粗放的经营模式，一味追求业务量，为了占据保险市场，盲目扩大保险代理人队伍，不注意保险营销员的管理与培训，甚至通过各种方式让不具有代理人资格的营销员参与保险营销。不当的增员模式可能使社会群众误解为"老鼠会"的扩张，销售误导也会使消费者产生上当受骗的感觉。

在营销培训方面，为了鼓舞保险营销员的士气，一些保险培训机构用尽各种方法，一些方法途径可能已经脱离实际情况，在不当的夸张、愿景设定中，某些偏激的激励方法已经不再单纯是一种营销鼓励，甚至有洗脑的成分。

在内部控制方面，正是因为公司合规管理的疏忽，才会出现某些机构从事传销活动的情形，损害广大消费者利益的同时影响自身形象。

4. 行业监管方面。监管不严，导致中介机构以保险营销名义从事非法传销活动，产生了广泛且严重的负面影响。

❶ 资料来源：节选自王皓：《保险营销与传销的辨析和思考》，载《上海保险》，2010 年第 8 期。

第二节　保险公司的营销理念

保险公司的营销理念是指保险公司经营管理的指导思想。现代市场营销学称这种经营管理思想为"营销管理哲学"，它是保险公司经营管理活动的一种导向，一种观念。经营管理思想正确与否对保险公司经营的兴衰成败，具有决定性的意义。

保险公司的营销理念，在不同的经济发展阶段，不同的市场形势下，表现出不同的时代特点。

一、保险公司营销理念的发展

（一）生产理念

生产理念又称生产导向，流行于 20 世纪 20 年代前，是一般工商企业的经营思想的沿用。这是一种指导保险公司行为的传统的、古老的理念之一。生产理念认为，消费者可以接收任何买得到和买得起的保险险种，因而保险公司的任务就是努力提高效率，降低成本，提供更多的保险险种。当一个国家或地区保险市场主体单一，许多险种的供应还不能充分满足消费者需要，基本上是"卖方市场"时这种理念较为流行。因而，生产理念产生和适用的条件是：（1）保险市场上需求超过供给，保险人之间竞争较弱甚至于毫无竞争，消费者投保选择余地很小；（2）保险险种费率太高，只有科学准确地厘定费率并提高效率，降低成本，从而降低保险商品的价格才能扩大销路。

但是，随着保险市场格局的变化，当独家垄断保险市场的局面被多家竞争的市场格局取而代之后，这种理念的适用范围愈来愈小。

（二）产品理念

产品理念是一种与生产观念相类似的经营思想，曾流行于 20 世纪 30 年代前。这种理念认为，消费者最乐意接受高质量的险种，保险公司的任务就是多开发设计一些高质量有特色的险种。"只要险种好，不怕没人保；只要有特色险种，自然会顾客盈门。""酒好不怕巷子深。"在商品经济不太发达的时代，在保险市场竞争不甚激烈的形势下，也许还有一定的道理。但是，在现代商品经济社会中，在多元化的保险市场中，保险人之间竞争激烈，没有一个保险公司更没有一个险种能永远保持独占地位，即使再好的险种，没有适当的营销，通向市场的道路也不会是平坦的。

产品理念会导致"营销近视症"，即公司把注意力放在险种本身，而不是放在消费者的真正需要上。实际上，由于保险商品及其营销环境的特殊性，推销一个险种，比"生产"它要复杂得多。

（三）推销理念

推销理念又称推销导向，是生产理念的发展和延伸。这一理念流行于 20 世纪 30 年代至 40 年代末。保险商品大多属于"非渴求商品"，即消费者一般不会想到要购买的商品。推销观念是假设保险公司若不大力刺激消费者的兴趣，消费者就不会向该公司投保，或者投保的人很少。因此，很多公司纷纷建立专门的推销机构，大力施展推销技术，甚至不惜采用不正当的竞争手段。

从生产理念转变为推销理念可以说是保险公司经营指导思想上的一大进步，但它基本上仍然没有脱离"以生产为中心，以产定销"的范畴。因为它只是着眼于现有险种的推销，只顾千方百计地把险种推销出去，至于售出后消费者是否满意，以及如何满足消费者的需求，达到消费者的完全满意，则没有给予足够的重视，因此，在保险业进一步高度发展，保险险种更加丰富的条件下，这种观念就不能适应了。

（四）营销理念

营销理念产生于 20 世纪 50 年代初，是商品经济发展史上的一种全新的经营哲学，是作为对上述诸理念的挑战而出现的一种企业经营哲学。它以消费者的需求和欲望为导向，以整体营销为手段，来取得消费者的满意，实现公司的长远利益。营销理念有许多精辟的表述：发现需求并设法满足它们、制造能够销售出去的东西，而不是推销你能够制造的东西。

营销理念是保险公司经营思想上的一次根本性的变革。传统的经营思想以卖方的需求为中心，着眼于把已经"生产"出来的险种推销出去，而营销观念则以消费者的需求为中心，并且，更注重售后服务，力求比竞争对手更有效、更充分地满足消费者的一切需求，并由此实现公司的长远利益。按照这种理念，市场不是处于生产过程的终点，而是起点；不是供给决定需求，而是需求引起供给。哪里有需求，哪里就有市场，有了需求和市场，然后才有生产和供给。

营销理念的形成和在实践中的应用，对保险公司的经营活动有重大意义，已愈来愈受到许多公司的重视。

（五）社会营销理念

社会营销理念的基本要求是，保险公司在提供保险产品和服务时不但要满足消费者的需求和欲望，符合本公司的利益，还要符合消费者和社会发展的长远利益。对于有害于社会或有害于消费者的需求，不仅不应该满足，还应该抵制性反营销。由此可见，社会营销理念是一种消费者、公司与社会三位一体的营销理念，是保险公司营销理念发展的一个最高、最完善的阶段。

二、保险公司的现代营销理念

所谓现代营销理念，按照美国营销专家菲力普·科特勒的解释，就是以整体营销活动为手段，来创造使消费者满意并达到企业目标的消费者导向型的企业经营哲学。这一概念包含三个关键的要素：消费者导向、整体营销和保户满意。

（一）消费者导向

消费者导向就是把消费者的保险需求作为保险营销活动的起点，具体有以下五个方面。

1. 识别、确认消费者保险需求的真正含义。即从表面上看，投保人购买的是一个个具体的保险产品，如中国人寿的"康宁"、太平洋寿险的"万能"，两家寿险公司"生产"与销售的也是实质的保险产品，但是，投保人从其投保行为中真正期望得到的并非仅仅是产品本身，而是欲望的满足，问题的解决，即对转嫁重大疾病、死亡、伤残等风险的欲望的满足，对投资回报的期望。

2. 对保险市场进行细分，选择保险目标市场。在确定了消费者真正的保险需求以后，保险公司还应该认识到，不同的消费者对保险的需求是多种多样的，单一的产品很难满足所有消费者的同类需求。因此应依据一定的标准，对保险市场进行细分，从中选择适合本公司、产品、价格、促销及分销渠道的一个或数个细分市场作为为之服务的目标市场，并实行市场定位。

3. 实行差异化营销。在市场细分的基础上，保险公司应当针对不同的目标市场提出不同的产品设计、服务特色、促销手段以及分销渠道，形成差异化的营销策略及行动方案，以求各个击破。

4. 进行消费者行为研究。了解与掌握消费者的保险消费行为特征及其规律，采取最佳营销手段，以使营销努力有的放矢。为此，需要进行营销调研，收集、分析并报告各种营销信息。

5. 采取具有实际价值的策略与行动。为了争取更多的保户并充分满足他们的保险消费需求，保险公司应随时寻找真正有价值的行动并投入相应的资源。长此以往，既能使保户忠诚于公司，从而大获其利，也能满足消费者的真正需求。

需要指出的是，消费者导向不仅仅局限在满足已有的需求上，还要通过一定的营销手段，将需求从潜在状态中刺激出来。因此，保险公司在满足需求的同时，还必须引导需求，刺激和创造需求。

拓展阅读 1-2

以客户为中心， 提升客户体验

——平安寿险消费者导向营销活动特色的三点经验

第一，精细化研究客户。公司通过多渠道、多产品，与客户高频度接触，充分了解客户的需求，形成360度的购买服务。具体做法是：从年龄、收入和行为等多维度细分客户群，智能生成产品、服务和渠道，满足客户差异化需求。为此，公司建立了一个开放的客户需求平台，从这个平台上就能够判断某些客户在满足某些条件的时候，会对某一个产品感兴趣或者有意愿去购买。与此同时，平台一旦发现此客户购买条件没有成熟，也会自动形成一个销售线索，派发给销售人员，让销售人员跟进，促使客户顺利转化，两年内客户的转化率达到48%。另外，在进行产品促销活动时，可以利用后台的客户分析能力，更精准地挑选一些客户，从而提升促销活动的精准度。

第二，为客户量身定制服务。公司从客户需求出发，利用计算机及网络技术，将客户的家庭保障、健康状况、人身保险等元素注入产品体系建设中，开发设计碎片化、产品化、可组合、可定制的个性化保险产品。同时，利用智能化的销售渠道，线上线下双管齐下。线下渠道为传统渠道销售人员提供更专业、更智能化的销售支持平台，使其了解客户的需求，让客户感受到销售人员的专业性并获得安心的体验；线上渠道则利用互联网、移动技术及大数据分析，围绕客户具体情况，精准识别并满足客户需求。

第三，提升客户体验。在人性化服务的提供方面，公司一方面不断加快新技术应用，提升服务方式和服务覆盖范围，同时还进一步强化用户体验设计，提升客户的参与度，简化服务流程；另一方面将客户的健康管理、养老服务、子女教育以及财富管理等，纳入服务内容之中，以为客户提供更精准、更具互动性的延伸服务。2014年利用新科技及丰富的服务内容，平安寿险客户接触频次平均一年下来达到了六次、八次，而且客户的满意度明显提升。

🡒 资料来源：总结改编自中国平安保险（集团）股份有限公司副总经理李源祥在2015年中国保险行业峰会上的演讲。

（二）整体营销

所谓整体营销包括两方面含义。

1. 各职能部门配合一致。保险公司内部精算、核保、客户服务、理赔、投资、会计、法律、人力资源等职能部门应配合营销部门争取客户。这是一种协同营销。

2. 营销组合要素配合一致。即发挥产品、定价、分销、促销四大组合要素的整体效应、配合一致，与消费者建立有力的交易联系；同时还要注意保险公司所有的营销努力必须在时间与空间上协调一致。

（三）保户满意

整体营销活动力求达到"保户满意"。满意的消费者会成为忠诚的保户，成为本公司最好的广告。为达到保户的满意应遵循以下原则。

1. 让消费者买而非保险人卖。创造"保户满意"应是帮助消费者解决转嫁风险的问题，形成购买保险而非推销保险的局面。保险营销应是一种顾问式营销，是为消费者设计一个切实可行的风险管理的方案。

2. "双利"行为。保险营销应是通过满足消费者的需求而使保险公司获得利润。

3. 进行市场研究。保户的满意绝不能主观臆测，而要进行市场研究，只有那些惠顾型客户才能给公司带来长期利润。

4. 社会利益与公司利益的统一。保险公司的利益不但应建立在直接保户的即时满足，也应建立于社会大众的长期利益之上。

本章小结

1. 保险营销是以保险这一特殊商品为客体，以消费者对这一特殊商品的需求为导向，以满足消费者转嫁风险的需求为中心，运用整体营销或协同营销手段，将保险商品转移给消费者，以实现保险公司长远经营目标的一系列活动。保险营销不同于保险推销但又非常注重保险推销。保险需求、保险商品、交换是保险营销的核心概念。

2. 保险营销是保险企业的一种经营指导思想，一种经营管理哲学，一种导向，一种理念。保险公司的营销理念，经历从生产理念、产品理念、推销理念、营销理念到社会营销理念的一个发展历程，这些理念在不同的经济发展阶段，不同的市场形势下，表现出了不同的时代特点。消费者导向、整体营销和保户满意三个关键的要素则是保险公司的现代营销理念。

主要概念

保险营销　保险推销　保险营销理念

思考与练习

1. 如何理解保险营销的定义？
2. 正确理解保险营销的几个核心概念。
3. 保险营销有何特点？
4. "营销的目标是使推销成为多余"，而"保险必须靠推销"，对此如何理解？
5. 简述保险公司营销理念的发展阶段及其各阶段的主要特征。
6. 简述保险公司的现代营销理念。

第二章
保险营销市场

学习目标

通过本章的学习，要求首先了解经济学意义上的保险市场及其构成要素，进而掌握保险营销市场的含义及其构成要素，掌握保险营销市场的不同类别；其次要了解保险营销市场的营销主体、客体和对象；最后要掌握保险营销市场需求的基本形态。

知识结构图

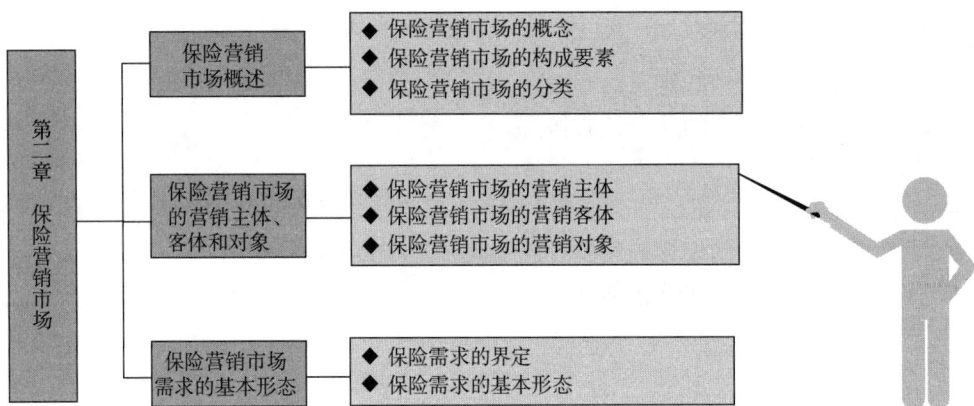

第一节　保险营销市场概述

一、保险营销市场的概念

（一）保险市场

1. 保险市场的定义。保险市场是保险商品交换关系的总和或是保险商品供给与需求关系的总和。它既可以指固定的交易场所如保险交易所，也可以是所有实现保险商品让渡的交换关系的总和。在保险市场上，交易的对象是保险人为消费者所面临的风险提供的各种保险经济保障。

较早的保险市场出现在英国的保险中心——伦巴第街。后来随着"劳合社"海上保险市场的形成，参与保险市场交易活动的两大主体供给方与需求方渐趋明朗，但这种交换关系仍较简单。以后，随着保险业的不断发展，承保技术日趋复杂化，承保竞争日趋尖锐化，保险商品推销日趋区域化与全球化，仅由买卖双方直接参与的交换关系已经远远不能适应市场需要了，这时保险市场的中介力量应运而生，使得保险交换关系更加复杂，同时也使保险市场趋于成熟，尤其当今时代，信息产业的高速发展，通过信息网络，足不出户就可以完成保险的交易活动。

2. 保险市场的构成要素。保险市场构成必须具备如下要素：首先是为保险交易活动提供各类保险商品的卖方或供给方；其次是实现交易活动的各类保险商品的买方或需求方；最后就是具体的交易对象即各类保险商品即保险保障。起初的保险市场只要具备这三个要素，保险交易活动就可以完成，以后随着保险业的不断发展，一次保险交易活动的完成，除了保险供给方与需求方必须参加外，为了促成保险交易，往往还须有保险中介方的介入，因而，保险中介方也渐渐成为构成保险市场不可或缺的因素之一。

（1）保险商品的供给方。保险商品的供给方是指在保险市场上，提供各类保险商品，承担、分散和转移他人风险的各类保险人。他们以各类保险组织形式出现在保险市场上，如国有保险人、私营保险人、合营保险人、合作保险人、个人保险人。通常他们必须经过国家有关部门审查认可并获准专门经营保险业务。

（2）保险商品的需求方。保险商品的需求方是指保险市场上所有现实的和潜在的保险商品的购买者，即各类投保人。他们有各自独特的保险保障需求，也有各自特有的消费行为。根据保险消费者不同的需求特征，可以把保险商品需求方划分为个人投保人、团体投保人，农村的投保人、城市投保人等。根据保险需求的层次还可以把保险商品需求方划分为当前的投保人与未来的投保人等。

（3）保险市场中介方。保险市场中介方既包括活动于保险人与投保人之间，充当保险供需双方的媒介，把保险人和投保人联系起来并建立保险合同关系的人也包括独立于保险人与投保人之外，以第三者身份处理保险合同当事人委托办理的有关保险业务的公证、鉴定、理算、精算等事项的人。具体有保险代理人（或公司）、保险经纪人（或公司）、保险公估人（行）等。

（二）保险营销市场

保险市场的定义是从经济学的角度理解和使用保险市场的概念的，它研究保险市场的起源、发展、功能，保险市场的供求关系及其变化规律，保险市场机制的作用等。这是一般意义上的保险市场。

保险营销学是一门为保险公司竞争服务的综合性应用科学，主要研究保险公司的营销活动。即它是站在保险公司的角度，作为保险商品的供应方，研究保险企业如何适应消费者的保险需求，如何组织整体营销活动，如何拓展销路，从而将适当的保险商品以适当的费率、适当的分销渠道、适当的营销手段转移到有保险需求的消费者手中，并使消费者满意，以实现保险公司的经营目标。因此，保险营销当然离不开保险市场，但非经济学意义上的保险市场，为了加以区别，我们称之为"保险营销市场"。

保险营销市场是站在保险企业角度理解的"市场"，是由那些具有转嫁特定风险的意愿，而且愿意并能够通过交换来满足这种意愿的全部消费主体所组成。因此，保险营销市场就是在一定时间、一定地点的条件下，对保险商品具有购买意愿和购买力的消费主体集合。因此，保险营销市场就是专指一般保险市场的买方，而不包括卖方；专指保险需求，而不包括保险供给。因为同行的保险供给者、其他的保险商品卖方都是"竞争对手"，保险行业是由保险卖方组成的，保险营销市场是由保险买方组成的。因此，保险营销市场等同于"保险需求"。

二、保险营销市场的构成要素

既然保险营销市场就是保险需求，那么，保险营销市场就不能仅仅看到保险商品的现实购买者。通过有效的促销活动，潜在购买者可以转化为现实购买者，因而，保险商品潜在购买者也是保险营销市场。所以，保险营销市场是由有保险需求的消费者即保险消费主体、为满足保险需求的购买力即缴费能力和购买意愿即投保意愿三个主要因素构成的，其关系可以用公式简单表示为：

保险营销市场＝保险消费主体×缴费能力×投保意愿

（一）保险消费主体

1. 个体投保人。个体投保人包括个人投保人和家庭投保人。一个国家或地区消费者人口的总量决定着潜在保险营销市场的大小；而家庭户数的多少和家庭平均人口的多少直接影响着对保险商品的需求结构和方向；不同年龄、不同性别、不同职业、不同收入水平、不同教育水平、不同宗教信仰都会影响个体投保人的投保行为。

2. 团体投保人。团体投保人是指购买保险产品的各类企业单位、机关单位、事业单位或其他团体。它是与个体投保人不同的又一个保险消费主体，其规模、类型、构成及活动方式都会制约和影响团体购买保险商品的结构和水平，影响其投保行为。因而，是保险公司开展保险营销活动的不可忽略的一个重要领域。

（二）投保能力（缴费能力）

人们的保险消费需求是通过利用手中的货币购买保险商品来实现的。投保能力就是消费主体支付货币购买保险商品的能力，包括个体投保人的投保能力和团体投保人的投保能力。

1. 个体投保人的投保能力。个体投保人的投保能力是由个人的收入水平决定的，可以从下两个主要指标中得到反映。

（1）人均国民收入。人均国民收入的多少标志着一个国家或地区人民生活水平和购买力水平，也影响着人们的消费结构。一般地说，在人均收入水平较低时，人们的收入主要用于购买基本的生活必需品，以维持自己的生存为主。基本生活必需品的需求是有限的，因此随着人均收入水平的提高，人们的消费需求在满足基本生活需要的基础上，会逐渐向满足发展享受的方面转变。也就是说，在人们的收入提高以后，恩格尔系数会减小，说明消费结构发生了变化，在人们的消费支出中将有一部分用于购买针对个人和家庭风险的保险产品，显然，在人们还处于食不果腹、衣不遮体时，根本不可能奢望保险。

（2）个人收入。个人的收入水平，对个体投保人的保险消费总量和构成有着很大的影响。消费者的收入可分为总收入、可供支配的收入和可供任意支配的收入三个层次。总收入是指消费者每月所得的货币收入总额，包括工资和工资以外的其他收入。从总收入中扣除个人直接负担的支出部分（如税款），余下的就是可供支配的收入。在可供支配的收入中，有些是必须按期支付的，如房租、水电费，买粮食、煤炭、食用油、食盐、服装等的费用及到期应付的其他款项等。可供支配的收入中扣除这一部分，余下的就为可任意支配的收入。它可以用于不同的消费支出。对于保险公司来说，研究的重点是个人可任意支配的收入，因为它是影响个体投保人保险需求的最重要的因素。

2. 团体投保人的投保能力。团体投保人的投保能力是指包括各类企业单位、机关单位、事业单位或其他团体的保费缴付能力。其投保能力的大小取决于各类团体的收入或其他资金来源的状况，如工商企业的经营收入、政府的财政收入、公益事业得到的政府拨款或社会捐资等。

（三）投保意愿

投保意愿是指保险消费主体购买保险商品的动机、愿望或要求，是保险消费主体把潜在投保能力变为现实投保能力的重要条件，因而也是构成保险营销市场的基本要素。

保险营销市场的这三个要素是相互制约、缺一不可的。保险消费主体因素是前提，没有保险消费主体就没有保险营销市场。人口的多少和各类团体的总体规模是决定保险营销市场大小的基本条件。当然，还要看保险消费主体的收入状况。人口众多但收入很低，缴费能力有限，不能成为容量很大的保险营销市场；反之，缴费能力虽然很高，但投保的人很少，也不能成为很大的保险营销市场。只有投保的人多，缴费能力又高，才能成为一个有潜力的大保险营销市场。但是，如果保险商品不适合保险消费者需求，不能引起人们的投保愿望，对保险公司来说，仍然不能成为现实的保险营销市场。只有三者结合起来才能构成现实的保险营销市场，才能决定营销市场的规模和容量。所以，保险营销市场是上述三个要素的统一。

三、保险营销市场的分类

如前所述，保险营销市场就是保险需求。保险需求可以从许多不同的层次进行测量，某一地区或某一险种的营销市场规模是由该地区或该险种的投保人数决定的，有多少人将成为保险商品的消费者，涉及兴趣、收入和通路三个特性。据此，保险营销市场可以划分为四种。

（一）潜在的保险营销市场　（Potential Insurance Market）

潜在保险营销市场是由一些对某个险种具有一定兴趣的消费主体构成的。一般通过随机询问的调查方法取得有关信息。

（二）有效的保险营销市场　（Available Insurance Market）

仅仅有兴趣还不足以确定一个保险营销市场。潜在的保险消费主体还必须有足够的收入来供购买保险商品使用。即除投保兴趣外，他们还必须有缴费能力。费率越高，则该市场上的消费主体就会减少。因此，有效保险营销市场是关于"兴趣"与"收入"这两个变数的函数。

有效保险营销市场的规模还取决于消费主体是否容易接近该市场，即是否有"通路"。通路障碍可以阻止消费主体对保险市场上所提供的险种的响应，因而会使营销市场规模缩小。营销市场规模与通路障碍成反比。例如，居住在偏僻山区的散户人家，保险公司对他们所需要的险种很有兴趣，但是限于保险公司的人力物力，在风险勘察、理赔勘察诸多方面存在很多困难，无力对他们的风险进行承保，因而这些潜在的消费主体仍然不能成为现实的消费主体。

因此，有效保险营销市场是由那些既有投保兴趣，又有足够的缴费能力，并有可能接近该市场的保险消费主体构成的。

（三） 合格有效的保险营销市场 （Qualified Available Insurance Market）

在某些保险商品的营销市场中，保险公司可能会对一些消费主体作出投保限制。例如，虽然所有的人都需要人寿保险，但是，只有那些具备订立寿险合同的主体资格、能支付得起保费并对被保险人具有保险利益的人才能成为合格的投保人。因此，合格有效的保险营销市场，是由那些具有投保兴趣、有足够的缴费能力、并能够接近该市场、同时还有资格的投保人构成的。

（四） 已渗透的保险营销市场 （Penetrate Insurance Market）

一个保险公司应尽量占领全部有效的保险营销市场，但是，一定时期它只能根据自己的资源选择其中某些部分作为为之服务的对象，即确定自己的目标营销市场，并与它的竞争者在此展开角逐。在其目标保险营销市场上，那些已经成为本公司的客户的人就是该公司"已渗透的保险营销市场"。

将以上各类保险营销市场附上某些假定数字后可以如图2-1所示。

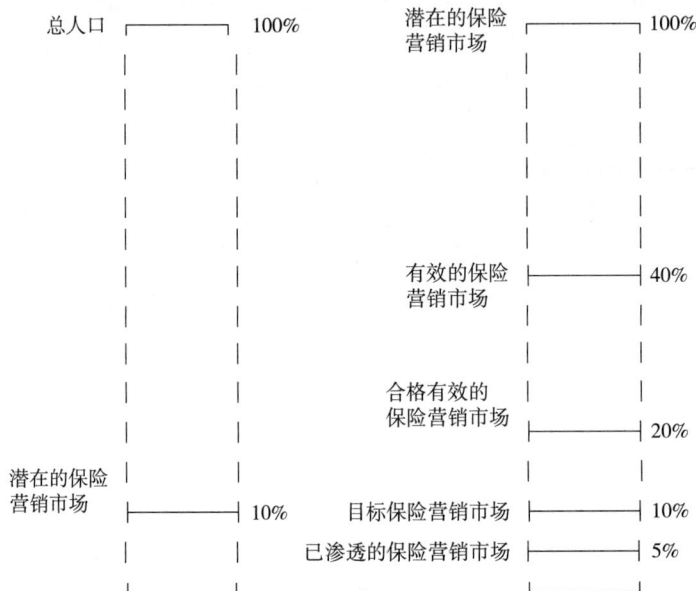

图 2-1　保险营销市场的分类

图 2-1 的左图中的横线表示某公司潜在的保险营销市场为整体保险营销市场的 10%。右图中的横线显示了潜在的保险营销市场的几种分类，具体是：有效的保险营销市场占潜在保险营销市场的 40%，合格有效的保险营销市场占潜在的保险营销市场的 20%，该保险公司只能为有效的保险营销市场的一半人提供服务，即占潜在的保险营销市场的 10%，而最终成为该保险公司的客户的人只占潜在的保险营销市场的 5%。

对于保险营销市场的分类，可以使保险公司针对目前的营销情况，采取相应对策。可以扩大目标保险营销市场范围，或者通过各种促销手段扩大潜在消费者的数量，或者采取更强有力的手段，使原来对保险或对本公司的险种不感兴趣的消费者产生兴趣，步入潜在消费者的行列。

第二节　保险营销市场的营销主体、客体和对象

一、保险营销市场的营销主体

保险营销市场的营销主体是指保险商品的"生产"者和推销者，包括各类保险组织、保险代理人和保险经纪人。

（一）保险组织

1. 保险组织的分类。一般经营保险业务的组织，由于财产所有制关系不同，有以下几种形式。

（1）国营保险组织。国营保险组织是由国家或政府投资设立的保险经营组织。它们可以由政府机构直接经营，也可以通过国家法令规定某个团体来经营，称该种组织形式为间接国营保险组织。如日本健康保险组合，办理输出保险的日本输出银行等就属于间接国营保险组织。

（2）私营保险组织。私营保险组织是由私人投资设立的保险经营组织。它多以股份有限公司的形式出现。保险股份有限公司是现代保险企业制度下最典型的一种组织形式。

（3）合营保险组织。合营保险组织包括两种形式，一种是政府与私人共同投资设立保险经营组织，属于公私合营保险组织形式；另一种是本国政府或组织与外商共同投资设立的合营保险组织，我国称之为中外合资保险经营组织形式。公私合营保险组织通常也是以股份有限公司的形式出现，并具有保险股份有限公司的一切特征。

（4）合作保险组织。合作保险组织是由社会上具有共同风险的个人或经济单位，为了获得保险保障，共同集资设立的保险组织形式。在西方国家的保险市场上，合作保险组织分为消费者合作保险组织与生产者合作保险组织。前者是由保险消费者组织起来并为其组织成员提供保险的组织，它既可以采取公司形式如相互保险公司，也可以采取非公司形式如相互保险社与保险合作社。后者则多半是由医疗机构或人员为大众提供医疗与健康服务组织起来的，如美国的蓝十字会和蓝盾医疗保险组织。

（5）个人保险组织。个人保险组织是以个人名义承保保险业务的一种组织形式，迄

今为止，这种组织形式只有英国的"劳合社"。它是世界上最大的也是唯一的一家个人保险组织。但是，"劳合社"本身并不是承保风险的保险公司，它仅是个人承保商的集合体，是一个社团组织，其成员全部是个人，且各自独立，自负盈亏，进行单独承保，并以个人的全部财力对其承保的风险承担无限责任。

（6）行业自保组织。行业自保组织是指某一行业或企业为本企业或本系统提供保险保障的组织形式。欧美国家的许多大企业集团，都有自己的自保保险公司。

2. 几种典型的保险组织。由于社会经济制度、经济管理体制和历史传统等方面的差异，保险人以何种组织形式进行经营，各个国家都有特别限定。例如，美国规定的保险组织形式是股份有限公司和相互保险公司两种；日本规定的保险组织形式是股份有限公司、相互保险公司和保险互济合作社三种；英国较为特殊，除股份有限公司和相互保险社以外，还允许以个人保险组织形式经营保险，即允许"劳合社"采用个人保险组织形式；我国台湾地区的保险组织形式有股份有限公司和保险合作社两种。目前，我国保险市场上保险公司的组织形式有股份有限公司、相互保险公司等。

（1）保险股份有限公司。股份有限公司简称为股份公司，是现代企业制度最典型的组织形式，它是由一定数目以上的股东发起组织，全部注册资本被划分为等额股份，通常发行股票（或股权证）筹集资本，股东以其所认购股份承担有限责任，公司以其全部资产对公司债务承担民事责任。

①保险股份有限公司的特点。股份有限公司以其严密而健全的组织形式早已被各国保险业广泛推崇。首先，股份有限公司是典型的合资公司，公司的所有权与经营权相分离，有利于提高经营管理效率，增加保险利润，进而扩展保险业务，使风险更加分散，经营更加安全，对被保险人的保障更强。其次，股份有限公司通常发行股票（或股权证）筹集资本，因而，比较容易筹集大额资本，使经营资本充足，财力雄厚，有利于业务扩展。最后，保险股份有限公司采取确定保险费制，使投保人保费负担确定，比较符合现代保险的特征和投保人的需要，为业务扩展提供了便利条件。

② 保险股份有限公司的组织机构。所谓组织机构就是保险公司为了达到有效经营管理的目的，确定各个部门及其组成人员的职责以及不同职责间的相互关系，从而使全体参加者既要有明确的分工，又要通力合作的一种形式。保险股份有限公司的组织结构为股东大会、董事会、监事会和经理。

股东大会。股东大会由保险股份有限公司的股东组成，它是保险股份有限公司的最高权威机构，股东大会会议由股东选举的董事会负责召集，董事长主持，一般每年召开一次，某些特殊情况下可以召开临时股东大会。股东大会行使的职权一般是有关公司的重大决策，如对公司合并、分立、解散和清算等事项进行投票表决，一般采取"一股一票"表决权。

董事会。董事会是由股东选举的，一般由5～19名成员组成，设董事长1人，副董事长1～2人。董事会是公司组织的主要统治集团，它受股东的委托执掌决策大权，并对重大过失、欺诈、使用公司资产为个人目的而损害公司利益的行为向股东负责，但对正常业务判断错误不负直接责任。董事会主要是负责宣布派息方针，决定收益留存的比例和股息的支付方式，并决定扩大或缩减生产和经营规模，任命高级管理人员。

董事长为保险股份有限公司的法定代表人，他负责主持股东大会和召集、主持董事会会议；检查董事会决议的实施情况；签署公司股票、公司债券。

董事会每年度至少要召开两次会议，也可召开临时会议。

监事会。监事会由股东代表和适当比例的公司职工代表组成，成员一般不得少于3人。监事会行使的主要职权有：检查公司财务；监督董事经营执行公司职务时违反法律、行政规定或公司章程的行为；要求董事、经理纠正损害公司利益的行为；提议召开临时股东大会。

监事的任期每届三年，任期届满，可连选连任。监事会应当依照法律、行政法规、公司章程，忠实履行监事职责。监事可列席董事会会议。

经理。经理由董事会聘任或解聘，负责执行公司的经营方针，并向董事会负责。

经理是公司的代理人，有权以公司名义签约，但应当遵守公司的章程，忠实履行职务，维护公司利益，不得利用在公司的地位和职权为自己牟私利。

（2）相互保险公司。相互保险公司是由所有参加保险的人自己设立的保险法人组织，是保险业特有的公司组织形式。与股份保险公司相比较，相互保险公司具有以下特点。

首先，相互保险公司的投保人具有双重身份。相互保险公司没有股东，保单持有人的地位与股份公司的股东地位相类似，公司为他们所拥有。因此，投保人具有双重身份，既是公司所有人，又是公司的顾客；既是投保人或被保险人，同时又是保险人。他们只要缴纳保险费，就可以成为公司成员，而一旦解除保险关系，也就自然脱离公司，成员资格随之消失。

其次，相互保险公司是一种非营利性公司。相互保险公司没有资本金，以各成员缴纳的保险费形成公司的责任准备金，来承担全部保险责任，也以缴纳的保险费为依据，参与公司盈余分配和承担公司发生亏空时的弥补额。因而不存在所谓的盈利问题，所以，相互保险公司不是一种以营利为目的的保险组织。

最后，相互保险公司的组织机构类似于股份公司。相互保险公司的最高权力机关是会员大会或会员代表大会，即由保单持有人组成的代表大会，由他们选举董事会，由董事会任命公司的高级管理人员，但随着公司规模的扩大，董事会和高级管理人员实际上已经控制了公司的全部事务，会员很难真正参与管理，而且现在已经演变成委托具有法人资格的代理人营运管理，负责处理一切保险业务。

人寿保险公司大多采用相互保险公司的组织形式，在美国人寿保险业中，约有7%的人寿保险公司采用相互保险公司的组织形式。如美国最大的人寿保险公司谨慎人寿保险公司、大都会人寿保险公司都是相互保险公司。但是，需要指出的是，相互保险公司最初的相互性正在渐渐消失，与股份保险公司已无明显差异，而且事实上，不少相互保险公司最初也是以股份公司形式设立，后来再通过退股相互公司化。因而，相互保险公司在内部组织机构设置、保险业务拓展、保险费率厘定、保险基金运用等方面，都遵循了保险的一般原则。

（3）相互保险社。相互保险社是同一行业的人员，为了应付自然灾害或意外事故造成的经济损失而自愿结合起来的集体组织。相互保险社是最早出现的保险组织，也是保险组织最原始的状态。但是，在欧美国家现在仍然相当普遍，如在人寿保险方面有英国的"友爱社"，美国的"同胞社"，海上保险方面有"船东相互保障协会"等。与保险合作社及相互保险公司相比较，相互保险社具有以下特征。

首先，参加相互保险社的成员之间互相提供保险，即每个社员为其他社员提供保险，每个社员同时又获得其他社员提供的保险，真正体现了"我为人人，人人为我"。

其次，相互保险社无股本，其经营资本的来源仅为社员缴纳的分担金，一般在每年年初按暂定分摊额向社员预收，在年度结束计算出实际分摊额后，再多退少补。

再次，相互保险社保险费采取事后分摊制，事先并不确定。

最后，相互保险社的最高管理机构是社员选举出来的管理委员会。

（4）保险合作社。保险合作社是由一些对某种风险具有同一保障要求的人，自愿集股设立的保险组织。保险合作社与相互保险社很相似，而且相互保险社通常又是按照合作社的模式建立的，因此，人们往往对二者不加区别。实际上它们之间存在着很大的差异。

首先，保险合作社是由社员共同出资入股设立的，加入保险合作社的社员必须缴纳一定金额的股本。社员即为保险合作社的股东，其对保险合作社的权利以其认购的股金为限。而相互保险社却无股本。

其次，只有保险合作社的社员才能作为保险合作社的被保险人，但是社员也可以不与保险合作社建立保险关系。也就是说，保险关系的建立必须以是社员为条件，但社员却不一定必须建立保险关系，保险关系的消灭也不影响社员关系的存在，也不丧失社员身份，因而保险合作社与社员间的关系比较长久，只要社员认缴股本后，即使不使用保险合作社的服务，仍与保险合作社保持联系。而相互保险社与社员之间是为了一时目的而结合的，如果保险合同终止，双方即自动解约。

再次，保险合作社的业务范围仅局限于保险合作社的社员，只承保保险合作社社员的风险。

最后，保险合作社采取固定保险费制，事后不补缴。而且相互保险社保险费采取事后分摊制，事先并不确定。

（5）劳合社。"劳合社"是当今世界上最大的保险垄断组织之一，它是伦敦劳合士保险社的简称，是从劳埃德咖啡馆演变而来的。

1683 年，一个名叫爱德华·劳埃德（Edward Lloyd）的茶商，在伦敦塔街附近开设了一家以自己的名字命名的咖啡馆。塔街位于泰晤士河码头附近，有很多与航海贸易有关的单位如海关、海军部等，于是这里每天都聚集着许多海运商人和贸易商人，相互交换一些情报，而由于当时通信条件极差，人们只能道听途说，消息经常误传，正确可靠的消息对商人来说无疑是无价之宝。爱德华·劳埃德慧眼独具，发现可以利用国外归来的船员经常在咖啡馆歇脚的机会，打听最新的海外新闻，进而将咖啡馆办成一个海内外商业通信之处，航运消费的传播中心，而且消息报道颇为灵通，更吸引了海陆商人前来聚居。此举成功后，1692 年因营业扩充，劳埃德咖啡馆搬至伦巴第街。1696 年，劳埃德把顾客感兴趣的船舶航行和海事消息编成一张小报——《劳埃德新闻》每周出版三次，后又改名为《劳合社动态》。据说，除了官方的《伦敦公报》外，《劳合社动态》是英国现存历史最悠久的报纸。1769 年由 79 个劳埃德咖啡馆的顾客每人出资 100 英镑组成了海上保险团体；1774 年劳合社诞生，并迁至皇家交易所内。从此劳埃德咖啡馆不再卖咖啡而专门经营海上保险，成为当时英国海上保险的中心。1871 年，劳合社向政府申请注册，经议会通过法案正式确认劳合社为一个具有法人资格的社团组织。而且其业务范围也从海上保险扩展到了一切保险业务。

劳合社并不是一个保险公司，它仅是个人承保商的集合体，其成员全部是个人，各自独立、自负盈亏，进行单独承保，并以个人的全部财力对其承保的风险承担无限责任。因而，劳合社实际上是一个保险市场，它的保险交易方式通常是由保险经纪人为其保户准备好一份承保文件，写明需要保险的船舶和货物，然后将此保单置于桌上，由劳合社中的承保会员承保，如若愿意承保，即在承保文件上签字，并写明所愿接受的金额。往往一张承保单需要许多承保会员签字承保，直到所需承保的金额全部有人承保为止，再交签单部签单，交易才算达成。这种在承保文件下方签字的习惯，就是当今所采用的"承保人"（underwriter）一词的由来。目前，劳合社已有成员 30000 多名，并组成 400 多个水险、非水险、航空险、汽车险和人身险组合，经营包括海上保险在内的各种保险业务。劳合社的成员是经过劳合社组织严格审查批准，最先只允许具有雄厚财力且愿意承担无限责任的个人为承保会员，但是，近年来由于来自伦敦市场超赔分保的压力和美国责任险的压力，其经营陷入了困境，承保能力连年下降。1999 年劳合社的总承保能力为 98.7 亿英镑，比 1998 年的 101.7 亿英镑有较大幅度的减少。不过早在 1995 年劳合社就制定了长达 48 页的计划纲要，其中一点是将过去的劳合社进行改造，接纳一些实力雄厚的法人团体入社。经过调整与创新，劳合社仍将在伦敦保险市场占据主要地位，使伦敦成为更具吸引力的世界保险中心。

✔ 拓展阅读 2 - 1
首家相互保险社诞生 ▪▪

在保监会出台《相互保险组织监管试行办法》一年后，众惠财产相互保险社（以下简称众惠相互）成为国内首家获批开业的相互保险社。

永泰能源公司出借资金金额为 2.3 亿元，占众惠相互初始运营资金的 23％，是最大的出资人。除此，众惠相互的出资人还包括九鼎投资、键桥通讯、英联视动漫文化发展（北京）、联合创业集团、上海炬裕投资、金银岛、西藏德合投资、邢台市振德地产、深圳市前海新金融投资等 12 家企业及自然人。众惠相互的主要业务范围为：信用保险、保证保险、短期健康和意外伤害保险，上述业务的再保险分出业务等。

"相互保险作为新兴业态，有望成为保险业增长的新引擎"，我国开展相互保险试点，定位为现有市场主体的合理和必要补充，侧重于"补短板、填空白"，与现有股份制主体相互促进、共同发展。

240 天完成筹建

2016 年 4 月，国务院正式批准同意开展相互保险社试点并进行工商登记注册，相互保险的筹建步入轨道。2016 年 6 月 22 日，众惠相互、信美人寿、汇友建工三家相互保险组织经保监会批准筹建。

2017 年 2 月 10 日，众惠相互获得保监会开业批复，并于 2 月 14 日获得营业执照，距其 2016 年 6 月 22 日获得保监会筹建批复仅仅 240 天。

机遇与风险

相互保险是在平等自愿的基础上，以互助共济、共摊风险、共享收益为目的，会员缴纳的保费汇聚成风险保障资金池，当灾害损失发生时，则用这笔资金对会员进行弥补的互保行为。

相互保险的这种风险共担的理念更贴近保险的本质，这一保险形式在国际上已经有近 400 年历史。根据国际相互合作保险组织联盟（ICMIF）统计数据，截至 2014 年，全球相互保险收入 1.3 万亿美元，占全球保险市场总份额的 27.1%，覆盖 9.2 亿人。中金公司研报预计，中国相互保险市场前景广阔，预计 10 年后相互保险市场份额有望达到 10%，市场空间达到 7600 亿元左右。

借助互联网技术发展起来的相互保险也面临着一定的风险。虽然"云计算、大数据、人工智能、区块链等层出不穷的新技术正在给保险行业注入新的动力——这为相互保险这种古老的保险形式历久弥新创造了千载难逢的条件"，但相互保险在中国却是个新事物，中国金融市场的快速发展以及互联网平台技术的发展为相互保险的发展创造了便利的条件，但是相互保险观念的形成却很难一蹴而就，这就需要在发展过程中做好平衡。因此，相互保险社的管理者需要更高的道德水平。

另外，纵观国外相互保险的发展历程，资本金补充渠道有限也是发展过程中的一大难题，若遇到偿付能力指标下降，会通过再保险等手段分散风险，同时保险社补充运营资金的途径除了发起人持续增资外，还可以采取引进新的资金方、发行次级债以及申请创新的债券融资工具等手段。

⬆ 资料来源：节选并编辑自姜鑫：《首家相互保险社诞生记》，载《经济观察报》，2017 - 02 - 20。

----

3. 保险公司的主要职能部门。各保险公司职能部门的设置不尽一致，但基本上都包括营销、精算、核保、核赔、客户服务、投资、会计、法律、人力资源部和电脑部。

（1）营销部。营销部的主要职责是进行市场调研，和公司其他部门一起开发新险种和改进现有险种以适应客户的需求，准备广告促销活动，设计促销材料，建立和维持公司险种的销售体系。

（2）精算部。精算部负责确保保险公司在精确的数理基础上运作。精算师和其他部门协作设计和修订保险产品。精算部厘定费率、决定公司的责任准备金，确定不丧失现金价值和贷款价值，研究预期死亡率和发病率，建立风险选择准则，确定公司险种的盈利性。另外，精算师通常要参与制定公司策略规划，公司的年度报表必须经精算师签名才成为有效文件。

（3）核保部。保险公司的核保部门负责确保公司被保险人的实际死亡率或发病率不超过厘定费率时预定的死亡率或发病率。核保部门和精算部门、医务人员共同建立评估保险投保的准则。核保人员考虑投保人的年龄、体重、身体状况、个人和家族病史、职业、经济来源和其他选择因素，以决定准被保险人所属的风险等级。该部门甚至还参与再保险协议的协商和管理。

（4）客户服务部。客户服务部负责为公司的客户提供服务。由客户服务专业人员负责提供信息咨询，帮助解释保单措辞，回答有关保险保障的问题，应投保人或被保险人要求进行某些变更，如变更住址、受益人或保费缴纳方式。客户服务部还负责计算和处理保单贷款、不丧失价值选择权和红利。在某些公司，客户服务部还处理公司代理人的佣金支付，寄送缴交保费通知，收取保费。

（5）理赔部。处理索赔是理赔部门的职责。在理赔部门中，理赔人员负责审查被保险人或受益人提出的索赔，进行确定索赔的有效性，保险金的赔偿与给付。假如公司对客户的索赔有异议，理赔人员要在法庭上代表公司出示证据。

（6）投资部。投资部门负责筹划资金的运用，提出公司的投资战略，在国家规定的可投资领域进行保险投资。

（7）会计部。会计部门负责保存公司的全部会计记录，制作财务报表，控制收支，监督公司的财务核算程序，管理公司职工薪金，和法律部门一起确保公司遵守政府法规和税法。

（8）法律部。法律部门负责确保公司的运作遵守国家的各项法律和保险法规。具体职责有：研究现有或即将颁布的法律以确定它们对公司运作的影响，当理赔有争议时向理赔人员提供建议，和会计部门一起确定公司的纳税责任，在任何诉讼中代表公司或指导外部律师，处理投资协议、保单转让和所有权认定。法律部门还帮助开发保单格式和其他公司使用的合同。

（9）人力资源部。人力资源部门又称人事部门，负责组织机构管理、人事管理和员工福利。该部门规定有关雇佣和解雇雇员的制度；决定福利水准；管理雇员福利计划，如团体保险、雇员养老金计划等。

（10）电脑部。信息系统部门负责开发和维护公司的计算机系统。帮助其他部门开发、购买和使用计算机系统和软件，这些系统和软件是提供信息、保存记录、管理产品所必需的。电脑部门还运用电脑档案保存公司记录，帮助提供财务报表所需数据，对公司所用的各类程序和系统进行分析。

（二）保险代理人与保险经纪人

1. 保险代理人及其特征。保险代理是代理行为的一种，是保险人委托保险代理人扩展其保险业务的一种制度。保险代理人是指根据保险人的委托，向保险人收取手续费，并在保险人授权的范围内代为办理保险业务的单位和个人。保险代理人的权利来自保险代理合同中保险人的授权。保险代理人的法律特征主要表现为以下几点。

（1）保险代理人的代理行为是由保险法和民法调整的行为。保险代理属于民事法律行为。《中华人民共和国民法通则》规定："代理人在代理权限内，以被代理人的名义实施民事法律行为。被代理人对代理人的代理行为，承担民事责任。"保险代理人的这种民事法律行为的特征表现在：保险代理人以保险人的名义进行代理活动；保险代理人在保险人授权范围内做独立的意思表示；保险代理人与投保人实施的民事法律行为，具有确立、变更或终止一定的民事权利义务关系的法律意义；通过保险代理人与投保人之间签订的保险合同所产生的权利义务，视为保险人自己的民事法律行为，其后果由保险人承担。

（2）保险代理人的代理行为是基于保险人授权的委托代理。保险代理人的代理权产生于保险人的委托授权，属于委托代理。委托保险代理必须采用书面形式。保险代理合同是保险人与保险代理人关于委托代理保险业务所达成的协议，是证明保险代理人有关代理权的法律文件。

（3）保险代理人的代理行为是代表保险人利益的中介行为。保险代理人在代理合同授权范围内，代表保险人的利益开展业务。

2. 保险经纪人及其特征。保险经纪人是基于投保人的利益，为投保人与保险人订立保险合同提供中介服务，并依法收取佣金的单位。与保险代理人相比较，保险经纪人一般具有如下几点特征。

（1）保险经纪人是被保险人的代表。在国外保险市场上，保险经纪人主要代表被保险人，为其办理一系列保险手续，充当被保险人的顾问。被保险人如因其经纪人的疏忽而招致损害，经纪人在法律上有对其赔偿的义务。应当注意的是：保险经纪人不同于保险代理人，保险经纪人是被保险人的代表而不是保险人的代表；保险代理人是保险人的代表而非被保险人的代表，二者的法律地位截然不同。

（2）保险经纪人是向保险人收取佣金。这是保险经纪人不同于其他经纪人的最大特征。一般来讲，经纪人应当向委托人收取佣金。但在保险市场上，保险经纪人的佣金是由保险人从被保险人缴纳的保险费中按一定比例支付给经纪人，作为对其推展保险业务的报酬。

（3）保险经纪人一般文化素质高，具有很高的保险专业知识和办事能力。投保人一般要求保险经纪人具有高水平的业务素质和保险知识，并具有卓越的办事能力。因此，国外保险经纪人大多是金融、法律等专业的大学本科毕业生和硕士研究生。这些人毕业后要通过专门的训练和考核，再经过一段实习期才能从事保险经纪业务。因此多数保险经纪人是专家型的。

拓展阅读2-2
保险代理人与保险经纪人的区别 ▪▪

保险代理人与保险经纪人虽然同属保险中介，但具有明显的区别。

（1）委托人不同。保险代理人是受保险人的委托，代表保险人的利益办理保险业务；保险经纪人则是基于投保人的委托，为投保人提供各种保险咨询服务、进行风险评估、选择保险公司、选择保险产品等。

（2）代理权限不同。保险代理人通常是代理销售保险人授权的保险产品；保险经纪人则接受投保人的委托，为其与保险公司协商投保条件，向投保人提供保险服务。

（3）收入来源不同。保险代理人按照保险代理合同的规定，根据自己的业绩从保险人那里取得佣金收入；保险经纪人则根据投保人的要求向保险公司投保并从保险人那里取得佣金，同时投保人也根据其服务，给予一定的报酬。

（4）法律地位不同。保险代理人是保险人的代表，因其代理行为均视为保险人的行为，保险人承担由此产生的一切法律后果；保险经纪人则是投保人的代表，其疏忽、过失等行为给保险人及投保人造成的损失，应独立承担民事法律责任。

（5）代理行为依据不同。保险代理人必须与保险人签订代理合同才能从事保险代理业务，保险经纪人开展业务前则无须与投保人签订固定的合同。

二、保险营销市场的营销客体

保险营销市场的营销客体是指营销主体认识和实践的对象，即保险商品。保险商品是一种服务形态的商品，而且是一种特殊的服务形态的商品。这种商品具有以下特点。

（一）保险商品的无形性

保险商品首先具有一般服务形态商品的共性，即无形性，因为它也是看不见、摸不着、嗅不到、听不到也无法品尝的。消费者不可能用身体器官确切地感受保险商品，即使保险合同是有形的、是物质的，但那也只不过是形式，保险商品本身仍是无形的。确切地讲，保险商品是一种提供保障的财务契约责任。消费者只能依靠主观感觉，以抽象的方式如体验、信任、感觉、安全等去描述，因而也难以作出具体、精确的评价。这也就对保险营销市场的营销主体提出了挑战，如何化"无形性"为"有形性"，便于保户作出评判。

（二）保险商品的异质性

保险商品不可能像一般商品那样是标准化的，具有"同质性"。这是因为服务是一个复杂的动态过程，具有"异质性"即"易变性"，发生的时间、地点、方式等特定条件不同，差异性就会很大。不同的公司、不同的营销人员，即使提供同一种保险产品，消费者的感受也会不同，甚至是同一个营销人员提供服务，也不一定一成不变，因时间、地点、准保户等具体情况不同也会表现出相当大的差异。保险营销中，如何克服这种"异质性"，使消费者得到始终如一的服务，是保险营销市场的营销主体需要尤为关注的。

（三）保险商品的复杂性

从一般形式上看，保险商品表现为一些法律文件，即保险人承诺在特定情况发生时提供保险保障的法律文件。尽管大多数保险公司都试图尽量简化保险合同条款的措辞，但法律上的要求仍然使这些措辞难以理解。因而，对于大多数保户来说，他们并不真正了解他们所购买的保险产品。对于如此复杂的产品，要求营销人员具有较高的素质，甚至充当教育者。

（四）保险商品的灾难联想性

保险商品总是与未来可能发生的不幸相连的，因为通常是在被保险人发生如疾病、伤残、死亡等不幸事件时，才能得到保险金。对某些人来说，考虑保险本身就是一段不愉快的经历，往往当保户索赔时，他们也都正经历着精神或财务的压力。这也正是为什么大多数人不愿意考虑保险的主要原因所在。因此，训练保险营销人员处理人际交流中可能发生的事情是一项很艰巨的任务。

三、保险营销市场的营销对象

保险营销市场的营销对象是指保险营销的具体指向，即保险消费者。保险消费者包括保险个体消费者与团体消费者，对他们的投保行为的分析，是形成保险营销策略的基础，同时，消费者对保险产品的反应，也是决定保险营销策略成败的关键。

（一）影响保险消费者行为的因素

影响保险消费者行为的因素可分为内部影响因素与外部影响因素。其中，内部因素主要包括生理和心理方面，包括知觉、个性、价值观、情绪、记忆、态度等。外部因素主要指社会、人文和人口统计方面，具体包括文化、年龄、教育程度、收入、家庭、参照群体等。

（二）保险消费者的自我形象与生活方式

保险消费者在内、外部因素的影响下，形成对自己的看法，即自我概念或自我形象的形成。自我概念又将通过生活方式反映出来。每一个消费者都有其特定的自我概念或自我形象和独特的生活方式。自我形象和生活方式导致与之一致的保险保障需要和投保欲望的产生，这些需要和欲望与相应的情景结合及其相互作用，将启动投保决策过程。

（三）保险消费者的投保决策过程

投保决策源于消费者意识到或感觉到风险的存在和有转嫁风险的机会。在投保决策过程中，消费者的情感和情绪起着非常重要的作用，但是每一个消费者独特的生活方式又影响着其投保决策的更加理性化。另外，消费者的保险保障需要和投保欲望还可能激发一种或多种水平的投保决策过程。

第三节　保险营销市场需求的基本形态

一、保险需求的界定

（一）需要与需求

需要是指人的欲望、要求，它是人类行为的导源，是人类内在的、天生的、下意识存在的。心理学和行为科学的研究成果表明，人由于有了需要，从而产生了动机，在一定的条件下这种动机就会产生行为。

经济学意义上的需求是针对消费者的购买能力而言的，即需求是指在各种价格水平下，消费者愿意且能够购买的某产品数量，是欲望＋购买力。需求必须包含两个层次：第一，消费者对某产品有购买的意愿，即愿意购买，这就是通常所说的"潜在需求"，其产生的前提是这种产品具有能够满足消费者某一方面或某几个方面的需要的特性；第二，消费者对这种产品有能力购买，这样才能形成现实的需求。由此可见，需求的产生是有许多特定的条件的，当这些条件不具备或发生了改变，需求也会随之消失或改变，因而，需求是有限的。

需要是需求的前提，但不是需求本身。如果说需要是指人们想要得到的任何东西的话，那么，需求则仅仅是指有能力购买的那部分需要。

（二）保险需要与保险需求

保险需要是当人们面临一些威胁其财产与生命安全的风险时，希望通过保险这一有效的财务安排转嫁其风险的需要。它存在于人本身的生理需要和自身状态之中，是一种客观现象，不是任何人能够凭空创造出来的。正如对死亡风险的保障需要一样，它不是因为有了寿险营销人员以后才有的，而是先于寿险营销人员而存在的，因而，寿险营销人员不能创造这种需要。一般地说，同一个人在一定时期内对某一风险（比如死亡风险）的保障需要是有限的，但从总体上看，人们对保险的需要是无限多样、永无止境的。

保险需求则是指在各种费率（就保险商品而言，其费率就是价格）水平下，消费者愿意且能够购买的保险商品量。从营销的角度出发，保险公司不仅要预测消费者的保险需要，而更重要的是要掌握消费者的保险需求，即到底有多少人愿意并且也能够购买保险。保险公司要想在激烈的市场竞争条件下，避免保险营销的盲目性，拟定正确的营销目标，在变幻莫测的市场上掌握保险营销的主动权，就必须充分研究保险需求，分析购买者的行为特点。适当的保险营销手段，并不能创造消费者的保险需要，但可以影响他们的保险需求。

拓展阅读 2-3
马斯洛需求层次论 ▪▪

需求层次论是研究人的需求结构的一种理论，是美国心理学家马斯洛（Abraham h. Maslow，1908-1970）首创。他在 1943 年发表的《人类动机的理论》（ *A Theory of Human Motivation Psychological Review*）一书中提出了需求层次论。

这种理论的构成根据 3 个基本假设。

1. 人要生存，他的需求能够影响他的行为。只有未满足的需求才能影响人的行为，满足了的需求不能充当激励工具。

2. 人的需求按重要性和层次性排成一定的次序，从基本的（如食物和住房）到复杂的（如自我实现）。

3. 当人的某一级的需求得到最低限度满足后，才会追求高一级的需求，如此逐级上升，成为推动继续努力的内在动力。

马斯洛提出需求的 5 个层次如下。

1. 生理需求，是个人生存的基本需求。如吃、喝、住。

2. 安全需求，包括心理上与物质上的安全保障。如不受盗窃和威胁、预防危险事故、职业有保障、有社会保险和退休基金等。

3. 社交需求，人是社会的一员，需要友谊和群体的归属感，人际交往需要彼此同情、互助和赞许。

4. 尊重需求，包括要求受到别人的尊重和自己具有内在的自尊心。

5. 自我实现需求，指通过自己的努力，实现自己对生活的期望，从而对生活和工作真正感到很有意义。

马斯洛的需求层次论认为，需求是人类内在的、天生的、下意识存在的，而且是按先后顺序发展的，满足了的需求不再是激励因素等。

⬆ 资料来源：节选自马斯洛《人类动机的理论》一文。

美国心理学家马斯洛将人类的需要（此处的"需要"与马斯洛需求层次论中的"需求"含义相同）分为五个层次：生理需要、安全需要、社交需要、尊重需要、自我实现需要，不同层次代表需要的先后顺序，满足了一个层次的需要，自然就会产生对较高层次的需要，越是低层次的需要，越是基本的需要，也越迫切。保险需要属于安全需要范畴，是在生理需要实现之后的需要。人类的安全需要是最基本的也是低层次的需要。人类在自身的生存和发展过程中总是希望在安全的环境中进行，以实现自己的预期目标，但实际情况却往往是会出现各种各样的风险，有自然风险，例如火灾、水灾、风灾、地震等风险；有社会风险，例如偷窃、抢劫、战争、罢工等风险；有经济风险，例如由于经济管理不善、市场预测失误而带来的风险；有政治风险，例如政治矛盾、种族冲突所引发的风险。这些自然的、社会的、经济的、政治的风险给人类的生存和发展带来了威胁，有时甚至会打破乃至中断人们的生产和生活，使人们达不到预期目标。为了获得好的生存环境，促进自身发展，人们在社会经济活动中始终存在对安全的需要。对安全需要的满足有多种途径，如企业建立风险准备金、个人在银行存款、进行防灾防损工作、参加保险等。如果参加了保险，安全的需要就转化为保险的需要，当然并不是所有安全的需要都会转化为保险的需要。

随着社会生产力水平的提高和技术更新速度的加快，保险营销市场需求呈现多样性、复杂性和易变性的特点。为了能够在激烈的竞争中占据优势，实现自身的经营目标，保险公司必须认真研究保险营销市场需求及其可能出现的各种形态；并在对内外环境条件分析的基础上，充分利用市场机会和一切条件，有效地利用企业的内部资源，采取适当的营销策略，主动、充分地满足消费者的需求，并最终取得消费者、企业和社会整体利益的最大化。

二、保险需求的基本形态

保险营销市场需求可以分为正需求、负需求和无需求三种形态。

（一）正需求

1. 潜在需求。潜在需求是指有相当一部分消费者可能对保险商品有一种强烈的渴求，而保险市场上的现有险种却又无法满足这一需求；也可以指在一定市场环境下需求的最高限量中扣除现实需求后的那一部分需求。如许多人都想拥有一种转嫁其门诊医疗风险的健康险产品，但受我国医疗体制的制约，该类产品一时还难以推出。

拓展阅读 2 - 4

如何赢得客户信任　挖掘客户潜在需求 ....

如何赢得客户的信任？如何挖掘客户的潜在需求？常常是保险代理人在积极地讨论的两个问题。那么，该如何建立与客户之间的信任关系，探求客户的需求呢？

（1）有熟人牵线搭桥，是与客户建立个人信任关系的捷径。虽然它对销售的成功不一定起着决定性的作用，但确实缩短了双方从陌生→熟悉→信任的时间。保险代理人初次拜访的开场白中，告诉客户我是某某人（可以是对方的熟人、朋友、领导等）介绍来的，的确可以起到意想不到的效果。

（2）拜访拜访再拜访——反复出现，关系是跑出来的。尤其是同质化和标准化产品，当服务和价格也没有多大差别时，保险代理人跑得勤，成功的可能性就大。一般而言，客户对为什么选择我们的产品的说法也很直白：你一周来三次，打十二个电话，怪不容易的。但也要注意掌握频率，每次见面都有借口，每次拜访时要留下伏笔（下次拜访的借口）。

（3）保险代理人的人品和为人。任何产品最终还是通过人——保险代理人来完成的，销售产品前先销售自己。

①以真诚对待客户，帮助客户解决问题；

②以得体的个人举止赢得客户好感；

③以敬业精神赢得客户尊重；

④可以保持沉默但一定不能说假话；

⑤不要轻易承诺，承诺了就一定要做到。

（4）成为为客户解决问题的专家。病人信任医生吗？当然，因为他们是解除你痛苦的专家。大部分客户并不是专家，保险代理人比客户懂得更多，通过将更多客户所不具备的知识和经验融入实际工作中，减少客户的工作量、工作难度和工作成本，当然也取得了客户的信任。

（5）小恩小惠赢得客户好感。不能否认与客户从陌生到熟悉再到信任的过程，吃饭喝酒或送点小礼品的确是加速这一过程的催化剂，人心都是肉长的，有这么多的供应商，他凭什么对你另眼相看？

（6）自信的态度消除客户的疑虑。保险代理人的自信态度，在与客户初步接触阶段尤其重要。客户在询问关于公司或者产品的细节时，你所有的回答必须充满自信，不能支支吾吾，否则会让客户感到有所怀疑而导致对你的不信任。如果你自己都显得底气不足，那如何去赢得客户的信任呢？

（7）以有效的沟通技巧，寻求共同语言。很多新入行的保险代理人，都会遇到一个比较困惑的问题：和客户交谈时很难引起对方的共鸣。对方说的话总是有一搭没一搭，使你感觉很别扭，总觉得和客户中间有堵墙似的。有句话说得好："不能同流，哪能交流；不能交流，哪能交心；不能交心，哪能交易。"所以你需要：①"见人说人话，见鬼说鬼话。"人与人的血型不一样，思维不一样，素质不一样，地位不一样，而人都喜欢与自己有共同点的人交流。②"多笑。"不要吝啬笑容，热情友好是沟通的桥梁。③"好奇态度。"在与客户交谈倾听客户说话时，请自始至终保持惊奇和好奇的表情。

🔼 资料来源：根据沃保网相关资料编辑整理，2015 - 01 - 29 。

2. 衰退性需求。衰退性需求是指消费者对某种保险商品的需求逐渐减少，出现了动摇或退却的现象。这种情况多是由于新产品的加入和冲击造成的。例如，由于现代寿险产品的问世，消费者对传统寿险产品的需求产生动摇。

3. 不规则需求。不规则需求是指消费者的需求和保险公司的供给之间在时间上或地点上不吻合或不均衡，表现为时超时负、此超彼负的现象。

4. 充分需求。充分需求是指消费者的需求水平和需求时间与保险公司预期的需求水平和时间基本上一致，供需之间大致趋于平衡。这是保险营销的理想状态，但这种情况的出现往往是相对的或短暂的。

5. 超饱和需求。超饱和需求是指保险商品或其中的某些险种的需求量超过了保险人所能供给或所愿供给的水平。如果某一公司面临超饱和需求，等于自己的产品市场出现了"空当"，如果不能及时补充，则根据市场竞争规律，别的企业就会瞅准机会打进来，甚至最终取而代之。

（二）负需求

负需求是指全部或大部分消费者对保险商品或其中的某些险种抱有反感，甚至愿意花钱回避它，那么，保险商品市场或其中的某些细分市场便是处于一种负需求的状态。例如，中世纪的欧洲处于宗教统治的黑暗时代，许多高级教会人士认为，任何天灾都是天罚，减轻灾难和不幸就是违背上帝的意志，因而抵制保险方式的安排。

（三）无需求

不同于负需求，无需求不是由于消费者对保险商品产生厌恶或反感情绪而对产品采取否定态度，而是指消费者对保险商品或其中的某些险种毫无兴趣或漠不关心。其原因是由于对保险商品或其中的某些险种还缺乏了解，因而对保险商品或其中的某些险种不感兴趣或漠不关心，既无正感觉，也无负感觉。

本章小结

1. 保险营销活动离不开保险市场，保险市场是影响和制约保险营销的重要因素。在市场经济条件下，保险业越发达，对市场的依赖程度就越大。经济学意义上的保险市场是保险商品交换关系的总和或是保险商品供给与需求关系的总和，而保险营销市场，则是营销学意义上的保险市场，是站在保险企业角度理解的"市场"，是由那些具有转嫁特定风险的意愿，而且愿意并能够通过交换来满足这种意愿的全部消费主体所组成。

2. 保险营销市场就是在一定时间、一定地点的条件下，对保险商品具有购买意愿和购买力的消费主体集合。它专指一般保险市场的买方，而不包括卖方；专指保险需求，而不包括保险供给。同行的保险供给者、其他的保险商品卖方都是"竞争对手"，行业是由保险卖方组成的，保险营销市场是由保险买方组成的。因此，保险营销市场等同于"保险需求"，包括潜在的、有效的、合格有效的和已渗透的四类保险营销市场。

3. 保险营销市场的营销主体是保险商品的"生产"者和推销者，包括各类保险组织、保险代理人和保险经纪人。保险营销市场的营销客体是指营销主体认识和实践的对象，即保险商品。保险商品是一种服务形态的商品，而且是一种特殊的服务形态的商品。保险营销市场的营销对象是指保险营销的具体指向，即保险消费者，包括保险个体消费者与团体消费者。保险营销市场的需求包括正需求、负需求和无需求三种基本形态。

主要概念

保险市场　保险营销市场　潜在保险营销市场　合格保险营销市场　有效保险营销市场　已渗透保险营销市场　保险股份有限公司　相互保险公司　相互保险社　保险合作社　需要与需求　正需求　负需求　无需求

思考与练习

1. 分析比较保险市场与保险营销市场。
2. 简述保险营销市场的构成因素。
3. 试述保险营销市场的主要类型及其特点。
4. 简述保险营销的主体、客体与对象。
5. 试述保险股份有限公司与国有独资公司的特点。
6. 试述相互保险公司与相互保险社的特点
7. 简述保险商品的特点。
8. 简述保险市场需求的基本形态。

第三章
保险营销管理

学习目标

营销的理念实际上就是一种管理的指导思想，其实就是保险营销的管理。通过本章的学习，首先要了解保险营销管理的基本程序，掌握保险营销管理的主要类型；其次要掌握保险营销计划的含义及其类型，保险营销计划包含的主要内容；最后要了解常见的保险营销部门的组织结构；掌握保险营销行动方案的制订，保险营销控制的方法，了解保险营销审计的程序和具体内容。

知识结构图

第一节　保险营销管理概述

一、保险营销管理及其程序

保险营销管理是一个满足消费者保险需求的管理过程，是识别、分析、选择和发掘保险营销机会，以实现保险企业的任务和目标的管理过程，也就是保险企业与其最佳的市场机会相适应的过程。这一过程是由几个具体的步骤组成的，即分析保险营销机会，确定保险营销的目标市场，制定保险营销策略，组织、实施与控制保险营销活动。

（一）分析保险营销机会

分析保险市场机会，发掘保险营销机会，是保险营销管理过程的第一步。所谓保险市场机会，是指在保险市场上尚未满足的保险需求。但它仅仅是一个保险企业的环境机会。所谓保险营销机会，是指对本企业的营销活动具有吸引力，能够使本企业取得竞争优势和获得差别利益的市场机会。保险市场机会能否成为保险企业的营销机会，主要是看它是否适合本企业的目标和资源，是否能使本企业在保险市场上扬长避短，发挥竞争优势，比竞争对手和可能的竞争对手获得更大的差别利益。对于保险市场机会的分析是为了发掘适合于本企业的保险营销机会，避免环境威胁，从而确定本企业将要进入的保险目标市场。因此，保险营销管理的任务不仅仅是要善于发现和识别保险市场机会，而且还要善于对已发现和识别的市场机会，根据自己的目标和资源进行分析和评估，从中选出对本企业最适合的营销机会。

为了分析保险市场机会，发掘保险营销机会，保险企业首先需要对自己的营销环境进行调研和分析，然后具体分析各类保险营销市场的需求以及保险消费者的消费行为。

保险营销环境包括微观环境和宏观环境两大类。微观环境因素包括与营销部门发生各种联系的保险企业的各个职能部门、保险代理人和保险经纪人、保险消费者、同行竞争者和公众。宏观环境因素包括人口环境、经济环境、物质环境、技术环境、执法环境、文化环境。随着保险业的发展，各类营销环境会不断发生变化，这一方面给保险企业创造了机会，另一方面也造成了新的威胁，保险营销管理的任务就是要善于抓住机会，避开威胁，以适应新的环境。一般来讲，所有的微观环境因素都要受到宏观环境因素的影响和制约。

对保险消费者的消费行为的分析，包括个体消费者和团体消费者的消费行为模式以及相关因素的分析，由此掌握各类消费者的消费心理、消费行为及其变化规律，以消费者的保险需要为依据，制订营销方案。

（二）确定保险营销的目标市场

在对各类保险市场机会进行分析和评估以后，保险企业根据自己的目标和资源选择了适于本企业的保险营销机会，这时，需要进一步对保险市场的容量和结构进行分析，从而选择最适合于本企业的目标市场。

任何一个保险企业都不可能满足整个保险市场的需求，也不可能一味地向无边无际的保险市场提供保险商品。对保险市场机会的分析就是为了选择一个合适的目标市场，市场细分就是正确选择保险营销目标市场的基本方法。

所谓保险市场细分是指根据保险市场上消费者的需要、消费习惯等方面的特征，把某一个或某一组保险商品的市场整体划分为若干个消费者群体的市场分类过程。细分的依据一般有地理细分、人口细分、心理细分和行为细分等。保险市场通过细分，同类保险消费者聚集成一个消费群体，形成一个细分市场，某一保险企业可以根据自己的目标和资源，集中力量为一个或几个细分市场服务，即确定本企业营销的目标市场。保险企业选择其目标市场的模式有五种，即：（1）单一市场集中化即只选择一个细分市场；（2）选择专业化即企业有选择地进入几个细分市场，提供不同的险种满足不同的细分市场；（3）险种专业化即向几个不同的细分市场提供某一系列的险种；（4）市场专业化即提供不同的险种满足某一类细分市场即某一特定顾客群的各种需求；（5）完全覆盖即为各种细分市场分别提供不同的险种。

拓展阅读 3 – 1
中国城市群的划分及消费者差异

麦肯锡城市群（ClusterMap）方法将中国城市分为 22 个城市群，每个城市群围绕 1 ~ 2 个中心城市发展。为了确保这种方法是可行并适用的，所有的卫星城距离 1 个中心城市不超过 300 公里，并且每个城市群的地区生产总值都超过中国城市总地区生产总值的 1%。

有些公司或为了扩大分销中的规模经济，或因为某些城市群中的类似的媒体观看习惯和对媒体渠道的偏好，而将一些城市群合并。另一些公司则可能因为某些城市群内差异（比如竞争状况或消费习惯），需要运用不同的战略，而将一些城市群分拆为两个或更多的小城市群。

研究表明，中国各城市群消费者的行为存在很大差异。例如，52% 的上海城市群消费者青睐名牌产品，而这一比例在厦门—福州城市群（包括潮州、汕头、石狮等城市）中只有 36%。

消费者对产品特性的偏好也很不一样。例如，深圳城市群的消费者青睐轻、薄的数码相机，而广州城市群的消费者偏爱有大显示屏的机型。

⬆ 资料来源：节选自《中国城市各阶层消费习惯及营销策略》一文。

保险企业选定了自己的目标市场之后，可能会发现进入这个目标市场的企业不止一个，而且各自都有特色。因而，一个保险企业在选定目标市场以后，首先就要对自己的险种进行市场定位，采取适当的定位战略。

所谓保险市场定位是指保险企业根据竞争对手现有险种在市场上所处的位置，避开其独有的特色，重新审视消费者对该险种其他特征或属性的重视程度，强有力地塑造出本企业的险种与众不同的、给人以鲜明印象的个性或形象，并让消费者及时迅速地以欢迎的态度接受其特色，使该险种在市场上找到和确立自己的位置。总之，市场定位就意味着在目标市场上，在消费者的心目中，使自己的险种占领一个明确的、与众不同的和有吸引力的位置，树立一定的"企业形象"，树立一定的"险种形象"。尤其对于创新险种更应进行市场定位。

（三）制定保险营销的策略

保险企业在选定了目标市场并进行市场定位以后，营销管理过程的下一步就是确定营销策略。保险营销的策略是一种组合性策略，即保险企业针对目标市场的需要对费率、险种、服务、信誉、代理、广告等可控制的各种营销因素进行优化组合和综合运用，使之协调配合，扬长避短，发挥竞争优势。由于保险企业在营销过程中，要受到很多因素的影响和制约，其中既有"可控因素"（如费率、服务、广告等）也有"不可控因素"

（如各种微观环境和宏观环境因素），营销管理的任务就是适当安排这些因素的组合，使可控因素与不可控因素相适应，这也是保险企业营销能否成功的关键。具体而言，保险营销的策略可以考虑在险种生命周期的不同阶段的特点采取不同的险种策略；可以考虑保险企业自身的特征与目标市场消费者的特征采取不同的分销和促销策略。在所有的保险营销策略中，最基本的营销策略是险种策略，最关键的营销策略是费率策略、分销与促销策略。

确定保险营销的策略时，要注意两个方面：一方面，保险营销策略是一个复合式组合性策略，每一个组合因素各自都包含着若干小的因素，形成各个因素的亚组合，所以，保险企业在确定营销策略时，不但要求取得主要因素之间的最佳搭配，而且还要注意安排好每个因素内部的搭配，使所有的因素达到灵活运用和有效组合。另一方面，保险营销策略又是一个动态式组合性策略，每一个组合因素都是不断变化的，是一个变数，同时又是互相影响的，每个因素都是另一因素的潜在替代者，在几个主要的变数中，又各自包含着若干个小的变数，每一个变数的变动，都会引起整个营销策略的变化，形成一个新的组合性策略。

（四）　组织、　实施与控制保险营销活动

保险营销管理的最后一个程序是组织保险企业的所有营销资源，根据本企业在保险行业中的竞争地位，制定相应的营销战略和战术，以实施和控制保险营销活动。

保险营销战略和战术的制定，必须考虑自己在市场上的竞争地位。在市场上占有最大份额，是保险市场上的主导者，其营销策略的主要目标是努力维护自己的主导地位，保持既得的市场份额。在市场上竞争实力仅次于主导者的保险企业，是保险市场的挑战者，其营销策略是不断地向市场主导者及其他势均力敌的竞争者发起挑战，极力争夺市场份额。在市场上竞争实力不及主导者而又不准备进行挑战的保险企业，是保险市场的追随者，其营销策略只是仿效市场领先者，力图保持较稳定的市场占有率和利润率。在市场上还有一些小企业或新企业，它们处于主要竞争者所忽略的市场空隙中，是保险市场的补缺者，其营销策略是努力寻找一个或更多的安全和有利可图的市场补缺基点，在此求得生存和发展。

保险营销战略和战术的具体化就是保险营销计划，包括长期计划和短期计划。为保证营销计划和战略的实施，必须建立相应的营销组织部门；为及时发现和处理计划实施过程中出现的各种出乎意料的问题，必须建立相应的营销控制系统，以及时反馈和控制营销活动。

二、保险营销管理的类型

针对保险营销市场的需求形态，保险营销管理可分为以下几种类型。

（一）　扭转型营销

扭转型营销是针对负需求而实行的一种营销管理。针对负需求，营销管理的任务就是分析市场上为什么不喜欢保险商品，以及是否可以通过积极的营销措施来改变消费者的信念和态度，从而使负需求变为正需求。在充分进行市场调研，了解消费者对产品的意见、消费者的信念、价值观及其真正需要的基础上，采取各种办法消除使消费者产生厌恶和回避的因素，使负需求变为正需求，其实质是认真分析顾客的需求特点，然后采取措施，开发顾客真正需要的产品。

（二）刺激型营销

刺激型营销是针对无需求而实行的一种营销管理。由于保险商品在一定时期并非人们的生活必需品，一些新险种消费者也不了解，因而在市场上形成一种无需求状态。针对这种需求，营销管理的任务就是通过刺激型营销措施，设法引起消费者的兴趣，刺激需求，使无需求变为正需求。

案例分析 3-1
刺激型营销的感应效果 ||||||||||||||||||||||||||||||||||||||||||||||||||||||

法国一家化妆品公司在巴黎的《日日新闻》上刊登了一则广告：本公司选 10 名丑女，将于星期六晚上在巴黎大舞台与观众见面。广告刊出后，一时传为奇闻：世上只有选美女的，哪有选丑女的？还要在知名的巴黎大舞台上登台亮相。这个广告一下子就吊起了人们的"胃口"，于是不少人怀着好奇的心态赴会。当幕布徐徐拉开，10 位丑女鱼贯而出时，观众们发现她们果然是面目奇丑无比。随后该化妆品公司的老板出来致答谢词说："此次征求丑女，并不是要贬低她们，而只是用以证明本公司化妆品的功效。如诸位存有异议，就请稍等片刻，让丑女们化妆后再出来与大家见面。"当幕布再次拉开时，涂脂抹粉后的丑女们在霓虹灯下果然是另一番模样，使赴会者无不叹服。自此，该公司的化妆品一炮打响，畅销巴黎。

其实，开展刺激营销也要有的放矢，不可眉毛胡子一把抓。就拿化妆品市场为例，最有潜力的顾客群应该是中年妇女，因为在她们失去青春的光彩而又要保持女性的靓丽时，化妆品是她们必不可少的心爱之物。但在众多的大商场中可以看到这样的场景：化妆品营销人员都是靓女，看不到中年妇女，而靓女营销员又把目光只盯在来往的年轻女孩身上，对中年妇女则不屑一顾，难怪在商店中的化妆品销售区，总是销售者多于消费者。试想一下：靓女的青春化妆能刺激起中年妇女的消费激情吗？如果用一些化妆后的中年妇女来推销化妆品，营销效果想来应该会比靓女更好，因为同龄人的演示才是最具有吸引力和说服力的。所以，刺激营销要讲究感应，注重效应。

（三）开发型营销

开发型营销是与潜在需求相联系的一种营销管理。潜在需求是指有相当一部分消费者可能对保险商品有一种强烈的渴求，而保险市场上的现有险种却又无法满足这一需求。随着我国劳动人事制度的改革，人们必将对养老保险有一种强烈的潜在需求。谁能及早地开发设计出更加丰富多彩的养老保险险种，谁就能获得极大的市场占有率。随着科技的发展和人们消费水平的提高，潜在需求的内容和层次将更加丰富。善于发现和了解保险营销市场的潜在需求不仅是保险公司的任务，更是其发展壮大的机会，是保证其开发新产品，开辟新市场，增强生存能力和竞争发展能力的最可靠的源泉。因此，营销管理的任务就是首先衡量潜在市场的范围，努力开发设计新险种，然后设法提供能满足潜在需求的险种，将保险市场上的潜在需求变成现实需求。

（四）　恢复型营销

恢复型营销是针对衰退的需求而实行的一种营销管理。每个保险企业或迟或早都会面临市场对一个或几个险种的需求下降的情况。在这种情况下，营销管理的任务就是必须分析需求衰退的原因，决定能否通过开辟新的目标市场，改变险种特色，或者采用更有效的沟通手段来重新刺激需求，使消费者已经冷淡下去的兴趣得以恢复，即通过创造性的险种再营销来扭转需求下降的趋势。

（五）　同步型营销

同步型营销是针对不规则需求而实行的一种营销管理。不规则需求是指在不同时间、不同季节消费者的保险需求量不同，因而与保险供给不同步，如企业财产保险的需求就受企业收入的季节性影响。对此，保险企业就可以通过灵活的缴费方式、推销和其他刺激手段来改变需求的时间模式。

（六）　维护型营销

维护型营销是针对充分需求而实行的一种营销管理。充分需求是指当前需求在数量和时间上同预期需求已达到一致。这时，营销管理的任务是在面临消费者偏好和兴趣发生变化和竞争日益激烈时，努力维持现有的需求水平，防止出现下降趋势。

（七）　限制型营销

限制型营销是针对超饱和需求而实行的一种营销管理。超饱和需求是指保险商品或其中的某些险种的需求量超过了保险人所能供给或所愿供给的水平。例如，由于医疗制度的改革配套措施尚不完善，保险人在一定时期还不能也不愿意供给大量的医疗保险险种，而消费者对这类险种的需求量却是相当大的。为了缓解这种矛盾，营销管理的任务是设法暂时或永久地降低需求水平，即低营销，来限制市场上对这类险种的需求量。如从费率、投保方式等方面限制需求或降低需求水平。

第二节　保险营销计划

一、保险营销计划的含义及其类型

（一）　保险营销计划与保险策略计划

保险营销管理过程中，有两种计划起着非常关键的作用，这就是保险策略计划与保险营销计划。

保险策略计划是由主管部门或职能部门的高级管理人员制定的有关保险企业的主要长期经营目标及其为实现这些目标需要遵循的主要的、总体方针，是保险企业的总的战略性计划。保险营销计划是由保险营销部门制订的运作计划，是保险企业为了占领目标市场和完成预定的营销目标而制订的营销行动方案。保险策略计划为保险营销计划奠定了基础，并为保险营销活动制定了基本方向。

（二）　保险营销计划的类型

保险营销计划的类型受保险企业的规模、保险市场的状况、保险企业的战略方向等因素的制约，下面介绍两种保险营销计划。

1. 从时间跨度上划分的保险营销计划。

（1）长期计划。一般来说，长期计划的时间跨度多在 5 年以上，其内容主要包括保险企业的发展目标，发展方向。如某寿险公司制定的关于未来十年公司在健康险市场的发展规模、效益水平。

（2）中期计划。一般来说，中期计划的时间跨度为 1～5 年。其内容与中级和一线管理人员的日常工作有更多的直接关系。中期计划较为稳定，受环境因素变化的影响较小，是大多数保险企业制订营销计划的重点。

（3）短期计划。一般是指年度营销计划，它对保险企业一年的营销目标、营销策略及实施步骤作了较为详细的规定，对保险营销管理人员的日常工作有更大的影响作用。

2. 从功能上划分的保险营销计划。从功能上划分的保险营销计划包括销售计划、广告计划、分销计划、促销计划、新险种开发计划。

二、保险营销计划的内容

（一）制订保险营销计划的目的

保险营销计划的制订是保险公司将其策略计划的营销问题引入营销计划的过程。一项营销计划是一系列特殊的、详细的、对行动进行定向的战术。营销计划用来确定实施和控制公司的日常营销活动。

保险企业制订营销计划的目的有以下五个方面。

1. 营销计划的制订使公司所有层次的员工之间、公司的各个职能部门之间的信息交流更为便利。

2. 营销计划的制订使公司的管理人员能够监督公司各职能部门行动的一致性，从而提高公司的整体效益。

3. 营销计划的制订使公司的营销做到有的放矢，减少盲目性。

4. 营销计划的制订能帮助员工对整个目标保持注意力。

5. 营销计划的制订能使管理人员将计划的既定目标与现实情况进行比较，准确评估公司的业绩。

（二）保险营销计划的主要内容

保险公司的营销计划虽然类型各异，但大多数都包括如下内容。

1. 保险营销计划实施纲要。实施纲要是对营销计划的主要营销目标、措施、建议及各项指标给出简明概要，是体现整个营销计划本质的要点，高级管理人员在读过实施纲要之后，能够对该营销计划的意图、实施建议、实施所需费用、预期达到的效果等核心内容一目了然。

案例分析 3-2
某寿险公司扩大市场份额的营销计划实施纲要 ⅢⅢⅢⅢⅢⅢⅢⅢⅢⅢⅢⅢⅢⅢⅢⅢⅢ

2017 年使公司的市场份额比 2016 年有较大的增长。市场份额目标设定为所在地区的 30%，保费收入目标设定为人民币3亿元。这一营销计划只要在新险种推出时，加大广告宣传力度，再增加一种分销渠道就可以实现。为此所需要的营销预算为人民币200万元，比上年增长12%。

2. 目前保险营销形势。主要是指应用市场信息、情报等资料，对保险企业当前的销售状况作出明确的分析，具体包括以下几方面。

市场情况的分析：市场的范围多大，占有率是多少；有多少细分市场，各细分市场的销售额是多少；消费者的需求及购买行为分析；消费者的风险意识如何，对各类保险产品及服务的知晓程度和满意程度如何。

产品情况分析：销售增长率、产品平均费率水平、附加费用、营销费用、新产品开发设计费用、利润率等指标的变动分析。

竞争情况分析：谁是主要的竞争对手，其规模和市场份额如何；对各竞争者的目标、服务质量、营销组合策略进行分析；对竞争者的意图及将要采取的行动做出预见性的分析。

分销渠道的分析：各分销渠道在能力、地位上的变化趋势；分析在费率、交易条件、费用等方面的利弊及应变更的激励措施等。

最后，还应对人口统计、经济、技术、政治、法律、社会文化等宏观环境的变化趋势作出分析。

3. 机会与问题分析。保险企业机会分析以营销现状为基础，对企业素质、企业能力、企业营销目标及营销环境等内外因素进行综合分析，找出优势、劣势和机会，避免威胁、管理风险、争取效益。保险企业问题分析是利用机会与威胁分析和优势与劣势分析所得的结果，提出营销计划所要解决和强调的主要问题。有关这些问题的决策将导致不同的企业目标、战略和策略的选择，如表3-1所示。

表3-1　　　　　　　　　　　SWOT分析主要内容

险种	费率	中介	促销	服务
公司推出的险种有哪些？优劣势是什么？险种的市场占有率和覆盖面有多大？竞争者推出了什么险种，优劣势是什么？	公司的费率策略如何？与竞争对手相比有什么优劣势？	公司主要采用什么营销渠道？公司怎样选择代理人和经纪人？与竞争对手相比有哪些优劣势？	促销活动和手段有哪些？费用如何？效果如何？竞争对手采取了哪些促销活动？这些活动对公司有何影响？	主要客户有哪些？这些客户对公司的服务有何意见和想法？竞争对手的服务如何？对公司有何影响？

保险企业机会与问题分析，使营销计划制订者可以轻而易举地识别企业实力和特定营销环境之间的匹配关系，使企业识别投入资源的最佳点，在最佳时机消失之前对之加以利用。

在对可能发生的主要威胁和机遇进行识别和分析之后，管销计划会加入一项应急计划，以应付威胁和利用机遇。

4. 营销目标。营销目标是确定营销计划在市场占有率、销售额、利润率、投保比率和分销渠道等领域在一个计划期内所应达到的目标，是在分析现状、预测威胁与机会，并进行综合平衡的基础上制定的。

营销目标必须以定量的术语表达要实现的目标和所需时间。包括全部的保险产品目标、产品系列目标或市场目标；为完成每个营销职能（如广告、分销、新人招收、培训、定价以及促销）计划所需的更特殊的目标。例如，如果企业目标是在今后一年中将整个公司的销售量提高15%，营销目标是在今后一年中将某一产品系列的销售量提高30%，与此同时，每个营销职能部门就应制定具体目标或增幅。

保险公司的营销目标通常包括：保费总收入、市场份额、现有代理人数量、新保户、续保率、代理人收入、有效保单、代理人的平均业绩、代理人佣金与费用的比率等。

营销目标除了包括销售和产品目标之外，还应包括续保率目标、雇佣职员和费用目标、客户满意和服务手段以及企业形象目标。

5. 营销策略。营销策略是完成营销目标的主要营销途径和方法。一家公司可采用一种或多种营销策略以实现某一特定目标。例如，公司为实现将某险种系列的销售量提高30%的营销目标，可以采取的策略有：市场渗透策略——增加消费者和商业广告宣传以及销售力量的规模；市场开发策略——在新的市场领域开办分支机构；险种开发策略——扩展自己的险种系列。

6. 战术和行动方案。管理人员必须使策略转化为战术和行动方案，包括：将采取什么行动；如何、何时、何地采取这些行动；谁负责每一行动的实施；每一行动需要多少费用；行动产生的结果如何；所涉及的主要的不确定因素；如何监控和评估结果。

7. 预算。预算为管理人员提供了对一项营销计划或行动方案的成本和利润预测进行估计的手段，有助于管理人员监督行动方案的执行，以确信它们没有偏离营销目标且处于适当的成本幅度内。

保险营销计划中的预算通常包括销售预测、详细的营销及其他成本清单、盈亏平行分析、现金流量预测以及估测该计划预定盈利能力的手段。

8. 评估与控制。一项营销计划通常规定用于评估进度和成功的控制。目标和预算是评估的主要手段。例如，一项计划可能在有效期内按月列出将要从事的活动、预定销售量和预定现金流动。这样，管理人员就可以每月对这些预定值进行考核，判断是否实现了目标和预算。如果没有实现目标和预算，就需要做一下调整。

营销控制可以分为年度计划控制、盈利率控制、效率控制和战略控制四种类型。年度计划控制的主要内容是对销售额、市场占有率、货用率等进行控制。盈利率控制寻求衡量与控制不同的产品、地区、顾客群、细分片、销售渠道等的盈利率。盈利率控制的一个重要内容是制作一张损益表。效率控制是集中寻找增加销售队伍、广告、促销和分销的效率。战略控制要求定期承担对公司的再评价，使用的工具有营销效益评核和营销审计。

营销控制主要可分为四道程序，表3-2列出了营销控制过程中的常用方法，分析工具和主要参与人员。

表 3 – 2　　　　　**营销控制过程中的常用方法、分析工具和主要参与人员**

步骤	常用方法	分析工具	主要参与人员
目标建立	年度计划会议，年度营销计划	PEST/SWOT 等战略分析工具	中高管理层
执行监督	季度/月度营销分析会议每日订单/库存/收款报告费用/销售分析报告个人访谈/市场走访	销售差异分析，微观销售分析，市场份额分析，营销费用—销售额分析，财务分析，盈利性分析，广告效率分析，促销效率分析	中高管理层运营人员
效果诊断	个人访谈营销控制会议	营销审计	中高管理层营销审计人员
改正行动	文件/备忘录/会议人员调整/人员激励/计划调整	—	中高管理层运营人员

第三节　保险营销活动的组织、执行与控制

一、保险营销活动的组织

保险公司从事风险管理业务，需要进行程度较高的专业化分工。其主要经营管理活动包括产品开发、市场营销和销售、承保、再保险、客户服务、投资、理赔以及其他支持性经营管理活动。保险公司基于这些基本经营管理活动所设置的职能部门可以分为三类：前台部门、中台部门和后台部门。前台部门就是保险营销活动的职能部门，负责业务发展和客户开发，包括营销管理部门和销售部门。中台部门管理运营环节，为前台部门提供支持服务，对业务风险进行管控，为客户提供售后服务，具体包括产品开发部门、客户服务部门、核保部门、再保险部门、理赔部门等。后台部门为整个公司提供支持性服务，具体包括办公室或行政、人力资源部、财务会计部、信息科技部、法律部、企划部等。

（一）前台部门设置的选择标准

保险公司的前台部门往往依照以下三类标准而设置。

1. 依照不同客户类型，保险公司可以设置个人业务部和团体业务部。该种设置方法的依据在于个人保险业务和团体保险业务在产品、承保、客户服务、理赔和分销渠道等方面存在较大的差异性。依据客户类型设置，有利于保险公司实施"以客户为中心"的发展战略，及时、准确地了解客户的需求，为客户提供一揽子的保险产品和服务，满足客户的综合保险需求。

2. 依照不同渠道进行设置。依据渠道类型设置，有利于保险公司实施大力发展特定销售渠道的战略，有利于开发、管理和维护重要销售渠道，充分挖掘渠道的潜力。

3. 依照不同产品设置部门。按照产品设置对于财产保险公司而言更为普遍。最常设置的部门包括车辆保险部、水险部、财产保险部、特殊风险保险部、意健险部等。这种

组织结构可以体现出保险公司大力发展特定产品线的战略，有利于公司加强对产品线业务的开拓和管理，促进与产品线相关的知识和技能纵深发展。但是，这种设置方法不利于公司全面深入地了解客户需求，不利于公司向客户提供综合保险产品和服务。

（二）我国保险公司前台部门设置的做法

1. 寿险公司前台部门的设置。我国人寿保险公司普遍依据客户类型设置前台部门，大多数寿险公司都设有个险业务部和团险业务部。另外，鉴于银行保险渠道的重要性，大多数国内寿险公司都设立了银行保险部。各家中资寿险公司的前台部门设置大体相同，这与国内寿险公司的发展历程有关。早期经营寿险业务的保险公司仅开展团体人身保险业务。自友邦保险在 1992 年率先引入了保险代理人机制之后，个人寿险业务在国内取得了快速发展，各家寿险公司都增设了个人业务部。在 2000 年之后，各家寿险公司设立了银行保险部。目前，虽然各家寿险公司的业务发展重点各有差异，但基本上都按照个人业务、团体业务和银行保险业务来设置其前台部门。

2. 财险公司前台部门的设置。相比较而言，财产保险公司在前台部门设置方面具有一定的差异性。长期以来，依照产品线设置前台部门一直是国内财产保险公司的普遍做法。近年来，按照客户类别和渠道设置前台部门的做法逐步为更多的财险公司所接受。例如，平安财产保险公司依照客户类别和产品类别相结合设置前台部门，都邦财险也是依照客户类别设置前台部门。

国内一些规模较大的保险公司，包括人保财险、平安寿险等公司已在前台引入了事业部制。对于业务规模较大、经营能力较强的保险公司而言，事业部制已成为一种现实的选择。对于新兴保险公司而言，由于整体业务规模较小，业务结构不均衡，各职能的专业能力亟须加强，采用职能部制可能是更好的选择，有助于公司快速提高各职能的专业能力，实现职能规模经济，建立职能资源的共享机制。

拓展阅读 3–2
西方保险公司在前台部门设置方面的做法 ....

按客户类型设置前台营销部门是国外人寿保险公司的主流做法。比如美国大都会人寿的前台部门分为个人客户部和团体客户部；ING 保险美国公司下设个人金融服务事业部和机构金融服务事业部；荷兰 AEGON 保险集团英国公司下设个人业务事业部和公司业务事业部。一些寿险公司采用了以客户类型为主、渠道类型为辅的设置方法。如忠利泛欧保险公司下设了公司业务部、个人营销部和中介销售部。另外一些寿险公司采用了以客户类型为主、产品类型为辅的设置方法。如安盛人寿公司在设有个人财富管理事业部、公司业务事业部之外，还设立了保障产品事业部来重点开发保障类保险市场。

大多数国外产险公司的前台部门设置同时采用了多种设置标准。第一种常见的做法采用了客户类型和产品类型相结合的方法。比如美亚保险公司（AIU）设置了两个按客户类型命名的事业部（商险事业部、个险事业部）和两个按产品类型命名的事业部（意外及健康险事业部、能源险事业部）。Chubb 保险公司设置了商险部、个险部，以及特殊险部和保证保险部。另一种常见的做法采用了客户类型和渠道类型相结合的方法。安盛保险（安盛集团的财产保险分支）下设四个事业部：公司合作事业部、个人保险中介事业部、商业保险中介事业部、安盛解决方案事业部。CGNU 保险公司下设了零售业务部、公司合作部和保险中介业务部。事业部制已普遍为西方保险公司所采用。依据产品类型、客户类型和渠道类型设置事业部是常见的做法。一些大型跨国经营的保险公司在集团层次设立地区事业部也是常见的做法。以英杰华保险公司为例，在集团层次设立了英国事业部、欧洲事业部和国际事业部 3 个事业部。安盛保险在集团层次也设立了 11 个地区事业部。另外，一些大型保险公司在集团层次引入了矩阵式组织结构。例如，苏黎世金融服务公司在集团层次设置了 4 个业务线和地域相结合的事业部，包括全球公司事业部、北美商险事业部、欧洲非寿险事业部和全球人寿事业部。应该说，全球化和综合化经营是欧美大型保险公司设立事业部的基础。

　❶ 资料来源：节选自段求平：《中外保险公司组织结构设计初探》，载《国际金融研究》，2007 年第 7 期。

二、保险营销计划的执行和营销策略的实施

（一）保险营销计划的执行

执行营销计划，是指将营销计划转变为具体营销行动的过程，即把企业的经济资源有效地投入到企业营销活动中，完成计划规定的任务，实现既定目标的过程。

1. 保险营销诊断。保险营销诊断是一项专门的经营诊断。它是诊断人员综合运用现代保险市场营销的理论和方法，分析研究营销中各种因素和各环节的具体活动状况，发现其中存在的不完善状况和问题，并提出相应的完善建议方案和措施的活动。保险营销诊断的目的，在于增强营销活动对市场环境变化的适应能力，提高营销活动的效率，确保营销活动的成功，并促进整个生产经营活动在市场经济条件下的良性循环。保险营销诊断包括保险营销策略诊断、管理体制诊断和人才环境诊断，等等。

营销策略诊断主要是结合竞争对手，分析企业的产品策略、价格策略、分销策略、促销策略对销售能否起到有效的促进作用；管理体制诊断主要是分析管理体制的健全程度，分析的重点内容侧重于组织结构设置、部门职能划分、岗位责权界定、规章制度标准等课题；人才环境诊断主要是分析人才素质对企业竞争力的影响，分析的重点侧重于领导人的经营观念、管理方式、素质修养及企业凝聚力、人才结构、激励机制、管理层的素质层次、计划执行力、员工行为标准、人才稳定性、人力成本、员工对企业评价等课题。

2. 保险营销计划问题分析。在计划执行过程中，企业可能遭遇各种问题的困扰，有时甚至导致设计完善的市场营销战略、策略、战术在执行中无法取得理想业绩。保险公司在执行营销计划时要注意分析以下几点。

（1）计划是否脱离实际。企业的市场营销计划通常由上层专业计划人员制订，而实施则主要依靠基层操作人员去做。

（2）计划目标系统内是否存在矛盾。企业营销计划经常涉及企业的长期目标，企业对于具体实施计划的市场营销人员，通常又是根据他们的工作业绩，如销售量、利润率、市场占有率等指标进行评估奖励。因而市场营销人员又不得不常常选择短期行为。

从而使企业营销目标系统内部矛盾重重，进而影响到计划执行。

（3）是否有风险应对措施。市场总是在不断地变化的，不变的只有"变化"。计划应该对各种突发事件做好充分的分析、预测和制定应对防范措施。

（4）是否有具体明确的实施方案。计划应当有详尽的实施方案，规定和协调各部门的活动，编制详细周密的项目时间表，明确各部门经理应负担的责任。

（5）年度营销计划是否有上年的总结。要想制订出真正有发展性的计划，一定要总结出上年的问题和差距。从计划制订来讲，一定要从问题和差距出发，作出细致的分析，提出问题的解决方案。

3. 对保险营销计划执行结果的评估。保险营销计划执行结果的评估是指对营销计划的执行过程中的阶段结果以及执行的最终结果进行的评估，主要是对公司的营销环境、目标、战略和其他所有活动作全面系统和定期的检查，目的在于发现问题把握机会，提出行动计划，以提高公司的营销业绩。保险营销计划执行结果的评估主要有以下三种方法。

（1）市场占有率分析。对企业及其各类产品的市场占有率进行分析。包括全部市场占有率、目标市场占有率和相对市场占有率。

（2）营销费用占销售额的比率。该项分析内容包括营销整体费用投入、营销分类费用投入（广告费、业务费、中介奖励、宣传品费等）、各区域的营销费用对比、各销售办事处的营销费用对比、各类产品的营销费用对比、总部与办事处分别投入的费用、媒体广告的投入费用等。主要指标有营销总费用增减率、营销费用与销售额比率、各分类营销费用的增减率等。

（3）顾客态度追踪。就是通过一定形式和程序，对顾客购买企业产品后的意见、感受、建议系统地加以反馈。通过顾客态度追踪，可以及时发现顾客、经销商对本企业产品所持态度的变化。

（二）保险营销策略的实施

保险营销策略实施是将营销计划和策略转化为行动任务并付诸实施的过程，强调的是执行过程中"谁去执行""在什么时间""什么地方""怎样进行"的问题。营销策略的执行是通过营销经理、分销人员、客户服务人员、险种开发人员、广告和其他营销人员，甚至一般与营销关系不大的公司其他员工的日常经营活动来实施的。在实施过程中，特定的个人负责执行完成营销目标所需的工作，营销管理者制订行动计划，规定将要做什么、由谁去做、何时去做及如何去做，并允许管理者为了达到目标而协调策略和方法。为了保证每一个人对自身的责任有清楚的理解，营销管理者必须有效地将这些计划传输给那些将要执行计划的人员。

保险营销策略的执行一般包括相互联系的五项内容：制订保险营销行动方案；建立保险营销组织结构；设计保险营销决策和报酬制度；开发人力资源；建设保险企业文化。

1. 制订保险营销行动方案。为了有效地实施保险营销策略，必须制订详细的行动方案。这个方案应该明确营销策略实施的关键性决策和任务，并将执行这些决策和任务的责任落实到个人或小组。另外，还应包含具体的时间表，定出行动的确切时间。保险营销行动方案要回答的问题是：策略执行的任务有哪些？哪些是关键性的？如何完成这些任务？采用什么样的措施？本企业拥有什么样的实力？

2. 建立保险营销组织结构。保险企业的营销部门在营销策略的实施过程中有决定性的作用，营销部门将策略执行的任务分配给具体的科室和人员，规定明确的职权界限和信息沟通渠道，协调部门内部的各项决策和行动。建立保险营销组织结构要解决的问题是：本企业的营销组织结构是什么样的？各科室的职权是如何划分的？信息是如何沟通的？

3. 设计保险营销决策和报酬制度。为实施保险营销策略，还必须设计相应的决策和报酬制度。这些制度直接关系到策略执行的成败。以保险企业对推销人员工作的评估和报酬制度为例，如果它是以短期的保费收入为标准的话，推销人员的行为必定趋于短期化。设计保险营销决策和报酬制度要回答的问题是：哪些制度最重要？主要控制因素是什么？信息是如何沟通的？

4. 开发人力资源。营销策略最终是由营销部门的工作人员来执行的，所以人力资源的开发至关重要。这涉及管理人员与推销人员的考核、选拔、培训和激励等问题。在考核选拔营销管理人员时，要研究是从企业内部提拔还是从外部招聘更有利；在招聘、培训及激励推销人员时，要从长计议，切忌目光短浅。这一阶段要回答的问题是：本企业尤其是营销部门员工的技能、知识和经验如何？他们的期望是什么？他们对企业和营销工作是何态度？

5. 建设保险企业文化。保险企业文化是指保险企业内部全体员工所共同持有和遵循的价值标准、基本信念和行为准则。企业文化对企业经营思想和领导风格，对员工的工作态度和作风，均起着决定性的作用。由于企业文化体现了集体责任感和集体荣誉感。甚至关系到员工人生观和他们所追求的最高目标，它能够起到把全体员工团结在一起的"黏合剂"作用。因此，塑造和强化保险企业文化是执行保险营销策略中不容忽视的一环。建设保险企业文化要回答的问题是：员工是否具有共同价值观？共同价值观是什么？它们是如何传播的？

为了有效地执行保险营销策略，保险营销行动方案、保险营销组织结构、保险营销决策和报酬制度、人力资源、保险企业文化这五大要素必须协调一致，相互配合。

三、保险营销活动的控制

保险营销策略不是总能像一开始计划的那样有效。不管营销计划如何谨慎地执行，环境的变化或公司本身的变化会破坏营销执行过程。因而，营销管理者必须监控执行过程，以便尽快发现偏离计划之处，并采取纠正措施以利于按目标实施计划。保险营销控制就是指营销部门以营销计划为依据，对营销活动进行监控，同时通过绩效评审与信息反馈，对营销策略加以调整的过程。

保险营销控制与保险营销计划相结合，形成了一个完整的保险营销管理信息系统。一方面，保险营销控制必须以保险营销计划为前提，营销管理部门在进行绩效考评时，就是将实际营销执行结果与营销计划中的业绩标准进行对比来判断他们的行动计划是否符合营销目标，让管理者们知道销售是符合、超过还是低于计划；广告的影响或同业促销的影响是增加、稳定还是下降了；保费收入同费用的比率是提高、持平还是减少了，从而找出偏差。另一方面，保险营销控制又可为以后保险营销计划的调整与修订提供依据。如果实际业绩达不到业绩标准，公司必须找出原因。如业绩达不到预期标准，可能是制定了不现实的或达不到的业绩标准，或者是营销环境发生了不可预料的变化，妨碍了公司实施营销策略并达到预期的业绩水平。

分析透了出现偏差的原因之后，营销管理者可以采取一些措施来改变这种情况。如改变执行策略的行动计划；以不同方式实施行动计划；制定新策略；修改计划目标；改变目标中既定的业绩标准。如果营销管理者确定对营销员培训不够是问题所在，就会实施一个新的行动计划去改善培训，或调整现行计划，使它包括必要的培训内容。

（一）保险营销控制的内容

保险营销控制包括顺序相互衔接的三个方面内容，即营销控制标准的制定、营销绩效的衡量和调整措施的实施。

1. 保险营销控制标准的制定。这是营销控制中应首先解决的问题，也是最为关键的一步。它关系到整个营销控制活动的有效性。

通常，作为保险营销控制的标准有三种：行业标准、本企业历史最好水平和本企业预期标准。三种标准中，行业标准在某种意义上代表着本行业的平均水平，将本企业与同行竞争者进行比较，明确本企业在本行业中所处的地位；本企业历史最好水平是过去某个时期企业的最佳业绩水平但由于无法体现当前营销环境和营销策略的各种变迁，所以一般只用于趋势分析；本企业预期标准是企业管理者目标的具体体现，是在分析行业标准、本企业的行业地位、本企业过去绩效以及未来可能发生的各种变化的基础上制定出来的。将预期标准作为营销控制标准最具可行性。表3-3是各种营销控制标准的具体来源。

表3-3　　　　　　　　　各种保险营销控制标准及其来源

营销活动	控制标准		
	行业标准	本企业历史最好水平	本企业预期标准
标准保费收入	行业报告	营销部门	销售预测
市场份额	公开发行的刊物	营销部门	市场份额预测
费率水平	客户竞争对手	营销部门	费率预测
营销费用	公开发行的刊物	会计部门	费用预测
利润	行业报告　公开发行的刊物	会计部门	预算财务报表
营销员队伍	公开发行的刊物	营销部门	本企业政策
企业形象	专门研究	专门研究	本企业政策

2. 保险营销绩效的衡量。衡量保险营销绩效就是将营销的投入与营销的产出进行比较。具体来说，衡量保险营销绩效应包括以下三个方面的内容：（1）保险企业经营效益；（2）保户满意程度；（3）保险企业社会形象，见表3-4。

表 3 - 4 衡量保险营销绩效的内容

	营销产出	营销投入
保险企业经营效益	①总保费收入提高 ②新单保费收入提高 ③市场份额扩大 ④广告促销带来的收入提高	①销售费用的节约 ②降低调研费用 ③降低广告费用
保户满意程度	①消费者投保金额的增加 ②消费者重复投保率的提高 ③保户对企业险种与服务的满意度 ④消费者对企业及险种品牌的信任 ⑤本企业在保户中有良好的形象	①消费者保费支出的总量 ②消费者投保决策所需时间 ③消费者决定投保时考虑选择的企业数 ④保户对本企业险种及服务抱怨的次数与严重程度（含投诉）
保险企业社会形象	①优质的险种与服务质量 ②便捷、可靠的核保核赔速度 ③规范的业务行为 ④消费者的理财顾问 ⑤广告宣传的真实性	①降低费率，扩大保障范围与程度 ②努力降低材料费用支出 ③增加附加服务 ④杜绝不正当竞争行为

在进行营销绩效评价时，以上三个方面的内容应同时兼顾。但需要说明的是，营销绩效的衡量有些存在客观标准，有些则相对比较模糊。一般来说，衡量保险企业经营效益的标准最明确，但保户满意程度就不易准确计量，保险企业社会形象则更是一个模糊的概念。

3. 调整保险营销计划的实施。实际营销绩效与营销计划出现偏差时，营销管理者需要尽快制定调整措施，以保证营销计划和企业整体目标的顺利实现。实施调整措施应考虑两种因素：一是技术性因素；二是人的因素。对于前者，营销管理者首先应对实际脱离标准的原因进行客观而全面的分析，为进一步制定调整措施提供指导。例如，保费收入或市场份额下降的原因可能是由于费率过高而销售数量过少，也可能是由于险种开发滞后而丧失了部分市场，还可能是由于售后服务不能使保户满意……只有把握了真正的原因之后，管理者才能对症下药，制订实质性的调整方案。另外，应当充分认识到某些影响因素的"时滞"作用。例如，企业为赢得保户信任，增加保费收入，提高市场占有率，采取了开发新险种和提高售后服务质量及增加广告力度的措施。但是，让消费者真正接受需要一定时间，也就是说，提高质量与增加销售收入之间存在着一定的时间差。同样的，某一时期服务质量下降也不一定同时体现为当期保费收入的减少，其影响作用可能体现在以后的某个时期。所以，采取调整措施时应当允许有一定的时间差。对于人的因素而言，主要是指人们对新生事物的接受程度、旧有观念对人的影响、人的情感因素以及人际关系等方面。这是营销调整措施的制定会遇到更大的困难的原因所在。

（二）营销控制的方法

保险营销管理者采用的营销控制方法有三种。

1. 年度计划执行分析。年度计划执行分析包括销售分析、市场份额分析、保户态度跟踪分析、营销费用率分析。这一分析用于营销管理者对年度营销计划进行控制，考核整个企业或地区的营销绩效。

（1）销售分析。销售分析是根据销售目标衡量和评价实际销售业绩，是考核销售状况、评估企业目前业绩的一种手段。保险企业通常按保户、地理位置与险种系列进行分类分析，具体的销售分析类型包括总销售量或保费收入、新单保费收入、续保保费收入、签单量、续保率、已售出保单的平均承保额、新保户数量、采用的分销渠道类型、风险类型（标准、次标准、优良）、支付的首年佣金等。

（2）营销市场份额分析。营销市场份额分析是指对本企业在整个市场竞争中的地位所作的判断与评价。衡量营销绩效的好坏，不能仅着眼于企业自身销售的增减方面，而须综合分析市场竞争大环境的变化后再作结论。如果企业某险种的市场总需求量增加了40%，而其保费收入却只增加了6%，也不能说明取得了好的营销效果。营销市场份额分析包括对潜在营销市场份额、有效营销市场份额、合格营销市场份额与已渗透营销市场份额的分析。

（3）保户态度跟踪分析。保户态度跟踪分析是一种定性的营销控制手段，是指通过建立专门机构、用以追踪保户对本企业险种及服务的态度。对保户态度进行跟踪分析时，通常采用的方式有：①意见和建议制度，即收集来自保户的各种口头和书面意见与建议，将其汇总成册，并提交管理者，管理者再根据所反映意见的集中程度进行原因分析，制定相应措施；②保户调查，是指定期向随机抽取的保户送调查表，请他们对公司员工及营销员的服务态度、险种等作出评价，并将其反馈给管理者；③保户固定样本调查，即选定某些保户作为固定调查对象，让他们定期通过电话或邮寄调查表的方式陈述自己对公司险种和服务的看法。

保户态度跟踪分析是通过保户的反应态度来评价企业营销绩效的，所以它较之企业内部的各种自我分析更有意义。

（4）营销费用率分析。营销费用率分析是营销管理者在进行营销费用分析时最常用的方法。营销费用是从事营销活动的各种职能所发生的费用支出，如广告、营销调研、推销等支出。营销费用率是指营销费用与销售额的比率，如广告支出与销售额之比、营销调研与销售额之比等。可用于营销费用率分析的指标有：每售出1000元保险金额的营销费用比率、每1000元新保费收入的营销费用比率、每1000元续保保费收入的营销费用比率、收到每份投保申请的营销费用比率、签发每份保单的营销费用比率等。营销费用率分析能使营销管理者确定各营销职能领域在促销中发生的费用情况，从而找出潜在的经营问题。

2. 盈利性分析。盈利性分析是确定公司盈利或亏损状况的过程。主要用于测定各类险种在不同地区，不同营销市场，通过不同分销渠道销售的获利能力，以确定实施营销策略的有效性。帮助市场营销管理者决定哪些险种、哪些细分市场应予以扩大，哪些应缩减以至放弃。例如，一家寿险公司可以利用盈利性分析来衡量某一地区、代理机构、代理人、险种、险种系列、分销渠道或某一客户细分的盈利情况。如果需要修正、维持、扩张、减少或放弃任何营销活动或经营，管理者就可以运用这些信息作出决策。

3. 保险营销审计。保险营销审计是从更广泛的角度检查保险企业的营销活动，是对企业的营销环境、目标、策略、方法、行动步骤、组织结构及人员的系统性考核及评价，以便确定营销活动的难点所在，寻求新的营销机会，并提出行动计划与建议。

（1）保险营销审计的特征。相对于其他两种营销控制的方法，保险营销审计具有全面性、系统性、独立性与定期性的特征。保险营销审计的全面性，表现在它是涵盖影响企业营销业绩的所有因素的审计，而并不局限于保险营销活动中出现的某些问题的审计。例如，企业的营销队伍不稳定，营销员脱落率比较高，其原因可能并不仅仅是待遇过低或培训不力，也可能包括公司险种老化、管理混乱、促销手段有误等因素。全面审计有助于发现真正的营销问题所在。保险营销审计的系统性，在于它是按设计好的、有序的、连续的步骤来审查、分析一个机构的营销活动具体包括营销环境、内部营销制度和各种具体的营销活动，以及在此基础上制订的调整行动方案。保险营销审计的系统性和独立性在于它主要是由外部商业顾问等有经验的、独立的权威机构来进行，也可能由一组公司人员和外部顾问共同进行。由于局外人与企业无任何利害关系，故独立性和客观性最强。最后，保险营销审计通常是定期而经常性地进行的，通过营销审计，可以随时把握问题的影响程度，并及早采取调整措施，而不致一味地对陷于困境的营销活动作被动应付。

（2）保险营销审计的程序。保险营销审计的程序可分为六个步骤：第一，选定审计主体，即确定是营销管理者自我审计，还是企业内部的审计部门和审计人员审计，甚至是企业外界有资格的审计专家审计。第二，确定审计时间，即审计的次数，每次审计的具体时间及各次审计的间隔时间。第三，界定审计范围，即是横向审计还是纵向审计。横向审计是指对营销活动的全部内容（包括险种、费率、促销、分销等的组合）进行审计，从中发现影响营销绩效各因素的相互关系与相对重要程度；纵向审计则是就营销活动的某一方面进行深层分析，如对分销渠道的审计。第四，设计审计表式，列出审计的范围以及进行评审需要了解的详细内容。审计表式通常可采用问卷的形式（见参考资料3-1）。第五，进行评审工作，提出审计报告，揭示实质性问题并提出建设性意见。第六，提交终审报告，即将审计报告交给有关管理部门，以便对营销审计结果作出合理反应。

（3）保险营销审计的内容。保险营销审计应尽可能全面，以使公司能找出最有效的行动计划。一个保险公司的营销审计至少应该考虑如下领域：①总体营销方向，包括过去、现在与将来财务业绩数据，如新保费和续保保费、市场份额、失效率和净利润。②营销市场，公司要辨别主要市场，并判定其对市场进行渗透的有效性，谁是公司的营销对象？尤其是大宗业务份额是否来自一些特殊的人口统计群体？平均保单的规模或售给各种人口统计群体的每份保单的平均保费是多少？③险种，由公司营销员推销的险种是什么？公司险种组合的趋势是什么？这些趋势可能产生的影响是什么？公司每一类保单的平均保费和保额是多少？④分销渠道，在各种分销渠道中，公司的效果如何？公司代理人的忠实程度如何？公司未来的营销模式如何？保户招揽的费用，总营销成本中多大比例是用于对推销人员的补偿、外勤管理者补偿、外勤操作费用和总部营销费用引起的？⑤补偿，补偿是成本的关键因素，但更重要的是，它是公司激励推销人员的最重要工具之一，补偿包括对直销人员的补偿与营销人员的补偿，以确定他们对补偿计划的态度，向调查者提供一个有价值的观察问题的角度，从而能够弄清楚公司的补偿计划在多大程度上能激励推销人员。⑥培训，评估提供给各层分销渠道的培训，包括基础知识培训、推销技能培训、外勤管理培训，同时还要评估营销人员对其所受培训的实施效果。⑦销售支持，通过推销人员的眼睛来评价公司所提供的销售支持的质量和重要性，如计算机和软件、各种说明书、核保指南、签发保单、先进的销售支持以及客户服务等。⑧保户关系，确定保户对公司的看法以及公司和推销人员如何更好地满足保户的需求，他们对公司的联络方式看法如何？他们的代理人是否与他们保持联系？⑨营销组织结构，包括营销结构、通信联络及各职能部门之间的合作。

参考资料 3-1
保险营销横向审计涉及的问题 ∎∎∎∎∎∎∎∎∎∎∎∎∎∎∎∎∎∎∎∎∎∎∎∎∎∎∎∎∎∎∎∎∎∎∎∎∎∎

1. 计划、组织与控制方面
（1）有无特定的营销目标？
（2）营销目标是否随环境改变而改变？
（3）是否对消费者行为、消费者需求和消费者态度进行过研究？
（4）营销组织是否具有系统性？
（5）有无营销计划的制订程序？
（6）是否要进行全面的销售预测？
（7）营销计划是否是在对购买者行为调研的基础上制订的？
（8）营销计划中是否明确包括了营销战略和营销策略？
（9）对环境变化如何控制？
（10）进行营销决策时是否考虑企业的社会责任？
（11）是否通过销售分析、盈利性分析和营销审计进行营销控制？
2. 市场调研方面
（12）有无完整的市场信息系统？
（13）企业是否对市场调研活动给予足够支持？
（14）市场调研部门与管理部门之间有无良好的沟通？
3. 产品方面
（15）是否有系统的产品设计过程？
（16）是否根据产品寿命周期理论制定产品政策？
（17）是否具有开发新产品的正规程序？
（18）是否对所有产品作定期考察？
（19）对进入成熟期的产品是否已考虑其更新？
（20）对处于衰退期的产品是否实行逐步淘汰的政策？

4. 分销方面

（21）市场覆盖面是否很广？

（22）对各分销渠道成员是否经常评估并予以激励？

（23）是否对各种可选运输方案进行比较？

（24）是否对仓储做充分调整？

（25）是否计算经济订购批量？

（26）客观条件发生变化时，分销策略有无做相应调整？

5. 促销方面

（27）是否制订了总体促销方案？

（28）是否对各种促销手段进行权衡？

（29）广告效果如何？

（30）是否努力寻求有利的公共关系？

（31）对销售队伍的招募与培训工作怎样？

（32）是否定期分析销售力量的组织状况？

（33）对直接推销方式如何控制？

（34）价格策略是否符合政府有关法规的要求？

（35）价格策略是否令各分销渠道的成员满意？

（36）确定价格时是否同时考虑了消费者需求和成本补偿两个因素？

（37）价格是否具有竞争力？

（38）价格能否保证企业利润最大化目标的实现？

本章小结

1. 保险营销管理是一个满足消费者保险需求的管理过程，是识别、分析、选择和发掘保险营销机会，以实现保险企业的任务和目标的管理过程，也是保险企业与其最佳的市场机会相适应的过程。这一过程包括分析保险营销机会，确定保险营销的目标市场，制定保险营销策略，组织、实施与控制保险营销活动。

2. 针对保险营销市场的需求形态，保险营销管理可采取不同的管理类型：针对负需求实行扭转型营销；针对无需求实行刺激型营销；针对潜在需求实行开发型营销；针对衰退的需求实行恢复型营销；针对不规则需求实行同步型营销；针对充分需求实行维护型营销；针对超饱和需求实行限制型营销。

3. 保险营销管理过程中，有两种计划起着非常关键的作用，这就是保险策略计划与保险营销计划。保险策略计划为保险营销计划奠定了基础，并为保险营销活动制定了基本方向。营销管理部门和销售部门是保险公司的前台职能部门，组织实施保险营销活动，即将营销计划转变为具体营销行动，把企业的经济资源有效地投入企业营销活动中，完成计划规定的任务、实现既定目标；同时要以营销计划为依据，对营销活动进行监控，通过绩效评审与信息反馈，对营销策略加以调整。

主要概念

保险市场机会　保险营销机会　保险营销环境　保险市场细分　保险目标市场
保险市场定位　保险营销策略　扭转型营销　刺激型营销　开发型营销　恢复型营销
同步型营销　维护型营销　限制型营销　保险策略计划　保险营销计划　前台部门
中台部门　后台部门　保险营销审计

思考与练习

1. 何谓保险营销管理？它包括哪些主要程序？
2. 简述保险营销管理的主要类型。
3. 何谓保险营销计划？它有哪些主要类型？
4. 简述保险营销计划的主要内容。
5. 保险公司前台部门设置的标准有哪些？
6. 简述保险营销策略的主要类型。
7. 简述保险营销控制的主要内容与方法。

Master Series

21st

Century

第二篇

分析篇

第四章
保险营销环境分析

学习目标

　　任何经济活动都离不开各自特定的环境，保险营销活动在很大程度上也受着环境的影响，而且环境的变化对保险企业的营销活动既是机遇，也是威胁。因此，学会分析保险企业的营销环境，对制定保险企业营销决策起着十分重要的作用。通过本章的学习，重点了解和掌握影响保险环境的内部和外部因素。

知识结构图

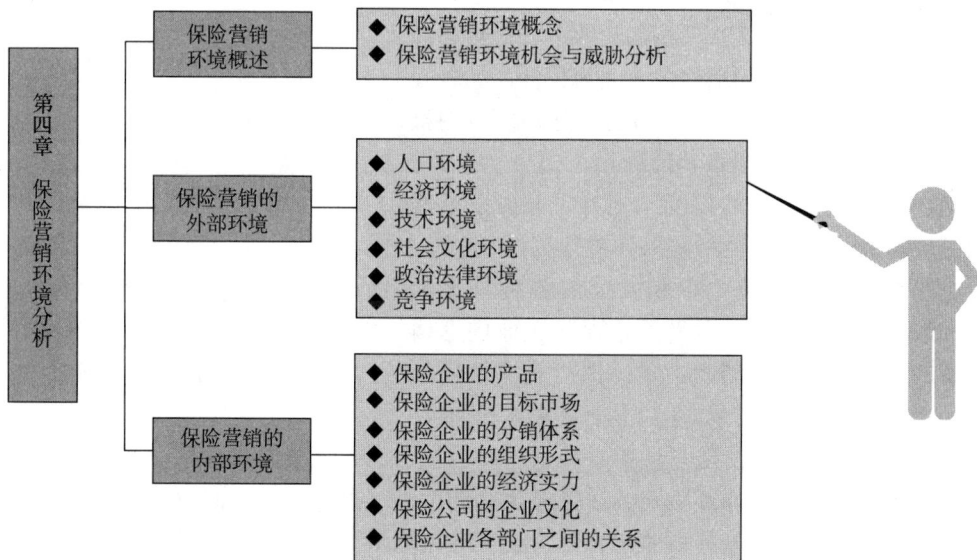

第一节　保险营销环境概述

一、保险营销环境概念

现代营销学认为，企业经营成败的关键在于它是否适应不断变化的环境。市场营销环境大都是不可控制的因素，但是企业如果能够不断使其经营适应所处的环境，从而使自己面对最佳的机会，就能创造出惊人的业绩。因此，企业的营销人员要不断地关注变化的环境，及时改变营销策略，去迎接营销环境中的新挑战和新机会。

保险营销环境是指影响保险企业的营销管理能力，使其能否成功地发展和维持与其目标客户交易所涉及的一系列内部因素与外部条件的总和。可见，保险营销环境是复杂多变的，它是随着社会经济、文化、政治的发展变化而不断变化的。同时，保险营销环境的各因素又不是孤立存在的，而是相互联系、相互作用、相互制约的一个统一体。因此，只有认真研究分析，才能使保险企业在复杂多变的营销环境中得以发展。

保险营销环境系统是复杂的、多层次的。从环境层次的角度来划分，保险营销环境可以分为宏观环境和微观环境。所谓宏观环境，就是指那些给保险企业造成市场机会和环境威胁的主要社会力量，包括人口环境、经济环境、自然环境、技术环境、政治和法律环境以及社会文化环境。所谓微观环境，是指和保险企业紧密相连、直接影响保险企业为目标市场顾客服务能力和效率的各种参与者，包括保险企业本身、保险中介人、保户、竞争者和公众。

从环境广义与狭义的角度来划分，又可以把保险营销环境分为外部环境和内部环境（见图 4 - 1）。前者是指影响保险企业生存和发展的各种外来因素，一般具有不可控性；后者是指保险企业内部诸多因素的影响、作用和制约力量。保险企业营销的外部环境通常包括人口环境、经济环境、技术环境、社会文化环境、政治法律环境以及竞争环境等因素，这些都是保险企业所不能控制的。保险企业营销的内部环境则包括保险企业的产品、保险企业的目标市场、保险企业的营销策略、保险企业的分销体系、保险企业的组织形式和保险公司的企业文化等。保险企业可以主动对其内部环境进行控制与调节，使其始终与保险企业的经营目标相一致，并尽量与外部环境相适应，以保证保险企业经营目标的实现。

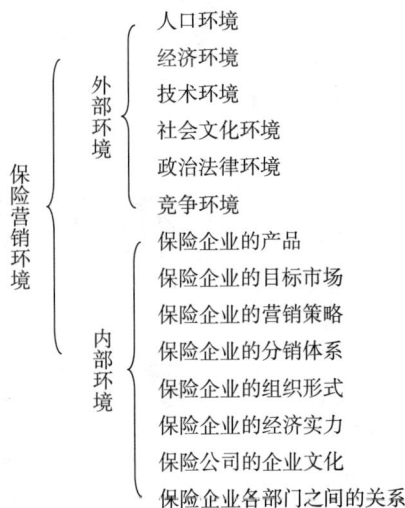

保险营销环境
- 外部环境
  - 人口环境
  - 经济环境
  - 技术环境
  - 社会文化环境
  - 政治法律环境
  - 竞争环境
- 内部环境
  - 保险企业的产品
  - 保险企业的目标市场
  - 保险企业的营销策略
  - 保险企业的分销体系
  - 保险企业的组织形式
  - 保险企业的经济实力
  - 保险公司的企业文化
  - 保险企业各部门之间的关系

图 4 - 1　保险营销环境

二、保险营销环境机会与威胁分析

（一）保险营销环境机会与环境威胁的含义

所谓环境机会是指在对保险企业营销管理富有吸引力的领域内，保险企业能取得竞争优势和差别利益的营销机会。所谓环境威胁是指在营销环境中对保险企业不利的趋势。如果不采取果断的营销策略，这种环境威胁的不利趋势将伤害到保险企业的市场地位。保险营销环境能给经营者带来新的机会，但也会构成新的威胁，如利率的突然下降、经济增长缓慢或不景气等。保险企业只有不断地研究和分析环境，才能寻找到新的机会，从而避免来自环境的威胁。保险营销管理者必须注意对营销环境进行经常性调查、预测和分析，在此基础上确定营销策略，抓住机会，化解威胁。保险企业主要从两个方面分析保险营销机会与威胁：第一，分析对保险营销的有利因素，并按其吸引力以及可能获得成功的概率来加以分类；第二，分析对保险营销的不利因素，并按其严重性和出现的可能性进行分类，制订应变计划。

假设某寿险公司通过其市场营销信息系统和市场营销调研了解到以下足以影响其现有寿险业务经营的动向：（1）国家银行颁布了调整银行利率的决定，银行存款利率下调幅度较大，使得现有的高预定利率的长期寿险业务的经营将面临亏损；（2）国家保险监管部门发出通告禁止寿险公司继续经营可能亏损的寿险业务；（3）寿险公司如继续经营原有的寿险业务，必须大幅度提高保险费率；（4）这家寿险公司研制开发了投资型寿险险种，解决了长期寿险业务经营中寿险的预定利率受银行利率约束的问题；（5）随着国家的经济发展，公众的保险意识越来越强，购买保险的人越来越多，据估计，我国目前有3亿多人购买了保险，约占总人口数量的1/4。

上述的前三个动向给这家寿险公司构成了环境威胁，后两个动向造成了使公司可能享有差别利益的环境机会。

（二）保险营销机会与威胁的分析方法

由于保险企业面临着环境机会和威胁，因此，保险营销管理者可以用"环境机会矩阵图"和"环境威胁矩阵图"来进行分析。

1. 环境机会矩阵图。环境机会矩阵图的横排代表"成功的可能性"，纵列代表"潜在的吸引力"，表示潜在的盈利能力，如图4－2所示。

上述寿险公司在环境机会矩阵图上有两个"机会"，即（4）和（5）。其中最好的环境机会是（5），其潜在

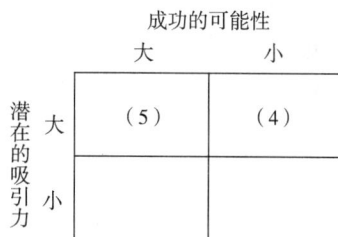

图4－2　环境机会矩阵图

的吸引力和成功的可能性都很大，环境机会（4）的潜在吸引力虽然大，但其成功的可能性小。

2. 环境威胁矩阵图。环境威胁矩阵图的横排代表"出现威胁的可能性"，纵列代表"潜在的严重性"，表示盈利减少程度，如图4－3所示。

上述寿险公司在环境威胁矩阵图上有三个环境威胁，即（1）、（2）、（3）。其中威胁（2）和（3）的潜在严重性大，出现威胁的可能性也大，这是主要的环境威胁，寿险公司对这两个主要威胁应十分重视。威胁（1）的潜在严重性虽大，但出现威胁的可能性小。

用上述方法来分析寿险公司所经营的业务，可能出现4种不同的结果，如图4－4所示。

出现威胁的可能性

威胁水平

	大	小
大	(2) (3)	(1)
小		

潜在的严重性

	低	高
高	理想业务	冒险业务
低	成熟业务	困难业务

机会水平

图 4 - 3　环境威胁矩阵图　　　　　**图 4 - 4　环境机会、威胁矩阵图**

（1）理想业务，即高机会和低威胁的业务；

（2）冒险业务，即高机会和高威胁的业务；

（3）成熟业务，即低机会和低威胁的业务；

（4）困难业务，即低机会和高威胁的业务。

从图 4 - 2 和图 4 - 3 可见，寿险公司有一个最好的营销机会，即（5），共有两个主要威胁，即（2）和（3）。这就是说，该公司的业务属冒险业务。

（三）保险企业面临环境威胁的对策

1. 反抗。即限制和扭转不利因素的发展。例如，寿险公司在停办高利率的长期寿险险种的同时，积极挖掘现有险种中预定利率较低的险种进行开发、改造。再如，有些人认为保险与赌博差不多，尤其是财产保险，交了保险费，到时候保险公司不一定就赔偿；也有些人认为买保险不吉利，总担心着灾祸降临；还有些人认为参加保险吃亏，保险公司办保险是在变着法子集资摊派等。保险企业为了应对这些严重的环境威胁，一方面，通过电视、报纸、广播等舆论工具大力宣传保险的含义与操作，增强社会公众的保险意识；另一方面，加强培训教育，提高广大保险从业人员的素质，树立服务意识。

2. 减轻。即通过调整市场营销组合等来改善环境，以减轻环境威胁的严重性。例如，寿险公司通过大力宣传投资型保险的优点，虽然险种的费率有所提高，但是险种的适应性加强了。再如，由于国家财政部门作出有关规定使得团体人身保险业务的保险费支出受到限制。面对这种环境威胁，寿险公司把人身保险业务的重点由主要面向企事业单位转移到千千万万个家庭上来，结果，使人身保险业务量越来越大，使分散的个人保险业务成为寿险公司的主战场。

3. 转移。即决定转移到其他盈利更多的行业和市场。例如，寿险公司可以适当减少长期寿险业务，增加人身意外伤害保险和健康保险等业务。再如，某保险公司前些年一直兼营财险和人身险业务，《保险法》颁布后，按照法律的规定，保险公司必须分业经营。长期以来，该公司的财产险业务占的比重达 80%，分业之后寿险公司的业务较少。面对这一不利的市场营销环境，该寿险公司清醒地认识到只有抓住分业经营这一机遇，大力发展人身保险，才是唯一出路。在当时全国寿险市场极不完善，险种供给极为贫乏的情况下，该寿险公司奋力开辟人身保险市场，经过不到两年的时间，人身保险的保险费就大大超过了财产保险的保险费。实践充分证明，实施转移策略，保证了该保险公司的顺利发展。

第二节 保险营销的外部环境

一、人口环境

中国是世界人口大国，现有 13 亿多人口，高居世界之首。众所周知，市场是由具有购买欲望与购买能力的人构成的。因此，人口是保险营销环境中最重要的因素，人口状况如何将直接影响到保险企业的营销战略和营销管理。因为保险需求是由具有消费欲望，并有货币支付能力的消费者所组成的，任何一个保险企业都必须重视对人口环境的研究。人口环境的研究包括人口总量、人口的年龄结构、家庭的人口数量和人口就业观念等。

（一）人口总量规模

一个国家的人口总量与构成是保险业发展的潜在需求市场。我国人口数量占世界总人口的 1/5 多，这么众多的人口数量为我国保险业务尤其是寿险业务的发展提供了厚实的基础。2006 年中国人均保险费为 431.3 元，保险费收入达到了 5641.4 亿元。可见在不考虑其他因素的前提下，人口越多，保险市场需求越强。近年来，中国的经济持续增长，人们的收入不断增加，表明中国是世界上最大的保险市场，这也就是许多西方国家保险公司急于进入中国这个大市场的原因。

（二）人口的年龄结构

我国人口年龄结构的变化也十分有利于人寿保险的发展。改革开放近 40 年来，我国经济快速增长，人民生活水平和医疗卫生条件都有了巨大的改善，人口平均预期寿命大大提高。2010 年第六次全国人口普查数据显示我国人口平均预期寿命达到 74.8 岁，而新中国成立初期平均预期寿命只有 45 岁左右。随着我国预期寿命的不断延长，商业保险如健康保险已经成为老年保障的重要方式之一。

拓展阅读 4 - 1
老年商业保险需求影响因素分析 ▮▮▮▮▮▮▮▮▮▮▮▮▮▮▮▮▮▮▮▮▮▮▮▮▮▮▮▮▮▮▮▮▮▮▮▮

我国老年人口快速增加，且高龄化、空巢化、失能化，人口形势严峻。据第六次人口普查显示：我国 60 岁及以上人口数量为 1.78 亿人，占人口总数的 13.26%，其中 65 岁及以上人口为 1.19 亿人，占 8.87%。同 2000 年第五次全国人口普查相比较，60 岁及以上人口的比重上升了 2.93 个百分点，65 岁及以上人口的比重上升了 1.91 个百分点。2020 年，60 岁以上老年人将达到 2.43 亿人，2025 年将突破 3 亿人。可见，我国早已且正加速进入老龄化社会，老年人口比重在持续走高。

理性的人在整个生命周期内按照终身效用最大化配置各个时期的消费与储蓄。特别是在成年期的收入持续增加、且大于消费，超出部分形成储蓄，用以补偿少年期的消费支出并为老年时期的消费需求进行积累。不仅成年期需为老年生活积累，未来十几年，对于 25 千万~30 千万处于生活巅峰时期的 50 ~ 64 岁的人而言，需要为将来长达 30 年，甚至更长的退休生活做规划。

随着出生率及死亡率的下降，预期寿命的延长，少子化、老龄化的加剧，退休人口的增长，老年人获得的经济和精神照料相对减少，削弱了家庭的保障功能，加重了社会保障的负担；同时我国社会保障不够完善，社会保障提供的仅是基础的最低生活保障。因此，只靠社会保障而不合理地规划保值增值自己的老年资产以备不时之需，不足以解决因年老而带来的经济问题。由于通货膨胀的存在，预期寿命的延长，环境污染，各种疾病发病率的增高，社会养老保障部分功能的缺失，为保障老年期有稳定的经济和健康保障，规避长寿风险，以市场为导向的商业保险作为老年保障的第三支柱是必需的。

⚡ 资料来源：摘自史晓丹：《老年商业保险需求影响因素分析》，载《中共福建省委党校学报》，2016（10）：94 – 101。

（三）家庭的人口数量

家庭结构小型化有利于扩大购买人寿保险的欲望。我国现有城镇家庭人口的平均数量在逐步减少。根据 2013 年 CHFS 数据，受访家庭的平均规模为 3.51 人/户，比 2010 年中国第六次人口普查的家庭平均规模 3.10 人/户稍高。具体看，城市地区占比最多的家庭为三口之家，比重为 34.3%。农村地区占比最多的家庭为四口之家，比重为 21.8%。这些数据表明我国目前三代或四代同堂的家庭越来越少，取而代之的则是三口之家、两人世界和单身贵族的现象。家庭变小之后导致家庭内部抵御风险的能力相对减弱，人们势必将部分传统的家庭互助任务转移给社会化的商业保险。

（四）人口的就业观念

我国自改革开放以来，社会就业观念已发生很大变化，就业人员结构由单一的国家或集体的企事业职工转变为多种就业形式并存。其中个体人员的比例逐步上升，这部分人包括律师、会计师、各种代理人、经纪人以及外资企业雇员等。他们一般有较高的收入，但职业的风险性较大，且缺少国家提供的基本保障。因此，他们购买长期人寿保险和健康保险的需求较大，是产生有效保险需求的重要来源。

（五）人口的受教育程度

教育的发展将使我国人口的文化程度与结构发生质的变化。人口的文化程度构成，标志着人口素质的高低。人口素质是影响保险，特别是人身保险发展的重要因素。我国自新中国成立以来人口的文化素质有了惊人的提高，据统计自 1949 年起至 2010 年，我国共培养出普通高校毕业生 4905.5 万人，普通高中毕业生 16564.1 万人。尤其是改革开放以来实施的九年制义务教育，经过近 40 年的发展，人口总体受教育程度急速提高。与 2000 年人口普查相比，第六次全国人口普查的数据显示，每十万人中具有大学文化程度的由 3611 人上升到 8930 人。而每十万人在校生中，高等教育人数从 1978 年的 89 人上升到 2010 年的 2189 人，高中教育人数从 1990 年的 1337 人上升到 2010 年的 3504 人。但是，与国际上发达国家相比，我国的人口素质与我国的地位仍不相称，全民整体文化教育的落后，成为我国国民经济发展的制约因素。我们清醒地看到，只有人们受教育的程度越高，他们的消费观念才会产生变化，对保险的需求也会越大。

此外，我国妇女就业率相对较高，农村人口的增长速度仍然高居不下等状况，都对保险企业的营销活动与决策产生重要的影响。

二、经济环境

社会经济的高速发展是中国保险市场发展的经济环境。经济环境是所有环境中对保险企业营销影响最大的环境因素。保险企业进行经济环境分析时，要着重分析的经济因素包括国民经济发展水平、储蓄与保险消费规模、保险消费观念等。

（一）国民经济发展水平

近年来，中国的经济持续增长。据国民经济发展纲要预测，2010 年我国将实现的国民生产总值为 17 万亿元。世界经济发展的历程表明，一个国家保险业的发展水平与其经济发展总体水平密切相关。整个"十五"期间，中国的经济保持了较高的增长势头，以 7% ~ 8% 的速度增长，由此带动了我国保险业以高于经济增长的速度发展。据预测，随着中国社会主义市场经济体制的建立与完善，中国经济在"十一五"期间将进入一个新的发展时期，保险业将以每年 10% 以上的速度持续发展。

（二）储蓄与保险消费规模

国家经济的持续高速发展，使老百姓的收入和储蓄不断增长。目前，我国城乡居民储蓄余额已经达 14.1 万亿元。这种较高的储蓄水平实际上就是保险业务潜在的市场资源。据调查，城镇居民储蓄动机中保险需求十分强烈，以养老为存款目的的占 9.2%，以防备意外事故发生为存款目的的占 7.5%，以子女教育费为存款目的的占的比例更高。可见，储蓄的目的与保险的目的是何等相似，人们收入水平的提高，无疑将扩大对保险的需求规模。

（三）保险消费观念

据调查，中国城市消费者的保险消费观念可分为四大类，根据受教育程度的不同，他们对购买保险各持有不同的倾向。第一类为超时型消费者。他们受教育程度较高，比较年轻且收入较高，对生活、工作、收入、储蓄及未来持有新的观念，并乐意制订计划，使自己退休后不会成为子女的负担，这种类型的消费者对保险的需求远远超过其他的消费者，并有相当部分已经购买各种保险。第二类为追随型消费者。他们也受过良好的教育，但收入比第一类人较低，他们认为有必要为未来做好准备，确保自己在遭遇不幸突然事故时，家庭不会陷入经济困境，因此购买保险的积极性较高。第三类为传统型消费者。他们的相对年龄较大，没有前两种人收入高，而且不具有标新立异的想法，因此购买保险这种商品的可能性较小。第四类为固执型消费者。他们在四类人中经济实力最弱。根据恩格尔定律，家庭收入越高，其总支出中购买食物的比例越小，而用于住、行、医、娱、育等方面的支出大幅上升。因此，这种类型的消费者收入主要用于购买食物，而不愿用于购买保险。

三、技术环境

保险企业还应注意技术环境对保险企业营销的影响。技术对人类的生活最具影响力，技术已创造不少奇迹，但也带来了不少灾难。

（一）电子技术革命

1. 电子技术给保险业带来的变革。电子技术革命具有以下几个特征：工业用机器人的出现，计算机在存储、速度、使用方便性和软件方面的进展，互联计算机设施（包括过度使用的"信息高速公路"）的发展以及远距离通信技术（如电话会议、传真技术、光缆和远程教育）的提高。美国微软公司的创立者比尔·盖茨认为，电子技术变革将会在全球范围内影响社会经济的每一个层面。所有的国家和个人，不论其社会地位有多大的差异，都能获得来自多媒体的信息，新的数字电信技术借助无数的与网络相连的电脑，可以快速、低价、方便地在全球范围内传送大量的资料与信息。尤其是近几年，随着互联网及移动终端技术、大数据、云计算、金融科技应用以及新兴支付方式的快速发展，激发了包括保险在内的互联网金融工具的诞生，彻底改变了保险企业营销与经营的方式。

电子技术对保险企业内部营销与经营策略的影响是不言而喻的。美国人寿保险营销及研究协会曾对北美的 71 家保险公司进行调查，其结果是新技术能使保险企业的决策更贴近客户，保险公司不仅能以更快的速度获取更多的资料，而且可以快速地对业务进行处理，并使经营成本降低，从而使保险这一无形服务产品的市场转变为全球性的产业。借助电子技术革命保险营销系统在功能上也发生了巨大变化，传统的通过印刷品和广播进行的广告活动将让位于、至少部分地让位于通过搜索引擎、微博、微信等方式进行的直接营销。

拓展阅读 4 −2
2016 年保险业发展"八大关键词"

随着互联网浪潮在整个金融行业的蔓延，无论是银行业、证券业，抑或保险业均不同程度地感受到了互联网对传统金融业务的冲击，构建新的互联网金融业态既是迫在眉睫，也正处风口浪尖之上。

相较于银行、证券，保险业的互联网金融业务起步较晚，目前大多仍停留在借助互联网渠道销售保险产品、线上获取客户信息等基础环节；但毫无疑问，互联网保险的经营模式正在快速渗透、改变，乃至颠覆保险产业链中的多个环节。

据中国保险行业协会数据显示，国内获准经营互联网保险业务的公司从 2011 年的 28 家上升到 2015 年的 110 家，保费规模也从 32 亿元高歌猛进至 2234 亿元，五年间增长了将近 70 倍。

其中，财产险公司互联网业务保费收入 768.4 亿元，比 2011 年增长 34.4 倍，在财产险公司全部业务的占比从 0.5% 提升至 9.1%；人身险公司互联网业务保费收入 1465.6 亿元，比 2011 年增长 141 倍，在人身险公司全部业务中的占比从 0.1% 提升至 9.2%。

与此同时，互联网保费在总保费收入中的占比从 2011 年的 0.12% 上升到 2015 年的 9.2%；互联网保险保费增量占保险行业保费总增量的比率，也从 2012 年的 11.97% 猛增至 33.97%，无不昭示着互联网保险业务增长对整个保险行业的业务发展发挥着越发重要的作用。

⬆ 资料来源：摘自朱志超、李致鸿、赵萍：《中国保险业发展趋势报告 2017（上）——2016

年保险业发展"八大关键词"》，载《21世纪经济报道》，2016（11）：1-6。

---

2. 电子技术导致的新风险。电子技术突飞猛进在另一方面也使保险业面临大量的新风险。随着电子技术系统的日益复杂，人们的预测能力也变得非常不稳定，发生概率小而安全系数高的事件往往是复杂技术系统中的主要风险因素，高度交互、紧密耦合、高风险的技术系统增加了灾害性事件发生的可能性。例如，电子技术导致的欺诈行为（信用卡恶性透支、电信偷窃、自动柜员机偷窃）出现；电子邮件的内容涉及造谣与诽谤；计算机系统的记录遭受破坏；隐私权受到侵犯等风险，都需要新的保险产品来承保。为了实现这个目的，现行的保险合同都要进行修改，否则原有的保险合同就不能补偿这类风险损失。

（二）生物技术革命

1. 生物技术为保险业带来的前景。生物技术革命带给21世纪的影响绝不亚于电子技术革命。生物技术包括药学、医学、人造器官的制造、克隆技术，以及各种与生物学有关的技术发展。生物技术中最具革命性的进展是人类基因工程。基因工程使治愈遗传性疾病的可能性越来越大，因为基因工程能够完整地定位出人类的遗传密码，找到基因特性与疾病之间的联系。如果保险公司也知道投保人的遗传信息，在承保时利用遗传信息的理论把投保人进一步划分为具有相同期望的子群，这样每个子群的成员就可以支付"公平"的保险费。投保人的遗传缺陷将直接影响保险人对投保人的未来损失成本的估计。可见遗传学的革命对寿险和健康保险业的影响之大。

2. 生物技术导致的法律和道德问题。生物技术中遗传研究方面的成果，对人类延长寿命，提高生活质量和治愈顽症具有深远意义，同时也创造了新的风险，即陷入伦理和道德的困境中。由于遗传技术能够确定某些疾病发病的可能，虽然这些疾病可能要等很久之后才会显现病症，但是保险人利用遗传信息就可能不去承保这些带有已知遗传风险因素的投保人，或者要求他们支付额外费用。事实上，这就产生了遗传歧视，使那些具有可识别的遗传基因的人在投保或找工作方面受到影响，甚至导致保险公司取消他们的寿险和健康保险保障。

此外，由于用来处理基因信息技术的法律和道德规范并不完善，从而引发了个人隐私权和保险人获悉权之间的争论。例如，保险公司是否有权要求投保人像做体检和血液检查那样获取投保人遗传方面的证明，如果投保人不同意做遗传检查，保险公司是不是应该拒绝为那些不做遗传检查的人承保。因此，保险人、监管者、政治家、法官以及其他人都必须识别并解决新的遗传信息爆炸所提出的伦理、道德和法律问题。

（三）金融技术进步

1. 保险人利用金融技术在风险管理上的创新。金融技术的发展使得传统的风险管理工具（保险与再保险）与金融风险管理工具（金融互换、期货和期权）正在结合起来。保险人通过期货和其他金融衍生工具的套头交易来规避资产和利率敏感性债务的风险。例如，保险人利用某些特定商品的价格与风险的关系来减少风险，引进保险期权更灵活地运用资本。保险期货在规避承保风险上有着巨大的潜力，权威人士认为，从传统的利用再保险转移到现代的利用金融市场来保护盈利是风险证券化的一个发展趋势。在巨灾保险期货和期权的市场上，保险人因缺乏承受灾害损失的能力而导致无力偿还债务的威胁会有所减小。

2. 金融衍生工具导致的风险。在金融衍生工具大力发展的阶段，也会给保险公司带来风险。当某个企业遭受因对金融衍生工具判断错误或因品质低劣的交易所导致巨额损失时，保险公司传统的忠诚保险、职业责任保险是否还能承受起赔偿责任？日本大和银行纽约分行和英国巴林银行所遭到的灭顶之灾已表明，如果对金融衍生工具不加以控制或对其带来的风险认识不足的话，就会使保险公司遭受巨额损失，也会导致保险费的上涨。

四、社会文化环境

社会文化环境是指一个国家、地区或民族的风俗习惯、伦理道德观念、价值观念、宗教信仰等。保险营销是在一个非常广阔且复杂的社会文化背景下进行的，它面对的是形形色色的价值观念、伦理道德观念、风俗习惯等。由于这些文化传统决定人们对风险所持的态度，所以，如果我们不能充分理解社会文化环境，也就不能全面地评价风险和保险。

（一）不同的文化背景会产生对风险的不同认识

社会文化塑造着每个人的情感、心态、价值观和实际行动。

一个人的价值观和信仰在很大程度上会影响其对保险或风险所持的态度以及所采取的行为。保险是一种无形的产品，个人与企业购买保险是因为他们相信，今天所支付的保险费能够减少未来经营的不确定性，而且他们还相信，一旦发生风险损失，保险公司将会提供补偿。因此，购买保险是值得的。但是如果有人认为保险是一种不吉利的事物，因而用保险的方式去为灾害损失提供保障就会受到阻碍。例如，欧洲在中世纪是教会一统天下的时代，人们普遍认为，自己的一切都是上帝赐予的，包括生命、幸福、痛苦、享乐，甚至死亡，因此保险被认为是一种不遵从上帝旨意的大逆不道的行为。又如我国老百姓普遍有着"养儿防老"的传统观念，人身保险的发展就遇到了很大的阻力。保险营销人员在进行保险营销的活动时，如果不把保险公司的形象设计、广告和服务形式等与目标市场的文化传统联系起来，就不能了解目标市场保险消费者的价值观念、习俗、爱好、忌讳、欲望、伦理、信仰等，制定出适宜的保险营销策略。

（二）不同的文化背景会带来对保险产品认同的差异

不同的民族、种族、宗教、职业、文化教育水平，以及不同的生活经历都会表现出不同的价值观和审美观，从而形成不同的消费需求和消费行为。文化对广告宣传、促销方式，对产品的外形、款式、包装都有很大的影响。例如，根据我国的传统风俗，结婚、生日等喜庆场合须用红色装饰，以示吉祥。保险公司在设计保险单时就不宜用黑色等犯忌讳的色彩，而应该采用一些表示吉祥或赏心悦目的色彩，以唤起人们对生活和生命的热爱。

保险营销人员还应研究的问题是，即使在同一文化背景下，不同教育水平、不同职业、不同年龄的人，仍然有许多不同的观念和习惯，并在不断地发生着变化，人们的行为和思想无一例外地受到文化背景的影响。

五、政治法律环境

政治法律环境是指与保险营销有关的国家方针、政策、法令、法规及其调整变化动态，以及有关的政府管理机构和社会团体的各种活动。例如，我国坚持的是社会主义市场经济，在我国从事保险营销活动时就要注意研究社会主义市场经济对其活动的影响。再如，我国之前实行的计划生育政策和现在全面推出的二孩政策，对于人的年龄结构、家庭人员的多少、家庭消费重点等都有影响。又如，保险监管的问题。政府在保险监管中所普遍追求的目标：一是确保稳健的保险人能够提供质量优越、价格合理的保险产品；二是促进本国保险业的发展，确保民族保险业为整体国民经济的发展做出贡献。同时我国也加强了保险法律法规的建设，使保险业遵循法制化的轨道运行。保险企业应凭借这些法律法规来保护自己的正当权益，也应当依据法律规定来进行营销管理活动。

（一）社会主义市场经济制度

我国随着社会主义市场经济体制的建立与发展，一方面加快了经济立法的速度，另一方面也加大了经济执法的力度。各级司法机关都增设了经济执法部门，公安局有经济犯罪侦查办公室，法院有经济审判庭等。对经济违法案件的处理也加快了速度，加大了力度，从而有力地促进了社会主义市场经济的发展与完善。

（二）计划生育政策和全面二孩政策

我国自 20 世纪 80 年代施行计划生育国策以来，独生子女家庭迅速增多。这一重要的社会现象，给我国带来的影响非常大。独生子女家庭的内部关系比较简单，与社会的联系比较密切。过去大家庭中的兄弟姐妹关系以及其他亲缘关系减少了，小家庭自身承担的风险增加了。独生子女家庭在面临风险时，其抵御风险、化解风险的能力明显减弱，它需要家庭外部的社会成员之间的互助互济，而不是家庭成员间的相互帮助。这种关系联结需要靠经济关系（即货币形式）来实现。在这种政策之下，保险成为担负实现这种经济关系的一种形式。因此，独生子女政策对保险营销产生的巨大影响是不可磨灭的。

但是随着计划生育国策的施行，我国国民生育率已经持续多年保持低速增长，官方数据表明我国目前生育率在 1.5 ~ 1.6，有趋近于低生育率陷阱（临界值 1.5）的势头，由此引发了社会老龄化加剧、劳动力成本的增加、储蓄率的下降等一系列社会、经济问题。为了解决这些问题，自 2013 年起，我国就开始逐步放开严格的计划生育政策，从单独二孩的试行到现在全面放开二孩政策的执行，都对我国经济发展有着深远的意义，但是也对我国现行的生育保险制度提出了新的课题和考验。

（三）保险监管与立法

各国政府都对保险市场实行监管。同样，世界上所有国家对保险都作出了立法规定，要求保险企业按法律规定提供保险产品，达到最低偿付能力和资本金额度，有的还对保险费率和保险单格式作出规定。政府对保险市场的监管方法为事前监管和事后监管。前者是指在损害事实发生之前进行规范和限制，预防损害事实的发生；后者则是指在损害事实发生之后所实施的补救措施，即进行补偿活动。政府对保险市场的监管主要在三个层次上进行：立法监管、司法监管和行政监管。无论采取的监管手段如何，都是为了一个目标，即保护被保险人的利益，确保保险市场健康有序地发展。保险营销管理者要在遵循国家监管原则的基础上，维护投保人的利益，进行平等竞争。

📌 知识链接 4 – 1

中国保监会关于正式实施中国风险导向的偿付能力体系有关事项的通知 ⅠⅠⅠⅠⅠⅠⅠⅠⅠ

2015 年 2 月，保监会发布中国风险导向的偿付能力体系（以下简称偿二代），保险业进入偿二代过渡期。根据过渡期试运行情况，经国务院同意，保监会决定正式实施偿二代，自 2016 年 1 月 1 日起施行《保险公司偿付能力监管规则（第 1 号 ~ 第 17 号）》。现将有关事项通知如下：

一、偿二代 17 项监管规则的实施要求

（一）关于定量资本要求

保险公司应当按照偿二代监管规则第 1 号 ~ 第 9 号的要求评估实际资本和最低资本，计算核心偿付能力充足率和综合偿付能力充足率，并开展压力测试。

1. 关于《保险公司偿付能力监管规则第 1 号：实际资本》第二十二条所得税准备的确认和计量标准，明确如下：

保险公司成立以来任意连续三年的应纳税所得额为正的，应当确认所得税准备；只有当充分的证据显示其应纳税所得额持续为正的趋势发生根本性、长期性的逆转，方可终止确认所得税准备。

所得税准备以财务报表寿险合同负债的剩余边际金额的 10% 作为其认可价值。

2. 《保险公司偿付能力监管规则第 3 号：寿险合同负债评估》第十九条关于寿险合同负债计量所采用的折现率曲线的具体参数见附件 1。

3. 《保险公司偿付能力监管规则第 4 号：保险风险最低资本（非寿险业务）》第五章关于保险公司计量巨灾风险最低资本所采用的情景损失因子表和最低资本计算模板见附件 2。

4. 《保险公司偿付能力监管规则第 7 号：市场风险最低资本》第十六条关于人身保险公司计量利率风险最低资本所采用的基础情景和不利情景见附件 3。

5. 《保险公司偿付能力监管规则第 8 号：信用风险最低资本》第二十九条和第三十条关于境内再保险分入人交易对手违约风险的基础因子由保监会每季度发布。

6. 《保险公司偿付能力监管规则第 9 号：压力测试》第三章关于保险公司的必测压力情景见附件 4。

（二）关于定性监管要求。

保险公司应当按照偿二代监管规则第 10 号 ~ 第 12 号的要求，建立健全自身的偿付能力风险管理体系，加强各类风险的识别、评估与管理。保监会通过偿二代风险综合评级（IRR）、偿付能力风险管理要求与评估（SARMRA）、监管分析与检查等工具，对保险公司风险进行定性监管。

1. 根据《保险公司偿付能力监管规则第 10 号：风险综合评级（分类监管）》，保监会自 2016 年第一季度起对保险公司开展偿二代风险综合评级。关于偿二代风险综合评级的具体评价标准和组织实施，保监会将另行发文通知。

2. 保监会将于 2016 年 4 ~ 10 月组织各保监局对保险公司开展偿付能力风险管理能力的监管评估。保险公司应当自 2016 年第四季度偿付能力报告编报起，计量控制风险最低资本，前 3 个季度不计量控制风险最低资本。

3.《保险公司偿付能力监管规则第 12 号：流动性风险》中现金流压力测试和流动性覆盖率计算所采用的不利情景见附件 5。

（三）关于市场约束机制。

1. 保险公司应当按照《保险公司偿付能力监管规则第 13 号：偿付能力信息公开披露》的要求，每季度通过官方网站披露偿付能力季度报告摘要，并在承保、投标、增资、股权变更、债券发行等日常活动中，向保险消费者、股东、债权人等相关方说明偿付能力、风险综合评级等信息。

2. 根据《保险公司偿付能力监管规则第 14 号：偿付能力信息交流》，保监会将定期发布偿付能力监管工作信息，逐步建立与保险消费者、保险公司股东、信用评级机构、行业分析师、新闻媒体等相关方之间的持续、双向、互动的偿付能力信息交流机制，强化偿二代市场约束机制。

3. 保监会鼓励保险公司主动聘请信用评级机构，并公开披露评级结果。保险公司聘请信用评级机构应当符合《保险公司偿付能力监管规则第 15 号：保险公司信用评级》有关要求，并向保监会书面报告。

（四）关于保险集团。

保险集团应当按照《保险公司偿付能力监管规则第 17 号：保险集团》的要求，评估整个集团的实际资本和最低资本，计算核心偿付能力充足率和综合偿付能力充足率，不断完善偿付能力风险管理的制度和流程，提升风险管理能力。

⬆ 资料来源：http：//www.circ.gov.cn/web/site0/tab5225/info4014885.htm。

六、竞争环境

保险企业面对着一系列竞争者。从保险消费需求的角度划分，保险企业的竞争者包括同行业的竞争者和非同行业的竞争者。按照保险属于金融服务业的说法，保险企业最主要的竞争者应包括银行、证券公司以及其他金融机构。例如，如何促使人们更多地首先购买或投资于保险，而不是首先到银行或证券公司去进行储蓄或购买其他金融性或非金融性产品，这就是一种竞争关系。再如，损失预防、损失抑制、财务型非保险风险转移同保险都可以达到规避风险损失或转嫁风险损失的目的，这些处置风险损失的不同服务或不同产品的提供者之间必定存在着一种竞争关系，它们也就互为竞争者。

（一）同行业的竞争

同行业竞争者是指提供同一类保险服务，但其承保条件、保险责任、除外责任、保险范围以及售后服务皆不相同的各种保险公司。同行业的竞争者是保险市场上最直接也是最强有力的竞争者，它涵盖了在保险市场上提供保险服务、经营保险业务的所有保险企业。各家保险企业为了达到自身最优的经营绩效，都会采取不同的营销策略和竞争手段，从而形成不同的行业竞争关系。在同行业竞争中，卖方密度、服务差异和准入难度是三个值得重视的问题。

1. 卖方密度。这是指保险公司竞争的数量。保险公司数量的多少，特别是实力强的保险公司的数量多少，在保险市场需求量相对稳定的情况下，会直接影响到保险公司市场份额的大小和竞争的激烈程度。例如，我国自 1988 年以来相继成立了一些全国性、区域性和地方性保险公司，初步形成了多家保险公司共同发展的市场格局。与此同时，我国也有计划、有步骤地开放国内保险市场。改革开放近40年来，我国保险公司的数量成倍地增加，到2014年末共有180家，其中，保险集团和控股公司10家，财产险公司65家，人身险公司74家，再保险公司9家，资产管理公司18家，出口信用保险公司1家，其他机构3家，竞争越发激烈。

2. 服务差异。这是指各家保险公司提供的保险服务差异程度。它主要表现在：（1）险种差异，包括险种数量、险种组合、保险范围和适用性等；（2）业务差异，包括市场占有率、险种赔付率、保险费与储金收入和售后服务等；（3）营销策略差异，包括营销险种策略、保险费率策略、营销渠道策略和促销策略等。差异使保险商品各有特色、相互有别，实际上构成了一种竞争关系。

3. 准入难度。这是指一家新的保险公司试图进入某个保险市场时遇到的困难程度。不同的国家或地区、同一国家不同区域、一国在经济发展的不同阶段，新公司进入市场难易程度是不同的。一般而言，发达国家由于其经济发展处于领先地位，从而对新公司的加入不会有太多的约束条件。例如，美国和加拿大早在1890年和1889年就制定了"反托拉斯法"来鼓励竞争；有些国家还允许外国保险公司自己决定进入市场的方式。但是对于发展中国家来说，因其国内保险业发展水平仍较低，经不起外来力量强有力的冲击，对外来新公司的进入往往设立严格的条件，其市场准入难度相对较大。

（二）金融服务一体化

目前，在国际上非同行业之间的竞争逐渐演变为金融服务一体化的趋势。金融服务一体化是指一种金融机构沿用已久的金融工具和服务被另一种金融机构所采用的情况。金融服务一体化要求金融服务融合。金融服务融合是指一种金融服务产品和服务开始带有另一种金融产品和服务的特点。当顾客的需求跨越了传统的部门界限时就会产生金融服务融合，保险公司开发的各种兼有保险和证券特点的变额寿险和年金产品就是例子。随着银行、证券公司和保险公司提供相似的产品和服务，金融产品融合将会成为推动金融服务一体化的重要力量（见图4-5）。

（三）银行保险业务的发展

银行保险业务是银行和保险公司之间为通过银行推销保险而做出的一种分销安排。它由保险公司负责制造保险产品，银行则致力销售。由于人们不断发现并创新非传统的、更高效的储蓄和获得保障的方式，如货币市场基金、股权式共同基金、实行税收优惠的退休方案等，银行和保险公司在储蓄性业务上的竞争已迫使自己不断削减利差幅度。如美国银行和寿险公司几年前的存贷利差在6%～7%，而近几年来已下降到0～2%。为了改变这种缩小利差幅度而引起的竞争力下降的局面，银行开发了更多的赚取手续费的业务，如共同基金的销售、人寿保险、年金以及其他形式的保险。寿险公司则开发了一些把投资风险转移到顾客身上的险种，如分红保险。常见的银行介入保险业的形式有四种（见图4-6）。

图4-5 金融服务一体化流程图

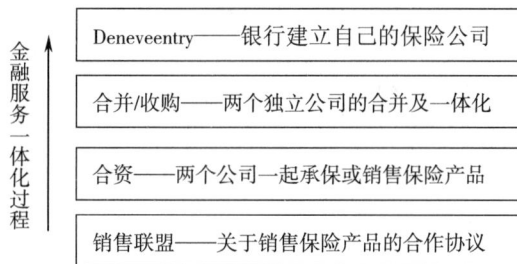

图4-6 银行介入保险业的形式

第三节 保险营销的内部环境

一、保险企业的产品

保险企业的产品，即险种，是一切营销活动的基础。没有险种，也就没有保险费率、分销渠道和促销。保险险种与其他许多产品的不同之处，就在于它是一种无形商品，是一种劳务商品，是一种以风险为对象的特殊商品。它既不能在保户购买之前向其展示某种样品，也不能在保户购买之后使其保留某种物质形态的实体。保险险种的不可感知性对保险企业的营销具有重要影响。与有形产品相比较，由于保险商品没有自己独立存在的实物形式，保险企业很难通过陈列、展示等形式直接激发保户的购买欲望，也很难为消费者提供检查、比较、评价的依据。对购买者而言，保险商品是抽象的和无法预知其购买效用的，因此，保险商品的购买过程带有很强的不确定性，这就使保险商品的销售比其他有形产品的销售更为困难。因此，保险企业必须增强保险商品有形的和可以感知的成分，使保户能够通过保险企业的营业场所、推销保险业务的人员、提供的保险费率以及各种险种的宣传资料来判断、比较、评价保险商品的质量，从而作出购买决策。

保险商品质量取决于保险企业的服务水平。保险商品很难像一般产品那样实行机械化和标准化生产来保证产品的质量。保险商品的质量往往取决于由谁提供，在何时、何地、以什么方式提供等几方面的因素。不同的保险企业或同一保险企业的不同业务人员所提供的同一保险产品服务，会因业务人员素质及个性方面的差异而产生服务质量的优劣之分。即使是同一个保险业务人员，也会因心理状态变化或因不同时间或地点等因素而影响所提供保险产品的质量。这种情况为保险商品的营销带来了很大的困难，尤其不利于保险企业建立稳定的客户群，使潜在的准保户的忠诚度减弱、流动性增强。因此，保险企业提高服务质量和加强对服务质量的控制具有非常重要的意义。

二、保险企业的目标市场

保险企业的目标市场，即保险顾客，又称为准保户。这也是保险营销的基础。就某一险种而言，购买该险种的个人或组织愈多，风险就愈分散，保险企业的经营就愈稳定；反之如果购买该险种的人愈少，保险企业承担的风险就愈集中、愈大，其经营的危险性就愈高。保险顾客可以分许多类。按购买行为可分为个人购买者和团体购买者两类；按保险标的可分为财产保险购买者和人身保险购买者两类；按地理区域可分为国内购买者和国外购买者两类；等等。总之，保险企业应明确其保险产品市场的主要类型，以便针对目标顾客的特点，制定适当的营销策略。这是扩大销售、提高保险市场占有率的根本措施。

三、保险企业的分销体系

保险企业的分销体系主要是指保险企业利用各种保险营销中介人为自己提供各类保险信息与资源的渠道。在我国，保险营销中介人有三类：保险代理人、保险经纪人和保险公估人。保险营销中介人与各种保险企业构成协作关系，一方面向保险企业提供为目标顾客服务所必需的各种设施、能源、劳动力和各种保险资源；另一方面又为保险企业提供向社会公众进行保险咨询、推销保险单等多种服务。事实上，一个成熟的保险市场不应只是保险企业与保险购买者两个基本要素的组合，还需要而且必须有保险营销中介人活跃其中。这已经是大多数保险业发达国家具体实践中已证实的一个普遍规律。在大力推进中国保险业发展的今天，如何建立健全我国的保险中介市场，如何在动态变化中与保险中介力量建立起稳定、有效的协作关系，对于保险企业服务于目标顾客的能力的最终形式，具有重大影响。自 1999 年底保险中介机构正式在中国大地建立以来，到 2014 年底，我国共有保险专业中介机构 2546 家，保险中介业务收入从 2005 年的 23.87 亿元提升至 2014 年底的 1472.4 亿元，占 2014 年全国总保费收入的 7.3%。

四、保险企业的组织形式

保险企业以何种组织形式进行经营，各个国家根据本国国情，有特别的限定。例如，美国规定的保险组织形式是股份有限公司和相互保险公司两种；日本规定的是株式会社（即股份有限公司）、相互会社（即相互公司）以及互助合作社三种；英国除股份有限公司和相互保险社外，还允许劳合社采用个人保险组织形式；我国台湾地区规定的保险组织形式有股份有限公司和合作社两类。

国有独资保险公司是指由政府直接投资设立的保险机构。国有独资保险公司经营的保险业务范围极其广泛，既包括自愿保险业务，又包括法定保险业务（如机动车辆第三者责任保险）；既包括商业性保险业务，又包括政策性保险业务（如出口信用保险）。股份有限保险公司是指公司全部资本为等额股份，股东以其持有的股份对公司承担责任，公司以全部资本对公司债务承担责任的经营商业保险业务的企业法人。股份有限保险公司的优点是筹集资本容易、偿付能力强、内部机构健全、责任明确、经营效益高、吸引人才方便、保费负担确定，因而各国保险机构均主要采取股份有限公司形式。在我国，中国平安保险公司、中国太平洋保险公司等都为股份有限公司。不同组织形式的保险公司在经营范围和产权性质等方面都有所不同，这些差异对保险企业经营方式和营销策略都将带来直接的影响。

五、保险企业的经济实力

对保险企业的经济实力的考察，应以其偿付能力和经营的稳定性为主。

首先，应考察保险企业的偿付能力。考察保险企业偿付能力的方法有两种：一是查看保险监管部门或信用评级机构对保险公司的评定结果。例如，中国保险监督管理委员会按照《保险公司管理规定》，要求保险企业应当具有与业务规模相适应的最低偿付能力。国际上也有许多专门对银行、保险企业等金融机构的信用等级进行评估的机构。如美国的穆迪公司（Moodys）、标准·普尔公司（S&P）和日本投资家服务公司（NIS）等。信用评定的等级越高，就表明该保险企业的偿付能力越强。近年来，保险信用评级作为风险信息预警系统，向保险监管部门提供客观的预警信号。保险监督部门通过将信用评级结果与监管部门信息系统得出的结果进行比较，相互印证，减少了因信息不充分而引起的偏差或失误。二是对保险企业的年终报表进行直接分析，着重分析企业净资产是否等于总资产减去负债，如果净资产与负债的比率为1:1，说明该企业有足够的偿付能力。此外，还要分析保险费与净资产的比率。一般来说，保险费与净资产的比率不超过2:1被视为安全。如果超过这个比例，则说明保险费收入过高，保险企业所承担的赔偿责任也相应增大，而现有的准备金就会相对不足，保险企业的偿付能力就会受到威胁。

其次，考察保险企业经营的稳定性。保险企业经营的稳定性与企业的利润率有着密切联系。保险企业的利润来源有两部分：一是承保利润；二是投资利润。一般来说，利润高（尤其投资利润高）的保险企业，其经营的稳定性较好。如果保险企业利用投资来弥补承保亏损的能力较强，就可以避免被迫提高保险费率或更严格地限制承保标的这类问题。从保险营销的角度来看，这就有利于吸引投保人向利润率高的保险公司购买保险，以获得更优惠的保险费率和更宽松的保险条件。

六、保险公司的企业文化

保险公司的企业文化是一个企业区别于其他同类企业的标志。一个保险公司的企业文化是企业在长期经营过程中形成的价值观、经营思想、群体意识和行为规范的总和。

（一）企业文化的功能

企业文化具有多种功能，主要有以下几种。

1. 导向功能。保险公司的各部门和公司每一个员工既有相同的目标，也存在不同的目标，企业文化就是在一面旗帜下统一整个公司和全体人员的行为方向，使大家深化共同的利益和目标。与此同时，整个公司也会被引向特别的领域，引向一个特定的方向。例如，中国平安保险公司在1995年抓住机遇，在国内保险市场上开办个人寿险营销业务的先河，取得了显著成绩。

2. 约束功能。通过建立共同的价值体系，形成统一的思想和行为，对企业中每一个员工的思想和行为都具有约束和规范作用，使企业员工达到协调行为、自我控制。例如，很多保险公司对营销员的仪表、用语、销售手段都作出严格的规定，不能有任何越轨行为。

3. 凝聚功能。要使保险公司各方面的力量都凝聚起来，同舟共济。保险公司的员工，既有共同的利益，也有不同的利益，但企业文化会使大家认清共同的利益大于各自的利益。企业的利益是企业共荣共存的根本利益。特别是保险公司的兴衰，关系到每个员工的收入。

4. 统一语言功能。是否有共同语言是人与人能否结合在一起的关键因素之一。企业文化所形成的共同语言，可以为全体员工创造和谐的工作环境。许多人就是为了这个共同语言，可以放弃到其他单位谋求更高的位置或更大的机会。

5. 辐射功能。树立良好的企业形象，对社会公众会产生巨大的影响，构成社会文化的一部分，例如，可口可乐、好莱坞就构成了美国生活方式和美国文化的一部分。我们应该承认，中国现代色彩的企业文化目前还没有形成社会文化之势。

（二）企业文化的基本内容

1. 企业环境。企业环境包括内部环境和外部环境。内部环境是企业员工的工作环境；外部环境是企业在社会中的地位、形象和联系，二者都来源于企业文化。

2. 企业目标。企业目标确定了企业的发展方向，也决定了企业员工共同发展的目标。有什么样的目标，就有什么样的企业文化。如某保险公司的目标是提供保障范围广、保费合理、服务质量高的保险商品，其文化特征就应该体现在对服务水准和产品适用性的重视上。企业的目标决定了企业的性质，即回答了"我们的企业是什么""现在是什么""将来是什么"这些问题。

3. 企业的价值观。价值观是企业文化的核心。企业的最大利益取决于它对社会的贡献。保险公司要满足社会各行各业与公众的风险保障需求，因而不能单纯追求保险公司自身的经济效益，还应考虑保险公司的社会效益。例如有的人认为，保险公司的存在的理由就是为了追求最大的利润；有的人认为，保险公司不仅要追求利润，而且要使工作做得有意义；还有的人认为，保险公司存在是为了满足顾客的风险保障需求，提供一流的保险服务。企业信奉什么样的价值观，就会产生什么样的经营作风和企业形象。企业价值观是在企业经营过程中为企业获得成功而形成的基本信念和行为准则。作为企业的管理者，最重要的是为企业建立一整套成功的价值观念，并且让每个员工都知道企业把什么看成是最有价值的。

4. 代表人物的风格。代表人物的风格一般是指企业的最高管理者的个人风格，如董事长、总经理。他们的个人性格融入企业之后，就会形成企业文化的一部分，如雷厉风行、稳重谨慎、求实认真、诚实可信、灵活多变等。在机制健全的企业，这种影响不是缩小，而是扩大。

5. 经营理念。经营理念是指企业在经营过程中所形成的基本哲理和观念。不同的保险企业具有不同的经营理念。有的强调保险产品的传统和稳定；有的注重时代感，提出"创新是企业的生命线"的口号。

6. 团队意识。团队意识包括理想、信念、道德行为规范和工作态度等。一个公司就是一个群体、一个团队，企业的团队意识就是为达成企业目标而在经营活动中形成的一种共识。企业的团队意识对企业群体的行为起着强有力的制约作用，它可以决定群体行为的方向，规定群体中每个成员的行为。因此，保险企业通过一些集体活动，如军训、晨会等来培养全体员工的群体意识，让员工们明白，自己是群体中的一员，只有通过团队中每一个人的协作努力，才能取得成就。

7. 企业精神。企业精神是企业的宗旨、观念、目标和行为的总和。企业精神也体现了企业的精神面貌，也是企业文化的概括。例如，中国人民保险公司的企业精神是：以人为本、效益为先、笃守信誉、稳健经营。

8. 职业道德。职业道德是某一种职业在从事活动中所应遵循的道德，是同行业之间、员工之间公认的竞争标准。

9. 企业社会形象。企业社会形象是社会公众和内部员工对企业行为和历史的整体印象。这种印象和产品的市场定位有很大关系。例如，保险公司这种金融服务企业在其经营过程中，是豪华还是实惠、是传统还是现代等表现，都给社会及其公众会留下特别的印象。

七、保险企业各部门之间的关系

保险企业各部门之间的关系，尤其是营销部与其他部门的密切合作是保险企业内部环境中非常重要的一个因素。营销部与其他部门的关系见图4-7。

（一）营销部与核保部的合作关系

核保部是保险公司的一个相当重要的部门，其主要工作是掌握保险费率的浮动和对风险的评估与取舍。然而营销人员在招揽业务时，可能因不了解保险成本或遭遇到费率方面的竞争的情况，因而必须与核保部保持密切联系，取得合理、可竞争的价格或比较宽松的承保范围，以便所招揽到的业务能顺利承保出单。否则由于未事先获得核保部的支持，会造成出单受阻而影响营销业绩。

（二）营销部与理赔部的合作关系

承保标的一旦发生保险事故损失，保险公司的理赔人员就要按照保险单处理理赔案。客户对理赔是否满意，往往影响到以后的投保意愿，因此，营销部应积极协助理赔部做好赔偿处理服务。如营销员应与保户保持联系，帮助保户审查索赔文件是否齐全，向保户解释保险条款等。

总经理室

核保部　理赔部　营销部　财务部　人事部　分支公司

营销管理部门　　保险代理人　保险经纪人　　营销分部

营销管理部门	保险代理人保险经纪人	营销分部
1.市场调查 2.现有险种的销售计划 3.新险种决策计划 4.公共关系 5.促销计划 6.沟通 7.营销渠道、销售数量、市场开发等计划	1.招揽业务 2.洽收保费 3.标的查勘 4.危险变更的通知 5.协助理赔处理 6.服务保户	1.组织销售 2.训练营销员 3.监督营销活动 4.售后服务 5.内部控制 6.有关险种促销售、沟通、信息的收集招揽业务

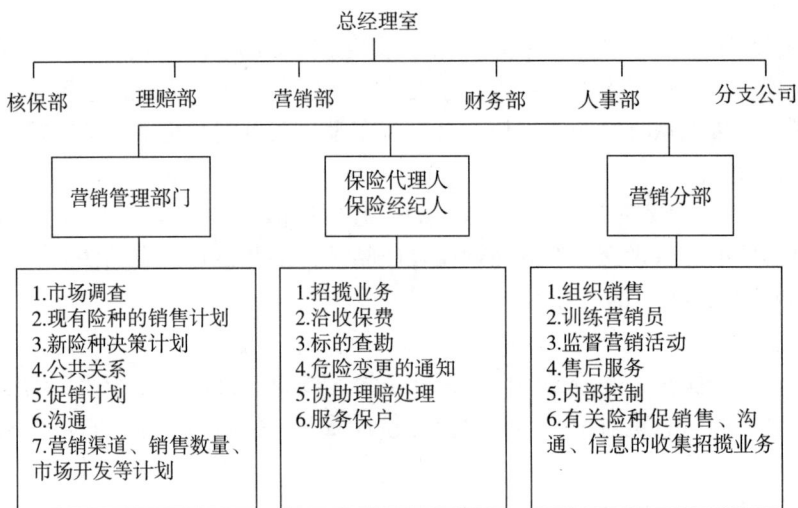

图 4 - 7　营销活动管理体系图

（三）营销部与财务部的合作关系

由于营销的目的在于追求公司的最大利润，若只顾销售而不及时收取保险费，势必影响保险公司的资金流动，也就无法支付营销费用或赔款。所以公司财务部的主要工作就是促进保险费的收取。然而收取保险费常常会遇到种种困难，如客户搬迁、公司倒闭、要求折扣等，这样就更有赖于营销部与财务部的配合。

（四）营销部与人事部的合作关系

教育培训是营销员成功的关键所在，没有一个成功的营销员是可以不经过培训上岗的。因此，人事部要配合营销部制订教育培训计划，进行营销员的日常教育以及聘请培训师等工作。

本章小结

1. 本章通过分析保险宏观、微观市场营销环境，说明了各环境因素对保险营销的影响和作用。保险营销环境是复杂多变的，它是随着社会经济、文化、政治的发展变化而不断变化的。同时，保险营销环境的各因素又不是孤立存在的，而是相互联系、相互作用、相互制约的一个统一体。

2. 通过对本章的学习可以在研究保险营销的外部环境和内部环境的基础上，利用环境分析并结合保险企业本身的资源和特点，为保险企业的经营制定正确的营销策略。

主要概念

保险营销环境　保险营销的环境机会　保险营销的环境威胁　人口环境

经济环境 社会文化环境 政治法律环境 金融服务一体化 保险公司文化

思考与练习

1. 如何理解保险营销环境？
2. 怎样进行保险营销机会分析？
3. 试论影响保险营销的外部环境。
4. 影响保险营销内部环境的因素有哪些？

第五章
保险营销机会分析

学习目标

通过本章的学习，要求首先掌握投保心理与投保行为的含义，了解投保人不同的个性心理与投保的行为表现，掌握投保人投保动机及其形成，了解投保动机对投保行为的影响；掌握个体投保人的投保行为模型，了解影响个体投保人的内在和外在因素以及个体投保决策的参与者及决策内容。其次要掌握团体投保人的投保特点，了解影响团体投保人投保行为的内在和外在因素以及团体投保决策的参与者及决策内容。最后能够识别竞争者、评估竞争者，掌握不同竞争者的竞争策略。

知识结构图

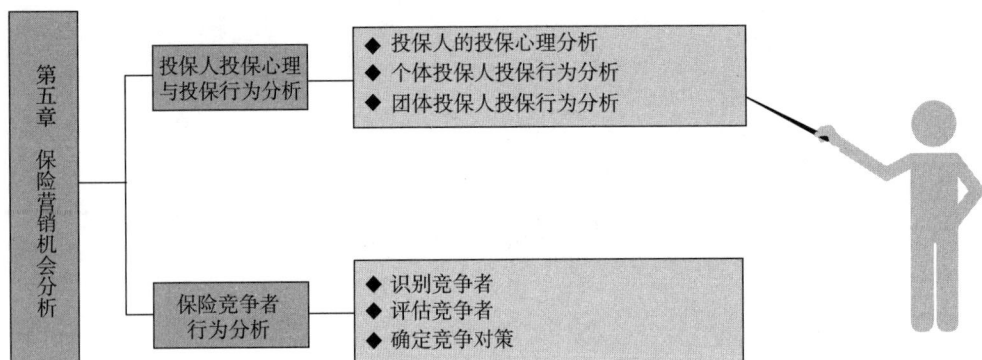

第一节　投保人投保心理与投保行为分析

投保心理是指在投保过程中发生的心理活动，是投保人根据自身的需要与偏好，选择和评价保险商品的心理活动。投保行为是指消费者在投保过程中表现的各种活动、反应与行动。投保心理支配着投保人的投保行为，并通过投保行为加以体现；投保行为是投保心理活动的集中表现，是投保活动中最有意义的部分。保险营销既是适应投保人投保心理的过程，又是对投保心理加以引导，促成投保行为实现的过程。

一、投保人的投保心理分析

（一）投保人的投保心理活动过程

按照心理学的原理，消费者的心理活动过程是一个动态过程，可分为3个步骤，即认识过程—情绪过程—意志过程。在这个过程中，还直接反映出消费者个人的心理特征即个性表现。

1. 投保心理活动的认识过程。认识过程是人脑对客观事物的属性及其规律的反映。在现实生活中，投保活动首先就是从对保险商品的认识过程开始的，因为它是投保心理活动过程的起点和第一阶段，也是投保行为的主要心理基础。各种投保心理与行为现象，如投保动机的产生、投保态度的形成、投保过程中的比较选择等，都是以对保险商品的认识过程为先导的。可以说，离开认识过程就不会产生投保行为。例如，各公司营销员的推销、各种险种、各种服务承诺、广告等，每时每刻都在刺激着消费者，并将各种各样的信息传递给他们。这时他们通过大脑对这些外部信息加以接收、整理、加工、贮存，从而形成对保险商品——某公司的险种的认识，这一过程就是投保心理活动过程的认识过程。

认识过程不是单一的、瞬时的心理活动。消费者对保险商品或某公司的险种的认识，通常经过由现象到本质、由简单到复杂的一系列过程。认识过程是通过一系列心理机能的活动共同完成的，即是由感知（感觉）、知觉、注意、记忆、思维等多种心理现象组成的一个完整过程。

2. 投保心理活动的情绪过程。情绪或情感是人们对客观事物是否符合自己的需要时所产生的一种主观体验。投保情绪过程是指人们在认识保险商品时所持的态度体验，是投保心理活动的特殊反映形式，是由于人的保险需要是否能得到满足而引起的内心变化。如果需要不能得到满足，就会产生不满甚至厌恶的消极情绪；如果需要能得到满足，就会产生高兴、欢快等积极情绪。

投保人在投保活动中的情绪过程大体可以分为4个阶段。

（1）悬念阶段。指消费者有保险需求，但并未付诸投保的行动。此时消费者处于一种不安的情绪状态。如果转嫁风险的需求很强烈，这种不安还会上升为一种急切感。

（2）定向阶段。指消费者对所需险种已经形成初步印象。此时消费者的情绪获得定向，即趋向喜欢或不喜欢，满意或不满意。

（3）强化阶段。如果消费者对保险商品的情绪趋向喜欢、满意，那么这种情绪会明显强化，强烈的投保欲望将迅速形成，并可能促成投保决策的确定。

（4）冲突阶段。消费者对保险商品进行全面评价。由于某一特定的险种不能满足多种保障的需要，消费者将体验不同情绪之间的矛盾与冲突。如果积极的情绪占上风，就可作出投保决定，并付诸实现。

3. 投保心理活动的意志过程。意志过程是消费者在投保活动中表现出来的有目的、自觉地支配和调节自己行为的心理活动。

（1）消费者投保的意志过程的基本特征。消费者投保的意志过程有 3 个基本特征。

首先，有明确的投保目的。消费者在投保过程中的意志活动是以明确的投保目的为基础的。为了满足转嫁风险的需要，消费者经过思考决定投保，然后自觉地、有计划地根据目的去支配和调节投保行为（向谁投保？投保哪些险种？投保金额多大？）。

其次，排除干扰和困难，实现既定目标。意志过程还制止了与既定目标相矛盾的情况和行动，帮助消费者实现目标过程中，克服种种阻碍与困难。如由于缴费能力有限与保障需求的矛盾，消费者既想获得充分保险，又想尽量少交保费，难以抉择，这就需要排除矛盾、冲突与干扰。所以，在投保目标确定后，消费者还需作出一定的意志努力。

最后，调节投保行为全过程。消费者意志对其投保行为的调节，包括发动行为与制止行为两个方面。发动行为激发起积极情绪，制止行为抑制消极情绪，制止与达到既定目标相矛盾的行为，从而使消费者得以控制投保行为发生、发展和结束的全过程。

（2）消费者投保的意志过程。消费者投保的意志过程包括三个阶段。

第一，做出投保决定。这是消费者投保行为的初始阶段，包括投保目的的确定、投保动机的取舍、投保方式的选择和投保计划的制订。这一切实际上是投保前的准备阶段。

第二，执行投保决定。执行投保决定是消费者意志活动的中心环节。消费者的投保决定转化为投保行动，需要通过一定方式和分销渠道实现投保。

第三，体验执行效果。投保后消费者的意志过程并未结束，保险消费体验时期很长。消费者将评价其投保行为是否明智、检验反省投保决策，以便对今后的行为有所借鉴。

（二）投保人的个性心理

投保人的投保心理活动过程体现着投保心理活动的一般规律。但是，发生在特定的个体身上，既有一般规律，又有其明显的个性特征，这就是投保人的个性心理特征。

个性心理特征具体表现在一个人的能力、气质和性格上，是能力、气质、性格等心理机能的独特综合。其中能力体现投保人完成投保活动的潜在可能性特征；气质是投保人投保心理活动的动力特征；性格则反映投保人对现实环境和完成投保活动的态度上的特征。能力、气质、性格的独特结合，构成了投保人个性心理的主要方面，形成了其各具特色的投保行为。

1. 能力与投保行为表现。能力是一个人能顺利完成某种活动，并直接影响活动效率的个性心理特征。能力的种类是多种多样的，有一般能力与特殊能力、优势能力与非优势能力之分。对投保能力有影响的能力主要是注意能力、记忆能力、思维能力和比较能力。消费者投保行为的果断程度，反映出他对公司险种的识别能力、评价能力、决策能力与缴费能力。

根据消费者在投保过程及整个保险消费过程中的能力表现，可将投保人的投保行为分为成熟型、一般型和缺乏型。

2. 气质与投保行为表现。气质是投保人典型的稳定的心理特征，它表现为人的心理活动中动力方面的特点。气质一般是在先天生理素质的基础上，通过生活实践，在后天条件影响下形成的。由于先天遗传因素不同及后天生活环境的差异，不同投保人之间在气质类型上存在着多种个别差异，这种差异会直接影响投保人的心理和行为，从而使每个人的行为表现出独特的风格和特点。

气质一经形成，便会长期保持下去，并对人的心理与行为产生持久影响。但是，随着生活环境的变化，职业的熏陶，所属群体的影响以及年龄的增长，人的气质也会有所改变。

由于不同投保人的气质类型不同，投保行为有以下几种对应表现形式：（1）主动型与被动型；（2）理智型与冲动型；（3）果敢型与犹豫型；（4）敏感型与粗放型。这些都是较为典型的表现。现实中大多介于中间状态，或以一种为主兼有另一种的混合型。

3. 性格与投保行为表现。现代心理学中，性格是指个人对现实的稳定态度和与之相适应的习惯化的行为方式。性格是个性心理特征中最重要最显著的方面。

人的性格是在生理素质的基础上，在社会实践活动中逐渐形成和发展起来的，且性格的形成主要是决定于后天的社会化过程，具有较强的可塑性。性格虽然并非个性的全部，但它却是表现一个人的社会性及基本精神面貌的主要标志，在个性结构中居于核心地位，是个性心理特征中最重要的方面。而性格又是十分复杂的心理构成物，包含多方面的特征，如态度、理智、情绪、意志等。因而，一个人的性格是通过不同方面的性格特征表现出来的，而且是各种特征的有机组合，形成独具特色的性格统一体。

投保人的性格，是在投保行为中起核心作用的个性心理特征。由于不同投保人的性格特点不同，就形成了千差万别的投保行为。从投保的态度来看，投保行为有节俭型、保守型和随意型；从投保行为方式来看，可分为习惯型、慎重型、挑剔型和被动型；从投保时的情感反应来看，可分为沉着型、温顺型和激动型。

4. 投保人的自我概念与投保行为表现。自我概念也叫自我形象，是指个人对自己的能力、气质、性格等个性特征的感知、态度和自我批评。在现实生活中，每个人内心深处都有关于自我形象的概念，这种概念以潜在的、稳定的形式参与到行为活动中，对人们的行为产生极为深刻的影响。同样，自我概念渗透到消费者的投保活动中，作为深层的个性因素影响消费者的投保行为。运用自我概念理论，可以清楚地解释消费者投保动机、投保行为中的某些微妙现象，并揭示这些现象背后的深层次原因。例如有些消费者在投保时，选择购买巨额保单，不仅仅是为了满足其转嫁特定巨额风险的需要，而且还是处于维护与增强自我概念的意愿。

（三）投保人的投保动机

按照心理学理论，当一种需要未得到满足时，人们会产生内心紧张；这种紧张状态激发人们争取实现目标的动力，即形成动机；在动机的驱使下，人们采取行动以实现目标；目标达到，需要得到满足，内心紧张状态消除，行为过程即告结束。

由此可以看出，在一次行为过程中，直接引起、驱动和支配行为的心理因素是需要和动机。其中动机又是在需要基础上产生的，因此，需要是消费者行为的最初原动力，动机则是消费者行为的直接驱动力。因而，研究消费者的投保行为，有必要深入研究消费者的投保动机。

动机把消费者的需要行为化，消费者的投保行为通常也是按照自己的动机去选择公司和险种。按照心理学定义，动机是引发和维持个体行为并导向一定目标的心理动力。动机是一种内在的驱动力量。通常，人们在清醒状态下采取的任何行为都是由动机引起和支配的，并通过动机导向预定的目标。因此，人类行为实质上是一种动机性行为。同样，消费者的投保行为也是一种动机性行为，源于各种各样的投保动机。

1. 投保动机的形成。投保动机的形成需要具备三个基本的条件：首先是保险需要的存在，即投保动机的产生必须以对保险保障的需要为基础，只有当投保人感受到有通过保险转嫁风险的需要，并达到足够强度时，才有可能产生采取保险方式来转嫁风险的动机。所以投保动机实际上是保险需要的具体化。其次是相应的刺激条件。虽然动机基于需要而产生，但并不是所有的需要都能表现为动机。动机的形成还需要相应的刺激条件。当消费者受到某种刺激时（如营销员推销、广告等），其对保险的内在需要会被激活，使内心产生某种不安情绪，形成紧张状态。这种不安情绪和紧张状态会演化为一种动力，由此形成投保动机。最后是有满足保险产品需要的对象和条件。例如，当消费者意识到自己面临各种风险威胁时，尤其是看到有人遭受风险事故时，会因此而感到心理紧张。但只要保险人愿意并且提供相应的保险险种，并在适当的外部刺激下，投保人就会产生投保的动机。在投保动机的形成过程中，三个条件缺一不可，其中尤以外部刺激更为重要。因为，消费者的保险需要通常是处于潜伏或抑制状态，尤其在我国更是如此。这是因为保险是一种典型的非渴求商品，因此，需要外部刺激来激活保险需要。外部刺激越强，需求转化为动机的可能性就越大。否则，需要将维持原状。因此，如何给消费者更多的外部刺激，是推动其投保动机形成乃至实现投保行为的重要前提。

2. 投保动机类型。投保动机可以分为生存性动机和发展性动机。投保人身保险可以根据不同的险种来区分消费者投保该种保险产品的具体动机。养老保险、健康保险、伤残保险可以通过为被保险人在遭遇疾病或者意外事故时提供一定的经济补偿来满足其基本生存权的需要，属于生存性动机；投保投资类险种虽然也能获得一定程度的保险保障，但投保人更看中获得远期的一个相对稳定的收益，应当属于满足其长期发展的需要，从而可归入发展性动机中。

随着时间的演变，以及社会环境的变化，投保动机会出现规律性的演变。在投保动机的演变过程中，有两大因素起主要的推动作用。一是外部的客观条件，如社会环境、经济环境、制度环境的发展变化以及商品本身和商品供应方的发展变化等；二是消费者本人的需要也在不断地发展变化，进而引起投保动机向前发展和变化。

3. 投保动机对投保行为的影响。按照心理学理论，投保动机在激励消费者的投保行为活动方面具有下列功能。

首先，发动和终止投保行为。投保动机为投保行为的直接动因，其重要功能之一就是能够引发和终止投保行为。当消费者通过投保，转嫁风险的需要得到满足，投保动机会自动消失，相应的投保行为活动也告终止。

其次，指引和选择投保行为方向。（1）投保动机能在各种保险需要中进行识别，确认最基本的需要，分清轻重缓急。（2）投保动机能促使确定的需要具体化，成为投保某一种或某类险种的具体投保意愿。(3) 选择、比较、评价不同公司的信誉。在多种需要的冲突中选择，使投保行为朝需要最强烈、最迫切的方向进行，从而求得投保行为效用最大化。

最后，维持与强化投保行为。在消费者投保活动的过程中，某种投保动机将贯穿于投保行为的始终，不断激励消费者努力采取行动，直到目标最终实现。此外，某种投保动机还有可能加强或减弱投保行为。

二、个体投保人投保行为分析

个体投保人包括个人投保人与家庭投保人。

（一）个体投保人投保行为模型

个体投保人投保行为模型的中心是自我概念与生活方式（见图 5-1）。

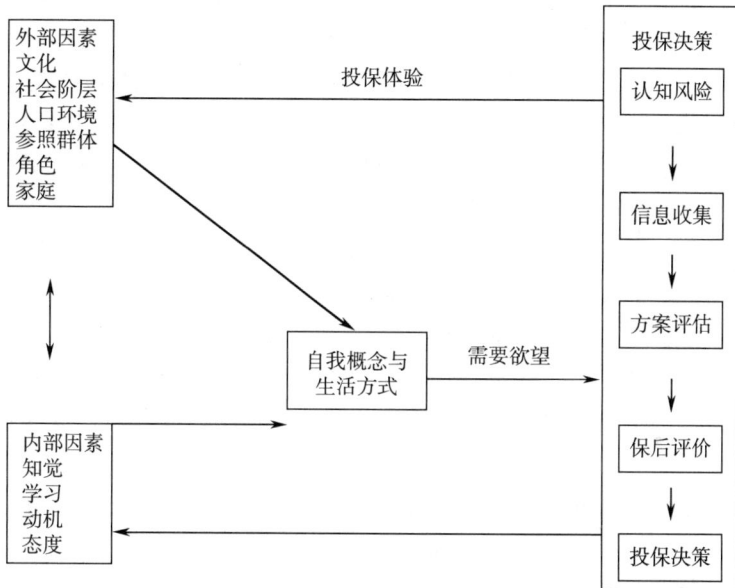

图 5-1 个体投保人的投保行为模型

自我概念是个人在社会化进程中，通过与他人交往及与环境发生联系，对自己的行为进行反观自照而形成的，因而受许多因素的影响，诸如自我评价、他人评价、社会评价等。因此，自我概念实际上是在综合自己、他人或社会评价的基础上形成和发展起来的，是一个人对自己的信念和情感。自我概念有四种类型：(1) 实际的自我——目前我是如何现实地看待自己；(2) 理想的自我——我希望如何看待自己；(3) 社会实际的自我——我是如何现实地被他人看待；(4) 社会理想的自我——我希望如何被他人看待。

通常情况下，我们都具有从实际的自我概念向理想的自我概念转化的意志和内在冲动，这种冲动成为人们修正自我行为，追求自我完善的基本动力。而且人们还力求使自己的形象符合他人或社会的理想要求，并努力按照社会的理想标准从事行为活动。正是在这样的意志和动机推动下，自我概念在更深层次上对人们的行为发生影响，制约和调节着行为的方式、方向和程度。自我概念是通过生活方式反映出来的。生活方式就是我们如何生活，包括兴趣、态度、期望、情感等，由一个人内在的个性特征所决定，是自我概念的折射。个人与家庭都有不同的生活方式，不同的生活方式影响消费者的投保行为和决定消费者的投保决策。

（二）影响个体投保人投保行为的外在因素

外在因素主要指社会、人文和人口统计等方面的因素，包括文化、年龄、社会地位、参照群体、家庭等。

1. 文化背景与投保行为。文化是包括知识、信念、艺术、法律、伦理、风俗和其他为社会大多数成员所共有的习惯、能力等的复合体。文化首先具有综合性，它几乎包含了影响个体投保人投保行为的所有方面；文化又是后天学习的有关行为，而非与生俱来。每个投保人都是在一定的文化环境中成长并在一定的文化环境中生活，其投保行为必然受到文化环境的深刻影响。文化的影响无时不有，无处不在。受不同文化背景的影响，投保人在价值观、人口特性等方面均存在差异，因而也会影响他的投保行为。

（1）文化价值观的差异与投保行为。文化价值观是一个社会的大多数成员所信奉、被认为应为社会所普遍倡导的信念。文化价值观是通过一定的社会规范来影响投保人的投保行为的。文化价值观包括以下三种形式。

第一，他人导向价值即反映社会关于个人与群体的合适关系的观点与看法。例如，集体取向的文化就比个人取向的文化更加重视集体的作用，投保人在作出投保决策时可能就会较多地依赖于他人的帮助和指导。

第二，环境导向价值观即反映社会与其经济的、技术的和特质的环境之间相互关系的看法。例如，一个安于现状、对承担风险采取回避态度的社会，投保人在投保时可能对新险种较为谨慎。

第三，自我导向价值观反映的是社会成员认为应为之追求的生活目标以及实现这些目标的途径、方式。例如，一个鼓励人们居安思危、细水长流而不是及时行乐的社会，投保人在投保时会表现出积极、主动且比较理智的行为。

（2）亚文化与投保行为。文化很少是完全同质的。大多数文化中还包含许多亚文化。亚文化实质是主文化的细分和组成部分，亚文化是一个人种、地区、宗教、种族、年龄或社会团体所表现出来的一种强烈的有别于社会中其他团体的行为方式。亚文化既有与主文化一致或共同之处，又有自身的特殊性，其对投保行为的影响更直接更具体，也尤为明显。亚文化通常有种族亚文化、宗教亚文化、民族亚文化和地域亚文化等。

从投保人来看，他们的投保行为不仅带有某一社会主文化的基本特性，而且还带有所属亚文化的特征。例如，以民族亚文化为例，中华民族是一个偏好安全的民族，在投保行为上会表现得比较保守；以地域亚文化为例，我国北方人的性格比较豪爽，在投保行为上会表现得比较果敢与粗犷。

2. 社会阶层与投保行为。社会阶层是一个社会里享有相同或相近的价值观、相同或相近的消费品位、相同或相近的生活方式、相同或相近的兴趣爱好和相同的行为方式并以此为基础所形成的相对持久和同质的人群。收入、教育、职业是最常用的划分标准。

同一阶层的人有相似的社会经济地位、利益和价值取向。不同的社会阶层具有不同的收入水平和生活方式。社会阶层分为高收入阶层、中收入阶层以及低收入阶层。较高阶层的消费方式对较低阶层的消费方式具有较强的示范作用。在社会阶层理论中，每一个消费者都归属于某一个社会阶层，从而使保险消费行为也就必然带有其所属社会阶层的烙印。统计资料表明，中产阶层一方面有较高的收入，一方面大多受过良好的教育，因此他们对保险的理解和接受能力最强，应是主要的保险消费主体。从投保行为表现来看，高收入阶层的价值取向更偏好于"求名、求异"。求名表现为张扬、炫耀自己甚至挥霍浪费，以标榜自己的价值；求异表现为异想天开，追求别人没有的我有。中等收入阶层的价值取向更偏好于"求稳、求上"。求稳表现为"有备无患"，在生活上不追求奢华；求上表现为积极进取，希望明天更好。低收入阶层的价值取向是"求安、求富"。求安是保全自己不受更大的冲击和遭受损失；求富是致力于多增加收入，以改善生活向中等收入阶层看齐。

🔘 拓展阅读 5－1
当前我国阶层划分的理论依据 ∙∙∙

　　怎样认识我国当前的社会结构？怎样认识我国当今的阶层划分呢？习近平总书记在第十二届全国人民代表大会第一次会议上的讲话中指出："全国广大工人、农民、知识分子，要发挥聪明才智，勤奋工作，积极在经济社会发展中发挥主力军和生力军作用。一切国家机关工作人员，要克己奉公，廉政勤政，关心人民疾苦，为人民办实事。中国人民解放军全体指战员，中国人民武装警察部队全体官兵，要按照听党指挥、能打胜仗、作风优良的强军目标，提高履行使命能力，坚决捍卫国家主权、安全、发展利益，坚决保卫人民生命财产安全。一切非公有制经济人士和其他新的社会阶层人士，要发扬劳动创造精神和创业精神，回馈社会，造福人民，做合格的中国特色社会主义事业的建设者。全国广大青少年，要志存高远，增长知识，锤炼意志，让青春在时代进步中焕发出绚丽的光彩。"

　　习近平总书记的上段论述，实际上对我国现阶段的社会阶层结构，作了一个科学的分析和概括。据此，可以将我国现阶段的社会阶层划分如下。

　　（1）普通工人阶层，即习近平总书记讲的首个阶层：工人，即与企业管理者、经营者、技术人员、一般管理人员相区别的企业"一线"劳动者。

　　（2）农民阶层，即习近平总书记讲的第二个阶层：农民。

　　（3）知识分子阶层，即习近平总书记讲的第三个阶层：知识分子。

　　（4）公务人员阶层，即习近平总书记讲的"一切国家机关工作人员"。广义上讲，习近平总书记提到的"中国人民解放军全体指战员，中国人民武装警察部队全体官兵"，也可以纳入公务人员阶层。

　　（5）公有企事业管理者阶层。尽管习近平总书记在此次讲话中没有直接提到这一阶层，但他一直非常重视这个阶层。这是由公有企事业的地位和作用决定的。习近平总书记在中央全面深化改革领导小组第四次会议上指出："国有企业特别是中央管理企业，在关系国家安全和国民经济命脉的主要行业和关键领域占据支配地位，是国民经济的重要支柱，在我们党执政和我国社会主义国家政权的经济基础中也是起支柱作用的，必须搞好。"而要搞好以国有企业为主的公有企业，也"关键在人"。所以，应该将其单列为一个阶层。

（6）非公企事业主阶层，即习近平总书记讲的"非公有制经济人士和其他新的社会阶层人士"中的一个阶层。

（7）个体户阶层，即习近平总书记讲的"非公有制经济人士和其他新的社会阶层人士"中的另一个阶层。

⊙ 资料来源：节选自苏伟：《当前中国社会各阶层分析》，载《马克思主义研究》，2016 年第 7 期。

------

3. 人口环境与投保行为。人口环境主要指人口的规模、结构和分布。其中，规模指社会中个体的数量；结构是关于年龄、收入和职业的统计；分布是指人口的地域或地理分布。例如，人口密度很高的社会可能形成集体取向而非个人取向的价值观，从而投保人在投保时会表现出依赖性。

4. 参照群体与投保行为。参照群体又称相关群体或榜样群体，是指一种实际存在的或想象存在的，可以作为投保人判断其投保行为的依据或楷模的群体。参照群体对投保人有着强大的影响力，其标准、目标和规范会成为投保人的"内在中心"。投保人会以参照群体的标准、目标和规范作为行动的指南，将自身的行为与群体进行对照。通常，影响投保人投保行为的参照群体有家庭、同学、同志、邻居、亲朋好友、社会团体和名人名家等。

参照群体对投保人投保行为的影响体现在：提供信息性影响，使其投保行为更加果敢；提供规范性影响，使其投保行为更受赞赏与认可；提供价值表现上的影响，使其投保行为更为主动。

5. 角色与投保行为。角色是指社会对具有某种地位的个人在特定情形下所规定和期待的行为模式。例如，由于保险公司强调寿命对于扮演父母角色的重要性，所以作为父亲的角色会使一个人在安排家庭的消费支出时倾斜于投保的保费支出。

6. 家庭影响与投保行为。家庭也是保险商品的基本消费单位。家庭对投保行为有着直接的影响：家庭的类型（核心家庭、单亲家庭、扩展家庭等）影响投保人投保行为的独立性；家庭结构的变化（主要表现为规模的日渐缩小和单亲家庭的增多）使投保行为更加果敢。处于家庭生命周期的不同阶段，投保人的投保行为的理智性、果敢性也不同。家庭的实际收入水平影响到用于购买保险的支出金额，对家庭的预期收入的估计影响现实的投保行为。

拓展阅读 5 - 2
家庭生命周期对人身保险消费行为的影响

家庭生命周期是我们对保险市场进行分析的有力工具，保险行业往往根据家庭生命周期来细分家庭这一庞大的需求主体。分析家庭生命周期一般根据社会人口特征如婚姻状态、家庭规模、家庭成员的年龄以及户主的职业地位等。不同的研究者有不同的家庭分析的方法，一般地可以将家庭生命周期分为五个阶段，每一个阶段所面临的风险水平差异、风险态度变化以及保费支付能力变化，表现出消费者在不同时期的选择特征。

（1）单身未婚期。在消费者没有结婚前，表现为"一人吃饱全家不愁"的状态。这个时期消费者的生活负担不重，个人收入往往由于工作时间不长也不高，而且由于财富积累的时间较短而需要准备大量的资金来购买一生中必要的耐用消费品。收入相比支出多余的部分形成了一定的保险购买力，但是又往往因风险意识比较淡薄而需求不足。原则上，这一时期的消费者应当购买一些保障型保险产品，以防意外或者疾病带来财务困难，对于那些可能有赡养老人负担的消费者来说尤为重要。

（2）家庭形成期。从结婚登记成为合法夫妻并建立家庭到生育第一个子女这一时期。这个阶段消费支出额大，消费水平高，集中性消费行为明显。为提高生活质量往往需要较大的家庭建设支出，如购买一些较高档的用品及耐用品，贷款买房的家庭还须每月还款。这个阶段夫妇双方年纪较轻，健康状况良好，收入迅速增长，保险意识和需求随着收入的增加而有所增强。这个时期仍然需要一定的保障型险种防止意外或者疾病带来的损失，同时也可以考虑一定量的投资型保险以提高家庭资金的收益率。

（3）家庭成长期。从小孩出生到小孩参加工作以前的这段时间，大约20年。这个阶段家庭成员不再增加，整个家庭的成员年龄都在增长。家庭的最大开支是保健医疗费、学前教育、智力开发费用。同时，随着子女的自理能力增强，逐渐进入中年的父母精力充沛，时间相对充裕，又积累了一定的社会经验，工作能力大大增强，也会进行风险投资等。这个时期家庭主收入者的责任重大，因此最需要一些保障型险种，同时为了子女未来各类重大的消费也可以考虑一些长期的具有定期或不定期返还的险种。

（4）家庭成熟期。指子女参加工作到家长退休为止这段时期，一般为15年左右。这一阶段里家长自身的工作能力、工作经验、经济状况都达到高峰状态，子女也完全自立，债务负担已逐渐减轻。夫妇双方年纪较大，健康状况有所下降，家庭成员不再增加，家庭负担较轻，收入稳定在较高水平，保险意识和需求增强。这个时期一般来讲应当是享受保险服务的阶段。但许多险种的购买也已相对困难，尚可以购买一些具有理财功能的保险产品以提高资金的收益率。

（5）退休期。现代人的平均寿命延长，一般人平均在60岁退休，从退休年龄到平均预期寿命，这一时段有15～20年。对退休后的生活加以保障，在迈向人口老龄化的今天显得十分重要。这一时期是居民收入衰退期，收入减少或根本没有收入，这段时间以安度晚年为目的，投资和花费更为保守。

⬆ 资料来源：摘自庞楷博士学位论文《中国城镇居民人身保险消费行为研究》。

（三）影响个体投保人投保行为的内在因素

内在因素主要是指生理和心理方面的因素，主要包括知觉、学习、态度、动机等。

1. 知觉。知觉是人脑对直接作用于感觉器官的客观事物个别属性的整体反映，是人们选择、组织和解释信息以便理解其含义的过程。知觉对投保行为的影响更为直接，更为重要，经知觉形成的对保险商品的认知，是投保行为发生的前提条件。

2. 学习。学习是投保人在投保活动中不断获取知识、经验和技能，不断完善其投保行为的过程。事实上，投保行为很大程度上是后天学习得来的。投保活动的每一步都是在学习，从感知保险商品到投保决策及保后体验，都是学习的过程。学习是投保行为的关键，通过学习，消费者增加了保险商品知识，丰富了投保经验，从而有助于促发投保人重复性的投保行为。如果一个消费者在较长的时期内持续地、习惯性地购买某公司的险种，那么他就已建立了对该保险公司的品牌忠诚。

3. 态度。态度是投保人确定投保决策，执行投保行为的感情倾向的具体体现。态度的形成与改变直接影响投保人的投保行为。对保险持积极肯定的态度会推动投保人完成投保活动；而消极否定的态度则会阻碍投保活动。例如，对某险种有较好体验的保户会对该险种以及提供该险种的公司产生积极的态度，而对某险种有较差体验的保户会对该险种以及提供该险种的公司产生消极的态度。态度一旦形成便很难改变，而且那些持有消极态度的消费者不仅不会继续购买，还会影响其他消费者对保险商品或特定保险公司的态度。

态度对保险购买行为具有极其重要的影响。保险消费者购买行为是产生购买动机、形成购买意图、采取购买行动的连续过程。其中，购买意图是导致实际购买的关键，而明确的购买意图来自对某个公司某一险种的信心和积极态度。消费者对保险的态度可以分为热爱、肯定、冷淡、拒绝和敌视等。

由于保险商品的特殊性，在保险营销实践中，投保人经常表现出来两种态度：一是拖延，特别是涉及需要长期支付保费的时候，认为满足今天的需求比满足明天的需求更容易，因而往往使长期保障服从于其他更为现实的需求；二是避免，因为保险总使人联想到不愉快，对风险的恐惧抑制了人们考虑保险保障，人们不愿意去想死亡的不可避免和提前做准备的需求。这一切都会影响消费者的投保行为。

4. 动机。转嫁风险的需要是投保行为的最初原动力，投保动机则是投保行为的直接驱动力。大多数消费者面临许多未满足的需要，包括生理的和心理的。马斯洛的需要层次论从总体上解释了消费者行为。

按照马斯洛的理论，人的需要有5个层次：生理需要、安全需要、归属需要、自尊需要和自我价值实现的需要，而且在高层次的需要出现之前，较低层次的需要必须首先得到满足。投保能帮助消费者满足其中某些需要，具有某种层次需要的消费者在保险险种的选择、保费的缴付方式、保险金额的确定等方面都会表现出不同的特点。

（四）个体投保人的投保决策

1. 个体投保人投保决策的参与者。在个体投保人的投保决策中，有5种常见的角色，在决策中各自发挥着不同的作用：倡议者首先提出投保的建议；影响者对倡议者所提出的投保建议发表个人意见，影响该建议的最终选择；决策者对倡议作出最后的决定（家庭决策中有丈夫主导型、妻子主导型、联合型与自主型）；购买者即投保人与保险公司签订保险合同，并履行缴付保险费的义务；享用者即被保险人享受保险合同的保障。

2. 个体投保人投保决策的内容。个体投保人投保决策的内容就是作出投保决策时要解决的问题，主要包括以下六大方面。

（1）为什么投保（Why）。权衡投保动机，是寻求保障还是期望高回报。

（2）投保什么险种（What）。这是投保决策的核心，即确定投保的具体险种和具体内容，包括险种名称、保险期限、保险金额、缴费方式等。

（3）投多大保额（How many）。根据被保险人的需要与投保人的缴费能力确定投保金额。

（4）向哪家公司投保（Where），即确定投保的公司。对保险公司的选择主要考虑其实力、服务水平、险种特色等。

（5）何时投保（When），即确定投保时间。这主要取决于投保人转嫁风险的迫切程度和保险行为的发展前景。

（6）怎样投保（How），即确定投保的方式。可供选择的方式有网上投保、上门投保、通过代理人投保、通过经纪人投保；付费方式有现金、支票、银行转账等。

3. 投保决策的过程。购买决策是消费者为了实现某一项特定目标，在消费过程中对备选方案进行评估、选择、判断和决定的一系列活动。投保决策即为保险商品的购买决策，这一决策过程与一般商品消费有一定的相似性，但同时也有着较大的差异。投保决策过程包含风险认知、信息收集、方案评估、投保决策与保后评价五个阶段（见图5 - 2）。

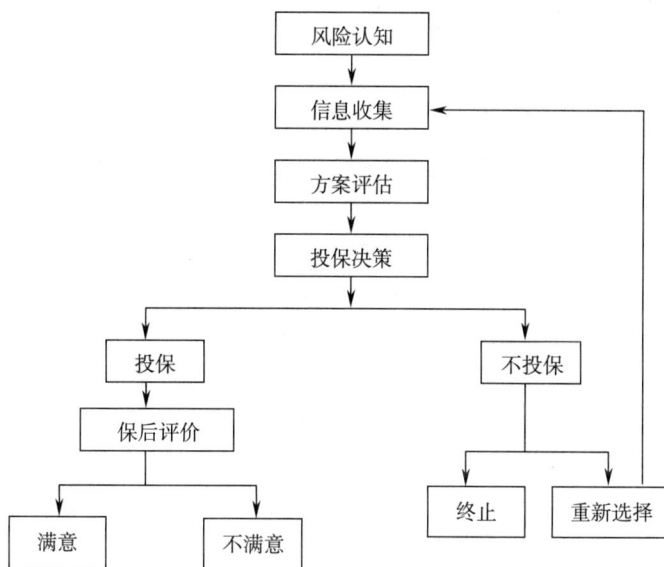

图 5 - 2　消费者投保决策的过程

（1）风险认知。投保决策过程基本上是一个解决风险威胁的过程，这一过程首先始于投保人对风险的认知。消费者在投保过程中，有很多因素可能影响其对所面临的风险的认知，如风险意识、教育水平、家庭责任感等。当消费者在内外部刺激下，例如通过保险公司的广告宣传、促销活动、营销人员的上门服务、重大保险理赔案等，都会对自身所面临的风险有所认知，进而寻求解决的最佳方案，从而可能产生对保险的需求。

（2）信息收集。在认知风险的基础上，消费者受转嫁风险的动机驱使，开始寻求解决方案。为使方案充分而可靠，需要广泛地收集有关保险的信息。信息的收集可以通过不同的途径获取，一般来说，消费者的信息首先来自内部信息源，即以往保险消费的经验。其次就是通过外部信息源包括个人信息源（亲朋好友、家人同事）、公众信息源（报纸、杂志、网络等）及保险公司的广告、营销员、促销活动等来获取。投保人获取信息主要依赖于保险营销人员所控制的信息源和个人信息源，尤其是寿险险种，代理人是信息的主要来源。获取的信息包括有关各保险公司的情况、险种情况、投保的便利性等。在广泛搜寻的基础上对所获信息进行适当筛选、整理、加工，即可形成解决问题的多种方案。

（3）方案评估。形成各种解决方案的利弊长短不一，消费者需要对此进行评估与比较。首先要确定评估准则，即投保人在作选择时考虑的特点或特征。特别是对待所购的保险商品涉及的保险责任、保险金额、保险费率、保险期限等要确定一个可以接受的标准，并按这些标准对信息逐一进行评价。同时对主要保险公司的声誉、财力、售后服务及代理人的素质等也要确定评估准则。其次是作出投保选择。在确立起评估准则后，消费者一般按照重要性进行排序，从而根据自身的价值标准作出投保选择。保险代理人在这一阶段扮演着非常重要的角色，而且其服务水准比保险公司的声誉更为重要。

（4）投保决策。投保人根据一系列评估准则，对所有方案进行评估后，就要最终作出投保决策。消费者也可以形成一种购买意图而倾向于购买自己喜欢的品牌。然而他人的态度和未预见到的情况因素会介入到购买意图与购买决策之间。他人的态度会影响到个人所喜爱的品牌的选择，其程度取决于他人对消费者偏爱的品牌所持的否定态度的强度和消费者遵从他人希望的动机。他人的否定态度越强烈、与消费者关系越亲近，消费者改变个人偏好的可能性就越大。

投保决策的作出还同消费者自身的个性和自我观念有着重要的联系。作出投保决策似乎比其他的许多消费的购买决策更为困难。对未来预期的保险事故发生与否的不确定性以及对保险公司是否能如销售人员所称的那样履行义务的不确定性，会对投保决策形成重大心理障碍。同时，消费者购买多年期期缴寿险中面临着对未来多期的消费行为进行了支配和干预，这也是其难以决策的原因所在。

（5）保后评价。投保后，投保人会评估他们的投保选择。首先是投保的险种是否是真正的期望，从而感到满意或不满意。满意的投保人可能会重复投保并向他人推荐；而不满意的投保人可能会在冷静期内退保，如若冷静期已过，则可能会任由保单失效，甚至会向有关机构投诉、诉诸法律。

保险消费的购后评价的好坏与保险公司实际提供的保险服务紧密相关，与消费者购买保险时所产生的期望更是联系紧密。消费者的期望形成于保险销售人员、朋友以及其他的信息源。如果销售人员不切实际地夸大了保险产品的好处或是未指明免除责任等，消费者就会产生过高的期望值，最终影响到消费者的期望判断，导致消费者不满意，影响到消费者对产品的评价及消费者周围购买群体对产品的选择。

三、团体投保人投保行为分析

团体投保人是指那些购买保险的组织或集团，包括企业单位、机关单位、事业单位或其他团体。

（一）团体投保的投保特点

同个体投保人相比，团体投保人的投保行为具有如下特点。

1. 投保人数少，但较集中。在团体保险中，是以一个企业、一个单位作为投保人的，而且大多数团体集中在大中城市或城镇，因此，团体投保人比个体投保人的数量要少得多，却比较集中。

2. 投保金额大。由于团体规模较之个体要大，其面临的风险也相对较为集中，尤其是经营性团体。因而，他们一旦产生投保的愿望，往往投保金额较大，甚至有一些巨额的保单。

3. 投保决策的参与者多。一个团体内的决策单位可能很大且复杂，尤其是一些大型和等级严密的企业，在作投保决策时会涉及更多的来自不同的职能部门、不同层级的参与者，而且在决策的不同阶段，参与者也不同。

4. 投保行为波动大。由于团体投保人的投保金额大，其保费负担是其所有支出项目中非常重要的一项，尤其是那些大型团体。因此，整个经济形势、团体经营绩效对团体投保行为影响就会较大。另外，由于团体投保人往往要缴付大额的保费，因而其对费率的敏感性要比个体投保人强，有时可能因为费率不合宜而改变投保计划。因此，相对于个体投保人，团体投保人的投保行为波动较大。

（二）团体投保人投保行为模型

团体投保行为模型如图 5 - 3 所示。

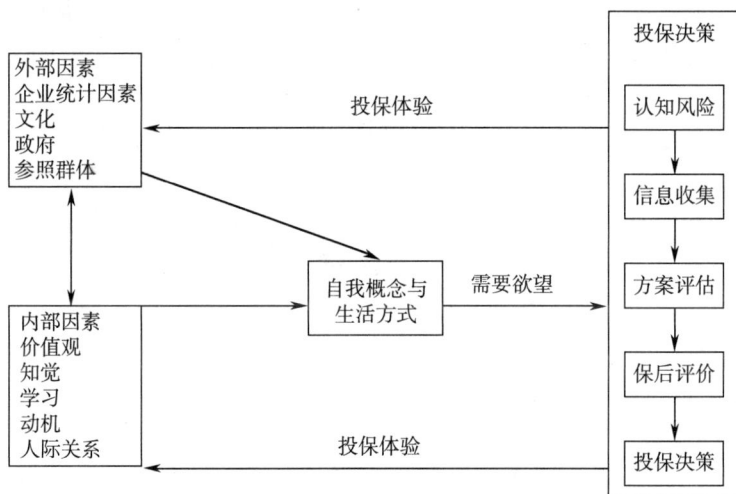

图 5 - 3　团体投保人投保行为模型

个体投保人投保行为模型的中心是自我概念和生活方式。作为一个团体，也有一种自我概念，它存在于团体成员对团体及其运作所特有的信念和态度中。团体的运作方式实际相当于个体的生活方式，我们统称它为团体文化，也就是我们常说的"企业文化"或"公司文化"。它反映和影响团体的需求和欲望，进而影响团体的投保行为与投保决策。

（三）影响团体投保人投保行为的外部因素

1. 企业统计因素。企业统计因素包括企业特征（如规模、活动类型、目标、地理位置、所属行业类别等）与企业成员特征（如性别、年龄、教育、收入分配等）。例如企业规模的大小不同，其职能部门的设置也不同，从而也意味着投保决策的参与者不同。如大型企业里很多人参与投保决策，要对其投保行为产生影响，必须将广告、销售努力瞄准其不同的职能部门，而且要具有针对性。但小型企业的投保决策可能只涉及业主或经理，其个人行为就是团体行为。企业处在不同的地理位置，会受地区亚文化的影响，从而形成不同的业务运作方式与商务风格，在投保过程中也就呈现出不同的行为特点。

2. 组织文化。组织文化是组织在成长和发展过程中形成的一系列核心价值理念以及受此影响和制约的组织行为方式和员工行为方式。（1）导向功能。组织文化能对企业整体和企业每个成员的价值取向及行为取向起引导作用，具体表现在两个方面：一是对企业成员个体的思想行为起导向作用；二是对企业整体的价值取向和行为起导向作用。（2）约束功能。组织文化对企业员工的思想、心理和行为具有约束和规范作用。组织文化的约束不是制度式的硬约束，而是一种软约束，这种约束产生于企业的组织文化氛围、群体行为准则和道德规范。群体意识、社会舆论、共同的习俗和风尚等精神文化内容，会造成强大的使个体行为从众化的群体心理压力和动力，使企业成员产生心理共鸣，继而达到行为的自我控制。（3）凝聚功能。当一种价值观被企业员工共同认可后，组织文化的凝聚功能就会成为一种黏合力，从各个方面把其成员聚合起来，从而产生一种巨大的向心力和凝聚力。（4）激励功能。组织文化具有使企业成员从内心产生一种高昂情绪和奋发进取精神的效应。组织文化把尊重人作为中心内容，以人的管理为中心。组织文化给员工多重需要的满足，并能对各种不合理的需要用它的软约束来调节。所以，积极向上的思想观念及行为准则会形成强烈的使命感、持久的驱动力，成为员工自我激励的一把标尺。

一个以股东和所有者财富为决策标准的企业和一个将员工福利与企业利益同等对待的企业，在是否为员工投保以及保障程度选择上会有不同的行为方式。

3. 参照群体。参照群体的保险观念不仅影响企业的投保行为，也左右企业的投保决策。例如，同行业中的领先者是富有创新精神的企业，他们如投保会带动其他企业的竭力效仿，跟上市场潮流。

（四）影响团体投保人投保行为的内部因素

1. 价值观。一般来说，团体投保人行为较之个体投保人的投保行为更加"理性"与"经济"，但是，企业或其他组织也是由人组成的，投保决策是人而非企业作出的。企业独特的价值观会影响其成员的投保行为。

2. 人际关系。人际关系因素主要是指处于企业或组织投保决策的核心位置的成员之间的关系。在团体投保人行为过程中，投保意识以及投保决策往往受这类人际关系因素的影响。人际关系中各个参与者的权力大小、地位高低、情绪好坏以及说服能力的强弱会在一定程度上影响决策的方向和决策内容。

3. 知觉。同个体一样，企业或组织也有记忆，并将其投保决策建立在这种记忆的基础上。而且一旦形成对保险的记忆与看法，就很难再改变。

4. 学习。像个体一样，企业或组织也从经验与知觉中学习。当从保险公司或代理人那里得到积极的体验时，就会激励团体重复投保。有效的投保过程和程序也会用规则和政策的形式确定下来，从而形成制度。相反，不快的体验会导致避免投保行为，同时无效的投保程序会被摒弃。

5. 动机与情绪。企业或组织通常比个体投保决策带有较少的感情色彩。但是，在组织投保决策中经常存在个人或职业风险。担心作出错误的投保决策的风险会导致自我怀疑和精神上的不安，这种情绪进而会对投保决策产生影响。按照心理学理论，个人既有个人动机也有组织性动机。组织性动机鼓励个人作出正确的投保决策，但是当"正确"不易界定时，个人动机就会起作用，从而对团体的投保行为产生影响。

6. 个人因素。每个参与投保决策的人，难免会受到个人价值观、年龄、受教育程度、职务、个性以及对风险的态度等因素的影响。这些因素进而会影响他们对风险的认识和理解，并最终影响投保决策。

（五）团体投保人的投保决策

1. 决策单位。投保决策单位可依据职责范围来划分。最终投保决策的作出部分取决于个人的权力、专长性、决策问题的性质、各职能部门在投保决策中所具有的影响力。另外，决策单位的成员扮演的角色各不相同，如信息收集者、关键影响者、决策者、购买者和受益者。同一部门在团体决策中的角色也随决策类型和组织文化的不同而不同。在投保过程的不同阶段，决策单位也可能发生变化。

2. 团体投保决策的参与者。在团体投保行为发生过程中，有许多人参与了投保决策，扮演了不同的角色。他们分别是信息收集者、关键影响者、决策者、购买者和受益者。

3. 团体投保人的投保决策过程。团体投保人的投保决策过程与个体投保人的投保决策过程相同，同样包括五个阶段，即风险认知、信息收集、方案评估、投保决策、保后评价。

第二节　保险竞争者行为分析

保险企业依据最具有主要影响的竞争力量对竞争者进行分析。分析竞争者的目的是了解每个竞争者可能采取的战略目标以及对其他竞争者的战略行为所做出的反应。

一、识别竞争者

识别竞争者，首先应界定"竞争者"的概念。从广义上讲，一个保险公司可以把凡是提供相似或同类保险产品的企业都看作是自己的竞争者，如某人寿保险公司可以把所有的寿险公司都作为自己的竞争者。在更广泛的意义上讲，该人寿保险公司还可以把所有提供与寿险类似功能和服务的产品的企业，都看作是自己的竞争者。如不仅把其他寿险公司看作竞争者，而且把银行、救济、自我保障等都看作竞争者。甚至将范围再拓宽一些，把所有同本企业争夺顾客购买力的企业，都纳入竞争者的范畴之内。例如，该人寿保险公司可以把房地产公司也看作是竞争者，因为顾客若买了房子可能就没有能力再买寿险。识别竞争者一般从行业与市场两个方面来进行。

（一）行业竞争者与市场竞争者

1. 从行业方面识别竞争者。从行业方面来看，提供同一种产品或极为相近并可互相替代的同类产品的企业构成一个行业，如保险业、银行业、证券业、汽车制造业、石油业、医药业、饮料业等。在同一行业中，一个保险公司新险种的推出、服务水平的提高、保险费率的降低等，都会导致消费者投保取向的变化。从这个层次来看，不同的保险公司互为竞争对手。因此，一个保险公司要想在本行业处于领先地位，就需要了解整个保险行业的竞争模式，以确定竞争者的范围。

2. 从市场方面识别竞争者。从市场方面来看，企业的竞争者是那些与自己的顾客需要相类似，或为相似顾客群服务的企业。例如，从行业方面来看，中国人寿保险公司的竞争者是中国平安保险公司、中国太平洋保险公司等。但是，从市场方面来看，顾客的需要是具有保障或投资功能的产品，因此，中国人寿保险公司的竞争者也可以是银行、证券公司等具有保障或投资功能的金融产品。从市场方面鉴别竞争者可以开阔企业的眼界，使企业不光看到现在的竞争者，也看到未来的潜在竞争者，有利于企业制定长期发展规划。

3. 从行业、市场两个方面识别竞争者。确定企业竞争者的关键是，从行业和市场两个方面来综合考虑，分析产品及市场细分的情况。每个细分市场都有不同的竞争问题，形成不同的竞争机会。

（1）行业竞争者。凡是以大体相同费率向同一客户群提供同样产品的其他公司都是本公司的竞争者。例如，中国平安保险公司可以将提供长效还本家财险的公司视为竞争对手；中国太平洋保险公司可将提供与其万能寿险相类似产品的公司视为竞争者。

（2）品种竞争者。凡是提供与本公司相同或类似险种的保险公司都是本公司的竞争者。例如所有的人寿保险公司互为竞争者，所有的财险公司互为竞争者。

（3）形式竞争者。即所有提供相同产品与服务的公司都是竞争者。商业性人寿保险公司与社会保险机构之间，尽管性质不同，但所提供的保险项目有许多共同之处，如养老保险、医疗保险、意外伤害保险。在一定时期内，人们有支付能力的保险要求是有限的，因此，社会保险领域的扩大，保障水平的提高，会影响商业保险的发展速度，是商业保险公司的间接竞争对手。

（4）一般竞争者。为争取相同消费者货币而竞争的都是竞争对手。保险与储蓄有许多共同点，都是将现在收入的一部分为未雨绸缪之计准备应付将来的需要，以保障老年经济生活的安定；都是一种投资手段，使资金增值；都能不同程度地应付不测事件。于是，顾客的一笔资金既可以参加储蓄，也可以购买保险，在个人手持现金为一定的条件下，储蓄与保险相互消长。因而，银行也是保险公司的间接竞争对手。

（5）直接竞争者。凡是以相同的战略追逐相同目标市场的公司是本公司最直接的竞争者。

（二）　识别竞争者的战略

一个公司必须不断了解其竞争者的策略。在分析保险企业的竞争者的战略时，必须先了解企业自身所处的战略群体。根据竞争者所采取的主要策略的不同，可将竞争者划分为不同的战略群体，一个战略群体是指在主要方面实行相同的或近似的策略的一群公司。在一个策略群内存在激烈的竞争，在不同的策略群之间也存在竞争，而且各自都有不同的策略组合，并随着时间发展不断修正。一家保险公司要在同业竞争中占据优势地位，首先要识别出关键的策略群体。例如，某寿险公司经过调查分析认为，人寿保险市场两个显著的策略方面是企业形象和险种设计（险种丰富且符合市场需要），据此，该公司的战略可制成图5-4。

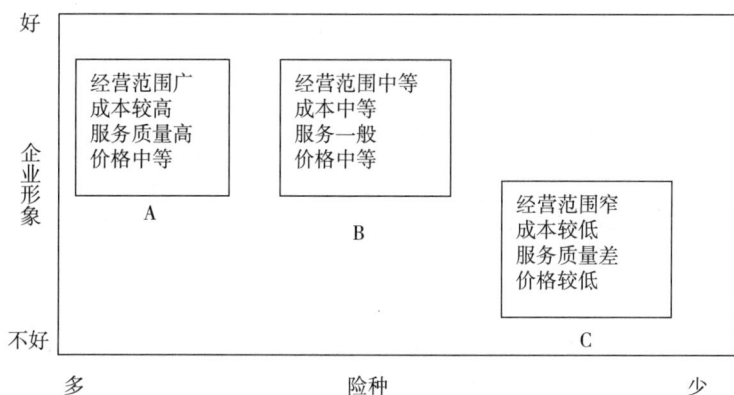

图5-4　识别竞争者的战略

群体A经营范围广，服务质量好，费率适中，在顾客心目中树立起良好的形象。良好的形象是一个企业无声的广告，它对相同的目标顾客的吸引力远远高于形象一般的公司。

在一般情况下，由于金融资源的有限性和专门技术资源的稀缺性一级理论上存在的C（客户）—A（地区）—P（产品和服务）组合的无限多样性，保险行业中只有为数不多的几个战略群体，战略群体的差异主要表现在经营活动的重点不同，如多元化程度不同、专业化程度不同、研究开发重点不同、营销的重点不同。有的群体拥有丰富的销售网络，有的群体销售渠道单一；有的群体经营的产品和服务较少，有的则经营多样化甚至跨国经营；有的群体是争取开发新产品的领先，而有的群体力争在质量和成本上取得优势；有的群体注重低价竞争，有的群体重视维持高价格的产品和服务。

在行业中，群体间可能相互为对方设置进入障碍，导致战略群体间的竞争。这是由于各战略群体的市场占有率相同而经营战略不同，或者各个战略群体的目标是同一客户群。在战略群体内部，由于各个企业的优势不同而形成竞争。例如，当各个金融企业的经济效益取决于信息技术时，技术领先的企业处于优势地位，技术落后的企业则处于劣势地位；此外，虽然在统一战略群体内的金融企业采取类似或相同的战略，但由于管理、研究开发、营销等能力的差别，战略执行的效果也不同。

竞争者的策略是不断变化的，企业要依竞争对手战略的变化不断调整自身战略。企业选择不同的战略群体，其竞争优势则不同，因为不同的战略群体影响着资金供应者、需求者的议价能力，影响所受替代产品威胁的程度。企业必须针对竞争者所处的战略群体，确认其主要竞争者的战略。

（三）识别竞争者的目标

确定谁是竞争者之后，还要进一步探讨每一个竞争者在市场上追求的目标是什么？是什么驱动着每个竞争者的行为？首先，大多数竞争者的目标是利润最大化。但是各个公司是侧重短期利润还是长期利润？是追求"满意"的利润还是"最大"的利润？其次，每个竞争者追求的是一组目标，包括盈利能力、市场份额的增长、技术领先、服务领先等。但是每个竞争者的目标组合的侧重点是不同的。最后，有些竞争者追求的是在险种和消费者细分市场方面的目标。尤其是当发现竞争者计划进入目前属于本公司的细分市场时，应抢先下手，予以回击。

即使是在同一的追求利润最大化的最终目标下，各家保险公司对于长期利润与短期利润的重视程度也有所不同。由于种种原因，要增加长期利润势必减少短期利润，竞争者可以通过比较各种备选方案来确定如何使公司利润随时间变动而达到总量最大化，见图 5 – 5。

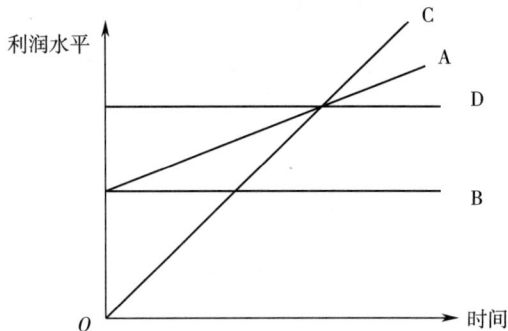

图 5 – 5　比较四种方案能够实现的利润水平

在图 5 – 5 中，A、B、C、D 分别代表四种选择在不同时期能够实现的利润水平。方案 A 在每一年能够实现的利润水平都高于方案 B，因此，如果以利润水平作为判断标准，方案 A 显然优于方案 B。方案 C 与方案 A 比较，在近期内获得的利润要少一些，将来的利润水平超过方案 B。相反，方案 D 与方案 A 相比，可在近期内提供较高的利润，但未来的利润水平将低于方案 A。不同的公司对短期利润与长期利润的相对重要性具有不同的评价，有的公司更重视目前的利润，有的公司则着眼于长期利润。

每一家公司以利润为核心构成其目标组合，竞争对手应主要了解他们目前获利的可能性、市场占有率、技术力量、资金基础、售后服务等，以便知晓竞争者是否对目前的财务状况感到满意，对其他保险公司的竞争会作出什么样的反应。

二、评估竞争者

（一）评估竞争者的优势与劣势

一个公司的竞争者能否实施他们的战略并实现目标，依赖于每个竞争者的资源和能力。公司需要识别每个竞争者的优势与劣势。首先，收集每个竞争者近期业务的数据，尤其是销售额、市场份额、保费收入等。任何信息都有利于形成对每个竞争者优势与劣势的估计。在消费者市场，有关竞争者、市场份额和竞争者利润的数据更容易取得。因此，一个对市场做过评估的新竞争者就能随之决定向谁发起挑战。其次，公司可通过二手资料、个人经验和传闻来了解竞争者的优势与劣势。例如，它们可通过向顾客、代理人进行初步的市场营销研究来扩大对竞争者的了解。有三种变量是每一个公司都应当监测的。（1）市场份额：竞争者在目标市场的销售份额。（2）心理占有率：这是指在回答"举出该行业中你首先想到的公司"这个问题时提名竞争者的消费者在全部消费者中所占的百分比。（3）情感占有率：这是指在回答"举出你喜欢购买其险种的公司"这一问题时提名竞争者的消费者在全部消费者中所占的百分比。最后，在寻找竞争者的劣势时，我们应设法识别它们为其业务和市场所作的假想有哪些已经不能成立。

要了解其他保险公司竞争的优势和劣势，需收集每家保险公司，尤其是本地区同类保险公司最近几年的有关资料，诸如保险金额、保费收入总额、市场占有率、险种个数、利润总额、客户服务等。为此应建立竞争对手管理系统，具体包括为竞争对手建立档案，并结合本企业营销状况进行竞争分析，完成对竞争对手有关信息的收集、编辑、统计、查询工作，随时向公司的决策部门提供竞争对手的各方面信息。对竞争对手优势与劣势的评价可通过以下几种方法进行。

1. 专家打分法

聘请有关的保险专家与本公司的有关人士一起，就几个方面给竞争对手打分，给本公司的竞争提供指向。例如，本公司给竞争对手 A、B、C 在信誉、服务、费率三个方面打分，5 分为最好，3 分为最差（见表 5 - 1）。研究结果表明，综合竞争力 A 公司最强，但费率过高，与其竞争应在费率上多做文章。B 公司总的情况也不错，可与其进行全面竞争。C 公司服务较差，本公司应以此作为突破口与其竞争。

表 5 - 1   专家打分表   单位：分

	信誉	服务	费率	合计
A	5	5	3	13
B	4	4	4	12
C	4	3	3	10

实际上归纳在表 5 - 2 中的调查内容还可以更加广泛，例如在给竞争对手打分时将本公司放进去，把市场占有率、心理占有率、情感占有率单列在一起，进行跟踪调查，也独具意义。表 5 - 2 就是一种尝试。

表 5 - 2   更加广泛的专家打分表   单位:%

年份	市场占有率		心理占有率		情感占有率	
	2015	2016	2015	2016	2015	2016
A	50	54	48	54	45	46
B	30	30	32	35	44	46
C	20	16	20	11	11	8

市场占有率用来衡量各家保险公司在保险市场上所拥有的市场份额；心理占有率是指一提起保险公司首先想到本公司的顾客占被调查顾客的比重；情感占有率是指购买保险商品的顾客首选保险商品所在的公司以及这类顾客在全部顾客中所占的比重。表 5 - 2

中所展示的数字说明，A 公司的市场占有率最高，而且有上升的趋势，它的心理占有率和情感占有率也呈上升态势，有趣的是表 5 - 1 中 A 公司的信誉和服务也是最好的，恐怕这不是一种巧合，它说明"得人心者得天下"。心理占有率、情感占有率、信誉和服务在支撑着市场占有率，同时又给保险公司以警示：保险领域的竞争非价格因素更为重要。B 公司没有什么典型意义。C 公司尽管费率最低，但市场占有率却在下降，这关键是由于它的心理占有率和情感占有率低。

2. 财务状况比较分析法。公司可通过对竞争对手财务状况的分析比较来衡量其优势与劣势，主要采用下列几个指标进行。

（1）保费收入增长率，它是本期保费增量与上期保费收入的比值，用以说明保险公司的竞争力，其公式为：

$$保费收入增长率 = \frac{本期保费收入 - 上期保费收入}{上期保费收入} \times 100\%$$

（2）流动比率，它是流动资产与流动负债的比值，用以衡量公司的偿债能力，其公式为：

$$流动比率 = \frac{流动资产}{流动负债} \times 100\%$$

（3）利润率，它是利润总额与营业收入的比值，说明公司的盈利水平，其公式为：

$$利润率 = \frac{利润总额}{营业收入} \times 100\%$$

（4）购付率，它是赔付支出占保费收入的比率，用以考核保险业务质量，若在费率相同的情况下，不滥赔、不错赔、不惜赔，那么赔付率越低，公司竞争力越强，赔付率的公式为：

$$赔付率 = \frac{赔付支出}{保费收入} \times 100\%$$

3. 企业价值链法。保险企业是由展业、承保、理赔、防灾防损等各种活动组成的一个集合，这些有价值的活动构成了一种链条关系，即所谓企业价值链，见图 5 - 6。有价值的活动包括基本活动和辅助活动两大类，基本活动涉及展业、承保、理赔、防灾防

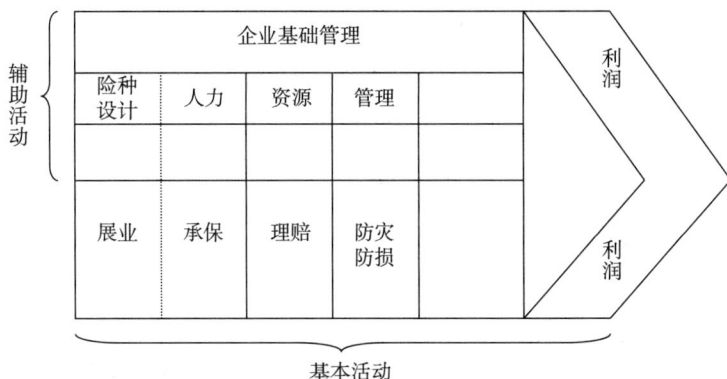

图 5 - 6　企业价值链

损、客户服务等一系列活动，而辅助活动则是涉及险种设计、人力资源管理、基础性管理工作等一系列活动，有价值活动的结果是创造利润，即企业创造的总价值与所有价值活动的总成本之差。

价值链既是一个分析竞争优势的新工具，又是一个建立和增强竞争优势的系统方法，它把保险公司的经营活动进行分类，细化为若干个环节，对各环节的活动从不同的角度加以分析，以确立自己的竞争优势，增加利润。应用价值链要注意两个问题：一是价值链包含的范围；二是如何对价值链的每一环节加以改进。

（二）　公司竞争地位分析

在保险市场竞争中，充分了解其他保险公司的情况是非常重要的，而在此基础上摆正自己的竞争地位也同样重要。知己知彼才能科学地制定营销策略，使自己立于不败之地。

保险公司的竞争地位可以用不同的指标来表示，例如市场占有率、利润率等，也可以用不同的方式来体现，模仿美国管理咨询专家阿瑟·D. 科特尔的做法，我们把保险公司的竞争地位分为以下六种。

1. 统治地位。公司占有本地区某一类保险的绝大部分份额，且经过多年交往，已与保户建立起了非常密切的合作关系，"蛋糕越大越好做"，这样的公司在竞争中占有统治地位。

2. 强壮地位。公司可以采取不危及自己长期地位的独立行动，而且它的长期地位也不受竞争者行动的影响。

3. 有利地位。公司所占的市场份额尽管较小，但其发展势头良好，它先进的管理体制、良好的承保技术、上乘的服务质量，使其在竞争中咄咄逼人，处于有利地位。

4. 防守地位。该公司在足以令人满意的水平上继续经营，但在改进其地位的机会上少于一般公司。

5. 虚弱地位。该公司的业绩不佳，还存在改进机会。

6. 无活力地位。该公司的经营业绩太差，并且已经没有改进的机会了。

（三）　估计竞争者的反应模式

一个竞争者的目标和优势与劣势还不足以说明其可能采取的行动以及对诸如削价、加强促销或推出新产品等作出的反应。此外，每个竞争者都有其一定的经营哲学、某种内部文化和某些起主导作用的信念。一个企业需了解既定的竞争者的思维体系，并预测竞争者可能采取的行动。竞争者通常的反应类型有以下几点。

1. 从容不迫型竞争者。有些竞争者对既定竞争者的变化反应并不迅速或者很强烈。他们可能感觉其保户是忠于自己的；他们的业务会取得很好的成绩；他们可能对其他竞争者的反应迟钝；他们也许没有作出反应所需的资金。企业必须努力弄清楚竞争者从容不迫行为的原因。

2. 选择型竞争者。竞争者可能只对某些类型的攻击作出反应，而对其他攻击则不然。竞争者可能对削价作出反应以表明对手是枉费心机的。但它可能对广告费用的增加不作任何反应，认为这些并不构成威胁。了解主要竞争者在哪些方面作出反应，可为公司采取最为可行的攻击方案提供线索。

3. 凶猛型竞争者。这类公司对其领域内任何进攻都会作出迅速而又强烈的反应，因而不会让一种新的产品轻易地进入市场。凶猛型竞争者意在向其他企业表明最好不要向其发动进攻，因为防卫者将会战斗到底。

4. 随机型竞争者。有些竞争者并不表露可预知的反应模式。这类竞争者在特定场合可能会或不会作出反应。而且无论根据其经济、历史或其他情况都无法预见其反应。

三、确定竞争对策

（一）识别竞争者的目标

确定谁是竞争者之后，还要进一步探讨每一个竞争者在市场上追求的目标是什么？是什么驱动着每个竞争者的行为？首先，大多数竞争者的目标是利润最大化。但是各个公司是侧重短期利润还是长期利润？是追求"满意"的利润还是"最大"的利润？其次，每个竞争者追求的是一组目标，包括盈利能力、市场份额的增长、技术领先、服务领先等。但是每个竞争者的目标组合的侧重点是不同的。最后，有些竞争者追求的是在险种和消费者细分市场方面的目标。尤其是当发现竞争者计划进入目前属于本公司的细分市场时，应抢先下手，予以回击。

（二）确认竞争者的策略

一个公司必须不断了解其竞争者的策略。根据竞争者所采取的主要策略的不同，可将竞争者划分为不同的策略群。在一个策略群内存在激烈的竞争，在不同的策略群之间也存在竞争，而且各自都有不同的策略组合，并随着时间发展不断修正。

根据企业在行业中所处的地位，美国著名市场营销专家菲利普·科特勒把它们分成四类，即市场领先者、市场挑战者、市场追随者和市场补缺者。这种分类方法被世界许多国家所接受，也为许多行业所认可，对保险业竞争同样适用。假设在保险市场中有四类竞争者，其结构如表5-3所示。从表5-3中可见，市场领先者占有市场的40%，享有最大的市场份额；市场挑战者则以市场份额的30%名列第二，它正在为扩大市场份额而努力；市场追随者有20%的市场份额，它只想保持现状；余下的10%由补缺者分享，它们所占有的是那些大公司所不屑一顾的小的细分市场。

表5-3　　　　　　　　　　　　四类竞争者所占市场份额　　　　　　　　　单位:%

竞争者类型	市场领先者	市场挑战者	市场追随者	市场补缺者
所占市场份额	40	30	20	10

1. 市场领先者的对策——抢先。市场领先者是指在保险市场上占有市场最高份额，并且在费率变化、险种开发、促销手段等方面都能左右其他企业的保险公司。例如，目前我国财产保险市场上的中国人民保险公司即如此，其他保险公司承认它的统治地位，同时纷纷向它提出挑战，或者利用它的弱点发起攻击，或者刻意模仿同其竞争。可见，市场领先者的营销生涯并不轻松，如果不提高警惕，制定相应的对策，它已经占领的市场有可能被蚕食，新增加的保险资源的大部分有可能被别的公司抢走，使它沦为第二名或第三名。市场领先者要保住其领先的地位，需要在以下几个方面来取行动。

（1）设法扩大顾客对本公司的产品需求。处于统治地位的保险公司，由于占有市场份额最大，在整个保险市场扩大时，收益也最多。为扩大总保险需求，市场领先者可采用以下几种方法：加大宣传，强化公众的保险意识；加大保险创新力度，体现在设计新险种、运用新技术、提供新服务等方向；拓宽营销渠道，积极开发新市场。

（2）保护现有市场份额。市场领先者在努力扩大整个保险市场规模的同时，必须注意保护自己已有的市场份额。为此，它可以采取三种防御措施，即阵地防御、进攻性防御和运动防御。阵地防御是指沿着领土四周构建坚不可摧的防御工事，以抵御外敌入侵，而在保险竞争中则是指公司把全部的资源和精力用于保护现有险种和营销活动上，是一种静止的、被动的防御措施，极容易导致经营的失败；进攻性防御是指在敌方对自己发动进攻之前，先发制人，抢先攻击，使敌方不敢轻举妄动，处于防守地位，而自己则处于主动地位，在保险竞争中则是指市场领先者对在市场上最易受攻击处，设法形成较大的业务经营实力或显不出更大的进攻意向，借以向对手表明我是强者；运动防御指将其业务活动范围扩展到其他领域中，这种方法可以称之为以创新求发展，在创新中求稳固。一个有战略头脑的保险公司，决不能满足于现状，而应在险种设计、顾客服务和促销手段等方面不断创新，充当行业的"领头羊"。

2. 市场挑战者对策——抗争。市场挑战者是指那些积极向行业领先者或其竞争者发动进攻来扩大其市场份额的企业。这些企业可能是仅次于市场领先者的较大的保险公司，也可能是刚刚进入保险市场尚未引起人们注意的小公司。市场挑战者应该采取以下行动。

（1）明确战略目标。市场挑战者的战略目标总的来说是扩大市场份额。具体则可分为进攻目标和固守目标。进攻目标是指市场挑战者具备一定条件时，即可以在市场上发起进攻，或者攻击市场领先者较弱的细分市场，或者攻击比自己小的保险公司。例如，一家公司在保险行业中有一定声望且偿付能力充足，承保能力过剩；主要的竞争者，可能是市场领先者，也可能是一个与自己地位差不多的市场挑战者，所实行的策略与本公司类似时；主要竞争对手在经营决策上失误，或正在犯其他错误，造成可乘之机。固守目标是指固守自己的市场地位，使自己成为不容易受到其他竞争者攻击的对象，它是市场挑战者在某些情况下可采用的目标策略，如当保险市场总需求缩小时；虽然发现了新的细分市场、并且潜力巨大，但对新领域的承保风险不能准确估计时；主要竞争对手调整了竞争战略，或制定了新的营销目标，一时难以摸清对手意图时。

（2）选择进攻策略。明确了战略目标之后，市场挑战者就应集中自己的优势向对手发起攻击，攻击有两种方式：正面进攻和侧翼进攻。正面进攻就是挑战者与竞争对手进行正面遭遇，即在险种、广告、费率等方面针锋相对地进行较量。侧翼进攻是指当市场挑战者难以采取正面进攻或使用正面进攻风险太大时，往往考虑采取侧翼进攻。侧翼进攻有两个攻击点：一是地理市场战略方向，即向同一地理区域市场范围内的竞争对手发起进攻，在竞争对手所经营的相同市场范围内，建立营销网点，以"拦截"竞争对手的顾客；或者在同一地理区域内寻找竞争对手没有覆盖的市场"空白点"，占领这些区域。二是细分市场战略方向，即从细分市场上发现市场领先者尚未服务的市场需求，冲入这些细分市场。

✔ **案例分析 5 -1**
市场挑战者的战略选择 ▪▪

蒙牛的战略

市场领导者在竞争参照系中是当之无愧的第一，众人瞩目的对象，而谁是市场第二往往不一而论，它也远远不像市场第一那样承受着超乎寻常的压力。然而，市场第二是紧随市场第一的，很容易借刀圈地。蒙牛出道之时，是内蒙古大草原上一个默默无闻的小品牌，其实力和知名度都无法和当时的内蒙古奶业领导品牌伊利奶业集团相提并论。蒙牛审时度势，将自己定位于伊利第二，打出了"向伊利学习，做内蒙古第二品牌"的广告，使自己的知名度迅速提升。同时，蒙牛与伊利共同致力于打造内蒙古大草原奶业基地的概念，逐渐超越伊利，成为中国奶业巨头。

百事可乐的战略

市场领导者往往具有突出的、他人无法超越的优势，市场挑战者要善于从其盛名之下发现潜在的劣势或弱点，将自身定位于市场领导者劣势的反面，从而有效地营销自我。

可口可乐是饮料市场的领导品牌，作为市场挑战者的百事可乐要想在市场上站住脚跟，应当从可口可乐的弱点发难，针对其弱点来定位自我，才能令消费者信服，为其购买自身产品找到合适的理由。可口可乐将自己定位为"正宗的可乐""唯一的可乐"，宣称自己无处不在。然而"正宗"就意味着过于传统和保守，于是，百事可乐针对可口可乐的弱点将自己定位于"年轻人的可乐""新一代的选择"，把饮用可口可乐的人描述为不懂生活情趣和不够酷，并聘请著名影视娱乐明星做广告，赢得了年轻人的青睐。

3. 市场追随者对策——追随。市场追随者是指那些安于现状、保持市场占有率的保险公司，它们一般害怕在激烈的市场竞争中遭受损失，目标是盈利而非市场份额。

实际上，并非所有行业中弱于市场领先者的公司都是挑战者，因为它们明白，市场领先者对于他人想从其手中争夺顾客的行为不会掉以轻心、置之不理。如果挑战者的策略是以降低费率、完善服务、增加险种为诱饵，那么市场领先者可以马上找到适当对策以瓦解挑战者的攻占。在这种竞争中，可能会使双方两败俱伤，也可能是市场领先者利用雄厚的资金实力、先进的承保技术和先进的管理手段击垮挑战者，使其败下阵来，所以挑战者决定进攻必须三思后行。常见的做法是，为了不招致领先者的报复，一些保险公司甘当追随者，而不做市场挑战者。它们仿效市场领先者的做法为顾客提供类似的保险产品，或者选择一条不会招致竞争者报复的道路。追随者的策略有以下几种。

（1）紧随其后。尽可能在各个细分市场和营销组合中模仿市场领先者。追随者貌似挑战者，但只要它不采取激进手段招惹市场领先者，就不会发生正面冲突。

（2）有距离追随。仅在重要市场仿效市场领先者，而在其他方面仍保持一些差异性。

（3）选择追随。并不一味模仿，而是根据客观情况有选择地学习、借鉴其他保险公司的做法。这类保险公司具有完全的创新性，但又避免直接与领先者对抗。

4. 市场补缺者策略——插缝。市场补缺者是指那些选择不大可能引起大公司兴趣的保险市场某一部分进行经营的小公司。它们占据保险市场的某一方面，专门经营大公司可能忽略或不愿涉及的业务，为市场提供有效服务。市场补缺者成功的关键在于市场补缺点的选择。一般而言，理想的市场补缺点具有如下特征：公司有利可图，有发展潜力，被大公司忽略或暂时无暇顾及。公司有满足这部分保险需求的能力，公司靠自己的努力能牢牢地占领这块阵地，做到更专业化。

本章小结

1. 在市场经济条件下，保险企业的一切经营活动，包括保险营销活动，都与投保人的行为有着密切相关的联系，同样竞争者的竞争能力也将决定其各自所占保险市场份额的大小。保险公司分析保险营销机会，不仅要分析保险营销市场的营销对象，同时还要分析自己的不同竞争对手，做到知己知彼、百战不殆。

2. 投保心理支配着投保人的投保行为，并通过投保行为加以体现，投保行为是投保心理活动的集中表现，是投保活动中最有意义的部分。影响个体投保人与团体投保人投保行为的因素不同，各自投保行为表现也不同。保险营销既是适应投保人投保心理的过程，又是对投保心理加以引导，促成投保行为实现的过程。

3. 分析竞争者的目的是了解每个竞争者可能采取的战略目标以及对其他竞争者的战略行为所作出的反应。具体而言就要首先识别谁是竞争者，并对其优劣势、竞争地位、反应模式作出准确评估，进而对不同类型的竞争者确定竞争对策，市场领先者的对策是采取抢先策略，市场挑战者的对策则是采取抗争策略，市场追随者则紧密追随、有距离跟随或有选择跟随，而市场补缺者则只能选择被大公司忽略或暂时无暇顾及的缝隙进行专业化经营。

主要概念

投保心理　投保行为　个性心理特征　投保动机　自我概念　他人导向价值观
环境导向价值观　自我导向价值观　参照群体　竞争者　行业竞争者　品种竞争者
形式竞争者　一般竞争者　直接竞争者　市场领先者　市场挑战者　市场跟随者
市场补缺者

思考与练习

1. 简述投保人的投保心理活动过程。
2. 简述投保人的个性心理特征。
3. 试析个体投保人的投保行为。
4. 试析团体投保人的投保行为。
5. 保险公司如何识别与评估其竞争对手？
6. 试述不同竞争地位的保险公司的竞争策略。

第六章
保险营销信息管理与调研

学习目标

　　市场信息是商品经济的产物，在商品经济迅速发展的当今社会中，要实现保险商品的顺利转移，必须借助保险商品的营销信息。通过本章的学习，可以了解保险商品营销信息的内容、特点，掌握正确的搜集整理方法，在此基础上进行调查研究，帮助保险企业掌握经营环境、分析市场动向以及供求发展趋势，寻求市场机会，避开市场风险，使自己的内部条件适应不断变化的外部环境，从而做好保险市场营销。

知识结构图

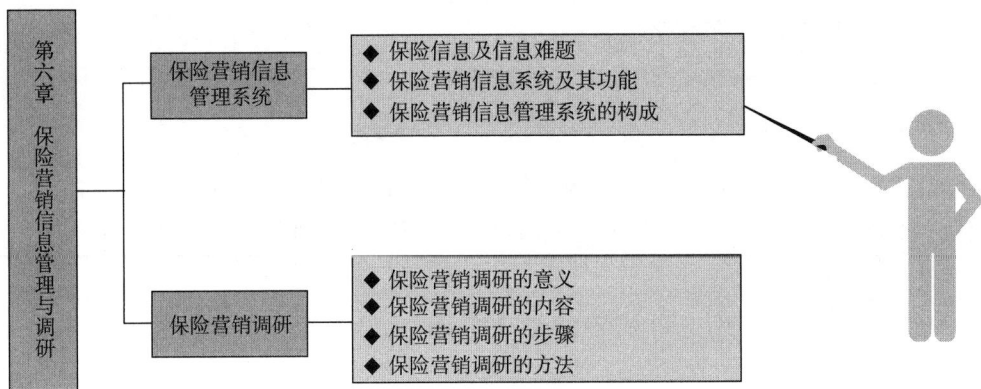

第一节　保险营销信息管理系统

一、保险信息及信息难题

　　保险信息主要包括有关国内及国际保险市场的一些消息、情报、数据和资料。例如，有关社会和经济各部门以及广大消费者对各种财产、人身、责任和保证等保险业务的需求量，国家立法机关有关保险的法律和条例的颁布与变更，国际和国内保险公司、再保险公司的业务变动情况、承保能力以及承保技术等方面的情况。

（一）保险信息的种类

1. 按照信息的功能分类，可分为环境信息、特定技术信息、特定企业信息和特定保险险种信息。

（1）环境信息。包括经济变动、市场变动、社会变动、物价变动、政府有关财政金融政策的变动、新技术开发变动、产业变动、国际关系变动、资源储备变动等。

（2）特定技术信息。包括科学技术水平、科学技术潜力、新技术前景预测、替代技术预测专利动向、新技术对社会经济发展影响的预测等。

（3）特定企业信息。包括经营战略、技术开发战略、经营绩效、企业体制、经营者的素质、经营能力分析、营销战略、经营的国际化战略等。

（4）特定保险险种信息。包括市场占有率、营销渠道、代理机构、费率变动和政策、竞争力、需求预测、相关险种的动向、新险种开发动向等。

2. 按照信息产生的先后和加工深度分类，可以分为一次信息和二次信息。一次信息是刚收集来的原始信息，未经过加工，是零散和不完整的，因而使用价值比较低，需要进行加工整理。二次信息是在一次信息加工整理的基础上形成的，例如文摘、资料汇编、统计报告等。二次信息可以用来帮助查找一次信息。通过二次信息可以比通过一次信息节省大量的时间而获取同样的信息量。

3. 按照信息对保险企业产生的作用来分类，可以分为行为信息、过渡信息等。行为信息是指事实上已经形成的对保险业务有关的经济行为的信息。例如，保险合同的签订和生效，保险事故的发生，保险市场新开办的保险业务以及保险费率的变动等。过渡信息是经济行为将要发生、转化为事实的信息。过渡信息的利用价值高，它能够提示保险业发展的大致方向。例如，国家经济政策的颁布和变更、各经济部门的某种经济活动或社会活动、消费结构和消费行为的变化、反映保险风险变化状况的信息等。

（二）保险信息难题

在完全竞争的市场中，要求消费者对信息完全了解，事实上这是很难做到的。保险是非常复杂的行业，无论是保险企业还是投保人都不可能如愿获得足够的信息，这就产生了信息难题。常见的信息难题分为两类：不对称信息和不存在的信息。

1. 不对称信息。不对称信息是指保险交易中的一方拥有而另一方缺少的相关信息。不对称信息可以分为"暗中信息问题"和"暗中行为问题"两组，每一组又可分为两种。

（1）暗中信息问题。

① "旧车问题"。旧车问题是指投保人（购买者）对所购买的保险产品的知识少于保险人（卖者）。一般的投保人对险种适合与否、保险费率合理与否以及承保风险的保险人的状况都是无法知道的。保险人（或代理人）是否会利用投保人保险知识欠缺的弱点呢？

②逆选择问题。投保人对自身情况的了解多于保险人，这就引发了逆选择问题。保险人不能确定投保人是否披露了全部的相关信息。投保人的实际可能损失是否高于确定

险种费率时保险人估计的可能损失？投保人是否利用了保险人信息欠缺的弱点呢？

（2）暗中行为问题。

①代理人问题。保险代理人并不总是为了委托人的最大利益而行事，这就是代理人问题。这里的"代理"是指一般意义上的、任何代理其他人从事某项行为的人。例如，保险公司的经理（代理人）可能不会始终维护公司股东的利益，因为经理想的是挣更多的钱，而公司股东的目标是想获得更多的利润。另外，保险公司的营销人员（代理人）招揽业务是为了保证自己的佣金收入，他们的利益与保险人的利益可能不完全相符。

②道德风险问题。由于有了保险，被保险人可能会进行更加危险的行为。例如，投保了汽车保险的人可能比未投保汽车保险的人开车更莽撞一些；参加了人身意外伤害保险的人可能比那些没有参加的人更粗心一些。更有甚者，保险的存在会引诱被保险人从事保险欺诈，故意造成保险事故以获取保险金的赔偿。

解决不对称信息问题的方法是受到不利影响的一方可以通过更多的信息来减少不对称信息的不利后果。例如，信息不灵的投保人通过对自身保险需求以及保险单的内容和价格进行进一步的研究，减少买到"不合格"产品的可能。同样，保险人也可以在出具保险单之前获得更多的有关投保人的信息，或通过更加深入的理赔调查来排除理赔欺诈行为。再如代表股东利益的董事会可以建立更为严格的监督机制，约束经理行为，经理也可以加强对营销人员的监督等。

2. 不存在的信息。在保险各个环节中，不论投保人还是保险人都无法获得完全的信息，因为有些信息根本就不存在。保险合同承诺的是未来的支付，它的费率是建立在历史的成本基础上的，即费率的厘定发生在索赔和费用产生之前。因此，商业保险公司不会提供消费者所需要的所有险种。由于经济波动、通货膨胀、新颁法律和法规、消费者态度和偏好的变化以及严重的逆选择问题等都会带来太多的不确定性，保险人无法提供相应的保障。

二、保险营销信息系统及其功能

（一）保险营销信息系统的概念

保险营销信息属于社会经济信息的范畴，是指在一定时间和条件下，同保险营销活动有关的各种消息、情报、数据、资料的总称。保险营销信息系统是由人、设备和程序构成的复合体。其任务在于收集、整理、分析、评估、分配与提供所需要的、及时的、准确的信息，以供保险营销决策者用来改善保险营销计划、执行与控制的工作。保险营销信息系统的概念如图6-1所示。

图6-1中的左边方块表示保险营销管理者必须控制的保险营销环境的组成因素，保险营销环境的趋势可通过组成信息系统的4个子系统——内部报告系统、营销情报系统、营销分析系统和营销调研系统来加以检查和分析，这些流向保险营销管理者的信息流，可帮助他们有效地进行保险营销分析、计划、执行和控制工作，然后，他们的营销决策再流回市场。

保险营销信息系统包括以下三层含义。

1. 保险营销信息系统是指信息的集合。这种信息的集合是按一定的条件组合的，它

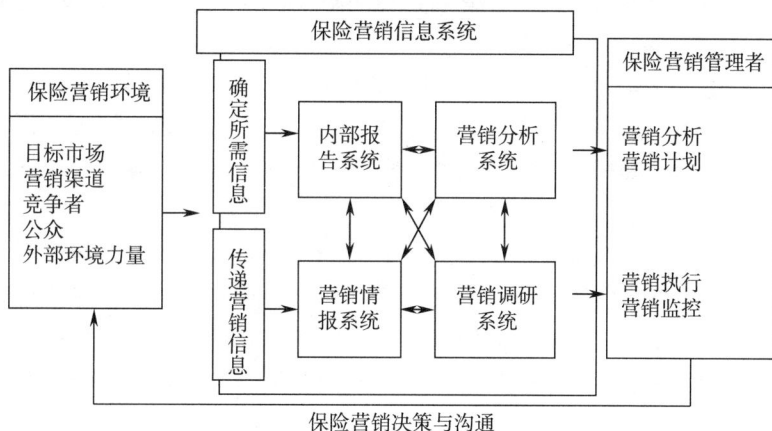

图 6 - 1　保险营销信息系统的概念

必须具备 3 个条件，即对象、属性、属性值。也就是说，信息系统是由对象、属性、属性值及其组合关系 4 个方面来组成的。

2. 保险营销信息系统是指信息获取过程。保险营销信息的获取要经过一系列复杂的过程，如信息的收集、信息的传输、信息的存储、信息的转换与信息的提供。这种信息处理的各个环节，相互协调有机地结合在一起，形成一个信息系统。

3. 保险营销信息系统是指社会经济组织中的信息网。现代社会经济组织成员间的信息联系是一个有组织、有规程、相互协调的信息系统。它们的基本模式是根据管理职能，通过信息处理环节把各职能联合起来。这种信息网小到各个保险企业之间的联网，大到跨地区、跨国家企业间的信息网。如欧盟就是一个典型的多国经济信息网。

保险信息管理系统是为全局性决策服务的，它为保险企业的决策部门提供各种有关信息及可选择方案。

（二）保险营销信息管理系统的功能

保险信息管理系统的基本功能是及时地不断地收集、分类、分析、评价和提供准确的信息，用于保险营销决策，以及制订和修改保险营销计划。

三、保险营销信息管理系统的构成

保险营销信息管理系统一般分为 6 个子系统，即确定信息需求、内部报告系统、营销情报系统、营销调研系统、营销分析系统和传递营销信息。

（一）确定信息需求

一般来说，保险营销管理者所需要的信息包括以下三种。

1. 经常性信息。经常性信息是指定期向信息系统提供的信息。例如，保险消费者对企业广告的知晓度，主要竞争对手的保险费率，消费者对企业各项保险服务的满意程度和消费者购买保险的意向等。这类信息也是保险营销管理者要按年月的时间顺序来收集的，对发现目前保险企业营销中存在的问题和及时把握稍纵即逝的市场机会非常有用。经常性信息来自保险企业内部和外部两方面的信息源，如保险企业的日常会计记录和保险单证是最主要的内部信息来源；顾客调查和保险代理人的意见反馈等则是重要的外部信息来源。

2. 监测性信息。监测性信息是指周期性审查某些信息源的资料，从中有选择地摘取有用的信息，它基本上来自企业外部的信息源，如政府发布的各种报告、报刊发表的文章、竞争者的公关活动等都是所要监测的信息源。监测性信息一般不适用于选择和解决某个具体问题。

3. 特殊要求信息。特殊要求信息是根据保险营销管理者或更高一级管理人员的特定要求而收集的信息。保险营销管理者如果没有这样的要求，也就不会将这类信息存在营销信息系统中。特殊要求信息的信息源来自企业内部或外部。它主要是用于对问题的确定、选择和解决特殊要求信息的收集，一般是根据特定的要求组织调查活动或多次跟踪调查才能完成的。

在确定信息需求时，保险营销管理者应注意所提供的信息价值与获得这个信息的代价是否相称。因为信息并不是免费的，如想获得更加全面的信息，将增加投保人或保险人的成本。保险企业不得不在为获取更多信息而增加成本与在信息不足条件下作出决策所造成的额外赔款或其他额外成本之间进行权衡。所以说，一个设计合理的保险营销信息管理系统，应做到以下三个方面的协调：第一，营销管理者希望得到的信息；第二，真正对他们有用的信息；第三，可能提供的信息。

（二）内部报告系统

保险企业的内部报告系统是企业最基本的信息系统。它是以内部会计系统为主，辅之以销售信息系统组成的。这个系统的作用是提供控制保险企业全部经营活动所需的信息，包括销售、费用、成本、现金流量、应收款、应付款及盈利等方面的信息。其核心是展业—出单—账务处理的循环。这个循环过程集中反映了保险企业各个经营环节和活动运行效率。保险营销管理者经常需要并使用的内部信息包括以下几方面。

1. 与销售活动有关的信息。如险种系列、营销区域和顾客等方面的销售情况、销售额与市场占有率的情况。

2. 与产品成本有关的信息。保险产品成本是保险企业对产品定价的重要依据。

3. 利润报告。提供各种险种的销售利润、销售费用的数据资料信息。

对于保险企业来说，投保单、保险单证是最好的内部报告系统信息。几乎任何一项保险业务的承保，投保人都要填写各种投保单，保险人也要询问大量的有关承保需要的信息资料。这类信息有利于保险营销管理者制定各项营销政策，有利于加强对营销活动的控制。但是保险单的内容考虑较多的是保险企业在发生意外事故时能够顺利理赔的需要，对客户的信息反映不够全面，不能使营销人员更多地了解消费者的心理和行为。因此内部报告系统还应包括及时、全面、准确的销售报告，从而帮助保险企业决策人员及时决策，提高保险企业的竞争优势。目前，许多保险企业都建立了及时全面的销售报告系统，如电脑、电传、电报机、电视显示终端机、打印机等，使保险营销管理者能迅速了解分散在各处的营销分部的销售情况。

　　（三）营销情报系统

　　营销情报系统是指向保险营销决策人员提供营销环境中各种因素发展变化情报的一整套信息来源和程序。营销情报包括新颁布的法律条文、社会潮流、技术创新、竞争者状况、自然灾害发生等情况。这些情报信息有助于营销管理者制订营销计划。营销决策者大多数自行收集情报，但这种方法带有相当的偶然性，一些有价值的信息可能没有抓住或抓得太迟。为了改进营销情报的质量和数量，营销管理者往往采取有效措施来改善这种情况，如训练和激励销售人员去发现和报告营销环境发展变化的新情况；鼓励各种保险代理机构，把重要的市场情报报告给保险公司；向专门的情报机构（市场调研公司、咨询公司、广告公司等）购买情报；建立信息中心专门收集和传递营销情报。

　　（四）营销调研系统

　　由于来自营销情报系统的信息时多时少，并不是以一个保险企业的需要而产生的，因此保险营销管理者除了收集内部会计信息和营销情报以外，还需要经常对特定的保险营销机会进行集中的研究，需要作一个市场调查、一个产品偏好试验、一个地区的销售预测或一个广告效益的研究。例如，某个保险企业要开发一个新险种，在作出决策之前，就有必要对该险种的市场潜量进行较准确的预测。对此，无论是内部报告系统还是营销情报系统都难以提供足够的信息并完成这一预测，这就需要组织或委托企业外部的专业组织进行市场营销调查。如保险企业可以委托有关院校、科研机构设计和执行一个调研计划，或者聘请专门的营销调研部门。一般来说，营销调研部门应该由统计学、行为科学以及计算机等方面的专门人员组成。保险营销调研是指系统地设计、收集、分析和提出数据资料以及提出与企业所面临的特定的营销环境有关的调查研究结果。因此，保险营销调研系统是指对与保险企业所面临的特定的营销状况有关信息进行调查、收集、整理，并加以分析研究，写成报告供保险营销决策者参考的系统，保险营销调研的范围很广。根据美国市场营销协会的统计，目前最常见的一些调研项目包括市场特点研究、市场需求的衡量、市场份额分析、销售分析、商品趋势研究、竞争产品研究、短期预测、新产品的市场接受情况及需求调查、长期预测、定价研究等。有关营销调研的步骤与方法，在下一节中专门阐述。

　　（五）营销分析系统

　　营销分析系统是软件与硬件支持下的数据系统、工具和技术等的组合。信息分析系统包括一个统计库和模型库。统计库包括一系列统计程序，可以对统计数据进行分析，依靠这些统计分析手段，可以帮助分析者了解每一组数据之间的关系及其统计上的可靠性。模型库包括一系列数字模型，这些模型有助于企业营销人员作出更科学的决策。信息分析系统借助这些统计程序和数字模型可以为保险企业营销决策提供相对可靠的依据，改变盲目决策的现象，如图6-2所示。

　　（六）传递营销信息

　　传递营销信息是通过营销情报系统和营销调研获得的信息，必须在合适的时间提供给保险营销管理者。只有信息被其采纳，并制定出营销战略决策时，其价值才得以实现。随着信息技术的迅猛发展，依靠先进的计算机网络系统、软件和文字处理系统，保

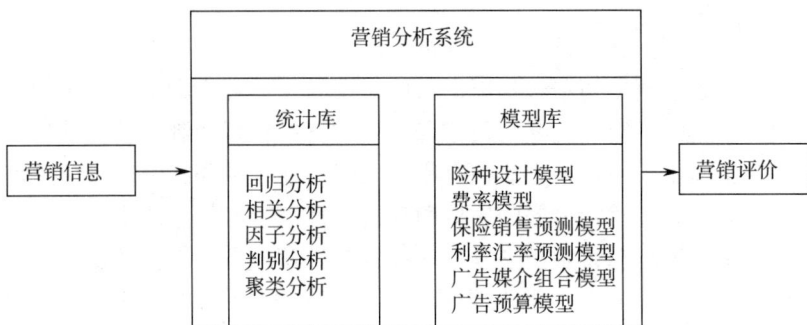

图 6 - 2　营销分析系统

险营销管理者不仅可以从信息系统中获得所需要的数据，而且可以利用计算机终端与整个保险公司的信息系统联系起来，既可以从公司内部的数据库，也可以从外部的各种信息服务机构获得必要的信息，从而大大提高信息传递的速度。

第二节　保险营销调研

一、保险营销调研的意义

从根本上说，保险企业在经营的每个环节中都离不开对保险市场信息的掌握，而要掌握市场信息，就必须进行营销调研。保险营销调研对保险企业的发展至关重要，其重要意义主要表现在以下几方面。

（一）有利于保险企业开拓保险市场，在竞争中占据有利地位

通过保险营销调研，保险企业可以进一步了解保险市场供求情况，发现新的市场机会。任何一个保险企业都不可能在现有的保险市场永远保持销售旺势，要想继续盈利，就必须不断开拓新市场，实现在竞争中取胜的目的。保险企业面对的竞争对手很多，是采取以实力相拼的策略，还是避开竞争，另觅新径的策略，要根据保险营销调研结果并结合企业实际情况作出决策。保险企业要在竞争中占据有利地位，就必须掌握对手的经营策略，包括险种优势、经营实力、促销手段、分销渠道以及未来的发展意图等。在这种情况下，通过保险营销调研了解竞争对手的情况，在竞争中避开对手的优势，发挥自己的长处，或针对竞争对手的弱点，突出自身的特色，以吸引消费者选择本公司的险种。一旦竞争决策失误，经营的失败不仅表现为市场占有率的减少，也意味着对手力量的进一步强大。可见，保险营销调研对在竞争中取胜意义重大。

（二）有利于提供制定保险营销决策的依据

保险企业的决策是行动的先导，是企业最重要的管理职能。经营决策正确与否，直接关系到企业的成功与失败。保险企业的决策可能有两种：一是依靠经验，主观的随心所欲的决策，这是盲目的决策；二是建立在保险营销调研基础上的决策，这是科学的决策。只有在充分的保险营销调研基础上，了解、认识保险市场之后，保险企业才能作出

正确、有效的科学经营决策。

（三）有利于促进保险企业改善经营管理

保险企业经营管理的好坏，取决于保险经营管理者的管理水平。重视保险营销调研，不断收集和获取新的信息，才能熟知保险市场发展的最新动态。保险市场作为保险商品交换的场所，具有比较保险商品的功能。无论哪家保险企业开发的保险产品都要被置于保险市场上进行比较，最终能站稳市场的将是那些成本低、质量高、适应性强的险种。保险产品的比较，实际上就是保险企业经营管理水平的比较。只有通过保险营销调研，了解到其他保险企业的优势和先进管理技术，才能提高自身的管理能力。现代保险企业注重的是科学化管理，而科学化管理是建立在拥有大量数据和资料的基础之上的，保险经营管理决策不能单凭经验。因此，重视保险营销调研是提高保险企业管理水平的基础。

二、保险营销调研的内容

（一）保险市场需求调研

保险市场需求调研主要是对消费者的保险需求进行量的分析，其调研项目包括以下几方面。

1. 保险购买量。主要是针对消费者对各种保险险种的需求进行调查，如各险种的保额、各险种的投保深度、保险消费的增长情况以及对未来保险市场消费的预测。

2. 保险购买心理。主要调查保险公司在公众中的形象，消费者对保险公司承保情况的反映，公众对保险公司宣传广告和公共关系的态度以及保险推销的效益等情况。

3. 保险购买动机和行为。通过调查，了解投保人的投保动机，发现道德风险；了解投保方式是单位集体投保还是个人投保，确定营销和承保方式；了解对保险公司未来增加新险种的反应，预测保险市场的潜力。

（二）保险市场环境调研

在保险市场中，所有保险商品的营销都会受到市场环境的影响。影响保险市场环境的主要有以下几种。

1. 社会文化环境。调查范围包括：社会治安与保险，文化对人们接受保险观念的影响，文化与保险宣传，文化对新险种进入市场的影响等。

2. 政治与法律环境。调查范围包括：涉外保险与各国政治变动，政府对商业性保险的态度及经济政策变动，政府社会政策的变动（如医疗制度改革、社会保障制度的建立等）。

3. 人口环境。调查范围包括：人口分布特点与保险，农村人口与保险，人口文化教育水平与保险，家庭结构与保险，人口年龄结构与保险，劳动就业情况与保险等。

4. 经济和技术环境。调查范围包括：不同阶层的家庭及收入情况，对保险的购买能力，社会总收入与保险产业发展，消费储蓄水平，消费模式改变与保险，现代技术与风险增加等。

5. 气候与地理环境。调查范围包括：气候条件变化与农业保险，灾害性事件与保险，季节变化与保险等。

6. 竞争环境。调查范围包括:非保险公司所办保险的竞争力,各保险公司之间的竞争力,政府允许外国保险公司进入本国的情况,竞争对手的市场经营策略、险种、费率等。

（三） 保险市场营销调研

1. 险种调研。调研范围包括:保险险种的保险责任范围及保险期限,综合险、一切险与基本险的市场需求情况,新险种开发情况等。

2. 保险代理调研。调研范围包括:保险代理的分布情况,保险代理的保费收入情况,保险代理的业务流程情况,客户对保险代理的意见等。

3. 促销调研。调研范围包括:保险广告与公共关系,其他形式的保险促销,最佳促销方式的选择等。

4. 保险费率调研。主要了解保险费率的竞争力,保户对费率的认同态度等。

三、保险营销调研的步骤

保险营销调研是一项复杂而细致的工作,为了提高调研工作的效率和质量,营销调研一般可以按图6-3步骤进行。

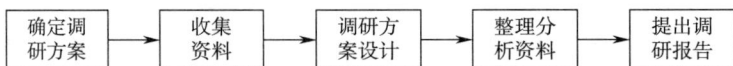

确定调研方案 → 收集资料 → 调研方案设计 → 整理分析资料 → 提出调研报告

图6-3 保险营销调研的步骤

（一） 确定调研方案

保险营销调研的第一个步骤是确定营销中存在的问题及调研工作所要达到的目标。另外,保险营销调研又是由许多单项活动组成的。因此,调研人员在实施每项保险营销调研项目之前,应设计一个完整的调研方案。只有按计划进行市场营销调研,才能既收集到各种有用的信息,又尽可能地减少时间与资金的浪费。保险营销调研方案是用于指导调研工作的计划,应包括调研目标、具体的调研问题、资料收集和分析的方法以及调研工作费用和时间安排等内容。

1. 确定调研目标和调研的具体问题。确定调研的问题和调研的目标往往是营销调研中最困难的一步。保险营销管理人员可能已经知道了营销中存在的问题,但找不出问题发生的具体原因,或者是已知的问题比较模糊,引起问题的原因较多,而不知主要原因是什么。例如,某保险公司的家财险销售情况不好,营销人员可能认为其原因包括费率不合理、推销手段不力、广告途径不对等。如果在进行调研前不将主要原因弄清楚,那么花费力气调研得来的信息对保险公司作出正确的营销决策就会毫无价值。因此,保险营销调研人员要精心研究,系统地提出营销问题,并确定本次调研所要达到的目标。例如,确定调研目标是了解家财险的市场需求情况,应拟定的调研项目包括以下内容:（1）了解公众人均收入情况;（2）了解公众对财险的承受能力;（3）了解公众对保险营销工作的要求;（4）判断公众中哪类人能够较快接受这一险种;（5）公众容易接受哪些保险宣传;（6）确定能够适应公众实际收入水平的费率。

2. 设计调研方案。保险营销调研方案的设计是收集和分析数据资料的程序。一份具体适用的调研方案可以使调研人员花费较少的资金而获得预期价值最大的信息资料。调研方案的内容一般包括确定资料收集的方法、设计抽样方案、设计问卷、调研实施方法、资料处理和分析、调研报告的准备等。

3. 调研费用预算和时间安排。因受调研时间、费用的限制，保险营销调研方案也会不同。一般在做市场调研时资金是有限的，时间是比较紧迫的，因此调研人员必须仔细估算时间和资金方面的需要，从设计的调研方案出发，决定每项调研活动所需的时间及成本。

（二）收集资料

保险营销调研资料收集主要是确定采取现场实地调研还是利用现有资料进行调研。在进行某项具体调研项目时，可根据调研的目标、资料来源、时间紧迫程度、调研费用多少来决定采取其中某种方法来收集资料。

1. 利用现有资料进行调研。现有资料又称为第二手资料，这是指根据已收集到的各种资料和数据作为调研项目的资料来源，为编制调研计划提供依据，进行调查研究的方法。

（1）现有资料的来源。保险公司进行市场调查，现有资料收集的主要来源可以分为两大类：一是内部资料来源；二是外部资料来源。前者包括保险公司的会计账目、销售记录、以前所做的市场调查报告和各种信息资料等。后者包括本保险公司之外其他机构所做的保险市场调查报告、国内外出版的保险报刊和书籍、各种金融年鉴和统计年鉴、其他与保险有关领域的调查及研究报告、官方和民间信息资料等。

（2）利用现有资料的利弊。利用现有资料进行调查研究，具有收集资料所需时间短、所花费用少和资料来源广泛等优点，在市场调查中具有重要的作用。其缺点是：第一，收集的资料往往不能完全符合调查目标的要求；第二，历史资料多，数据不能及时反映现在的情况；第三，资料分析技术难度大。基于现有资料收集的优缺点，保险公司在进行市场调查时要在充分了解调查目标的基础上来确定收集资料的方法。一般来说，几乎所有的市场调查都始于收集现有资料，只有当第二手资料不能为解决问题提供足够的依据时，才着手收集第一手资料。

2. 进行实地调研，收集第一手资料。实地调研是指保险市场调研人员按计划规定的时间、地点、方法、内容进行现场调研，收集第一手资料的调研方法。实地调研收集资料的方法有询问法、观察法和实验法三种。

（1）询问法。询问法是指通过询问的方式收集市场信息资料。询问法可分为走访、信访和电话调查三种形式。走访是调研人员当面向被调查者提出问题，以获得所需情报、资料。这种方法的优点表现为直观性、灵活性、启发性和真实性。信访是将设计好的调查表格邮寄给被调查者。这种方法费用低，可使被调查者有充分时间考虑作出回答，但缺点是回收率较低。电话调查的优点是费用低、迅速及时，但不适宜进行分析比较，也无法看到样品和说明。

（2）观察法。观察法是由调研人员或借助仪器在现场进行观察并记录被调查行为的一种方法。这种方法的优点是只记录实际行为而不依赖调查对象的回答，但对于被调查者的态度、意见和行为动机无法通过观察来了解，因此观察法的使用受到一定的限制。在承保或保险事故发生时，保险理赔人员一般都采用实地观察法来掌握保险标的风险度或保险标的损失程度，以保证保险承保质量和保险赔偿的准确性。

（3）实验法。实验法又称为"市场实验"，它起源于自然科学的实验求证。市场试销是实验法应用于市场营销调研的主要方式，在将保险新险种介绍进入市场时非常有用。市场试销有两个作用：一是在险种进入全部目标市场之前，在一个有限的地区内，收集有关市场营销活动的信息和经验；二是预测营销活动计划在应用于全部目标市场时的结果。保险公司使用实验法进行市场调查的积极意义是，开发新险种，激发新的保险需求。例如，某保险公司在开发某个新险种之前，并不知道消费者对它的需求反映怎样，该保险公司将这个新险种在某个地区进行试销后，了解到人们对该险种的需求愿望以及险种本身存在的问题和改进办法，这样做有利于险种的推广。

（三）调研方案设计

确定市场调查的资料收集方法后，就进入了调研方案设计阶段。常见的调研方案设计可以分为问卷设计和抽样设计两种。

1. 问卷设计。问卷是一种最常用的调查工具，经常应用于市场调查等经济学、社会学领域。问卷中可向被调查者提出较多的问题，也可运用多种提问方式提出问题，因此备受人们的欢迎。但是，问卷的设计却不是一件容易的事，它要求问卷设计人员具备统计学、心理学、社会学、经济学、传播学和计算机等方面的知识和相应技术。问卷一般设计成表格形式，根据调查方式的不同和所询问的问题不同，表格形式也不同。

下面我们具体谈谈问卷设计的过程。

（1）问卷内容的确定。在确定了调研目标和一系列假设来指导调查的进行之后，调研人员就可以确定问卷应包括哪些内容。问卷内容的确定要通过集思广益和查阅现有资料来进行。主要做法是：①运用集思广益来确定问卷内容时，应根据问题和与问题有关的调查目标来进行，尽量使参与人员提出与调查有关并有益的建议。②在设计任何调查项目时，都应查阅现有资料，看看他人在这方面已做过什么研究。这一办法可以帮助调研人员确定调查问题和目标，也有助于问卷内容的确定。

（2）调查项目的设计。确定问卷所应包括的内容之后，调研人员就可以集中精力着手构思问卷各个细目，对内容进行评价。问卷项目的设置可以是疑问句或陈述句，诱导读者就所调查的问题进行回答。例如，项目形式可以包括多项选择、评价分析、核对表、排序式、开放式和态度分级。一个调查项目极少同时使用所有这些形式，但有可能采取其中的一种或几种形式。

（3）问卷初稿的拟定。在确定了问卷内容并编写了问卷项目对内容进行评价之后，调研人员就可以着手拟定问卷初稿。在拟定初稿之前还应按逻辑对问卷的各个项目进行分类或分组。问卷初稿拟定的过程包括：①拟定回答说明。调研人员要写出项目的回答说明，促使被调查者既容易又准确地回答问卷。②拟定问卷格式。在处理问卷格式时，调研人员要注意页面的边距和行距、问卷的标题、大写字母的使用、对要点问题下划线以及问卷的整体篇幅等。③对初稿批评性检查。这一批评性检查应涉及对问卷整体格式和版面编排的分析，以及项目陈述的具体细节。

（4）问卷的试验性测试。调研人员在问卷初稿完成之后，应对问卷进行试验性测试，以确定问卷在收集调查所需信息方面能够起多大的作用。

（5）问卷的定稿。在问卷定稿时，调研人员必须做到仔细、精确，并将对初稿的所有批评意见和试验性测试的结果考虑在内。

参考资料 6－1
风险与保险意识调查问卷表 ▪▪▪▪▪▪▪▪▪▪▪▪▪▪▪▪▪▪▪▪▪▪▪▪▪▪▪▪▪▪▪▪▪▪▪▪▪▪

1. 你在日常生活中最担心的风险是（可多选）：

个人养老_____ 子女教育经费 _____ 自身健康_____

意外事故 _____ 家庭成员健康 _____

财产被盗、失火_____ 下岗失业_____

2. 你认为购买保险可以：

以防万一_____ 作为投资工具_____

作为储蓄手段_____ 养老_____

3. 过去 5 年有没有保险代理人向你介绍过保险？

有_____ 没有 _____

如选择"有"：

（1）有多少次：1 次_____ 2 次_____ 3 次_____ 3 次以上_____

（2）最近一次是什么时候：3 个月内_____ 半年内_____ 1 年内 _____

1 年以上_____

（3）是哪家（几家）保险公司_____

_____

_____

_____

（4）印象最好的是哪家？

原因是：代理服务好_____ 产品简介好_____

保险计划设计适合_____ 公司形象好_____

4. 你是否在过去 5 年中曾购买任何保险（不包括单位里的保险）？

是_____ 否_____

如选择"是"：

（1）该保险是为下列哪几项购买？

本人_____ 配偶_____ 子女_____ 父母_____

财产_____ 其他_____

（2）保险种类是：

人寿保险_____ 养老保险_____ 家庭财产保险_____

医疗保险_____ 子女教育基金保险_____ 人身意外伤害保险_____

（3）你向哪一家保险公司购买？

中国人寿保险公司＿＿＿＿＿＿＿　太平洋保险公司＿＿＿＿＿＿＿　平安保险公司＿＿＿＿＿＿＿

友邦保险公司＿＿＿＿＿＿＿　其他（请注明）＿＿＿＿＿＿＿

（4）每年保险费是多少人民币？

50 元以下＿＿＿＿＿＿＿　51～100 元＿＿＿＿＿＿＿　101～300 元＿＿＿＿＿＿＿

301～500 元＿＿＿＿＿＿＿　501～800 元＿＿＿＿＿＿＿　801～1000 元＿＿＿＿＿＿＿　1000 元以

上＿＿＿＿＿＿＿　其他（请注明）＿＿＿＿＿＿＿

（5）你怎样购买保险？

代理人接触我，并向我介绍产品＿＿＿＿＿＿＿＿＿＿

通过朋友或亲戚＿＿＿＿＿＿＿＿＿＿＿＿＿＿＿＿＿

报纸或电视上的广告＿＿＿＿＿＿＿＿＿＿＿＿＿＿＿

银行＿＿＿＿＿＿＿＿＿＿＿＿　其他＿＿＿＿＿＿＿＿＿

（6）你认为好的代理人应该是（排列以最重要的排先）：（1～5）

诚实＿＿＿＿＿＿＿＿＿＿＿＿＿

不令我感到太大压力＿＿＿＿＿＿＿＿＿＿＿

乐于助人＿＿＿＿＿＿＿＿＿＿＿

对保险产品很了解＿＿＿＿＿＿＿＿＿＿＿

文化程度＿＿＿＿＿＿＿＿＿＿＿

（7）当你购买保险时，会跟谁讨论？

自己决定＿＿＿＿＿＿＿＿＿＿＿

丈夫或妻子＿＿＿＿＿＿＿＿＿＿＿＿＿＿＿＿＿＿＿

其他＿＿＿＿＿＿＿＿＿＿＿＿＿＿＿＿＿＿＿＿＿＿＿

（8）当有机会转业，你会当代理人吗？

会＿＿＿＿＿＿＿原因是：保险也是专业＿＿＿＿＿＿＿＿＿＿

市场空间大＿＿＿＿＿＿＿＿＿＿＿＿＿＿＿＿＿

我认识的人多＿＿＿＿＿＿＿＿＿＿＿＿＿＿＿＿＿

保险是好产品＿＿＿＿＿＿＿＿＿＿＿＿＿＿＿＿＿＿＿

其他＿＿＿＿＿＿＿＿＿＿＿＿＿＿＿＿＿

不会＿＿＿＿＿＿＿原因是：竞争大压力大＿＿＿＿＿＿＿＿＿＿＿

工作时间不稳定＿＿＿＿＿＿＿＿＿＿＿＿＿＿＿＿＿

其他＿＿＿＿＿＿＿＿＿＿＿＿＿＿＿＿＿

5. 你是否会在未来 5 年内购买任何保险？

肯定不买＿＿＿＿＿＿＿　较有可能不买＿＿＿＿＿＿＿　一般＿＿＿＿＿＿＿

较有可能购买＿＿＿＿＿＿＿　非常有可能购买＿＿＿＿＿＿＿＿＿＿

如果你购买保险：

（1）该保险是为下列哪几项购买？

本人＿＿＿＿＿＿＿　配偶＿＿＿＿＿＿＿　子女＿＿＿＿＿＿＿　父母＿＿＿＿＿＿＿

财产＿＿＿＿＿＿＿　其他＿＿＿＿＿＿＿＿＿＿

（2）以下保险种类，请选出最想购买的几种（1～3 种）。

人寿保险＿＿＿＿＿＿＿　养老保险＿＿＿＿＿＿＿　家庭财产保险＿＿＿＿＿＿＿

医疗保险＿＿＿＿＿＿＿＿＿　　子女教育基金保险＿＿＿＿＿＿＿＿＿＿＿

人身意外伤害保险＿＿＿＿＿＿　有投资功能的产品＿＿＿＿＿＿

（3）你最想向哪一家保险公司购买？

中国人寿保险公司＿＿＿＿＿＿＿　中国太平洋保险公司＿＿＿＿＿＿

中国平安保险公司＿＿＿＿＿＿＿　美国友邦保险公司＿＿＿＿＿＿

中宏人寿保险公司＿＿＿＿＿＿＿　其他（请注明）＿＿＿＿＿＿＿

（4）选择向该公司购买保险的原因是（可多选）：

因为该公司是国家公司＿＿＿＿＿＿＿＿＿＿＿＿＿＿＿＿＿

因为该公司是外国公司＿＿＿＿＿＿＿＿＿＿＿＿＿＿＿＿＿

因为该公司的产品优胜且适合我＿＿＿＿＿＿＿＿＿＿＿＿

因为我能负担该公司保险产品的价格＿＿＿＿＿＿＿＿＿＿

因为我相信该公司的规模大而稳定＿＿＿＿＿＿＿＿＿＿＿

因为该公司的服务质量良好＿＿＿＿＿＿＿＿＿＿＿＿＿＿＿

因为我认为该公司的代理人可靠＿＿＿＿＿＿＿＿＿＿＿＿

（5）每年愿意支出保险费多少人民币？

50元以下＿＿＿＿＿＿　51～100元＿＿＿＿＿＿　101～300元＿＿＿＿＿

301～500元＿＿＿＿＿＿　501～800元＿＿＿＿＿＿　801～1000元＿＿＿＿＿

1000元以上＿＿＿＿＿＿　其他（请注明）＿＿＿＿＿＿

6. 你认为保险公司应多花时间研究及发展哪一类新险种？

人寿保险＿＿＿＿＿＿　意外伤害保险＿＿＿＿＿＿　储蓄性保险＿＿＿＿＿

养老保险＿＿＿＿＿＿　财产保险＿＿＿＿＿＿　利差返还保险＿＿＿＿＿

护理保险＿＿＿＿＿＿　医疗保险＿＿＿＿＿＿

投资性质的保险（如分红保险、变额寿险等）＿＿＿＿＿＿＿＿＿＿

7. 你最喜欢购买保险的方式是：

经代理人＿＿＿＿＿＿＿＿＿＿　到银行购买＿＿＿＿＿＿＿＿＿

先收到产品介绍，代理人再跟进＿＿＿＿＿　到保险公司的营业部＿＿＿＿＿＿

保险公司到单位介绍，再集体购买＿＿＿＿＿＿＿＿　在网上购买＿＿＿＿＿＿＿＿

其他＿＿＿＿＿＿＿＿＿＿

8. 外国保险公司可能较优胜的是（可多选）：

代理人训练较佳＿＿＿＿＿＿＿＿＿＿　产品较先进＿＿＿＿＿＿＿＿

产品较多元化＿＿＿＿＿＿＿＿　财务实力较佳＿＿＿＿＿＿＿＿＿

投资获利能力较强＿＿＿＿＿＿＿＿　其他＿＿＿＿＿＿＿＿＿＿

9. 国内保险公司可能较较优胜的是（可多选）：

与单位有其他业务＿＿＿＿＿＿＿＿　较了解客户的需要＿＿＿＿＿＿

较易得到客户支持＿＿＿＿＿＿＿＿　对中国贡献较多＿＿＿＿＿＿

较重视客户的回报＿＿＿＿＿＿＿＿　客户较清楚公司背景＿＿＿＿＿＿

其他＿＿＿＿＿＿＿＿＿＿

---

2. 抽样设计。在进行市场调查前，要设计并确定对抽样对象采用什么样的抽样方

法，以及抽样样本的大小等问题。参加实地调研的人员必须严格按照抽样设计的要求进行抽样，以确保调研质量。

（四）整理分析资料

运用科学方法，将得到的大量资料和数据进行整理、分类、编号，去粗取精、去伪存真。

1. 资料整理。整理资料主要是看调研人员是否严格按调研方案实施调查，问卷填写是否有不清楚的地方，问卷中是否有比较明显的逻辑错误等，以确定资料的真实性和准确性。

2. 对数据的处理。这部分工作可分为编码、录入、编辑和汇总4个步骤。数据编码是帮助录入的首要工作，数据编码的方法有圈定项按圈填、代码项按表填、填数项按数填、顺序项按序填。完成数据编码后，就必须根据现有的计算机录入软件编写录入程序和要求。录入工作结束后，就进入数据编辑阶段，主要是查找录入错误并及时纠正。进入数据汇总阶段后，要根据调研目标要求拟订汇总方案，包括频率汇总和分组汇总两部分内容。前者给出本次调查样本各种特征的分布情况；后者则显示出保险营销人员感兴趣的内容，如在月平均收入为 500 元的家庭中，有多少家庭投保了人身保险和家财保险，当月平均收入增长到 1000 元和 1500 元时，这种保险消费又会发生什么样的变化等。

3. 对调研质量的评价。评价调研质量主要是为了提供准确的调查基础资料，为以后的调查工作打下良好的基础。评价工作包括 3 个方面：一是事后质量抽查，这种方法效果好，但费用较高；二是检查资料内部的逻辑关系，剔除相互矛盾和明显错误的资料；三是抽样误差检查，调查误差与样本量成反比，而样本量又与调研费用的投入有着密切的关系。

4. 资料分析工作。资料分析方法一般分为定性和定量两种。前者是凭借分析者经验的判断，而后者是利用数学、统计学、经济计量学等科学方法进行分析。在保险市场调研中，如果把这两种方法结合起来对调查资料进行分析，就能得出比较适当的结论。

（五）提出调研报告

在综合分析调研资料的基础上，得出结论，提出建议，写出调研报告。编写调研报告要遵循的原则是：（1）报告的内容要紧扣主题；（2）应该以客观的态度列举事实；（3）方案要简练；（4）尽量使用图表来说明问题。市场调研报告的内容和形式可根据调研的专题不同而不同，但一般说来，其内容应包括以下几个方面。

报告题目；报告目录；内容概要；关于调查项目的情况介绍及背景材料；调查经过，包括调查方法、调查结果和局限性；结论，主要提出改善建议（国内市场调查的最终目的在于采取改善措施，以增加企业盈利）；附件，有关附表、附图和相关资料。

四、保险营销调研的方法

保险公司根据保险经营的特点与现状，在营销调研中常采取的方法有以下几种。

（一）普查法

普查法是对一定时期内所有保户无一例外地进行全面调查了解，从而取得比较全面和完整的资料。这种方法适用于保险业十分发达的国家和地区，但耗费人力、资金和时间较多，一般不多采用。

（二）典型调查法

典型调查法是指在调查范围内选出最具代表性的调查对象作为重点进行调查，达到对所有调查对象的了解。这种方法由于调查的对象较少，调查费用较低，能够对被调查对象作比较细致透彻的分析，因此适宜于所有保险公司。

（三）抽样调查法

抽样调查法是指根据一定的原则，从调查对象的总体（也称母体）中抽出一部分对象（也称样本）进行调查，从而推断总体情况的方法（抽样设计是严格按照数理统计的要求进行）。这种方法可以在较短的时间内，用较少的费用和人力，获得比较准确的调查资料，及时供保险公司领导作决策时参考，而且因样本而产生的误差可以用统计方法控制。采用抽样调查要注意的问题有：（1）确定抽样的对象。这是解决向什么人调查的问题。例如，想要了解某家庭的投资决策过程，应调查丈夫、妻子还是他人？（2）选择样本大小。即调查多少人的问题。（3）确定抽样方法。抽样调查法可分为两大类：一是随机抽样；二是非随机抽样。

1. 随机抽样。按随机原则抽取样本，排除人们主观有意识地选择样本，即总体中的每一个体被抽取的机会都是均等的。随机抽样的常用方法有简单随机抽样法、分层随机抽样法和分群随机抽样法。

2. 非随机抽样。按调查的目的和要求，根据一定的标准来选择样本，即总体中的每一个体被抽取的机会是不等的。非随机抽样的常用方法有任意抽样法、判断抽样法和定额抽样法。其种类与特征如表 6-1 所示。

表 6-1　　　　　　　　　　　　抽样调查种类与特征

类型	种类	特　征
随机抽样	简单随机抽样法	总体的每个成员都有随机的或均等的被抽中的机会
	分层随机抽样法	将总体分成不重叠的组（如年龄组），在每组内随机抽样
	分群随机抽样法	将总体分成不重叠的组（如年龄组），随机抽出若干组进行普查
非随机抽样	任意抽样法	调研人员选择总体中最易接触的成员来获取信息
	判断抽样法	调研人员按自己的估计选择总体中可能提供准确信息的成员
	定额抽样法	调研人员按若干分类标准确定分类规模，然后按比例在每类中选择特定数量的成员进行调查

（四）间接调查法

间接调查法是指通过对保险业以外其他部门的调查，了解保险业与其他部门的内在联系，进一步预测保险市场的需求和发展趋势。

本章小结

1. 保险信息主要包括有关国内及国际保险市场的一些消息、情报、数据和资料。

由于保险是一个非常复杂的行业，因此，无论是保险企业还是投保人都不能获得足够的信息，这就产生了信息难题。像常见的"旧车问题"、逆选则问题、代理人问题及道德风险问题都属于信息难题。

2. 保险营销信息系统就是通过收集、整理、分析、评估、分配与提供保险决策者所需要的信息，用以改善保险营销计划、执行与控制的保险营销业务。一般可分为确定信息需求、内部报告系统、营销情报系统、营销调研系统、营销分析系统和传递营销信息6个子系统。

3. 保险企业在经营的过程中离不开对保险市场进行调研，掌握所需要的信息进行营销策略的调整与决策。保险营销调研主要包括保险市场需求调研、保险市场环境调研、保险市场营销调研。

主要概念

营销信息系统　保险市场信息　保险营销信息系统　不对称信息　询问法　观察法实验法　问卷调查　随机抽样调查　分层随机抽样调查　定额抽样调查

思考与练习

1. 保险信息可分为哪几种？保险的信息难题主要是什么？
2. 如何理解保险营销信息系统？
3. 试述保险营销信息系统的构成。
4. 保险市场调研包括哪些内容？
5. 怎样进行保险市场调研？

第七章
保险营销预测与决策

学习目标

　　保险营销预测与决策是经济活动和金融活动的重要组成部分。从经济发展的趋势和运行结果来看，对保险营销进行预测是十分必要的。但保险营销预测不是目的，而是为管理决策提供科学依据。通过本章的学习，重点了解保险营销预测和决策的概念、内容及方法，掌握保险营销调研、预测及决策之间的相互关联，从而作出正确的保险决策，为保险公司的科学管理奠定基石。

知识结构图

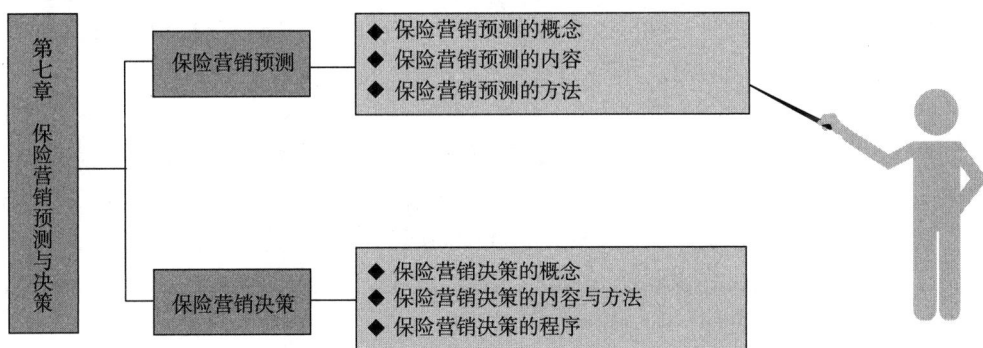

第一节　保险营销预测

一、保险营销预测的概念

保险营销预测是指运用科学的方法和手段，根据调查提供的数据和资料，对影响市场供求变化的各种因素进行测算，从而对保险市场营销的未来及其变化趋势作出判断。保险营销预测是在市场调查的基础上，从掌握保险市场过去演变规律、现在的变化状况来推断未来的发展趋势，使保险公司能在动态的市场上随机应变，时刻掌握主动权，并为保险公司研究制订营销计划和营销决策提供依据。在当今科学技术日新月异、经济生活变化多端的时代，市场已成为保险公司经营活动的出发点和落脚点。如保险公司现有哪些险种，还要开发哪些险种，都要根据市场需求来安排，开发出来后又要到市场上去销售。所以，对保险营销进行预测越来越受到重视。在长期的生活实践中，人们总结出预测市场的三个基本原则。

（一）连贯的原则

这是把未来的发展同过去和现在联系起来。因为从时间上考虑，市场是一个连续发展的过程，也就是说，将来的市场是在过去和现在的基础上演变而来的，它是过去和现在的延续。因此，在进行市场预测时，必须首先从搜集过去和现在的资料入手，然后推测出将来的变化。时间序列法，就是根据这一原则建立起来的。

（二）相关的原则

马克思主义认为，世界上任何事物的发展都是互相联系、互相依存和互相制约的。市场需求量的变化，也存在着各种相关因素，如城乡居民的收入增加，会引起保险消费的增加。通货膨胀率的上升，会引起寿险需求的萎缩，等等。因此，当我们知道影响需求量的某些因素发生变化时，就可以预测出需求的增减速度。回归分析中的因果关系法就是根据这一原则建立起来的。

（三）类推的原则

世界上许多事情的发展存在着相似性和类同性。因此，掌握了某一类事物发展变化的规律，就可以推测出其他类似事物的发展变化规律。例如，通过调查得知职工家庭月收入达 10000 元以上就有能力购买年交保费在 3000 元以上寿险的信息，又知道 3 年后将有多少户职工的月收入可达 10000 元以上，那么就可以知道 3 年后这种寿险的需求量。类推法就是利用这一原则进行的。

二、保险营销预测的内容

（一）保险营销预测的种类

依划分标准不同，保险营销预测的种类可分为以下多种类型。

1. 按预测的范围分类，保险营销预测可分为宏观市场预测和微观市场预测。宏观市场预测是从国民经济总体的角度去预测市场，其目的是为整个保险业的发展规划提供决策的科学依据。微观市场预测是从保险公司的角度出发去预测市场变化，其目的是有效地搞好保险公司的经营管理，以求其更好地生存和发展。二者相互依存，后者是前者的基础，而前者是后者的前提和条件。

2. 按预测的时间分类，保险营销预测可分为长期预测、中期预测和短期预测。长期预测一般是10年或10年以上时间内市场变化趋势的预测，是保险公司制定重大决策的科学依据。中期预测一般是3~5年内市场变化的预测，是为保险公司实现3年或5年计划而编制的实施方案。短期预测一般是保险公司为安排年度内的市场营销计划而进行的预测，为近期安排市场、制定营销决策、解决市场上出现的突出问题所采取的措施提供依据。

一般来说，预测的准确性会受预测时间长短的影响，预测期限长，误差就大些，预测期限短误差就会小些。当市场供求变化时，常采用短期预测以减少误差，提高预测的可靠性；对战略性决策，则多采用中长期预测。

3. 按预测的方法分类，保险营销预测可分为定性预测和定量预测。定性预测即表示事物性质或规定性的预测。定量预测，即根据事物的历史数据和相关因素，应用数量统计和其他数学方法，研究和推测市场发展状况及其结构关系，预测保险服务、销售和市场需求等各种趋势。

（二）保险营销预测的内容

1. 市场的测定。任何市场都是指某一产品全部实际的和潜在的购买者的集合。市场的规模则是随着一个特定市场供应品购买者人数多寡而确定的。根据购买者的兴趣、收入和接触机会这3个特点，保险市场可分别测定为潜在市场、有效市场、服务市场和渗透市场等。

（1）潜在市场。潜在市场是指那些表明对在保险市场出售的险种有某种程度兴趣的顾客群体。例如，我们在公众中随机抽样，提出如下问题："你想参加人寿保险吗？"如果10个人之中有4个人作出肯定的回答，我们便可认为公众总数中有40%的人会构成人寿保险的潜在市场。

（2）有效市场。有效市场是指对在保险市场上出售的险种既感兴趣又有支付保险费能力的顾客群体。只有公众兴趣还不足以确定一个市场，潜在的客户必须有足够的收入可以买得起这种寿险。如果他们能肯定回答："你能买得起这种寿险吗？"这一问题，这些潜在顾客就构成人寿保险的有效市场。不过有效市场规模是受兴趣、收入和接触机会等因素影响的，如果只有兴趣而无力支付保险费，或当地没有寿险营销机构，也无法构成有效市场。

在保险市场上，有些寿险险种只限于销售给某些顾客群体，如少儿保险的被保险人只能是0~14岁的婴儿和少年，福寿安康保险的被保险人只能是年满16~60岁的成年人，这样，符合某一年龄要求的人组成了合格的有效市场，即在寿险市场上对出售的险种感兴趣、有支付能力并符合取得该险种的合格的顾客群体。

（3）服务市场。服务市场是指保险公司决定要在合格有效市场上重点开发的那部分。例如，保险公司决定将其市场营销力量集中在开发女性保险上，那么，女性就成为其服务市场。

（4）渗透市场。渗透市场是指那些已经购买了这个险种的顾客群体。对市场进行划分有利于保险公司制定相应的营销规划。如果保险公司对现有销售额感到不满意，它可以考虑采取许多措施，如深化其服务市场吸引更多的顾客；降低潜在顾客的合格标准；向其他有效市场扩展；降低费率以扩大有效市场的规模；通过广告使不感兴趣的人变为感兴趣的顾客，扩大潜在市场；等等。

2. 需求的测定。需求测定中最基本的就是测定市场需求和公司需求。

（1）市场需求。市场需求是指某一险种在一定的地理区域和一定的时期内，在一定的营销环境和一定的营销计划下，特定顾客群体可能购买的总量。在评估市场营销机会时，第一步就是要测定全部市场需求。这种需求受市场营销费用的影响。市场营销费用水平越高，就会产生出更高水平的需求，市场营销费用增长超过了一定水平时，就不再刺激需求大幅度增长。因市场已达到最大需求量，即市场需求发展的极限，我们称之为市场潜量。

市场潜量是指在特定的环境中，随着市场营销费用大量增长，已达到最大的市场需求量。市场潜量与环境有较大的依赖关系，经济繁荣时，市场潜量较高；反之则低。

（2）公司需求。公司需求是指公司在市场需求中的占有率，用公式表示为：

$$Q_i = S_i Q \tag{7-1}$$

式中，Q_i 为 i 公司的需求；S_i 为 i 公司的市场占有率；Q 为总的市场需求。

公司需求是由所有决定市场需求和公司市场占有率的因素所决定的。但是，影响公司市场占有率的因素又是什么呢？是各个竞争者的市场占有率与其市场营销的努力程度。测算公司市场占有率的方法可用下列公式表示：

$$S_i = \frac{M_i}{\sum M_i} \tag{7-2}$$

式中，M_i 为公司的营销努力。

例如，有两家人寿保险公司销售完全相同的险种，但营销费用开支不同，分别为 12 万元和 8 万元。用公式（7-2）计算，可以预计第一家寿险公司的市场占有率是 60%，即

$$S_i = \frac{120000}{120000 + 80000} = 0.6$$

如果第一家寿险公司的市场占有率不是 60%，那么一定有其他因素在起作用。假设这两家公司支出的营销费用效益不同，用公式表示为：

$$S_i = \frac{a_i M_i}{\sum a_i M_i} \tag{7-3}$$

式中，a_i 为 i 公司每年花费 1 元所产生的营销效益（$a = 1.00$，代表平均效益）；$a_i M_i$ 为 i 公司的有效营销努力。

假设第一家寿险公司的营销效益比第二家公司的效益低，$a_1 = 0.90$，$a_2 = 1.20$，那么，第一家寿险公司的市场占有率大约是 53%，即

$$S_i = \frac{0.9 \times 120000}{0.9 \times 120000 + 1.2 \times 80000} = 0.53$$

然而，对公司市场占有率有影响的主要因素除市场营销费用和营销效益外，还有营销组合、营销弹性、营销费用的地区分配、过去营销费用的延续效应和营销组合中变数的协同效益等。公司需求的绝对极限就是市场潜量。如果该公司百分之百地占有市场，或者说是完全垄断了市场，公司潜量就等于市场潜量。但在大多数情况下，即使公司营销费用的增长幅度大大超过竞争者，公司潜量也会低于市场潜量。原因是每个竞争者都拥有一批忠诚的基本购买者，他们对其他公司的"挖墙脚"活动无动于衷。

三、保险营销预测的方法

（一）定性预测法

定性预测法也叫经验判断预测法，是通过对熟悉情况的有关人员做调查，凭借经验和对经济现象的认识来作出预测。这类方法主要有以下 3 种。

1. 顾客意见法。即直接听取顾客意见后再进行预测。如果顾客已经形成了清晰的意向，将要付诸行动，并向调查人员叙述自己的意向时，这种调查就特别有价值。

例如，某市场调查公司就人寿保险问题进行消费者购买意向调查，提出下列问题："今后 1 年内你是否有意买一份长期寿险？"统计结果如表 7 - 1 所示。

表 7 - 1　　　　　　　　　　　消费者购买人寿保险意向调查表

不可能	可能性很小	可能性平均	很可能	非常可能	肯定
0	0.2	0.4	0.6	0.8	1

这称为购买概率尺度。对顾客意见的调查还可包括对顾客打算买什么、将来需要什么等问题的了解。

2. 营销人员意见法。营销人员比其他人更加了解市场发展的趋势，他们参加预测，便会对自己的销售定额更加充满信心，并且更容易受到激励从而达到目标。但由于营销人员只接触某一地区或某一部分业务，不了解全局的情况，各人的看法也有局限性。有的估计乐观一些，预测数大；有的估计悲观一些，预测数小。为了克服这一缺点，可以采用推定平均值法加以预测，其计算公式为：

$$推定平均值 = \frac{最乐观估计值 \times 4 + 最可能估计值 + 最悲观估计值}{6} \quad (7 - 4)$$

3. 专家意见法。专家意见法是运用专家的专业知识和经验加以预测。所谓专家包括营销经理、营销顾问和同业公会或一些知名的经济咨询公司的人员。专家意见法一般可采用以下几种形式。

（1）专家集体讨论法。根据预测目的的要求，邀请专家开会，就有关内容进行深入讨论与分析，最后综合出一个集体预测结果，此法的缺点是与会人数有限，且易受权威人士左右。

（2）专家个人预测综合法。就某一具体项目作出预测，要求每个专家分别提出自己的预测意见，然后由分析专家将他们的意见综合成一个统一的预测。这样比单纯依靠一个人的经验预测，合理因素更多些，可靠性更高些。

（3）德菲尔法。德菲尔法的做法是要求每个专家提供自己的预测和估计，由公司的分析专家检查后，再发回给各人修改，以此循环往复数次进行预测。这种方法具有较高的实用价值，可消除心理上和权威人士的影响，让专家较充分地发表各自的意见。

（二）定量预测法

定量预测法也叫统计预测法，是根据比较完备的历史统计资料，运用一定的数学方法进行科学的加工处理，对市场未来发展作出定量的测算。定量预测法根据处理资料方式不同可以分为下列几种方法。

1. 时间序列法。时间序列法是指将过去的历史资料和数据按时间顺序加以排列构成一个数字序列，根据其动向预测未来的趋势。常用的方法有外推法和趋势法。

（1）外推法。为了消除偶然性因素的影响，可采用平均数法作预测。常用的方法有简单平均法、加权平均法、几何平均法等。

① 简单平均法。即把以往几期的实际数字进行简单平均，将其结果作为预测数。其计算公式如下：

$$\overline{X} = \frac{x_1 + x_2 + \cdots + x_{n-1} + x_n}{n} = \frac{\sum_{i=1}^{n} x_i}{n} \qquad (7-5)$$

式中，$\overline{X}$ 为算术平均数；x 为变动值；n 为项数；$\sum$ 为总和符号。

例：××保险公司 2016 年 1~6 月的财产险保费收入如表 7-2 所示。

表 7-2　　　　××保险公司 2016 年 1—6 月财产险保费收入统计表　　　　单位：万元

月份	1	2	3	4	5	6
保险费收入	307	281	323	315	329	352

问：用简单平均法预测 2016 年 7 月保费收入是多少。

$$\overline{X} = \frac{307 + 281 + 323 + 315 + 329 + 352}{6} = 317.83(万元)$$

答：2016 年 7 月该公司财险保费收入约为 317.83 万元。

② 加权平均法。即对过去不同时期的资料，给予不同的权数，然后求出每个数据与对应权数之积的和，再将此和除以权数。计算加权平均法的公式是：

$$\overline{X} = \frac{\sum xf}{\sum f} \qquad (7-6)$$

式中，$\overline{X}$ 为加权平均数；f 为次数或权数；x 为标志值；$\sum xf$ 为权数系数乘积之和。

例：××保险公司 2016 年度人身意外伤害险赔款额如表 7-3 所示。

表 7-3　　　　××保险公司 2016 年度人身意外伤害险赔款额统计表

赔款额（元）	件数	赔款额（元）	件数
2500 以下	10	7500 以下	15
5000 以下	20	10000 以下	12

问：该年度每件人身意外伤害险赔案的赔款额的平均数是多少？

解：根据公式（7-6）

$$\overline{X} = \frac{2500 \times 10 + 5000 \times 20 + 7500 \times 15 + 10000 \times 12}{57} = 6271.93（元）$$

答：该公司2016年每件人身意外伤害险赔案的赔款额的平均数是6271.93元。

③几何平均法。在有些时候，如有些变量的相对变化被平均化的时候，还是使用几何平均法为好。其预测计算公式：

$$M = \sqrt[n]{x_1 \cdot x_2 \cdot x_3 \cdot \cdots \cdot x_n} \qquad (7-7)$$

式中，X为变动值；n为预测对象的项数；M为几何平均数。

或 $\lg M = \dfrac{1}{n}(\lg x_1 + \lg x_2 + \cdots + \lg x_n) = \dfrac{1}{n}\sum \lg x_i$

例：××保险公司2016年1—6月财产险保费收入情况如表7-4所示。

表7-4　　　　　　　××保险公司2016年1—6月财产险保费收入统计表　　　　单位：万元

月份	1	2	3	4	5	6
保费收入	307	281	323	315	329	352
增长比例		0.915	1.149	0.975	1.044	1.09

请预测2016年7月保费的增长率是多少？

解：根据公式（7-7）

$$M = \sqrt[5]{0.915 \times 1.149 \times 0.975 \times 1.044 \times 1.090} = 1.045$$

答：2016年7月保费增长率为104.5%。

（2）趋势法。趋势法是指根据过去若干时期实际数量的平均水平，考虑变化趋势的平均数，预测未来时期数量的方法，常用的方法有一次移动平均法。

一次移动平均法是指根据原始时间数列逐项移动，依次计算包含一定项数的序时平均数法。其计算公式为：

$$\overline{Y}_t = \frac{Y_t + Y_{t-1} + \cdots + Y_{t-n+1}}{n} \qquad (7-8)$$

式中，$\overline{Y}_t$为末项第t时期的一次移动平均数；Y_t为每项实际数据；t为每个移动平均数中末项的时期数；n为每个序时平均数所包括的序时项数。

例：某保险代理人2014—2016年3年来各个季度实际出售的长期寿险保单数量如表7-5所示。

表7-5　　　　　　　　　　　趋势预测资料及计算表　　　　　　　　　　单位：张

年季	销售保单数量	4个季度移动平均数	变动趋势	变动趋势平均数
2014.1	50			
2	30	56.25		
3	80	53.75	-2.50	

续表

年季	销售保单数量	4个季度移动平均数	变动趋势	变动趋势平均数
4	65	52.5	−1.25	0.94
2015.1	40	51.25	−1.25	12.50
2	25	60	8.75	2.50
3	75	58.75	−1.25	4.69
4	100	62.5	3.75	1.25
2016.1	35	70	7.50	
2	40	65	−5.00	
3	105			
4	80			

表 7 – 5 资料是按 $n = 4$ 来计算一次移动平均数的，第三栏的计算如下：

$$\overline{Y}_4 = \frac{Y_4 + Y_{4-1} + Y_{4-2} + Y_{4-4+1}}{4} = \frac{50 + 30 + 80 + 65}{4} = 56.25(张)$$

$$\overline{Y}_5 = \frac{Y_5 + Y_{5-1} + Y_{5-2} + Y_{5-4+1}}{4} = \frac{30 + 80 + 65 + 40}{4} = 53.75(张)$$

以此类推，逐项移动，求出各季度的趋势值，表 7 – 5 中第四栏是将下一行的移动平均数减去上行的移动平均数，其差即为变动趋势。第五栏是将 4 次变动趋势数相加之和除以 4，其商即为变动趋势平均数。

据表 7 – 5 资料问：预测 2017 年第一季度保单销售数量是多少？

解：计算预测保单销售数量的公式为：

预测保单数量 = 过去若干期保单销售平均数 + 距离预测期的期数
× 变动趋势平均数第一季度预测保单销售数量
= 65 + 3 × 1.25 = 68.75(张)

答：2017 年第一季度该保险代理人应销售保单数量为 68.75 张。

通过一次移动平均法对原始的时间数列进行修正，可以削减或消除短、近期内不规则变动的影响，适合用来预测保险业务在短期内发展的基本趋势。

2. 相关预测法，又叫因果分析法，是指在收集和利用大量相关数据的基础上，对市场各种变化因素进行预测的方法。常使用的方法有回归分析法。

回归分析法是指根据已有的统计数据，把自变量和因变量之间的变化关系用某种形式表示出来，建立一个适当因果关系的方法。回归分析法是在保险市场预测中经常使用的一种比较科学的预测方法。根据处理变量数的多少，回归分析法可以分为一元回归分析法和多元回归分析法。前者是指处理变量只有一个的情况，后者则是处理变量在两个以上的情况。这里只介绍一元回归分析法的运用。

一元回归分析的方程式是：

$$Y = a + bX \tag{7 – 9}$$

式中，X 为时间变量（自变量）；Y 为实际资料预测值（因变量）；a 和 b 是回归方程系数，可用最小二乘法求出。其计算公式为：

$$a = \frac{\sum Y_i}{n} \tag{7-10}$$

$$b = \frac{\sum (t_i Y_i)}{\sum t_i^2} \tag{7-11}$$

式中，Y_i 代表各期的实际资料值；t_i 代表时间变量值。若时间数为奇数时，可用中间的时间为原点用"0"表示，若时间数为偶数时，可用中间两个时间之中点为原点，中间两个时间分别用"-1"和"+1"表示。

例：××人寿保险营销想了解未来几年长期寿险业务发展情况，收集了从 2012—2016 年的有效保单数据有关资料及计算（见表 7-6）。

表 7-6　　　　　　　　××人寿保险营销部保单数据资料表

年份	t_i	有效保单数 Y_i	$t_i Y_i$	t_i^2
2012	-2	37500	-7500	4
2013	-1	43730	-43730	1
2014	0	49840	0	0
2015	1	56600	56600	1
2016	2	64320	128640	4
$n=5$	$\sum t_i = 0$	$\sum Y_i = 251990$	$\sum (t_i Y_i) = 66510$	$\sum t_i^2 = 10$

将以上数据代入公式（7-10）、公式（7-11），求 a、b 的值。

$$a = \frac{251990}{5} = 50398$$

$$b = \frac{66510}{10} = 6651$$

代入公式（7-9），得：

$x = t_i$，$t_3 = 2007 - 2004 = 3$，$t_4 = 2008 - 2004 = 4$

则：$Y_{2007} = 50398 + 6651 \times 3 = 70351$（张）

$Y_{2008} = 50398 + 6651 \times 4 = 77002$（张）

答：2017 年和 2018 年有效寿险保单的预测值分别是 70351 张和 77002 张。

第二节　保险营销决策

一、保险营销决策的概念

市场调查和预测的直接目的是为了营销决策，所以说决策是预测工作的延续。营销决策是保险公司决定其营销活动所采取的战略和策略，是保险公司科学管理工作的必要前提。保险营销决策是指从两个以上的可行性方案中，经过分析比较选出最佳方案，确定未来的经营目标的过程。这个定义有 5 个方面的含义：第一，决策是理性行为的基础。保险公司任何一项营销活动都要预告明确此项活动要解决什么问题，达到什么目的，选择什么方法等。没有决策也就没有合法性的行动。第二，决策有明确的目的。决策是为了解决某一个问题，或是为了达到一定的目标。第三，决策要有两个以上的可行方案。第四，决策要进行因果分析和综合评价。第五，决策要经过方案的优选过程。由此可见，决策是一个提出问题、分析问题和解决问题的系统分析过程。

二、保险营销决策的内容与方法

保险营销决策内容非常广泛，方法也很多，主要有以下几种。

（一）保险营销决策的内容

1. 目标决策和方针政策决策。保险经营目标是保险公司在一定时期内预期达到的经营成果，包括对社会的贡献目标、市场目标、发展目标、利益目标等，这种决策是对保险总体市场的发展、调节、控制、指导作出的决策。经营方针政策是保险公司某个时期生产经营的行动纲领，它是根据保险公司的经营特点、经营目标而作出的决策。它关系到保险公司的发展方向和经营效益的好坏。

2. 市场选择决策和销售渠道决策。保险公司在进行市场营销之前，首先要作出选择开拓一个或数个保险市场的决定。因此保险公司应根据保险市场需求情况以及自身经营业务范围和推销能力，来确定目标市场。保险营销渠道的决策包括两方面的内容：一是分销途径，即采取何种方式进行交易活动，是采取直销还是由中间人进行销售；二是保险商品营销手段的决策，即采取最佳营销组合达到最佳营销效果。

（二）保险营销决策的方法

保险营销决策的方法主要有风险型决策、确定型决策和非确定型决策等。

1. 风险型决策。风险型决策也称为随机型决策，是指决策者根据几种不同自然状态可能发生的概率进行比较所得出的决策。它的可靠性在很大程度上取决于各种自然状态发生概率估算的准确程度。因此凡是能用实验方法（如抽样法）取得概率值的，就应该积极进行科学实验，若无条件这样做，就应根据历史资料加以确定或计算，只有在过去和现在确定资料的情况下，才采用主观概率。风险型决策的方法主要有期望值法和决策树法。

（1）期望值法。期望值法就是把每个行动方案的期望值都求出来，加以比较。如果决策目标是效益最大，则采取期望值最大的行动方案；如果决策目标是损失最小，则采取期望值最小的方案。

例：某保险公司拟开发 A、B 两个险种，A 险种需投资 30 万元，开发后如销路好，每年可盈利 10 万元，如销路差，每年可盈利 2 万元。B 险种需投资 18 万元，开发后如销路好，每年可盈利 4 万元，如销路差，每年可盈利 1 万元。预计两个险种的生命周期均为 8 年。根据保险市场预测，两个险种在今后 8 年内销路好的概率为 0.8，销路差的概率为 0.2。试用期望值法评价并选择最优方案，并根据题意作出表 7-7。

表 7 - 7 期望值决策表

产品	销售概率		年盈利（万元）		效益期望值
	好	差	好	差	
A	0.8	0.2	10	2	$(0.8 \times 10 + 0.2 \times 2) \times 8 - 30 = 37.2$
B	0.8	0.2	4	1	$(0.8 \times 4 + 0.2 \times 1) \times 8 - 18 = 9.2$

从表 7 - 7 效益期望值比较中可以看出，该保险公司开发 A 险种的方案比较好。

（2）决策树法。决策树法的基本程序与期望值法完全一样，只是期望值法适用于比较简单的问题的决策，对比较复杂的问题，计算起来比较困难，需要用决策树法来进行决策。

例：某保险公司尝试推销 A、B 两个险种，试销地点从甲、乙两地区中任选一个。根据市场预测得出 A、B 两个险种在甲、乙两地区的效益与概率（见表 7 - 8），试用决策树法找出最佳推销地点。

表 7 - 8 A、B 两个险种在甲、乙两地区的效益与概率

地区	销路好				销路一般				销路差			
	A 险种		B 险种		A 险种		B 险种		A 险种		B 险种	
	概率	效益	概率	效益	概率	效益	概率	效益	概率	效益	概率	效益
甲	0.6	10	0.8	8	0.5	9	0.7	8	0.5	-1.5	0.4	-1
乙	0.7	9	0.7	7	0.7	8	0.6	7	0.4	-1	0.2	-0.8

根据表 7 - 8 所列资料，利用决策树原理，用各自的概率测算其期望值。然后，再对每一方案在不同情况下所产生的期望值加以汇总进行综合观察。期望值最大的地区即为最佳推销地区（见图 7 - 1）。

根据决策树的测算结果可得出：甲地区为 A、B 两险种推销的最佳地点。

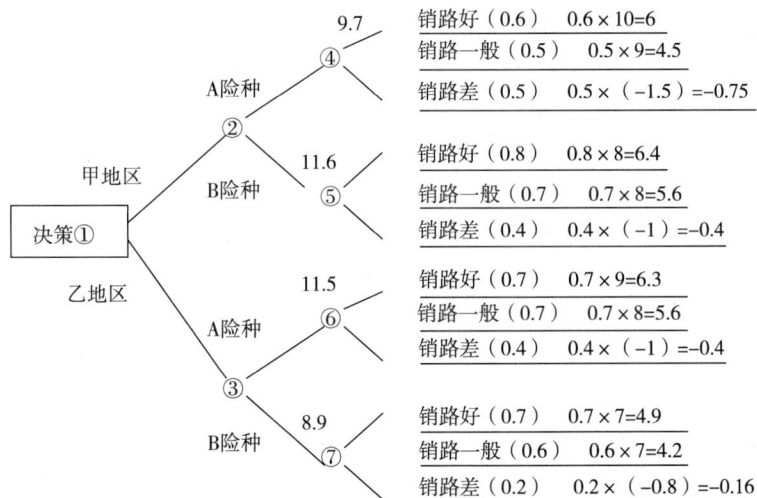

图 7 - 1 决策树法

2. 确定型决策。确定型决策是指决策的自然状态是一种既定的情况，即在已知未来可能发生的情况的条件下，选择较优的决策方案。确定型决策主要有单纯选优法和模型选优法两种。单纯选优法就是根据已掌握的数据，不需加工计算，通过比较，便可以直接选出最优方案的决策方法。模型选优法是在决策对象的自然状态完全确定的条件下，建立一定的符合经济情况的数学模型，进行运算后选出最优方案的决策方法。

由此可看出，确定型决策在具体运用中是较为简单、明了的，但在运用此法进行保险市场决策时，仍要根据具体情况，运用有关数学方法，并将量的分析与质的分析相结合，经过综合分析判断，选出较优方案。

例如，根据市场预测，市场未来对保险需求不仅在品种上发生了变化，而且最近需求将增长，因此某地保险公司的供给能力已不能满足市场需求，面临着增加保险商品的决策。显然，这项决策的目标是满足保险市场的需求，控制变量则使经济效益最好。为了满足营销目标，保险公司列出可供备选的方案有3个：第一，增加营业网点；第二，招聘代理人员；第三，扩大公司展业人员队伍。根据市场调查结果，各备选方案可能遇到的需求自然状态有4种情况：（1）需求较高，出现的概率为0.2；（2）需求一般，出现的概率为0.4；（3）需求较低，出现的概率为0.3；（4）需求很低，出现的概率为0.1。根据已知的信息核算，3个备选方案的结果见表7-9。

表7-9	决策效益表			单位：万元
自然状态 概率 备选方案　　收益值	需求较高 0.2	需求一般 0.4	需求较低 0.3	需求很低 0.1
增加营业网点	80	50	43	-30
招聘代理人员	30	24	18	-13
扩大公司展业人员	60	40	32	-20

由表7-9决策效益表可知，如果采用"增加营业网点"的方案，当市场需求较高时，收益值可达80万元；需求一般时，收益值为50万元；需求较低时，收益值为43万元；需求很低时，收益值为-30万元。如采用第二、第三方案的情况以此类推。由于确定型决策是在信息完全已知的情况下进行决策的，因此，是一种比较容易选择较优方案的决策。

3. 非确定型决策。非确定型决策是指对未来事件是否发生，虽然有一定程度的了解，但对未来事件发生的概率又无法确定的情况下得出的决策。如果存在着两种以上的自然状态，而且其出现的概率能加以预测，那就是风险型决策。但非确定型决策对未来情况了解甚少，在决策中只能凭决策者的经验主观确定概率，然后通过计算优选。非确定型决策的主要方法有悲观决策法、乐观决策法和后悔值决策法3种。

（1）悲观决策法。悲观决策法也称小中取大法，这是一种比较保守的决策方法。它的做法是先从每个方案中选择一个最小的收益值，然后再从这些最小收益值所代表的方案中选取一个收益值最大的方案为决策方案。

例：某保险公司开发了一个新险种，准备投入市场，但因无资料可参考，无法估计市场需求量，只能估计其销路可能出现高、中、低、很低 4 种情况，但又不能确定其可能发生的概率。因此，只能根据市场需求情况拟定 3 种方案，估算各方案的年损益值，如表 7 - 10 所示。

表 7 - 10　　　　　　　　　　　　各方案年损益值表　　　　　　　　　　　单位：万元

自然状态 备选方案	市场需求状态			
	需求较高	需求一般	需求较低	需求很低
A. 增加营业网点	80	50	43	−30
B. 招聘代理人员	30	24	18	−13
C. 扩大公司展业人员	60	40	32	−20

这种决策方法是按最不利的情况来进行决策。从表 7 - 10 可以看出，采取 A、C 两方案在需求状态好的情况下，获利较大，但在需求状态不好的情况下，损失也大。B 方案在需求状态好的情况下获利虽小，但在需求状态不好的情况下，损失也小。根据小中取大的决策原则，应选择 B 方案作为决策方案，如表 7 - 11 所示。

表 7 - 11　　　　　　　　　　　　悲观决策法决策表　　　　　　　　　　　单位：万元

可行方案	市场需求状态				最小收益值	最优方案
	需求较高	需求一般	需求较低	需求很低		
A. 增加营业网点	80	50	43	−30	−30	
B. 招聘	30	24	18	−13	−13	✓
C. 扩大公司展业人员	60	40	32	−20	−20	

（2）乐观决策法。乐观决策法也称大中取大决策法。这种方法的思路和决策程序正好与悲观决策法相反，它是从各方案在自然状态下的最大收益中，选取最大值所对应的方案为决策方案。用上例来说明，在表 7 - 10 中，3 种方案在市场需求自然状态下的收益最大值是 A 方案中 80 万元。因此，乐观决策法应选择 A 方案为最优方案，如表 7 - 12 所示。

表 7 - 12　　　　　　　　　　　　乐观决策法决策表　　　　　　　　　　　单位：万元

可行方案	市场需求状态				最大收益值	最优方案
	需求较高	需求一般	需求较低	需求很低		
A. 增加营业网点	80	50	43	−30	80	✓
B. 招聘	30	24	18	−13	30	
C. 扩大公司展业人员	60	40	32	−20	60	

（3）后悔值决策法。后悔值决策法也称大中取小决策法。这种方法是通过比较各备选方案的最大后悔值，选择其中最大后悔值最小的方案作为决策方案。所谓后悔值，是指在某一自然状态下的最大收益值与同一自然状态下的其他收益值相减之差。这种方法

的特点是，当某一种自然状态出现时，决策人选择的准则很明确，应选择收益最大的方案为最优方案。因为如果决策人当初并未采取这一方案，而是采取其他方案，就会感到后悔。后悔值决策法的过程是：首先根据所掌握的资料，找出对应各自然状态的最大收益值（表中用"＊"号标出）。其次，把对应于每种自然状态的各列中带有"＊"的最大收益值减去各个方案该种自然状态下的收益值，求出后悔值。于是每个方案都有一个最大后悔值，哪个方案的最大后悔值小，就是最优方案。根据悲观决策法的例子来说明，从表7－13中可以看出，最大后悔值最小的方案是A方案17万元，因此，选择A方案为最优方案，如表7－13所示。

表7－13　　　　　　　　　　后悔值决策法决策表　　　　　　　　　　单位：万元

自然状态 \ 方案 变量	A. 增加营业网点		B. 招聘代理人员		C. 扩大公司展业人数	
	收益值	后悔值	收益值	后悔值	收益值	后悔值
需求较高	80＊	0	30	50	60	20
需求一般	50＊	0	24	26	40	10
需求较低	43＊	0	18	25	32	11
需求很低	－30	17	－13＊	0	－20	7
最大后悔值		17		50		20

三、保险营销决策的程序

既然决策是一个提出问题、分析问题和解决问题的系统分析过程，因此，要作出正确的决策，就必要遵循现行的决策程序。

（一）调查营销环境

我们既要对保险公司外部环境进行调查研究也要对其内部环境进行调查研究，分析保险公司面临的发展机会和威胁，以及发现保险公司在竞争中的优势和劣势。这一问题已在第六章中作了详细阐述。

（二）确定营销目标

确定营销目标，就是要确定保险企业营销决策所要解决的问题和要达到的目的。一家保险企业在一定时期内，要达到什么样的经营目标，决策者要十分明确。营销决策目标是经营决策的出发点和归宿点，在确定营销决策目标时，应注意以下几个问题。

1. 要考虑营销决策目标实现的可能性。任何决策目标都应该是保险企业营销环境所允许的，并且是可以实现的。不具备决策实现的条件，不能作为决策目标，因此要剔除那些无法达到或难以达到的目标。

2. 决策目标应明确具体，不能抽象空洞，含混不清，应尽可能定量化、指标化。明确具体的决策目标，有利于制订最优方案，也便于实施和控制。

（三）研究制订可行的营销方案

可行性方案是指能够解决保险公司某一经营问题，保证决策目标实现，具备实施条件的决策备选方案。拟订这种方案时要注意发现新问题，研究新问题，而且要根据营销目标拟订多个可供备选的方案。

1. 方案的可行性。每一个备选方案都必须具备可行的实施条件，以保证决策目标得以实现。

2. 方案的多样化。只有具备较多的备选方案，才能经过比较挑选出最优方案。

3. 各种方案不能大同小异，而应各具特点，或者各方案是截然不同的。执行一种方案就不能同时执行另一种方案。

（四）评价和选择最佳营销方案

对拟订的多个备选方案进行全面评价，从中选出一个最佳方案。要注意最佳方案并不是十全十美的方案，因此，要认真估计营销形势的变化和方案执行中可能出现的问题。

1. 要拟定最优方案评价的标准。保险企业要根据各个时期营销活动的需要，结合市场需求动向，确定各个评价标准的重要程度。评价标准应包括方案的合理性、可行性、作用和效果等。

2. 要从全局、整体出发，比较各个方案的差异和优劣，从中找出最接近全部评价标准的方案。

3. 评选方案时要讲求实效性。任何一个最佳方案都是有时效性的，如果不及时抉择，一旦时机错过，就会失去效用，最佳方案也就不复存在。

4. 评价方案要选择最佳方法。评价方法一般有 3 种：经验判断法、数学分析法和实验法。经验判断法是一种十分古老却最常用的方法。这种方法主要依据于决策者的实践经验、知识水平和判断能力。数学分析法是运用定量化方法进行方案选择。实验法是在营销决策过程中，通过实验的方法来吸取经验，作为决策的依据，也是一种行之有效的方法。

（五）落实与修正营销决策

选定决策方案后就应付诸实施。决策者要将决策方案、内容落实到有关责任部门和人员，制定实施决策的规划和时间要求。但在决策方案实施过程中，还要建立信息反馈制度，将实施结果与预期目标进行比较，发现问题，查明原因，及时修改，保证决策目标的实现。

1. 要拟定实施决策方案的程序。决策方案如何实施，需要制定哪些措施，只要实施方案的程序明确，制定实施措施就可以有条不紊。

2. 要把决策目标分解落实到基层和个人，使每个员工都明确责任，并贯彻执行。

3. 建立信息反馈渠道。将每一局部过程实施结果与预期目标进行比较，发现差异，分析原因，进行追踪决策，并及时调整方案。

上述决策程序的相互关系如图 7 - 2 所示。

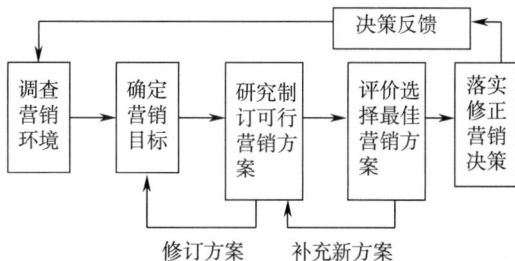

图 7 - 2　保险营销决策程序

本章小结

1. 保险营销预测是在对潜在市场、有效市场、服务市场及渗透市场进行调研分析的基础上，从掌握保险市场过去演变规律、现在的变化状况来推断未来的发展趋势，使保险公司能在动态的市场上随机应变，时刻掌握主动权，并为保险公司研究制订营销计划和营销决策提供依据。

2. 保险营销决策是保险公司科学管理工作的必要前提，因此，通过本章的学习我们要掌握保险营销决策的内容和方法，从而为决策提供理论和技术支撑。

主要概念

定性预测法　德菲尔法　专家意见法　定量预测法　时间序列法　趋势法　相关预测法　回归分析法　风险型决策　确定型决策　后悔值决策法

思考与练习

1. 保险市场预测的原则是什么？
2. 如何对保险市场进行定量预测？
3. 保险营销决策的方法有哪些？
4. 试述保险营销决策的内容。

第八章
保险目标市场选择

学习目标

保险企业的营销活动是围绕目标市场而进行的，只有明确了企业的目标市场，保险公司才能找到产品设计开发的依据，才能有针对性地开展有特色的保险服务。通过本章的学习，重点了解保险市场细分的概念、作用和有效保险市场细分的条件；了解细分个体消费者市场与团体消费者市场的依据；学习和掌握保险目标市场的三种策略与选择目标市场必须考虑的三个因素；了解目标市场定位的类型与策略，掌握目标市场定位的步骤。

知识结构图

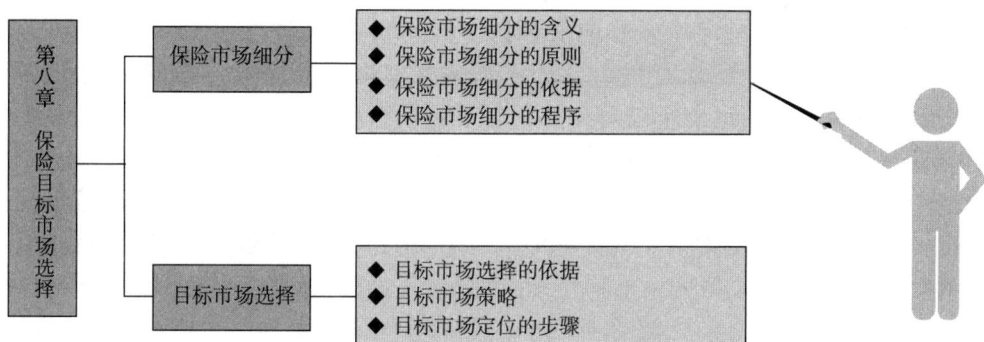

第一节 保险市场细分

从市场营销的角度看，一种产品的市场是指该产品的全体买主。但每种产品都有为数众多、分布广泛的购买者，而且每一个购买者都往往具有各自不同的消费需求。同样，保险营销所面对的客户需求也是多种多样的，任何一家保险公司不论其经营规模和能力有多大，都不可能满足一切保险需求者的需要，而只能依据保险公司的经营状况，满足一部分客户的需要。因此，保险市场营销要解决的一个核心问题，就是保险公司如何制定经营策略。制定经营策略的首要问题就是解决保险公司的目标市场。目标市场由三个环节组成，即市场细分（Segmenting）、选择目标市场（Targeting）、市场定位（Positioning）。

一、保险市场细分的含义

（一）保险市场细分的概念

市场细分思想产生于 20 世纪 50 年代中期，它是第二次世界大战以后市场营销理论和战略的新发展，是美国市场营销学家温德尔·史密斯（Wenderl Smith）在总结市场营销实践经验的基础上提出来的一个新概念。在西方国家，市场营销思想的发展经历了 3 个阶段。

1. 大量营销阶段。即销售者向所有的消费者推销自己品种规格单一的产品，其推销方式是大量生产、大量配销和大量促销。持有这种营销思想的人认为这样做可以使产品的成本和价格降到最低，并可创造最大的潜在市场。

2. 产品差异化营销阶段。即销售者生产多种具有不同的特点、风格、质量和规格的产品，但目的是向消费者提供多种产品，而不是为了满足各种不同细分市场的需求。持有这种营销观点的人认为，消费者有不同爱好，而且其爱好随着时间的推移也有所变化，消费者也在寻求差异化。

3. 目标市场营销阶段。由于在第二次世界大战以后，生产力迅速发展，社会商品大量涌现，消费者对消费品的需求和购买行为日益表现出明显的差异性，追求个性化，众多产品市场转化为买方市场。为了适应这一新的形势，销售者首先从整个市场中区分出主要的细分市场，在其中选择一个或几个细分市场作为自己的目标市场，并分别制订营销计划，使之适合每个选定的细分市场的需要。目标市场营销包括 3 个步骤：（1）细分市场。按照消费者对产品和营销组合的不同需求，将市场划分为不同的消费群体。（2）选择目标市场。制定衡量细分市场的标准，选择一个或几个要进入的细分市场。（3）确定营销产品。确定本企业向每个目标市场提供的产品，以保证企业在市场上的竞争地位。保险市场细分，就是保险企业根据保险消费者的需求特点、投保行为的差异性，把保险总体市场划分为若干个细小市场，每一细分市场都是由具有同类需求倾向的保险消费者构成。因此，保险市场细分实际上是分析具有不同保险心理和动机的消费者群，并加以归类的过程，而不是根据险种分类来划分市场。在保险市场上，有各种各样的保险消费者，保险企业对保险市场进行细分，就是为了发现不同保险需求者之间需求的差别，然后把需求相同的消费者归为一类，这样就可以把一个保险市场分成若干个"子市场"。分属不同细分市场的保险消费者对保险需求有着明显的差别，而属于同一细分市场的保险消费者，该公司的保险需求极为相似。因此，每个细分市场又可称为"同质市场"，保险市场细分实质上就是根据保险消费需求的差异性来划分"同质市场"的过程。

（二）保险市场细分的作用

保险企业对保险市场进行细分，是为了更好地组织保险销售，参与市场竞争，提高保险企业的经济效益和社会效益。因此，科学合理地细分保险市场，对于保险企业的成功经营具有重要的作用。

1. 有利于保险企业发掘新的市场机会。市场机会是指保险市场上客观存在的未被满足或未被全都满足的消费需求。保险企业通过市场细分，可以有效地分析和了解各个消费者群的需求满足程度和市场上的状况，发现那些未被满足或未被全部满足的消费需求，从而发现对自己最有利的市场机会。一个未被竞争者注意的较小的细分市场，可能比大家激烈争夺的大市场带来更多的经济效益。美国友邦保险公司在1992年刚刚进入中国保险市场时，就运用市场细分的原理对中国保险市场进行了分析研究，发现中国市场对人寿保险的需求潜力很大，尤其是个人寿险的需求满足水平极低。因此，该公司抓住这一市场机会，大力推销个人寿险业务，迅速在中国保险市场取得一席之地。

2. 有利于调整经营策略。如果保险企业为整个保险市场提供险种时，采用统一的营销策略，比较简单易行，但因市场范围广，信息反馈较慢，所以不能及时地对市场上的变化作出迅速反应。而保险市场细分后，每个子市场小而具体，保险消费者的需求相似，因而保险公司可以有针对性地制定市场营销策略规划，设计并开发适销对路的新险种，确定适宜的保险费率，选择最佳的营销渠道和促销手段。同时，经过细分的保险市场，信息反馈快，保险企业能比较容易了解消费者的需求动向，一旦消费者需求发生变化，保险企业可以迅速地改变原来的经营策略，制定相应的对策，以适应消费者的需要。

二、保险市场细分的原则

在细分市场时应注意其有效性和实用性。有效性表现在细分后的市场能为保险企业制定营销策略提供依据；实用性则以细分市场能否成为保险企业的目标市场为条件。因此，保险企业在进行市场细分时必须遵循以下原则。

（一）可衡量性

细分的市场必须是可以识别的、衡量的。因此，保险市场细分的标准必须明确具体，每一个细分市场的范围要有明确的界定。首先，在同一细分市场内，其消费者的保险需求具有共同的特征，表现出类似的投保行为，并与其他细分市场有明显的区别。其次，保险企业能从细分市场中得到有关细分标准具体、确切的资料，并能据以衡量出该细分市场的容量和潜力。然而，在实际上有一些因素是不易测量的，例如，许多人的投保心理和动机很难衡量。一般来说，凡是保险企业难以识别、难以衡量的因素和特征，都不能作为细分市场的标准，因为这样的细分市场不可能为保险企业制定营销规划提供可靠的依据。

（二）可占领性

进行市场细分的目的，是为了使企业更好地占领目标市场。因此，考虑细分市场标准的因素时，一定要从保险企业的实际出发，利用有限的人力、物力和财力去占领选中的细分市场。例如，让那些想利用人寿保险进行投资的消费者，认识、了解并购买到分红保单。可以说，市场细分的可占领性，实际上是考虑保险企业经营活动的可行性，对于不能占领的或难以占领的市场进行细分是没有任何实际意义的。

（三） 差异性

消费者需求的差异性是保险市场细分的基础，成功的细分市场应有自己的特色。例如，人寿保险市场可以按被保险人的年龄和性别作为细分的标准，而财产保险市场就不能按这些标准来细分了。此外，细分后的子市场，对营销策略的任何变动都应能够作出差异性的反应，这样才能满足不同消费者的需要。如果几个子市场对于保险市场营销策略的组合作出的反应相似，就可以把它们当作一个整体市场来看待，无须实施市场细分。

（四） 效益性

效益性的含义包括两个方面：一是细分市场的规模必须能使企业的经营有一定的稳定性。保险企业占领市场后在较长时间无须改变自己的目标市场，从而为企业制定较长时期的基本策略，避免由于目标市场的经常变动可能带来的风险，减少不必要的损失。二是细分市场必须具备一定的市场潜力，能保证保险企业实现自己的利润目标。一般说来，市场细分并不是越细越好，市场细分要取决于子市场的消费者人数与需求量。一个合适的细分市场，应该是有足够的潜在消费者，保险企业在该细分市场进行营销活动时，能够补偿经营成本，并能获得一定利润的市场。如果细分市场规模过小，达到大数法则所要求的规模就不值得去占领。

三、保险市场细分的依据

保险市场细分的依据是消费者对保险需求的差异。这些差异表现在每个保险需求者都有许多特点，如居住地区、经济状况、生活习惯、购买保险的动机和购买方式等许多方面都有所不同。这些因素都影响保险企业对市场的细分，都是保险市场细分时应考虑的。

（一） 地理因素

地理因素主要包括地区、气候、行政区域、人口密度等。按照地理因素细分就是要将市场分为不同的地理单位，如国家、地区、省、市，城市、农村，沿海、内地等。保险市场细分之所以要考虑地理因素，是因为这一因素对保险消费者的需求、生活方式、投保习惯有着重要的影响。用地理因素细分市场，由于细分标准相对稳定，便于操作，而且也便于保险企业开拓区域市场。保险企业可决定在一个或几个地区经营，或者在所有的地区经营，但要注意各地区在地理方面的需要和偏好差异，如各地区的自然气候、传统文化、经济发展水平等都可影响保险消费者的需求和对保险企业营销活动的反应。

1. 自然气候条件的影响。居住在不同气候区域的保险消费者，对保险需求有明显的差别。如生活在江河湖边的消费者，每逢雨季因居住的房屋或厂房有被洪水淹没的危险，因此对财产保险的需求较大；对于沿海地区来说，由于每年受台风袭击造成的损失较大，投保财产保险的积极性也会大于内陆地区。

2. 传统文化观念的影响。我国城乡教育水准和文化观念上有着一定的差别，因而对保险的需求也就不同。城市作为经济文化的中心，人口较为稠密，对于财产保险和人身保险的需求相对较大。同时，城市紧张的工作生活节奏，给人们的财产与人身安全带来了潜在的风险，使他们逐渐形成一种潜在的风险意识。相比之下，农村的保险需求较弱，从客观上分析，农村的劳动对象较稳固，技术水平较低，生活节奏缓慢，除自然灾害之外，其他风险较少；从主观上分析，农民因受传统文化的影响较深，对保险的保障作用并不看重，且不愿别人谈及身后之事。

3. 经济发展不平衡的影响。由于我国各地区经济发展极不平衡，地区间的差异也十分显著。国际上衡量一个国家或一个地区经济发展水平的指标很多，其中与保险业有着密切关系的有 3 个：国内生产总值（GDP）、居民储蓄金额和第三产业占国内生产总值的比重。在我国经济发展水平高的沿海地区，保险业发展较迅速，保险收入增长较快；经济发展水平比较低的内陆地区，保险业发展较慢，保险收入增长小。可见，保险市场的发育程度是经济发展的晴雨表。

拓展阅读 8-1
区域保险发展状况 ··

地区间经济发展水平的差异。在我国，各地区社会经济发展极不平衡，地区间的差异比较明显，因此各地区保险市场发展形势差异也较大。如果以计划单列市单独计算，2015 年，人身险保费规模排名前 8 位的地区均超过 700 亿元，分别是广东、江苏、山东、北京、河南、四川、上海、河北，保费分别为 1501.50 亿、1317.72 亿、1069.72 亿、1059.23 亿、928.60 亿、845.87 亿、769.71 亿、763.61 亿元，这 8 个地区的保费合计 8255.96 亿元，占全国人身险保费的 50.68%，而海南、宁夏、青海及西藏的保费均不足 80 亿元，分别为 69.97 亿、62.31 亿、30.18 亿和 6.22 亿元。

🔼 资料来源：《2016 中国统计年鉴》。

拓展阅读 8-2
我国保险业发展水平的地区差异及其分布动态演进 ··································

从我国保险业发展水平的现状来看，2014 年我国保费收入为 18849.46 亿元，比 2013 年增长了 17.56%，而 1997 年则为 1094.51 亿元，与 2014 年相差 17.22 倍。从三大区域来看，1997 年东部、中部以及西部地区的人均保费收入分别为 228.51 元/人、58.91 元/人、55.48 元/人，东部地区的人均保费收入分别是中部和西部的 3.89 倍和 4.12 倍；而到 2014 年东部、中部以及西部地区的人均保费收入分别为 2152.70 元/人、1116.41 元/人、967.01 元/人，东部地区的人均保费收入分别是中部和西部的 1.92 倍和 2.23 倍。可以看出，从 1997—2014 年，三大区域的人均保费收入水平差距虽然有所缩小，但是差距依然很明显。从省际角度来看，1997 年，我国人均保费收入最高是北京 689.78 元/人，最低的是西藏 19.15 元/人，相差近 36.02 倍；2014 年，我国人均保费收入最高仍是北京 5610.92 元/人，最低的是西藏 401.69 元/人，相差近 13.97 倍。可以看出，我国省际之间保费收入差距相比三大区域而言更加凸显，存在明显的空间非均衡特征。

🔼 资料来源：摘自钟水映、李强谊、肖攀：《我国保险业发展水平的地区差异及其分布动态演进》，载《保险研究》，2016（3）：3-17。

（二）人口因素

人口因素包括数量、年龄、性别、收入水平、文化程度、家庭结构及规模、职业、宗教、民族等。按照人口来细分保险市场叫作人口细分。人口因素对人身保险和家庭财产保险的需求有直接的影响，例如，家庭财产保险主要与户主年龄、家庭人口数量、收入水平、住址等因素有关。保险公司可以根据这些变量来细分市场，并从中选择自己的目标市场。

1. 人口数量。人口数量上的差异对公司所采用的营销组合也会产生强烈的影响。通常人口稀少的地区比人口稠密的地区更需要不同的产品、广告或分销行为。人口和人口增长率的差异，给不同地区带来较高或较低的潜在市场。在我国，各省市自治区人口分布不均，根据《2016 中国统计年鉴》公布的 2015 年末我国 31 个省市自治区人口数据中，人口数量达 8000 万以上的有 4 个，5000 万 ~ 8000 万的有 6 个，3000 万 ~ 5000 万的有 10 个，1000 万 ~ 3000 万的有 7 个，1000 万以下为 4 个。人口数量达 8000 万以上的省为广东、山东、河南、四川；人口在 1000 万以下的省自治区为海南、宁夏、青海、西藏。各省市自治区人口数量差异之大，决定了保险公司对不同省市自治区必须采取不同的营销策略、销售方法、促销手段等。

2. 年龄结构。通常根据消费者的年龄结构可将消费者市场分为老年人市场、成年人市场、青年人市场、少年儿童市场和婴幼儿市场等。这是因为消费者的需求和购买能力的大小是随着年龄而变化的。根据人身保险市场的调查，人口中各年龄段的人所面临的疾病危险和意外事故危险有较大差别，他们对人身保险险种、费率以及保险服务的需求也有所不同。对于 18 ~ 25 岁年龄组的人，医疗保险是最大的需求。因为这个年龄段的人比较年轻，大多数没有结婚，养老对他们来说还是较遥远的事。另外，由于他们中有很多人不在国有企业工作，没有优越的医疗保险，这使得他们对寿险中的医疗保险更感兴趣。在 26 ~ 35 岁年龄组，除医疗保险外，养老保险也成为最大需求目标，同时对死亡、子女教育、婚嫁的保险需求有所增加。这是因为这个年龄段的人开始建立了家庭，并有了孩子。在 36 ~ 50 岁年龄组，医疗保险和养老保险仍占据主导地位，但子女教育和婚嫁的保障需求明显上升，并达到各年龄段的最高点。这是因为这个年龄组的人孩子已经上学，有的甚至已到了婚嫁年龄。就目前中国传统的做法来看，子女的教育费用和婚嫁费用大多还是由父母承担，而这两项费用都是非常巨大的，如果父母双方收入水平不高，承担这两项费用就可能有很大的困难。这时寿险无疑成为他们化解问题的一个方法。51 ~ 65 岁年龄组和 36 ~ 50 岁年龄组的情况大致相同，只是对医疗和养老保险的需求略有回升，对子女教育和婚嫁保障的需求则略有下降。因为这个年龄组的人，子女正渐渐自立，而自身养老的问题日益显得重要。65 岁以上年龄段的人，子女已自立，家中唯一的负担就是自身的疾病和养老问题，所以投保医疗保险和养老保险的需求最高。同时，他们也希望投保手续简便，保险费较低。

3. 性别。性别有男女之分，不同性别对保险的需求不同。人身保险的费率是根据不同年龄和性别的死亡率（或生存）精算出来的。我国男性死亡率一般均高于女性，所以男性购买长期人寿保险的需求较高。此外，男性对家庭所表现出责任感越强，购买保险的可能性越大。因此，在分析性别这个因素时，男性应该是保险业务人员展业的主要对象。

4. 收入水平。收入是保险消费的前提，收入决定着消费者的购买能力，保险消费必须以消费者具有一定的购买力为基础。按照马斯洛的需要层次论，保险的消费至少应在消费者的生理需要满足以后才能考虑，即在满足安全需要时保险是可供选择的消费品之一。而且，社交的需要、自尊的需要甚至自我实现的需要，在某种程度上保险也能予以满足。但是，这要取决于消费者的收入。一般而言，收入水平越高，保险消费支出越大；收入水平低，保险消费支出越小。随着人们收入水平的提高，保险消费的水平也应随之提高。

5. 文化程度。人口的文化程度是衡量人口素质的一个重要指标。人口素质对人身保险发展有着特别的影响力。按照人口的文化程度细分保险市场，有利于保险公司针对不同文化程度的群体采用不同的保险营销策略。一般来说，文化程度较高的消费者往往学习能力强，综合消费技能也强，再加上他们大多数都有一份稳定的且收入不菲的职业，所以对保险的购买力也要强一些。同时，一些没有受过正规教育，从事个体工作的消费者，一方面他们易受他人影响，另一方面他们工作性质的风险较大，因此在保险代理人的热情劝说下比较容易作出投保决定。但一些只受过小学、中学教育的消费者，虽具有一定的学习能力和消费技能，却受到收入的限制，非常注重眼前利益，对于保险这种长远投资，他们盘算仔细，不会很快作出购买决定。但这部分人口基数最大，市场潜力巨大，需要保险公司努力争取这部分业务。

6. 家庭状况。在我国购买保险，尤其是购买家庭财产保险和人身保险通常是以一个家庭为单位或由家庭中的成员共同协商来决定的。因此，根据家庭状况来进行保险市场细分是非常可行的。我们在分析家庭状况时，通常是分析家庭生命周期阶段对家庭购买保险决策的影响。

（1）单身阶段。有一定的经济收入，再加上随着传统的家庭养老模式的解体，他们赡养老人的观念日趋淡薄，可供自由支配的钱较多，而且身体较好，对人身保险和家庭财产保险的需求较低。当他们进入恋爱时期和准备结婚时期，他们对家具、家用电器等耐用消费品比较感兴趣。

（2）已婚，未有儿女的家庭。该阶段夫妻都有工作，经济负担轻，收入水平较高，消费需求比较迫切，但大部分的家庭都倾向于购置耐用消费品，如家具、家用电器和室内装饰等，所以他们对人身保险的需求较小。

（3）已婚，儿女6岁以下的家庭。这类家庭，孩子往往是家庭的核心。夫妇双方初为父母，而孩子又是独生子女，对子女疼爱备至。目前，我国保险市场上少儿保单的畅销就充分说明了这一点。可见这一阶段的家庭购买寿险的需求很高。

（4）已婚，儿女在6岁以上18岁以下的家庭。这一阶段的家庭为子女买保险已经不是很划算，但父母已不再年轻，而且又赶上社会保障体制的改革，所以这些家庭考虑更多的是大人的养老保险问题。但由于他们对人寿保险认识不够，有需求但又不敢完全托付给寿险，因此表现得犹犹豫豫。但应该说这个阶段的家庭是目前寿险市场上的最大消费群体。

(5) 已婚,有已能自立儿女的家庭。这一阶段的家庭中父母年龄一般在 45 岁以上,享有国家的劳动保障,子女又已自立,不再让父母操心,而且还能照顾父母。因此这类家庭对人身保险的需求也不高。

7. 就业单位性质。现阶段我国就业观念已发生了很大变化,就业人员结构由单一的国家或集体企事业单位职工转变为私营、中外合资、外商独资等多种情况并存。其中,在私营单位工作的人购买人寿保险的比例较高。这是因为私营企业一般都没有国家提供的基本保险,职工也没有来自企业的额外保障,而且工作不稳定,因此职工的保险意识较强,对寿险的需求也较高。在中外合资和外商独资单位工作的人,一般有较高的收入,但职业的风险性较大,而且年龄较轻,因此购买长期寿险的需求较大。在事业单位工作的人虽然有较好的社会保障,但他们的素质和文化层次比较高,而且有比较稳定的工资收入,所以他们中购买寿险的人比较多。

(三) 心理因素

心理因素包括社会阶层、个性和生活方式等。根据保险消费者的心理特征来细分市场称为心理细分。在实际工作中,会遇到这样的情况,在人口因素和其他因素大致相同的消费者群中,由于个人性格和生活方式等心理因素的差异,导致对保险需求的不同。

1. 社会阶层。社会阶层是指具有一定同质性的群体,是按等级排列的,每一阶层成员具有类似的价值观、兴趣爱好和行为方式。而不同阶层的消费者在消费需求和购买行为等方面具有明显的差异性。因此,社会阶层对保险市场细分有重要意义。社会阶层具有这样的特征:(1) 同一阶层中的成员其行为方式、对待生活的态度和所受的教育基本相同,但如果收入水平相同,而消费方式不同的人,往往分属于不同的社会阶层;(2) 人们依据他们所处的社会阶层而占有优劣不同的地位;(3) 一个人的社会阶层不是单由某一因素所决定的,而是由他的职业、收入、财产、教育、价值观等因素综合决定的;(4) 在人生历程中,有时可能晋升到更高的阶层,也可能贬到较低的阶层。不同社会阶层的人在选择保险险种、投保时所持态度、挑选保险代理人方面都不一样。例如,处于上层比较富裕的消费者,一般都选择投保保额巨大的保险,他们除了想获得相应的保障外,还利用保险显示自己的经济实力,以增强自己的商业信誉。此外,他们在投保时所持的态度十分慎重,同时对保险代理人和所代表的保险公司也会慎重考虑,而且一旦建立起客户关系,就比较稳定可靠。所以说研究保险消费者的社会地位和保险消费行为的关系,可以帮助我们在保险市场上去挖掘那些潜在的消费对象,以便采取比较理想的推销方式和推销渠道。

2. 个性。个性是指消费者经常表现出来的比较稳定的、本质的心理特征。个性具体表现在一个人的气质、能力和性格等方面的特点上。个性特征包括性格内向或外向;追求独立或愿意依赖;生性乐观或易于悲观等。心理学家认为,不同性格的人购买行为的差异性很大,性格外向、容易接受新鲜事物的人购买保险的可能性大;性格内向、生性固执的人购买保险的可能性很小。因此,保险公司应根据不同的个性特征成功地开发细分市场。

3. 生活方式。生活方式是指人们对工作、消费、娱乐的特定习惯和倾向性方式。虽然有些人可能来自相同的群体、相同的社会阶层，甚至同一职业，却有很不相同的生活方式。人们的生活方式勾画了人与环境相互作用后形成的"更完整的人"，它比社会阶层或性格所表现的特性更加完整和深邃。如果我们知道某人的社会阶层，虽然可以推知此人行为特征的大致情况，但不能推知他的具体行为。如果我们知道某人的性格，可以推知此人具有的心理特征，却不能推知他的具体活动、兴趣和思想见解。而生活方式却能够勾画出一个人在世上的所作所为。因此，根据人们的生活方式来细分市场，主要从具体活动、兴趣和见解方面来对市场分类。这种细分保险市场的方法与以产品为中心或以人为中心的传统方法不同，用那些方法确定的细分市场常常只适用于某种产品市场或服务市场，而不能普遍适用，而根据生活方式细分的市场能够广泛适用于不同的产品和服务。采用生活方式细分保险市场时，保险公司应首先分析保险消费者平时爱好哪些活动，如工作、社会事件、娱乐、社交、购买、体育运动等；其次分析他们的兴趣以及各种兴趣在日常生活中占据何种地位，如愿意做一个成功者还是贤妻良母等；再次分析他们对自己及周围世界的看法，如对社会问题、政治问题、经济问题或对未来的看法等；最后分析他们在不同生命周期阶段的收入、文化程度、家庭住所、职业选择等情况。这样做有助于保险公司搞好保险服务定位、广告宣传和促销工作。

（四）行为因素

投保行为因素包括消费者的投保时机、利益驱动、忠诚程度以及对保险的态度，等等。根据消费者不同的投保行为来细分保险市场称为行为细分。行为因素是进行市场细分的最佳起点。

1. 投保时机。这是根据消费者提出保险需求、购买保单或得到保障的时机进行的分类。例如，在旅游旺季，人身意外伤害保险和各种交通工具保险的需求会增加。又如，随着我国社会保障制度改革的深化，越来越多的人投保各种养老保险、长期寿险以满足自身需要。保险公司如果把这些时机抓住，及时调整营销策略组合，大力推出与之相适应的险种，就可以在较短时间内使保险业务迅速增长，取得较好的经济效益。

2. 利益驱动。每个消费者购买保险时都有他追求的利益，根据所追求利益的不同可将他们划分为不同的群体。这也是一种很有效的细分保险市场的方法。利用利益细分市场，首先必须了解消费者购买某种产品所寻求的主要利益是什么；其次要调查寻求某种利益的消费者是哪些人；最后要了解市场上的竞争品牌各自适合哪些利益，以及哪些利益还没有得到满足。运用利益细分法来细分保险市场，可将保险消费者分为以下4种类型。

（1）追求安全保障利益。这类人购买保险的主要目的是为在风险损失发生时能得到保险公司的补偿或给付，他们看重的是保险条款提供的各类保障，以及保险公司提供的防灾、防损服务。因此，保险公司在发生保险事故后如能及时合理地给予赔付，平时如能经常给予安全指导等服务，就可以满足这类消费者的需求。

（2）追求投资效益。这类消费者看重的是投保后将可获得的资金回报率，即保险本金返还性和利率的高低。保险公司应大力开发储蓄型保险险种和分红保单业务，以适应这类消费者的需求。

（3）追求时尚。这类消费者也叫趋时型消费者。他们比较年轻且收入高，对生活、工作、收入、储蓄及未来持有新的观念，并愿意购买一些带有创新意识的保险险种。因此，保险公司应密切注意国际保险市场的发展趋势，不断开发、推出有时代特征的新险种，满足这类人的求新心理。

（4）侧重节俭。这类消费者在选择投保时，十分重视保费的多少，他们是否投保往往取决于保险费率高低，并不十分看重保险所提供的保障范围。因此，保险公司除了要有综合保障型、费率高的服务项目外，还要有保障项目单一、费率低的险种，也要有适用性强、保障项目可分可合的险种。例如定期死亡保险险种，其保障单一、费率较低，还能附加意外伤害保险和医疗费用保险，适用性较强，能使这类消费者的投保需求得到满足。

3. 忠诚程度。消费者对保险公司及其所推出的各种险种的偏好或忠诚程度也可以作为细分保险市场的依据。我们在此只讨论对险种的忠诚程度。假设某公司推出甲、乙、丙、丁和戊5个险种，根据消费者忠诚程度的不同，可以分为4类。

（1）绝对忠诚者。绝对忠诚者是指任何时候都只购买同一种险种。如购买方式为甲、甲、甲、甲、甲、甲，这表示消费者对甲险种忠贞不渝。

（2）不稳定忠诚者。不稳定忠诚者是指同时喜好两种或两种以上的险种。如购买方式为甲、甲、乙、乙、甲、乙，这说明消费者分别忠于甲和乙。

（3）见异思迁者。见异思迁者是指由喜爱一种险种转向喜爱另一种险种的消费者。如购买方式是甲、甲、乙、乙、丙、丙，这意味着消费者不固定忠于某一险种，一段时间忠于甲险种，另一段时间忠于乙险种，还有一段时间忠于丙险种。

（4）犹豫不决者。犹豫不决者是指那些不忠于任何险种的消费者。如购买方式为甲、丙、戊、乙、丁、乙，这就是说他们对任何险种都不从一而终，只是追求优惠险种（费率较低的险种）或购买较多种类的险种（财产险、人身险、责任险等）。在每个保险市场上都同时存在着上述4类消费者。保险公司分析保险市场上消费者的忠诚程度是很有益处的。例如，分析研究绝对忠诚者的特点，可以比较清晰地知道自己的目标市场都是些什么人；分析不稳定忠诚者，可以发现哪些险种对本公司险种最具竞争性，从而改善自己的市场定位；研究见异思迁者，可以了解消费者放弃本公司险种的原因，找出本公司营销工作中的弱点，以便及时改正；对于那些犹豫不决者，则可以通过推出新险种或特殊的促销办法来吸引他们。

4. 对保险的态度。消费者对保险所持有的态度可分为5类：热爱、肯定、冷淡、拒绝和敌视。保险公司针对不同的态度，可以采取不同的营销策略。如态度表现为热爱和肯定者，应尽力提供良好的服务，态度冷淡者应尽力争取，设法提高他们的兴趣；对拒绝和敌视者则应加强保险宣传，提高他们的保险意识。消费者对保险的态度是保险业发展中要解决的一个重要问题。例如，北京某媒介团体就京城百姓对保险业认知情况进行过一次专项调查，其结果表明，有超过八成的被调查对象表示对保险不太了解或一点也不了解。因此，保险公司应制定出符合市场规律的营销策略，不但让更多消费者知道保险，更重要的是让他们尽可能多地了解保险各方面的知识，从而激发起其参加保险的热情。

四、保险市场细分的程序

保险市场细分一般程序包括以下步骤（见图 8 - 1）。

（一）市场调查

保险市场细分首先要进行市场调查，掌握大量市场环境、消费者的购买行为、竞争情况的资料。为了搜集到充足的资料，达到精确地细分市场的目的，在进行抽样调查中，抽样的人数以较多为宜。调查的内容包括：（1）对保险重要性的认识程度；（2）保险公司的知名度；（3）保险的投保方式；（4）调查对象的人口变数、心理变数及宣传媒体等变数。

（二）分析资料

保险公司在搜集了大量资料的基础上，了解到不同消费者的需求，分析可能存在的细分市场。在分析时，保险公司应考虑到消费者的地域分布、人口特征、购买行为等方面的情况。此外，保险公司还应根据自己的经营经验，作出估计和判断。确定细分市场所考虑的因素时，保险公司应分析哪些需求是重要的，然后删除那些对各个细分市场都是重要的因素。例如，保险费低可能对所有潜在消费者都是很重要的，但是，这类共同的因素对细分市场并不重要。

（三）细分市场

保险公司应根据有关市场细分的标准，对保险市场进行细分后，还应根据各个细分市场消费者的特征，确定这些细分市场的名称，然后把各个细分市场与人口地区分布和其他有关消费者的特征联系起来，分析各细分市场的规模和潜力，以帮助选择目标市场。

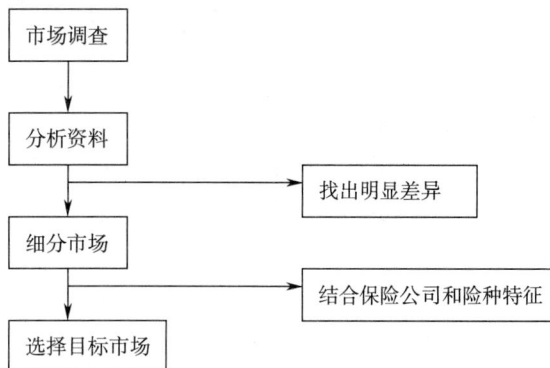

图 8 - 1　保险市场细分程序图

第二节　目标市场选择

一、目标市场选择的依据

市场细分提示了保险公司面临的细分市场的机会，接下来就是对这些细分市场进行评估，并选择目标市场。所谓选择目标市场，就是根据保险公司的自身情况和市场情况确定最具吸引力的细分市场作为自己为之服务的目标市场，以自己有限的能力来满足市场上特定消费者的需要。保险公司在选择目标市场时，必须考虑 3 个要素，即目标市场的规模与潜力、目标市场结构的吸引力以及公司的目标。

（一）目标市场的规模与潜力

潜在的目标市场必须具有适度规模和潜力。因为只有具有一定的购买力，目标市场才有实际意义；有了足够的营业额，目标市场才具有开发的价值。但"适度规模"是个相对的概念，大的保险公司重视大的细分市场，往往忽视销售量小的细分市场，认为不值得为它苦心经营。同时，小保险公司也避免进入大的目标市场，因为目标市场过大则需要投入的资源太多，并且对大公司的吸引力过于强烈。

同时，目标市场的潜力也是一个理想的特征。保险公司在选择目标市场时，要考虑是否有尚未满足的需求和尚未充分发展的潜力。因为保险公司一般都想扩大市场份额和增加利润。

（二）目标市场结构的吸引力

目标市场可能具有理想的规模和潜力，然而从盈利的观点来看，它未必有吸引力。美国市场营销管理学家迈克尔·波特（Michael E. Poter）认为，有5种力量决定整个市场或其中任何一个细分市场的长期的内在吸引力（见图8-2）。

现对于图8-2的细分市场结构的吸引力加以分析，保险公司可对5个群体对长期盈利的影响作出评估。

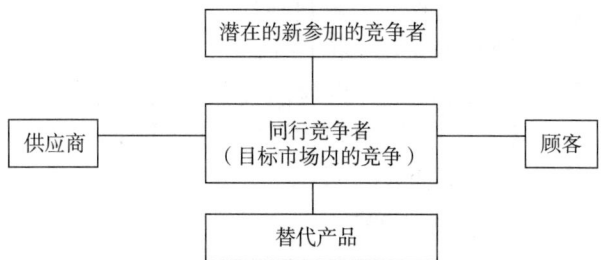

图8-2 决定目标市场结构吸引力的5种力量

1. 对同行业的竞争的分析。如果某个细分市场已经有了为数众多的、强大的或者竞争意识强烈的竞争者，该细分市场就失去吸引力。如果出现细分市场处于稳定或萎缩的状态，固定成本过高、撤出市场的壁垒过高、竞争者投资很大等情况，保险公司想要坚守这个细分市场，就会出现价格战、广告争夺战，需要不断推出新险种。

2. 对新参加的竞争者的分析。如果某个细分市场可能吸引新的竞争者，他们会增加新的生产能力和大量的资源，并争夺市场占有率，这个细分市场就没有吸引力了。如果新的竞争者进入这个细分市场时遭遇森严壁垒，并且遭受到细分市场内原来的公司的强烈报复，他们便很难进入。保护细分市场的壁垒越低，原来占领细分市场的保险公司报复心理越弱，这个细分市场就越缺乏吸引力。根据行业利润的观点，最有吸引力的细分市场应该是进入的壁垒高，退出的壁垒低。在这样的细分市场，新的公司很难进入，但经营不善的公司可以安然撤退。

3. 对替代产品的分析。如果某个细分市场现已存在着替代产品或有潜在替代产品，该细分市场就失去吸引力。替代产品会限制细分市场内价格和利润的增长。如果这些替代产品的竞争十分激烈，这个细分市场的价格和利润可能会下降。对于保险产品来说，其替代产品主要有国家的社会保障体系、银行储蓄产品和企业的自保能力。

4. 对投保人议价能力的分析。如果某个细分市场中投保人的议价能力很强或正在加强，该细分市场就没有吸引力。投保人会设法压低价格，对产品质量和服务提出更高的要求，并且使竞争者互相争斗，所有这些都会使保险人的利润受到损失。最好的办法就是提供投保人无法拒绝的险种。影响投保人议价能力的因素主要有：一是保险的替代产品增加，使投保人拥有更大的选择余地；二是保险人之间的竞争越激烈，投保人"上帝"的地位越巩固；三是投保人掌握的市场信息越多，其议价能力越强。

5. 对相关行业议价能力的分析。如果相关行业——银行、社会保险部门、行业公会等，能够提价、降低产品和服务的质量、减少供应数量，这个细分市场就没有吸引力。如果这样，最好的办法是与银行等部门建立良好的合作关系。

（三）公司的目标

即使某个细分市场具有一定规模和潜力，并且其组织结构也有吸引力，保险公司仍须将其本身的目标与其所在的细分市场的情况结合在一起考虑。对于一些有较大吸引力的细分市场，如果不符合保险公司长远目标，也应该放弃。因为这样的细分市场不能推动公司去完成自己的目标，甚至会分散公司的精力，使之无法完成主要目标。对于符合保险公司经营目标的细分市场，保险公司在进入时也要考虑自己是否具备必要的条件，如果认为自己确实能在该细分市场发挥自己的优势并取得成功就应进入该细分市场，否则，也不应该贸然进入。总之，对细分市场的评价，主要是评价其经济价值，然后决定是否值得开发和占领。

二、目标市场策略

目标市场策略是在保险市场细分的基础上，针对目标市场的情况和保险营销的需要作出的。保险公司在选择好目标市场之后，应选择适当的目标市场策略。一般来说，可供选择的市场覆盖策略有 3 种。

（一）无差异性市场策略

无差异性市场策略也称为整体市场策略。这种策略是保险公司把整个市场看作一个目标市场，只注意保险消费者对保险需求的同一性，而不考虑他们对保险需求的差异性，以同一种条款、同一标准的保险费率和同一营销方式向所有的保险消费者推销一种保险。保险公司的许多险种都是适用于无差异性营销的。如汽车第三者责任保险，可在一个国家或一个地区内用同一营销方案和保险费率进行推销。

无差异性市场策略适用于那些差异性小、需求范围广、适用性强的保险险种的推销。这种策略的优点是：减少保险险种设计、印刷、宣传广告等费用，降低成本；能形成规模经营，使风险损失率更接近平均的损失率。其缺点是：忽视保险消费者的差异性，难以满足保险需求的多样化，不适应市场竞争的需要。

（二）差异性市场策略

差异性市场策略是指保险公司选择了目标市场后，针对每个目标市场分别设计不同的险种和营销方案，去满足不同保险消费者的保险需求，扩大保险销售量，提高市场占有率。差异性市场策略的目的就是要保险公司根据保险消费者需求的差异性去捕捉保险营销机会。差异性市场策略的优点是：使保险营销策略的针对性更强，有利于保险公司不断开拓新的保险商品和使用新的保险营销策略；适用于新的保险公司和规模较小的保险公司。其缺点是：营销成本较高，设计、管理核算等费用增加。

（三） 集中性市场策略

集中性市场策略也称为密集性市场策略。保险公司选择一个或几个细分市场作为目标，制订一套营销方案，集中力量争取在这些细分市场上占有大量的份额，而不是在整个大市场上占有小量份额。而无差异性和差异性市场策略则以整体市场作为目标市场。集中性市场策略的优点是：能够集中力量，迅速占领市场，提高保险商品知名度和市场占有率，使保险公司集中有限的精力去获得较高的收益；可深入了解特定的细分市场，实行专业化经营，适用于资源有限、实力不强的小型公司。其缺点是：如果目标市场集中，经营的保险险种较小，经营风险较大，一旦市场上保险需求发生变化，或者有强大的竞争对手介入，就会使该保险公司陷入困境。

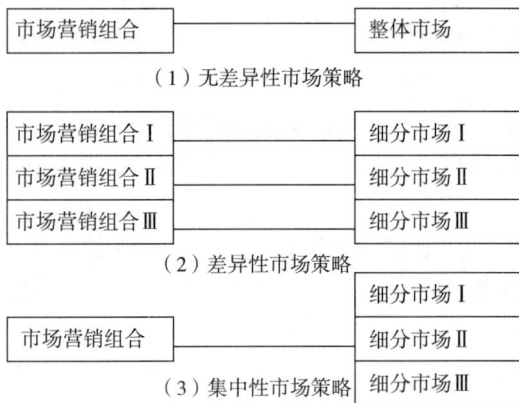

（1）无差异性市场策略

（2）差异性市场策略

（3）集中性市场策略

图 8 - 3 3 种可供选择的市场覆盖策略

图 8 - 3 描述了无差异性市场策略、差异性市场策略和集中性市场策略的区别。

上述 3 种目标市场策略各有利弊，保险公司在选择目标市场营销策略时，要结合本公司的实际情况，作出适当选择，以期达到有利于本公司保险营销的目的。

三、目标市场定位的步骤

保险公司在选定目标市场后，还要决定怎样进入目标市场。如果该目标市场已有竞争者，保险公司就应分析、了解这些竞争者在该市场上处于何种地位？他们的实力如何？有什么特点？这是确定自己市场定位必须要做的工作。

市场定位是指根据市场竞争情况和本保险公司的条件，确定本公司险种在目标市场上的竞争地位。具体地说，就是要在目标顾客的心目中为保险公司和险种创造一定的特色，赋予一定的形象，以适应消费者一定的需要和偏爱。这种特色和形象可以是实物方面的，也可以是心理方面的，或者是两方面兼有。总之，市场定位就是要设法建立一种竞争优势，以便在目标市场上吸引更多的顾客。

保险公司的市场定位工作可以分为 3 个步骤。

（一） 明确可利用的竞争优势

保险市场上可利用的竞争优势有两种类型：一是在同样条件下比竞争者定出更低的费率；二是提供更多的特色险种和优质的保险服务以满足消费者的特殊需要。在第二种情况下，保险公司则应努力发展特殊险种，提供全方位的保险服务。对于前者，应该看到保险费率的厘定是依据风险发生的频率和程度以及保险公司经营状况，不能随意降低。因此，保险公司高层次的竞争优势应该放在后者上。

（二） 正确选择竞争优势

保险公司在多种竞争优势并存的情况下，要运用一定的方法评估选择，准确地选择对企业最适合的竞争优势加以开发。因为有些优势过小而开发成本太高，或与公司的形象不一致，可以弃之不用。例如，有些新的保险公司，机构少，人员精干，经营成本低，可以选择低费率的策略去战胜竞争对手。如有些保险公司经营成本高，就只有选择开发新险种和提高服务质量的竞争优势。

（三） 宣传竞争优势

保险公司必须采取具体方法建立自己的竞争优势，并大力进行广告宣传，因为保险公司的竞争优势不会自动在市场上显示出来。如果想要建立优质服务的保险公司就应该增加招聘保险代理人，并严格加以培训，然后让他们去宣传本公司的服务能力及其优势。总之，保险公司应该通过大力开展保险宣传，把自己公司的定位观念准确地传播给潜在的保险购买者。

案例分析 8-1

阳光保险市场细分的实践 ▪▪▪

阳光保险的注册资本为 67.1059 亿元，是我国七大保险集团之一。下设阳光财产保险股份有限公司、阳光人寿保险股份有限公司、阳光资产管理股份有限公司等子公司，是一家主要经营财产保险业务的全国性保险公司和经营人寿保险、健康保险和意外伤害保险等人身险业务的全国性专业寿险公司。下面主要以阳光健康保险的市场细分为例，来研究阳光保险的市场细分战略。

为确定目标市场，阳光保险使用了地理特征、人口结构、心理特征、行为特征等标准，对我国保险市场进行划分，形成细分的子市场系统，并对各保险子市场进行详细的研究。例如，按照人口结构，划分女性特定疾病保险、孕妇险；按照心理特征细分为综合险和新兴的个别险；按照行为细分为"双11人群"、忠实客户等。

结合阳光保险的资源和实力，阳光保险推出了意外保险、旅游保险、投资理财保险、健康保险、财产保险等险种，但重点经营健康保险。阳光健康保险是阳光保险提供的商业健康保险服务，是以被保险人的身体为保险标的，保证被保险人在疾病或发生意外事故所致伤害时的直接费用或间接损失获得补偿的保险。核心是将健康和医疗保险有机地结合起来，填补了市场空白，形成自己的特色和竞争优势。健康保险又被细分为阳光乐童卡综合保障计划、阳光乐童卡综合保障计划青少年版、爱无忧防癌保障计划青年版、爱无忧防癌保障计划中年版和孝心 99 险。

➊ 资料来源：摘自陈健：《保险市场细分理论与实践探讨》，载《企业科技与发展》，2016 （5）：149-151。

本章小结

1. 对保险市场进行分析和选择，可以使保险企业在充分满足客户欲望和需求中，提高自己的核心竞争力。因此，确定目标市场是保险营销活动的头等大事。保险企业怎样选择目标市场？有哪些目标市场？保险公司的产品如何在目标市场上定位？这是本章要研究的重点问题。

2. 保险消费者的成长环境、文化观念、年龄、收入水平及教育背景等不同都导致了保险需求的个性化与差异性，因此，保险经营者应该学会并掌握细分的依据和细分的方法程序，从而更好地决策保险营销策略。

主要概念

市场细分　目标市场　市场定位　目标营销　细分标准　无差异性策略
差异性策略　集中性策略　目标市场定位

思考与练习

1. 谈谈保险市场细分的作用。
2. 细分保险市场应考虑哪些因素？
3. 如何进行保险市场细分？
4. 选择目标市场的依据是什么？
5. 进入目标市场的策略有哪些？

Master Series

21st

st

Century

第三篇
策略篇

第九章
保险产品策略

学习目标

保险市场营销的核心是营销策略，而保险产品策略是营销策略的基础。保险产品策略是保险公司根据目标市场保险需求、自身的经营能力和市场竞争等因素制定的有利于保险营销的手段。通过本章的学习，了解保险产品的概念、特征，熟悉保险产品的生命周期变化，掌握保险产品的开发程序和保险产品的组合方法。

知识结构图

第一节　保险产品概述

一、保险产品的概念

保险是一种用来交换的经济保障劳务商品。这种劳务商品与其他商品一样，具有使用价值和价值两种属性。它的使用价值集中表现在保障社会生产的稳定和人民生活安定的功能上，它的价值就是耗费在经济保障劳务上的劳动量。正如马克思所说的，服务就是商品。保险就是一种服务商品，它是以风险经营为对象的特殊商品，是一种无形的商品。保险产品的无形性是它与一般商品最重要的区别，如果说保险产品含有有形的成分，那通常是指保险服务的标志。从营销学的角度来看，商品的整体概念既包括具有物质形态的商品实体和商品的品质、特色、品牌，也包括商品所带来的非物质形态的利益，如服务、策划、主意等。具体地说商品的整体概念包括

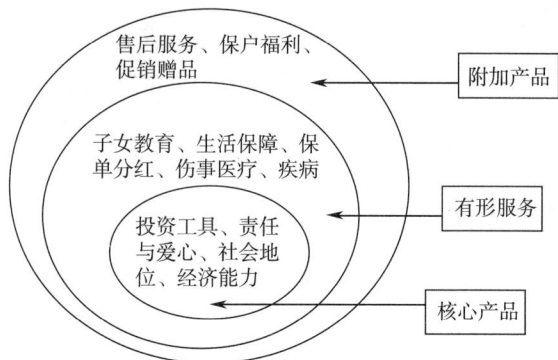

图 9 – 1　整体保险产品示意图

核心产品、有形服务和附加商品。下面以人寿保险产品为例进行说明，如图 9 – 1 所示。

（一）核心产品

核心产品是商品整体概念中最基本、最主要的层次。它是消费者购买商品的目的所在，是消费者追求的效用和利益。消费者购买一种商品，不仅是为了占有一种有形的、可触摸的物体，而是为满足自身特定的需要和欲望。购买人寿保险的人可能是为了表示对家庭的责任心与爱心，或者是为了表示个人的社会地位与经济能力，也可能是作为一种高效率的投资方式。因此，保险公司在设计保险产品时首先必须确定核心产品给消费者带来的利益。

（二）有形服务

对于保险公司来讲，有形服务是指把人寿保险产品的核心部分转换为一种有形的服务标志。也就是说，消费者的某一需求，必须通过特定的形式来满足。人寿保险的服务形式可以为消费者提供生活保障、子女教育费用、养老费用、游资储蓄，保险单分红和住院医疗费用等功能。人寿保险产品这些服务的不同组合，能满足消费者的不同需求。

（三）附加产品

附加产品也称引申产品，是消费者在购买保险产品时所获得的各种附加利益的总和，能满足消费者的更多需要。它包括售后服务、促销赠品、保户福利等。这说明，未来保险市场竞争的关键，在于保险产品所提供的附加价值。现在已经有一些人寿保险公司在推行充实附带服务或综合生活保障服务这类附加产品，这些服务包括派人看护老

人、儿童或病人的看护服务、协助安排养老院的服务、定期做健康检查的服务等。因此，保险公司期望在激烈的市场竞争中获胜必须正确发展附加产品。

保险产品整体概念的 3 个层次，十分清晰地体现了一切以消费者为中心的现代营销理念。衡量一个保险险种的价值，是由消费者决定的，而不是由保险人决定的。因此，保险企业必须更多地爱你的客户而不是保险产品，必须努力为客户创造价值。

二、保险产品的特征

与其他产品一样，保险产品必须符合消费者个人的购买意愿，才会产生需求。但是保险产品又确实与其他产品不同，它作为一种特殊的服务产品，其特殊性表现在以下几方面。

（一）保险产品的无形性

保险产品的无形性特征对保险产品的营销具有重要影响。保险产品通常不为人们提供一个直观的客体，它既没有自己独立存在的实物形式，也不能以某种物理属性直接满足人们生活和生产上的需要。因此，保险消费者很难通过看得到的保险产品来激发自己的购买欲望，或对这些商品进行检查、评价。由于保险产品的抽象性和无法预知购买效用的特点，消费者在购买保险产品时，实际上是在购买保险公司的信誉及业务人员的专业服务。因此，保险营销人员的首要任务就是将这种无形的保险产品增加其有形的成分，即通过保险服务和保险宣传等各种有形的方式，让广大顾客认识、感知以及判断保险产品的质量及效用，从而作出购买决策。

（二）保险产品需求的潜在性

保险产品所保障的是风险事故与损失，而这些风险是发生在将来的。但是，将来究竟会在何时、何地、如何发生、何种程度、风险损失都是无法预料的，而且人们往往觉得风险的发生，如养老、死亡是太遥远的事情。因此，虽然有预防风险的想法和打算，也有要求得到这些风险保障的需求，但是，这种需求并不急切。消费者在日常生活中很少有机会认识到风险保障的重要性，除非身边发生了不幸事故。由此可见，保险营销人员要把这种潜在的需求变为现实的、有效的需求，就需要付出远比其他商品营销人员更多的精力与时间。同时也要求保险营销人员具有相当丰富的保险专业知识，能够将保险产品的潜在需求一针见血地指点出来，促使消费者意识到保险产品的重要性，因而认同并购买。

（三）保险产品的可替代性

保险非常重要的职能就是风险分散与经济补偿，它能够满足人们生活安定和社会生产稳定的需求，但这种职能并不一定要通过保险来完成。以人寿保险为例，人寿保险的作用就是为人们提供养老和家庭收入的保障。而养老和保障家庭收入的办法有很多，如通过社会保险制度也可以满足人们的这种需求。世界各国的社会保障制度证明，一个国家社会保障制度覆盖面越广，提供养老年金水平越高，则该国国民对养老保险的需求就越低，反之则越高；一个国家社会保障制度提供给遗属的保障越高，则该国国民对死亡保险的需求越低。此外，人们还可以通过银行存款、购买房地产等其他金融资产来储蓄退休后和身后的家庭生活费用。因此，保险营销人员如何将大多数消费者的需求吸引到保险产品上来，建立稳定的顾客群，是一个值得研究的课题。

（四）保险产品交易的长期性

保险产品交易具有长期性，因为保险是提供在将来发生特定保险事故时，支付一定保险金的承诺，其实际履行与否基于不确定的将来。因此，保险交易的完成，短则几个月或一年，长则十年或几十年，尤其是人寿保险产品。无论是生存保险、死亡保险或两全保险，人寿保险的合同往往长达几年或几十年之久。如一个 20 岁的人，购买以 60 岁为给付条件的养老保险，要到 40 年后保险单的使用价值才开始显现。保险合同时期久远这一特征，使得消费者对保险产品的作用不能真正或充分了解，认为交了许多保险费，所得到的只是一纸承诺若干年后才能兑现的保险单。因此大多数人不会主动向保险公司购买保险，而需要保险营销人员做大量的招揽业务工作，广泛宣传、解释保险产品的真谛。

（五）保险产品的隐性等价交换关系

保险产品交换是不是等价交换？就个别保险产品交换活动来看是不等价交换，从表面现象来看，有些人交了保险费却未得到赔偿，相反，得到赔偿的人所得到的赔偿金额都超过所付保险费的百倍、千倍以上。但是，从保险产品交换的总体上看是等价的，即以保险人总体为一方和被保险人总体为另一方的双方交易是具有等价交换关系的。从价值规律出发，商品交换必须是等价的，至少交换双方均认为是等价的。无论是个别交换，还是总体交换，都不能违背等价交换原则，保险产品的交换也是一样。投保人支付保险费来取得保险保障，是因为他们在比较风险处理财务的机会成本上，认为保险值这个价，两相情愿就是等价交换。由于保险产品的等价交换关系不如其他商品表现明朗化，保险营销人员如不能讲明这个道理，投保人也就不会下决心去购买保险。

第二节　个人与团体保险产品策略

一、个人保险产品策略

个人保险产品体系日益趋向复杂和多样化。个人保险产品是指为个人、家庭提供保险的保险产品。个人保险产品具体包括家居保险、私人汽车保险、人寿保险、人身意外和旅行保险、宠物保险、健康保险等险种。本节所阐述的个人保险产品是以人寿保险为主。如长期人寿保险是以人的死亡和生存为条件缴纳保险费的商品，无论多么复杂的人寿保险产品也离不开基本的死亡与生存保险。但是在当前社会，经济与消费者需求发生急剧变化之时，为了刺激消费者的新需求，扩大购买、选择保险产品市场的需要，保险企业千方百计地突出自己商品的特点，实施商品差异化策略，其结果是保险产品呈现出多样化的风貌。人寿保险产品的种类从以养老保险为主的传统性商品，扩展到终身保险、年金保险、医疗保险、趸交养老保险等，最近又出现了万能保险、利率感应型保险、变额保险等创新险种。

（一）传统个人人寿保险产品

1. 死亡保险产品。人寿保险产品最基本的功能就是提供死亡保障，因此传统的死亡保险仍然是最有市场需求的险种，成为人寿保险的代表性商品。死亡保险是指以被保险人的死亡为保险事故而给付保险金的保险，它的目的在于给予被保险人遗属经济上的保障。死亡保险可分为定期死亡保险和终身死亡保险，前者仅对于在一定期限内死亡的被保险人的遗属才给予保障；后者则是被保险人终身皆可接受的死亡保障。

2. 生存保险产品。生存保险是指当被保险人一直生存到保险期限届满时，才给付保险金的保险。生存保险产品的目的在于被保险人为求得老年生活的安定，以防日后生活的困难，或是达到一定年龄时可预支一笔必要资金。

3. 两全保险产品。两全保险产品也称生死合险，是将定期死亡保险和生存保险结合起来的一种储蓄性极强的保险形式。两全保险是指被保险人在保险期限内死亡，或在保险期满时仍生存，保险人均给付保险金的保险。由于两全保险产品既保障期内死亡又保障到期生存，因此，它不仅使受益人得到保障，同时也使被保险人本身享受了利益。如定期给付养老保险、储蓄保险、儿童保险等都属于两全保险产品。

4. 年金保险产品。年金保险是生存保险的特殊形态。年金保险以一定金额为基金，如果被保险人在约定的期间仍然生存，就能够持续领取定额保险金。由于年金保险产品是以每年某日仍然生存为条件，每年期满一次，每次都可以领取小额保险金。因此，它实际上是一种累积金额的生存保险。

（二）现代个人人寿保险产品

1. 万能保险产品。万能保险是一种缴费灵活、保额可调整、非约束性的寿险。它是为了满足那些要求保险费支出较低且方式灵活的消费者的需求而设计的。万能保险最大的特点就是将死亡保障部分与储蓄部分（即保单的现金价值）分离。保单现金价值每年随保险费缴纳情况、费用估计、死亡率及利率的变化而变化。保单现金价值被作为一种辅助基金，通常给予一定利率（如4%～4.5%）的最低保证。在实务中，寿险公司一般都根据短期金融市场的汇率为标准，每年都会在事前公布其保险利率。保单持有人在缴纳一定量的首期保险费后，可以按自己的意愿选择任何时候缴纳任何数量的保险费，如果保险单的现金价值足以支付保险单的相关费用，也可以不再交保费。保险单持有人在具备可保性的前提下，可以提高保单的保险金额，也可以根据自己的情况降低保险金额。万能保险产品是在高利息、高通货膨胀和金融自由化的潮流下出现的新险种，它有以下特点。

（1）保险费缴纳的弹性。由于万能保险的死亡保障部分与现金价值分离，死亡保障部分的保费和各种费用要从保费中扣除，也就是说，万能保险所缴纳的保险费，并非有同一金额的必要限制。因此，其保险费的缴纳，变得非常有弹性。此外，万能保险还规定有保险费缴纳的中止与继续条款，保险单持有人可以在保险公司规定的幅度内，选择任何缴纳次数，在任何时候缴纳保险费。因此，在保险费缴纳时期，缴费的次数也具有弹性。

（2）变更死亡保障额的简便性。由于死亡保障部分与现金价值分离，因此在签订保险合同后，要增减死亡保障金额或变更死亡保障部分也十分简便。换句话说，万能保险在变更死亡保障额时，无须像传统的寿险商品那样，为了增减额度必须接受责任准备金（或领取退保金）的差额，而是只需变更每月更新的定期保险金额即可，无论是手续或者是业务管理上，都极为方便。

（3）保险合同内容的公开性。为了使现金价值、解约金额的计算取信于投保人，保险公司每年都附送一份年报公布扣除死亡保障部分的保险费、死亡给付金、利息率、死亡率、费用率、现金价值等因素之间相互作用的各种预期结果，这样，保险单持有人就能了解保单现金价值的支配情况。

（4）现金价值的流动性。万能保险的现金价值部分可作为对保险单持有人的贷款，也可提取部分资金自由运用。在传统的寿险商品中，提取现金价值时要经过保险精算，缴纳与减额相当的责任准备金差额等复杂手续；而在万能保险中，死亡保障额在提取部分现金价值后，就相当于减去同一金额，对于死亡保障额（定期保险部分）完全没有任何影响。因此现金价值的流动十分简单方便。

（5）死亡给付方式多样性。万能保险提供两种死亡给付方式，即 A、B 式，投保人可以任选其一。A 方式是一种均衡的给付方式，对每期纯粹死亡保障额都要进行检查，以使得纯粹死亡保障与现金价值之和成为均衡的死亡受益额。这样，如果现金价值增加了，则纯粹死亡保障额就会等额减少；反之，现金价值减少了，则纯粹死亡保障额会等额增加。B 方式是直接随保单现金价值的变化而变化的方式，当现金价值增加时，死亡保障额会等额增加。万能保险产品确实为保单持有人选择灵活的缴费方式提供了便利，但也存在一些问题需要营销人员在招揽业务时解决。

第一，万能保险产品容易受金融市场的影响。在长期利率较低时，如美国在 20 世纪 70 年代末期处于较严重通货膨胀的时期，由于万能保险产品是以短期市场利率作为计算标准的，所以会有超过金融市场长期利率的时候，因此受到保单持有人的欢迎，但是一旦长期利率比短期利率上升幅度大时，而万能保险产品又无法确保经常高于传统保险产品的利率，这时传统保险产品以长期投资可获得稳定的利率，而且储蓄性也有优势，投保人就会放弃选择万能保险产品，欢迎传统的保险产品。

第二，万能保险产品容易影响保险企业的经营。由于万能保险的透明度高，所有成本开支都向保单持有人公开，同时在招揽业务时，又以高利率的回报作为卖点，因此就有压低附加费用率的倾向，使得万能保险的附加费用很少能够支付实际发生的费用。此外，附加费用的征收方式也影响到保险企业的经营。附加费用的征收有预先附加和事后附加两种。前者是指从保险费中征收附加费用，后者是从退保金中扣除。无论何种方式，死差都是保险公司进行利源分析时使用的术语，所谓死差是指计算营业保险费时所使用的预定死亡率与实际死亡率之间的差异所造成的盈余或者亏损。为弥补这部分费用，当保险公司迫于利率竞争而采取了较实际短期金额市场更高的利率标准时，就会发生影响保险公司经营稳定的问题。

第三，万能保险产品易于发生退保。万能保险造成退保的原因有两点：①由于对保险费的缴纳没有严格的限制，从而使保单持有人可以轻易退保；②当万能保险的收益低于传统保险产品时，也就会出现退保情况。

第四，万能保险产品会影响全体被保险人的公平受益。当万能保险公布的利率高于金融市场短期利率时，该险种就会产生亏损。而这些亏损就必须用传统保险产品的收益来弥补，这时对于购买传统保险产品的投保人而言，就缺乏公平性。

2. 利率感应型保险产品。与万能保险相比，它仍维持了传统保险的基本结构，而只是在反映实际利息上加以改良。这种保险产品最大特征是以一定时期为保险费的计算基础，在获得较高预定利率的情况下，以累积现金价值作为回报，保险金额不变。若以后重新修订的基本费率比现有费率低，则将保险费往下调整，或是积累到现金价值上。但总的来说，利率感应型保险可在预期的一定期间内规定应收取的保费，因此较万能保险保费收入要稳定。

3. 变额保险产品。变额保险是一种保险金额随其保费分离账户的投资收益变化而变化的终身寿险。这种商品被认为可有效抵消通货膨胀给寿险带来的不利影响。变额保险产品的特征就是将几乎所有的投资风险都转移给了保单持有人。在变额保险中，保险费减去费用及纯粹死亡保险费后，存入一个单独的投资账户，投资方式有货币市场基金、普通股票基金、债券基金以及其他形式的基金。通常保险金额与投资收益直接相连，但不管投资收益如何，保险金额不能低于某一限额。保单现金价值也与投资收益有关，但无最低值承诺。变额保险产品在营销中常遇到的问题是，当消费者注重变额保险的投资效益时，股市的变动就会极大地影响到变额保险的销售量。因此，保险营销人员在销售时应注意的事项有以下几方面。

（1）因变额保险强调现金价值的投资收益，而使消费者误解为变额保险具有一般金融商品的性质。但实际上变额保险与一般金融商品不同，变额保险所得出的特别预定利率，并非依据已缴纳的保险费总额为计算基础，而只是以保险费中作为未来支付保险金的储蓄部分来计算。此外，即使是完全同一时期同一商品，仍会因被保险人在投保时的年龄性别不同，而在利率上发生极大的出入。

（2）变额保险受投资环境影响较大。按理说，股市下跌时原本是投资的机会，但是消费者的心理上总会对这时期购买变额保险感到犹豫，而致使销售业绩不佳。相反，在股市上扬时，该是慎重考虑的时期，但消费者反而愿意投保，使大量保费流入股市。由于保险费的流向与投资环境的优劣相反，给变额保险的投资运用增加了困难。

二、团体保险产品策略

（一）团体人寿保险产品的概念

团体人寿保险单对一个团体的全体成员或大部分成员提供人寿保险的保障。在团体保险中，投保人是团体组织，被保险人是团体中的在职人员。团体保险是为了改善企业雇主与雇员的关系，建立在员工福利基础上的一种特殊关系的保险计划。在美国，团体保险、个人保险和社会保险并列为美国经济保障制度的三大支柱。由于团体保险在经营上与个人保险有许多不同的特点，迎合了社会经济政策的需要，所以发展十分迅速。目前，团体保险已成为寿险市场十分重要的营销方式之一。

（二） 团体人寿保障商品的特点

1. 风险选择的对象为团体。团体保险的一个最显著的特点是用对团体的选择代替对个人的选择。在保险实务中，团体保险不需要体检，就可以加以承保。为了保证团体保险的承保质量以及保险公司的财务稳定性，团体保险对风险选择的控制的办法有：（1）投保团体必须是一个正式的法人团体，有其特定的业务活动和单独核算的单位组织。（2）投保团体的被保险人必须是能够参加正常工作的在职人员。按照这一条件，退休人员，长期因病、全休或半休人员不能成为团体保险的被保险人。（3）团体保险对团体投保的人数有限制性规定。一般不得少于 50 人，或至少要有全部合格职工人数的75％投保。（4）团体保险对每个被保险人的保险金额按统一的规定计算，如整个团体的所有被保险人的保险金额相同；或者以被保险人的工资水平、职位、服务年限等为标准，分别确定每个被保险人的保险金额。

2. 使用团体保险单。团体保险用一张总的保险单为团体所有的被保险人提供保险保障。投保的团体是保险单的持有人，而每个被保险人只持有一张保险证。

3. 成本低。团体保险具有规模经营效益的特点，因而可以较低的保险费获得较高的保险保障。团体保险成本低的原因在于：（1）承保手续简化，代理人的佣金支出减少，保险公司业务费用也节省了；（2）团体保险可以免体检，从而节约了体检费；（3）采用团体投保减少了逆选择因素，使平均死亡率、疾病率相对下降。

4. 保险计划灵活。团体保险可以不使用事先印就的保险单，尤其是较大规模的团体投保时，保险双方可以就保险单条款的内容进行协商，除了一些特定的标准条款外，保险计划要充分体现投保团体的要求。与个人保险合同比较，团体保险合同明显具有更大的灵活性。

5. 采用经验费率。在团体保险中，一般以上一年度的团体的理赔记录（或经验）决定下一年度的保险费率，即采取经验否定费率的方法。因此，每隔一定时间，由保险双方参考理赔情况，对费率加以修订，使之符合团体的风险程度，避免逆选择情况的发生。

（三） 团体人寿保险产品的种类

1. 团体人寿保险产品。团体人寿保险是以团体方式投保的定期或终身保险。团体定期寿险以每年更新定期保险单的方式承保，被保险人无须体检；保单没有现金价值，其目的是用于早期的死亡保障，对退休养老用处不大。团体终身寿险则主要用来为员工退休提供生活保障。

2. 团体年金保险产品。团体年金保险是以团体方式投保的年金保险。团体年金保险一般以雇主为投保人，以雇员为被保险人（年金受益人），保险费由雇主负担。团体年金保险为雇员老年退休后提供生活补助，一般作为企业福利计划的重要内容。

3. 团体信用人寿保险产品。团体信用人寿保险是基于债权人和债务人之间的债权债务关系所签订的合同。债权人为投保人和受益人，债务人为被保险人，未偿还的债务为保险金额。若被保险人在债务未还清前死亡，保险人则必须支付给债权人一笔相当于未偿债数额的保险金。团体信用保险的保费，可以完全由债权人承担，也可以完全由债务人承担，或者二者共同承担。

三、个人、团体保险产品的发展

（一）影响个人、团体保险产品策略的主要因素

1. 追求高利率。随着社会经济的进步与发展，企业组织等团体以及个体消费者对利息的选择，有愈来愈高的偏向，结果造成红利与利率的竞争。在这种环境下，保险公司必须在高风险与高报酬下，准备各种更安全的险种，来适应团体和个体消费者多样化的风险和高利率需求。另外，就商品策略而言，在利率感应型保险产品逐渐普及的同时，灵活运用各种保险产品的特征来做推销，将会给未来的商品策略带来重大影响。

2. 与其他行业商品竞争的激烈化。保险产品与其他行业的商品竞争日益激烈，尤其是与社会保险、银行以及证券公司的金融商品的竞争更为激烈。保险公司应如何增强自己的竞争力呢？第一，应提供满足团体及个体消费者需求的商品，即提供给付充足、服务优良及高附加价值的保险保障；第二，根据保险产品的特点，组合各种商品的优点，设计更新、更具魅力的保险险种。第三，针对团体保险与个人保险产品的特点，建立专业营销队伍。保险公司应配备高素质的、薪金制的业务人员专门销售产品复杂、技术性强的团体保险产品，这样有利于培育专业化的客户服务队伍，使服务具有特色。

3. 消费者结构的变化。第一，消费者的高龄化是影响保险产品销售的一大因素。如何应付逐渐增加的高龄者，如何建立终身综合福利等制度，也成为当务之急。随着社会经济的发展，老年人需求发生了新的变化，如图9-2所示。

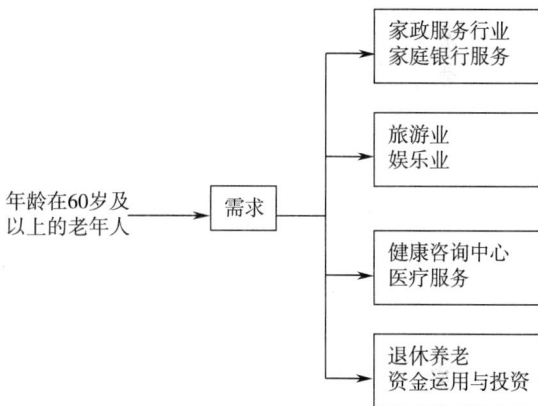

图 9-2 高龄化社会的新需求结构

第二，兼职与自由打工者人数增加，而且大部分从事第三产业的工作，如金融服务业、CI产业、企业顾问等，形成了"白领"阶层。他们的学历高、收入高，对保障需求远高于其他行业的人群。如何设计出适应其需求的保险产品是保险公司刻不容缓的任务。

第三，考虑新型女性的需要。保险公司应考虑针对女性的生活状态与价值观，推出相应的保险产品。如目前我国推出的女性温馨保险、馨悦女性保障计划等险种。

4. 企业组织的变化。企业的国际化使人们不得不重视海外员工的福利问题；企业之间的联合造成不同行业间的配合与分工，新的组织形式不断涌现；通信技术的发展，使企业呈现出多元化发展的局面，新行业也在不断产生。这种企业组织的变化，对团体保险市场带来了新的冲击和挑战。

（二）未来保险产品的策略

1. 保险费率个别化。目前，在一些保险业发达的国家，如美国、日本等，若被保险

人的健康状态不合乎标准，则视健康的程度，增收一定比例保险费，可以签订弱体保险合同。若被保险人的健康状况优于健康标准，则可享受优惠保险费。这种做法是对不同健康标准的被保险人实行不同保险费率，有利于保险市场的开拓。

2. 扩大保险合同的自主性。第一，扩大变更保障内容的自主性。在今后高龄化社会到来之时，像死亡保障、个人年金保险等保险费和保障内容完全相似的这些商品，互相替换的需要也会大大增加。针对这一需要，保障内容变更制度也应建立起来。第二，扩大保险费缴纳期限的自主性。近年来，国际保险市场上已出现了趸交部分保险费制度、红利抵用缴纳制度等。在实施这些制度时，必须更注意考虑它们的可变通性。虽然签订保险合同后，缴纳保险费有一定的弹性，但是若保险单持有人需要偿付贷款或支出教育费用，就会影响他的家庭经济状况。从这个角度来说，一般消费者都希望对保险费的缴纳有更大的自主性。

3. 开发强化生存保障性的年金保险。随着平均寿命的延长，政府年金制度的完善，以及相关业务的激烈竞争，对于保险公司而言，终身年金保险将成为极具魅力的商品。目前的终身年金都不是纯粹的生存保障商品，它们包含了一部分死亡保障的内容，也即在保险费缴纳期间，可领到一笔较责任准备金额度高的死亡给付金。如果终身年金不保死亡风险，而是作为一种纯粹的生存保障商品，对保单持有人来说，因年金积累增加，保险费就可以减少，换句话说，就是可以用更少的保费换取更高的年金额度。

4. 引进实物给付方式。提供健康检查和预防医疗服务就属于实物给付方式。长期以来看护保险、养老保险都是采取金钱给付方式，但是现在也有一些保险公司准备推出实物给付方式，如保险公司派出看护人员对保单持有人进行看护，或保险公司设立养老院，凡符合保险合同条件的保单持有人可以住进养老院。不过实物给付的客观标准与金钱给付不同，对服务的评价要受到接受服务人员的主观认定，难以确定一个统一的标准。

5. 人寿保险产品的金融商品化。在金融自由化的大潮中，人寿保险产品的功能也将超越行业的限制。如养老保险因为具有储蓄功能，若能利用红利等现金价值作为购物、贷款的支付方式，就会给消费者带来更多的便利。又如开办人寿保险卡，既可以满足保单持有人保障各种风险的需求，又可以作为信用卡用于支付。

6. 加强与社会保险和企业福利制度的合作。未来人寿保险产品既能弥补社会保险和企业福利制度的不足，又能使三者互相补充，为社会提供完整的养老和医疗保障，提高消费者的生活水平。

第三节　保险产品组合策略

一、保险产品组合的概念

保险产品组合是指保险公司根据保险市场需求、保险资料、公司的经营能力和市场竞争等因素，确定保险产品保障机能的结合方式。保险产品的组合关系到保险公司险种开发的计划与保险资源的利用，关系到保险公司的经济效益和发展前途，所以必须予以重视。保险产品组合应遵循一定的原则，主要有以下几方面。

（一）满足客户需求

每一种保险产品组合的形成都是以保险需求为基础的。例如，现行的家庭财产保险组合，就是在火灾保险的基础上，根据人们对自然灾害和盗窃风险的保险需求而产生的。

（二）以基本保障为主体

保险产品的基本保障是提供安全保险，而且人们对保障的基本需求也是财产和人身的安全，例如，传统的人寿保险所提供的定期死亡保险和终身保险就属于这一类。但是，随着社会经济的发展和人们生活水平的提高，人们不满足于已获得的基本保险保障，开始寻求更大范围的保险保障。保险公司就要适时推出以死亡保险为主，附加人身意外伤害和医疗费用保险的保险产品组合。

（三）以提高保险公司效益为目的

保险产品组合要遵循保险市场经济规律，以较少的投入，获得较大的经济效益和社会效益。因此，在进行保险产品组合时，保险公司要科学地确定保险责任范围和保险费率，并选择合适的销售渠道和销售方式。

（四）有利于保险产品的促销

保险产品组合后，尽管险种保障范围扩大了，保险费率也有所上升，但由于更适合投保人的需要，而且投保手续更为简便，对于提高保险产品的销售额就会更为有利。保险产品组合不适当常常造成消费者对保险的误解，如社会上有些人认为保险骗人、保险不划算等，其实这与保险产品组合不适当有密切关系。另外，保险产品的组合要考虑其完整性。为什么有些人认为购买保险没有什么用，这就是因为保险产品组合时没有考虑到完整性问题。例如，人寿保险具有储蓄、投资、节税、养老、保障遗产等多元化功能，因此在保险产品组合上，就要考虑保户的年龄、经济能力、婚姻、子女及有无社会保险等因素，把有限的保险费做最佳分配，使保险单的功能趋于完整。

⚡ 专栏 9–1

保险产品组合分析 ▪▪

保险公司的产品组合指的是保险公司所提供的所有的保险产品总和。如下表所示，该公司个人人身保险产品的产品组合数为22。我们还可以从产品组合的4个相关因素（即人身保险产品组合宽度、人身保险产品组合长度、人身保险产品组合深度、人身保险产品组合的关联性）来分析该公司的产品组合。

中国人寿保险公司产品简介表

类别	产品特点	适合人群	险种组合方式
终身人寿保险	提供终身的保障	家庭支柱成员或家庭主要经济来源者	终身保险和还本终身保险

续表

类别	产品特点	适合人群	险种组合方式
定期人寿保险	提供一定年期的保障	家庭支柱成员但收入不高者，或正在创业阶段的年轻人	10 年定期保险和 20 年定期保险
储蓄人身保险	有储蓄成分的人寿保险计划，除提供保障外，还能有积存一笔金额用作子女教育或退休金之用	适合既需要获得保障，又想积存一笔金额的人	两全保险和两全保险（分红型）
重大疾病保险	提供 10 年重大疾病的保障	若不幸患重大疾病，希望获得经济支援	定期保险和终身保险
养老险	退休后每年提供养老金	对退休后有养老金需求之人	一次性领取养老金保险和分期领取养老金保险
残疾保险	提供意外残疾保障	需要意外残疾保障之人士	附加意外伤害保险和附加残疾保险
医疗保险	提供意外或疾病的医疗保障	应付昂贵的医疗费用	A 女性疾病保险（A）、B 女性疾病保险（B）、附加意外伤害医疗保险、附加意外生活津贴保险、附加住院医疗保险、附加住院医疗生活津贴保险
分红险	该险种不仅为客户提供身故风险保障，还能定期提供定额返还金，以满足人生各方面的需要，同时，该保险还可为客户提供可观的周年红利	需要高额风险保障而又有投资需求的人	两全保险（分红型）和万能保险（分红型）
意外伤害保险	该险种将个人意外综合保险作为主险销售且没有最高保额限制，同时，将意外伤害医疗、意外伤害住院津贴也纳入本险种的保障范围	家庭支柱成员或家庭主要经济来源者	意外伤害综合保险、旅游意外伤害险和交通意外伤害险

↑ 资料来源：相关网站。

二、保险产品组合因素

保险产品组合包括组合广度、深度和密度（关联性）3 个因素。确定保险产品组合就要有效地选择其广度、深度和密度。

（一）保险产品组合广度

保险产品组合广度是指保险公司有多少不同的保险产品或保险产品线。所谓保险产品线是指保险产品大类或商品系列，如财产保险、人身保险、责任保险、信用保证保险等类别，其中任何一类都包含若干保险险种。保险公司经营的保险产品线越多，则保险产品组合广度越宽。

（二）保险产品组合深度

保险产品组合深度是指保险公司经营的每一种保险产品线内所包含的保险险种的多少，如果保险公司经营的险种多，保险产品线广，就说明其保险产品组合深度深；相反，则保险产品组合深度浅。

（三）保险产品组合密度

保险产品组合密度又称为保险产品组合的关联性，是指各保险产品线在最终作用于销售渠道、销售方式或其他方面的密切程度。例如，家庭财产保险与人身保险组合的密度较强，因为它们的最终接受对象和销售方式等都有着密切联系。

保险产品组合的广度、深度和密度不同，可以形成保险公司营销的特色。如果某保险公司合理地扩展保险产品的组合广度，增加保险产品系列，就可以使其在更大的市场领域内发挥作用，承保更多的风险，提高市场份额。如果某保险公司注重挖掘保险产品组合的深度，围绕某一类保险产品去开发更多的险种，就可以满足不同的保险需求，吸引更多的客户。如果某保险公司的保险产品组合的密度高，就可以有更强的营销力量去占领保险市场。

三、保险产品组合策略

（一）保险产品组合分析

保险公司在对保险产品组合作出决策时，首先要对保险产品组合进行分析，其分析内容主要针对保险产品市场的"六个层次"进行。第一，未来的主要保险产品可能是由目前的主要险种改革而成的；第二，目前主要险种的状况；第三，在市场竞争的情况下，可能成为主要盈利的险种；第四，过去效益最好，销量最大的险种可能会变成销路逐渐萎缩的险种；第五，销路尚未完全失去，仍然可能继续经营的险种；第六，已经失去销路，或销路未打开就衰退的险种。通过上述分析，为保险公司进行保险产品组合的决策提供了重要依据，以便于保险公司选择合适的细分市场，配以合适的保险产品组合，从而实现长期发展的目标。

（二）保险产品组合策略

1. 扩大保险产品组合的策略。扩大保险产品组合有3个途径：一是增加保险产品组合的广度，即增加新的险种系列；二是加深保险产品组合的深度，即增加险种系列的数量，使保险险种系列化和综合化；三是扩展保险产品广度、深度并举。扩大保险产品组合对保险公司的好处有以下几方面。

第一，充分利用人力、物力和财力，发挥保险营销人员的潜力，使原来对一个客户只能销售1个或2个险种的情况，改变为可同时推销4个或5个险种。例如，机动车辆保险组合的推出，使投保人在购买第三者责任险、车辆损失保险的同时，也购买了车上人员责任保险、承运货物责任保险等附加险种，并且只需填写一张投保单，缴付一次保险费，使投保人感到方便，同时也增加了保险公司的保费收入。

第二，增强保险公司经营的稳定性。保险产品组合的优化，使各保险险种相互关联、相互影响、相互推动、相互促销，有利于保险公司化解风险。

第三，满足了客户的多样化需求。保险公司在基本险种的基础上，附加一个或多个险种，使客户在获得基本险种的同时，只需再加交小额的保险费，就能获得更多方面的保障。

扩大保险产品组合有以下两种策略可供选择。

（1）保险产品系列化策略。即把原有的保险产品扩充成系列化险种，也就是在基本险种的保障责任上，附加一些险种，扩充保险责任范围。附加险种可根据适用的条件和范围分为一般附加险、特别附加险和特殊附加险。例如，海洋运输货物保险在基本险"水渍险"的基础上，可以选择附加11种一般附加险，6种特别附加险和2种特殊附加险，从而达到扩大承保风险的目的。另外，保险公司还可以用附加险的方式来扩大原有险种的责任范围，将只承保直接损失扩大为既承保直接损失，又承保间接损失。例如，财产保险附加营业中断保险，不仅对火灾造成财产的直接损毁负责赔偿，而且还对因火灾引起营业中断造成利润损失的间接损失也负责赔偿。保险产品组合的系列化，使保险消费者的需求获得了更大的满足。

（2）增加保险产品策略。即在原有的保险产品线的基础上增加关联性大的保险产品线。如人身保险可细分为人寿保险、意外伤害保险、健康保险等相关保险产品线。人寿保险又可细分为死亡保险、生存保险、两全保险等相关的保险产品线。如果保险公司确定在某一时期以增加某种保险产品线为策略，就可能迅速占领某一保险细分市场。

2. 缩减保险产品组合策略。缩减保险产品组合策略是指保险公司缩减保险产品组合的广度和深度，即减少一些利润低、无竞争力的保险险种。这是在保险市场处于饱和状态，竞争激烈，保险消费者缴付保险费能力下降的情况下，保险公司为了更有效地进行保险销售，或者为了集中精力进行专业化经营，取消某些市场占有率低、经营亏损、保险消费者需求不强烈的保险产品而采取的策略。缩减保险产品组合策略的优点：一是可以使保险业务人员集中精力推销保险需求高的保险产品，提高保险推销的效率和服务质量；二是可以减轻环境威胁，提高保险公司的经济效益；三是可以不断完善保险产品的设计，使之更适合保险消费者的需求。

3. 关联性小的保险产品组合策略。随着保险市场需求的发展和保险公司之间的激烈竞争，越来越多的保险公司将财产保险与人身保险进行组合，每一组合或者以财产保险为主，或者以人身保险为主，使新组合的保险险种更能满足消费者的需求。例如，有的保险公司将家庭财产保险与家庭成员的人身意外伤害保险相组合；有的保险公司将驾驶员意外伤害保险与机动车辆保险相组合，形成具有特色的新险种。从保险业发展来看，财产保险与人身保险的组合，适应了保险市场的需求变化，受到广大消费者的欢迎。

四、保险产品组合的方法

大部分保险公司推出的保险产品的保险责任趋向单元化、单一化，为商品的组合提供了广阔的空间。对不同的险种可进行多种组合，不但有利于营销，也有利于充分体现营销人员的专业水平。保险产品可以通过功能的互补、时间的搭配、需求的分析、层次的确定等，形成不同特色的组合方案，满足客户不同的需求。

（一）按条款功能组合

针对不同的保险条款所提供的不同保险责任进行组合，突出不同功能的互补作用，既注重保险面的拓展，又突出主要责任的比重，如组合年金保险＋意外伤害险、重大疾病险＋定期寿险＋健康险等结合顾客情况的保险产品。

（二）按时间段进行组合

针对人生旅途中不同年龄段的不同需求，设计既阶段鲜明又连贯互补、重点突出的组合方案。例如，单身期间（20～30岁）的年轻人，主要以保障自身为主，最好的组合是保险费不高，但保障高的商品，如终身寿险＋定期寿险＋意外伤害险、重大疾病险＋健康医疗险等。又如，进入退休规划期（40～50岁）的中年人，主要面临的是退休后生活水平上的保障，最佳组合是养老保险＋终身寿险＋意外险＋医疗险。

（三）按家庭责任组合

这是根据家庭成员在家庭中所扮演的角色和承担的责任进行的组合。不同角色的家庭成员发生意外给家庭带来的影响程度是不同的。非经济支柱的家庭成员如发生不幸所带来的主要是精神打击，而经济支柱的家庭成员如发生不幸，整个家庭将陷入严重的困境。营销人员可仔细区分谁是家庭中的主要经济支柱，设计保险产品组合方案时，对家庭中的主要经济支柱，要注重保障责任，以定期寿险＋意外伤害险为主，非经济支柱的家庭成员以疾病＋养老险为主。例如，丈夫是家庭中主要经济来源者，为他定做的保险套餐是20万元的定期寿险＋20万元的意外伤害险；妻子的保险套餐是5万元的终身寿险＋10万元重大疾病险；子女以教育储蓄险为主。

（四）按需要层次组合

保险消费者的需求是多层次的，不同的经济水平、不同的文化素养、不同的性格都会表现出对保险需求的差异性，马斯洛的需求理论对我们仍有一定的启示。依据保险需求的层次性原理，险种组合也应遵循这种分层组合的原则，适应由低到高的需求渐进，由浅层组合转入深层组合。目前我国居民的总体收入水平还不高，大部分人的保险需求仍处于低层次，传统的保障型商品组合还大有市场。但也要注意，大中城市的高收入者，购买保险的目的不仅是为了满足生命的保护需求，而是当作自己身份、责任心的一种表现，这时的保险产品组合应该是"身份组合""责任组合"。

第四节　保险产品生命周期策略

一、保险产品生命周期的概念

保险产品生命周期是指一种新的保险产品从进入保险市场开始，经历成长、成熟到衰退的全过程。保险产品的生命周期包括投入期、成长期、成熟期和衰退期4个阶段。

（一）投入期

投入期是指保险产品进入保险市场的开始阶段。在此期间，由于保险消费者对新的保险产品还未接受，因此保险销售额增长缓慢，而销售费用却较高。保险公司在此阶段无利可图。

（二）成长期

成长期是指新的保险产品经过宣传促销，销路已打开，销售量迅速增长的阶段。这一时期，由于保险产品迅速被市场接受，利润大大提高，而费用开始下降。但是，竞争者此时介入的可能性较大。

（三）成熟期

成熟期是指新的保险产品的销售量增长率下降的阶段。在此时期，由于保险产品已被大部分潜在的购买者接受，为了应付日益加剧的竞争，保险公司要适当增加营销费用，巩固市场占有份额。在此期间，保险公司的利润稳定或者略有下降。

（四）衰退期

衰退期是指新的保险产品已不适应保险市场需求，竞争力衰弱导致销售量大幅度萎缩的阶段。在此时期，保险产品销售量呈现严重下降的趋势，保险公司利润降低。

研究保险产品生命周期，主要是为了树立这样 4 个观点：第一，保险产品的生命是有限的；第二，保险产品销售经过不同的阶段，每一阶段保险公司都面对不同的挑战；第三，在保险产品生命周期的不同阶段中，利润有升有降；第四，在保险产品生命周期的不同阶段中，保险产品需要不同的营销、融资、制度和人事策略。有关保险产品生命周期可用图 9－3 表示。

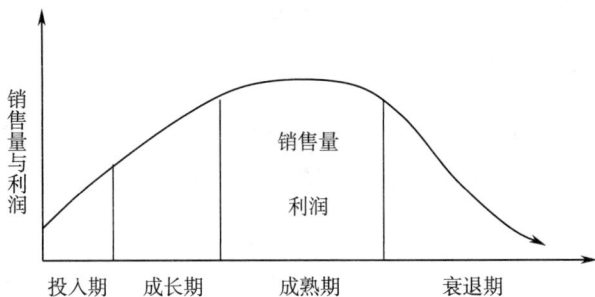

图 9－3　保险产品生命周期

二、保险产品生命周期的营销策略

（一）投入期的营销策略

在保险产品投放保险市场的初期阶段，保险消费者对新的保险产品有个接受的过程，同时保险公司对新的保险产品也有一个检验过程。因此，从保险公司的角度来看，这个阶段的特点是：第一，由于对承保风险缺乏了解，所积累掌握的风险资料极为有限，保险费率的制定不尽合理；第二，由于承保的保险标的数量极为有限，风险分散程度较低；第三，由于保险费收入低，而投入的成本较高，保险公司利润很少，甚至出现亏损。

在这一阶段，保险公司要强化广告宣传，诱导保险消费需求。为达到扩大承保面的目的，保险公司通常采用以下 4 种营销策略。

1. 快速占领策略。快速占领策略是指以高价格和高水平的营销费用推出新的保险产品的策略。保险公司提出高的价格，是为了尽可能在每个单位的销售中获得高额毛利。保险公司在促销方面耗费巨资，目的是使保险市场上客户相信用高价格购买保险产品会得到相应的回报。采用这种营销策略时，保险市场应具备的条件有：（1）该保险产品的市场潜力较大；（2）保险消费者对此商品需求强烈并接受高的价格；（3）市场上的竞争对手较少。

2. 缓慢占领策略。缓慢占领策略是指以高价格和低水平的促销费用将新的保险产品投入保险市场的策略。高价格是为了获得更多的利润，低促销费用则可以减少费用开支，降低成本。采用这种营销策略的保险市场应具备的条件是：（1）保险市场规模有限；（2）市场上大部分人已了解这种保险产品；（3）保险消费者愿意出高价购买这种保险产品；（4）市场竞争不太激烈。

3. 迅速渗透策略。迅速渗透策略是指用低价格和高水平的营销费用推出新的保险产品的策略。这种策略可望以最快速度渗透市场，并达到最大市场占有率。采用这种策略的市场应具备的条件是：（1）保险市场规模大；（2）市场上的保险消费者不了解新的保险产品；（3）大部分保险消费者对价格敏感；（4）市场潜在的竞争激烈；（5）保险公司大范围承保某保险产品使经营成本下降，能获得一定的效益。

4. 缓慢渗透策略。缓慢渗透策略是指用低价和低水平的营销费用推出新的保险产品。低价格会刺激保险市场尽快接受这种保险产品，保险公司保持低促销费用能降低营销成本，获得更多利润。采用这种策略的保险市场应具备的条件是：（1）市场庞大；（2）保险消费者非常了解这种保险产品；（3）保险消费者对低价格特别感兴趣；（4）存在着潜在的竞争对手。

（二）成长期的营销策略

在保险产品经过试销后，销售额急剧上升的时期为保险产品的成长期。这一阶段的特点是，保险公司已掌握风险的出险规律，该险种条款的设计日趋完善，保险费率更加合理，保险需求日益扩大，风险能够大量转移，承保成本不断下降，等等。因此，保险公司可采取以下策略，以尽可能地保持该险种在保险市场上长久的增长率，使这一时期尽可能地延长。

1. 不断完善保险产品，使之更适应保险需求和业务的需要，并提高保险产品的竞争能力。

2. 广告宣传的内容要依据保险消费者的需求变化而变化，并提高保险产品的竞争能力。

3. 为了吸引更多层次的、对价格敏感的保险消费者，应当在适当的时候调整保险价格。

4. 适应保险市场需求多样化的需要，开拓新的保险营销渠道，如依靠保险代理人和保险经纪人开展业务，建立广泛的保险营销网点。

5. 做好保险售后服务。例如，人寿保险公司在与被保险人签订保险合同后，还应提供保健、安全和经营方面的全方位服务。这对于树立保险公司的良好形象，增进社会对保险公司的信赖是十分有利的。

（三）成熟期的营销策略

成熟期是指保险产品销售量最高的阶段。这一阶段的特点是：保险产品的利润达到最高峰，销售额的增长速度开始下降，市场呈饱和状态，潜在的消费者减少，更完善的替代险种开始出现。由此，保险市场上出现承保能力过剩的情况，而承保能力过剩又引发保险市场更加激烈的竞争，因此，此时保险公司采取的营销策略有以下几种。

1. 开发新的保险市场。保险公司可以设法寻找新的目标市场，如原来主要以城市人口为对象的养老保险，现在可以在农村开展这一业务。

2. 改进保险产品。对现有的保险产品进行修改完善，以增加其作用和特征，如在承保一些特殊保险标的时，适当增加保险责任，达到保持和提高该保险产品的市场占有率的目的。

3. 争夺竞争者的客户。对于向其他保险公司投保同一保险标的投保人，保险公司可采取适当降低保险费率或提供优质服务来吸引他们，使他们转为向本公司投保。

（四）衰退期的营销策略

大部分保险产品的销售量最终都会下降。销售量下降的原因很多，例如，一些在特定历史条件下所产生的保险产品，当其所赖以生存的特殊环境不复存在时，该保险产品会逐渐消亡。还有的是因为更完善的保险替代商品出现了，旧的保险产品便逐渐失去需要，退出市场。这一阶段的特点是：保险供给能力大而销售量降到最低点，保险公司的利润急剧下降，保险消费者的需求发生了转移；等等。

保险公司在处理正在老化的保险产品时，要采取稳妥的策略。

1. 避免仓促收兵和难以割爱的错误做法。如果一家保险公司决定要放弃某个已衰退的保险产品时，同时还必须决定为已投保该保险险种的客户做好服务，不要仓促收兵，而是逐步地、有计划地限制推销，直至停办。另外也要避免感情用事，认为过去依靠该保险产品，保险公司获得了较多的利润，现在放弃它，有点于心不忍。应该看到，如果继续保留这种衰退的保险产品，保险公司将为之付出高昂的代价。因为它已不适用，除无法收回间接费用和利润外，甚至可能损害公司的形象。

2. 有预见性地、有计划地开发新的保险产品。这样做可以使那些寻求保险替代商品的消费者再一次被吸引过来，并使保险市场重新启动，保险产品衰退期应尽可能缩短，以达到保险公司稳定经营为目的。

本章小结

1. 保险产品是一种用来交换的经济保障劳务商品。它是以风险经营为对象的特殊商品，是一种无形的商品。保险商品由核心商品、有形服务和附加商品三个层次构成。

2. 保险产品组合是指保险公司根据保险市场需求、保险资料、企业的经营能力和市场竞争等因素，确定保险产品保障机能的结合方式。保险产品组合策略有扩大保险产品组合策略、缩减保险产品组合策略、关联性小的保险产品组合。

3. 保险产品生命周期是指一种新的保险产品从进入保险市场开始，经历成长、成熟到衰退的全过程。保险产品的生命周期包括投入期、成长期、成熟期和衰退期4个阶段。

主要概念

核心产品　有形服务　附加产品　个人保险产品　死亡保险　生存保险　两全保险　年金保险　万能保险　利率感应型保险　变额保险　团体保险　团体人寿保险　团体年金保险　团体信用人寿保险　保险产品组合　保险产品生命周期

思考与练习

1. 保险产品的整体概念包括哪些层次？
2. 试述保险产品的特征。
3. 影响个人、团体保险产品策略发展的主要因素有哪些？
4. 何谓保险产品组合？
5. 谈谈保险产品生命周期营销策略的选择。

第十章
保险费率策略

学习目标

保险费率策略是保险营销策略中的一个重要组成部分，它直接关系着保险市场对保险产品的接受程度，影响到保险市场需求和保险公司利润的多少，涉及经营者和消费者等各方面利益。因此，保险费率策略是保险营销中十分敏感而又难以控制的因素，合理地厘定费率是保险营销活动取得良好经济效益的保证。通过本章的学习，首先，要掌握保险费率厘定的基本精髓，理解保险费和保险费率的厘定原则、方法及其构成要素，熟悉影响保险费率厘定的主要条件；其次，要掌握保险费率厘定策略。

知识结构图

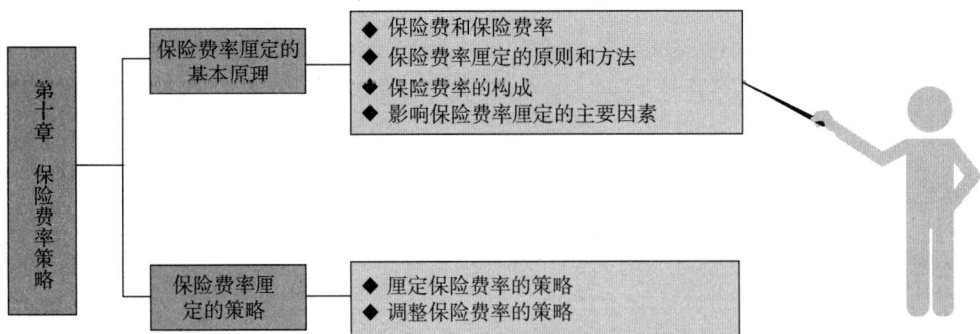

第一节 保险费率厘定的基本原理

一、保险费和保险费率

保险费是投保人按一定保险条件，为取得保险人的保障，向保险人缴付的费用。保险人根据法律或合同办理的各种保险，在保险事故发生后，要承担一定的义务，即赔偿财产损失。很显然投保人为此必须向保险人缴付一定的费用，这种费用就是保险费。保险费是保险合同生效的重要因素。保险人所取得的保险费，应当能够履行对投保人所负担的赔款并建立各种准备金，以及支付保险企业在经营上的支出。

保险费率即保险价格，是保险人按单位保险金额，向投保人收取保险费的标准。单位保险金额一般为100元或1000元。例如，财产保险综合险每千元保险金额收取保险费2元，用千分号表示为2‰，即2‰为保险费率。厘定保险费率，应根据保险标的的客观环境和主观条件形成的危险程度，运用数理统计方法来进行。保险费率不同于一般商品和劳务的价格，它具有一些特殊性。

（一）保险费率的厘定在成本发生之前，而一般商品的价格制定在成本发生之后

保险费率厘定依据的成本是过去的、历史上支出的平均成本，其成本与费率的关系不密切；而一般商品价格制定所依据的成本是现有条件下消耗的平均成本，成本与价格关系十分密切。基于这种特点，在市场一般商品讨价还价的余地较大。而保险商品，买方只能作取与舍的决定，很少有与卖方商议价格高低的余地。

（二）保险费率的合理度没有其他商品价格高

保险是根据过去的损失成本和费用成本制定现时的保险价格的，而事实上，现时的价格又是用来补偿将来发生的成本。保险费率的厘定除要求有大量的统计数据和资料外，还要求有较为准确的预测。因此，当保险企业无法获得足够的历史资料和数据时，就无法作出准确的损失预测。此外，影响风险的因素随时都在变动，特别是心理和道德风险对保险人的预测干扰更大，这就使得保险人的预测准确性大大降低，从而影响保险费率本身的合理性和适当性。而一般商品的价格确定后，只要利用比较完备的会计制度和手段，就能制定出较为合理的价格。

（三）保险费率的厘定受到的监管较严

虽然保险费率要根据市场与风险情况来厘定，但是保险监管部门不仅具有核定费率的权利，而且还通过法律规定保险企业不能随意调整保险费率。而其他商品的价格，大部分均由市场供求关系来决定，而且可随着市场状况变化随时调整，不受其他限制。

（四）保险费率对需求的刺激，不像其他商品那样明显

保险商品同其他商品一样，较低的价格也能够赢得更多的投保人。但是，对保险的需求，主要是人们潜在风险的忧虑和现实风险的大小，以及人们求其安全的意识决定的。相反，一般商品的需求状况，消费者也考虑需要因素，但决定人们的需求动机主要还是商品的价格因素。

二、保险费率厘定的原则和方法

（一）保险费率厘定的原则

保险费率的厘定，通常要遵循以下几个基本原则。

1. 保险保障的原则。保险的基本职能是提供经济补偿，保险人收取的保险费应能充分满足保险人履行保险赔偿责任的需要，以保障被保险人的经济利益。保险费率是保险人收取保险费的依据。保险费率的厘定必须保证保险人有足够的资金来源和偿付能力，能够补偿因危险事故发生所需赔偿（或给付）的金额，以及支付有关的营业费用。因此，从实现保险基本职能的角度看，保险费率水平应与提供充分保险的要求相适应，否则，就会危害保险经营，使保险企业破产倒闭，被保险人也将蒙受经济损失。

2. 公平合理的原则。公平是指保险费率的厘定必须考虑能适用个别危险，使被保险人的保险费负担，基本上按照保险标的危险程度大小来分担。由于相同保险标的在不同地点、不同时间和因不同主体所具有的风险水平不同，这就要求在保险费率水平上也应有所差异。但这种差异性只能在相对精确的程度上得以实现，要做到完全公平是很难的，因为承保标的危险情况不可能完全一样。要想做到完全公平，除非个别核算，但这种办法不仅事实上行不通，而且也不符合大数法则的要求。为了计算方便，通常将同一性质的危险归纳为若干类，然后计算分类费率，以适用于不同种类的保险标的。

合理是指保险费率水平应与被保险人的风险水平和保险人的经营需要相适应。保险费率过低，必然会影响保险基本职能的实现，使被保险人得不到充分的保障。而费率过高，特别是附加费用比例过高，会加重被保险人的经济负担，损害被保险人的利益，也不利于保险业务的发展。

3. 稳定灵活的原则。稳定是指保险费率一经确定，在相当一段时期内应保持相对的稳定，不要过于频繁地变动。保险费率相对稳定对保险人和被保险人双方都有好处。从被保险人的角度看，保险费率稳定，可以使被保险人的负担稳定，能依照预计金额按时支付保险费。如果保险费率频繁变动，则不利于被保险人核算经费。从保险人的角度看，稳定的费率有利于稳定成本核算和业务经营。灵活是指保险费率虽力求保持稳定，但仍须有灵活性。也就是说，在短期内应注意保险费率的稳定，在长期中又应该根据实际情况的变动对其作适当的调整。因为在较长的时期内，由于社会、经济、技术、文化的不断进步，保险标的所具有的危险是变动的，保险费率水平也应随之而变动。如随着医药卫生、社会福利的进步、人类寿命的延长、死亡率的降低、疾病的减少，人寿保险过去制定的费率就需要进行调整以适应变化了的新情况。

4. 促进防损的原则。预防损失在现代保险经营中占有非常重要的地位，保险费率的厘定应体现促进防损精神，引导和鼓励被保险人积极从事预防损失的各项活动。这不仅是为了减少保险赔款的支出，更重要的是可以减少社会物质财产的损失。通常保险企业采用降低保险费率的办法来促进防损，如具有防火建筑结构的房屋或具有较好防火设备和防火组织健全的单位投保财产保险，可以享受优惠的保险费率。反之，防火情况较差的单位或个人投保时，则要提高保险费率承保。又如对没有发生过保险事故的被保险人，在续保时要给予安全费返还，这样就可以提高被保险人防灾防损的积极性和责任心。

（二）　保险费率厘定的方法

保险费率是计算保险费的指标，也是保险人按保险标的的单位金额和一定的保险期限向投保人计收保险费的标准。保险费根据保险费率计算而成，是投保人向保险人缴付的货币量。保险费率制定得合理与否，直接影响到保险企业经营的稳定性。因此，保险公司一般是以概率论及大数法则为依据，科学精确地制定保险费率。然而，保险人所承担的是具有不定性的未来损失补偿，制定保险费率又发生在损失之前，技术上较难处理，同时保险费率既要受到国家保险监管部门的监督，也要受到投保人负担能力和保险市场荣衰及竞争的影响。因此，制定保险费率时，要根据不同保险业务分别确定。厘定保险费率的方法有以下几种。

1. 判断法。判断法又称个别法，是指逐个考察每个保险标的的风险情况，并分别进行风险评价后，再由保险业务人员依据经验判断，单独厘定每个标的所适用的保险费率。这种方法不太科学，在相当程度上依赖保险人的经验判断。但这种方法适用于损失风险形式多样且多变，不能采用分类法时，或者对某种保险标的缺少统计资料时。运用判断法制定保险费率，要求决定费率的人具有丰富的承保经验，并通晓该项保险标的所涉及的各种风险因素。在海上保险和一些内陆运输保险中常使用这种方法厘定保险费率。

2. 分类法。分类法是指把具有类似特征的损失风险归为同一类别承保，按相同保险费率收取保费。分类费率往往以表格形式印成费率手册，因此也称手册费率。保险业务人员在承保时，按规定的条件选择适用费率计算保险费，使用非常方便。例如，在我国出口货物运输保险中，将轻工产品分为八大类，分别适用不同的费率标准。又如在财产保险中，保险人一般按建筑物的使用性质、结构等因素，将建筑物分若干类，每类中再分若干等级，分别厘定保险费率。

3. 增减法。根据分类法制定出的各类保险标的所适应的保险费率作为基础费率，在承保时再根据具体保险标的的实际损失经验加以修正，在基础费率上增加或减少，厘定出实际保险费率，这种厘定保险费率的方法称为增减法。当投保人要求投保的保险标的有特殊危险，或要求在一般危险责任之外增保别的危险责任，经保险人同意以特约承保方式承保时，就应在基本费率的基础上增加一定的费率。反之，当保险标的的危险频率低于基本费率标准时，则以基本费率为基础，相应减少一定的费率。

三、保险费率的构成

保险费率由两部分构成，即纯费率和附加费率。

（一）　纯费率

纯费率是根据财产平均损失率和人口死亡率确定的。它所计算的保险费用于对正常损失进行赔偿或给付。财产保险的纯费率是为准备未来损失赔偿所确定的费率。它是根据各类财产在一定时期内的总保险金额和总赔款支出的比率，即保额损失率来确定的。依据财产危险不确定因素的存在，为了保证赔偿，还应包括特大损失可能发生的因素，保险人要在纯费率的基础上加一定比例的稳定系数，使纯费率更具科学性和准确性。

人身保险的纯保费用于支付保险金的给付，其计算方法有 3 种。

1. 自然纯保险费。自然纯保险费是指直接以各年龄组的死亡率为标准计算的保险费。由于死亡率有随年龄提高而增大的特点，保险费也随被保险人年龄的增长而增加。按自然纯保费方式计算纯保险费的人寿保险，比较适用于以青壮年为对象的时间较短的定期保险。

2. 趸缴纯保险费。趸缴纯保险费是指一次交清的纯保险费。它将保险期内在各年龄组的自然纯保险费折算成投保当时的现值，按总和一次交清。

3. 年交均衡纯保险费。年交均衡纯保险费是指在保险期内投保人每年按一个固定的数额缴纳保险费。年交均衡纯保险费在数量上要求投保人每一年缴付的全部纯保险费的现值必须与一次性缴纳的纯保险费的现值相等。

（二）附加费率

附加费率是指一定时期的经营费用总额与保险金额的比率。一般来说，保险公司的经营费用主要包括下列内容。

1. 业务费用。包括代理费用、宣传广告费用、税金、工资、办公费用、培训费、招待费等。

2. 防灾防损费用。包括为被保险人购置防灾器材费用、防灾宣传费用和防灾奖励费用等。

3. 准备金。为了保持保险财务的稳定性，保险公司必须积累一笔准备金，即用于应付发生重大损失时，当年保险基金不足以赔付时而准备的资金。

下面以财产保险为例来说明保险费率的构成。财产保险保险费率的构成是保险成本加利润和税金。

首先是保险成本。财产保险的保险成本与工业生产成本、商业成本不同，工业生产成本是指产品在生产过程中实际消耗的物化劳动（包括劳动资料和劳动对象）和活劳动（工资）的价值量；商业成本是指商业企业购进商品的价格和支付的各项经营费用；而财产保险的保险成本是保险赔付金额和支付的各项经营费用。保险赔付金额是指保险人所承保的保险业务中，对因保险风险而损毁、灭失的保险标的给予经济赔偿的货币量。由此可见，保险公司支付的各项经营费用，是在保险经营中，在流通领域中耗费的物化劳动和活劳动的价值量。保险成本与生产成本和商业成本形成的过程也不相同。企业生产成本的生产资金在生产过程中逐渐转移到产品中去，产品生产完工，生产成本即已形成；商业成本是商业垫付的资金，用于组织商品流通。企业生产成本和商业成本都可以在商品销售收入中得到补偿，而后继续投入生产或组织流通。保险成本则不同，它不是保险公司垫付的资金，而是为了厘定保险费率时寻求的一个平均值。这个平均值就是每百元或每千元保险金额的成本额，通常以保险成本率表示。保险成本率是以纯费率和附加费率组成。

纯费率是根据历年保额损失率和稳定系数计算出来的，其计算公式是：

$$\text{保险纯费率} = \text{保额损失率} \times (1 + \text{稳定系数}) \qquad (10-1)$$

附加费率是根据保险企业以往若干年度保险经营费用的实际支出占纯保险费的比率计算的，其计算公式是：

$$附加费率 = \frac{业务开支总和}{纯保费收入总额} \times 100\% \qquad (10-2)$$

保险成本率是作为计算财产保险费率的基础的平均值，其计算公式是：

$$保险成本率 = 保险纯费率 \times (1 + 附加费率) \qquad (10-3)$$

其次是保险平均利润。保险公司收取保险费主要是为了履行支付经济损失补偿之用。确定保险费率，可以在每一个单位保险金额分摊一定的损失率的基础上附加费用就足够了。然而保险费数额是在签订保险合同时就已经确定了的，因此，保险公司必须事先估计到保险经营的结果。如果保险公司已经意识到所收的保险费有可能不够经济损失补偿时，就只有依赖于从历年保险费收入中，建立起的保险基金来进行补救；同时，保险业务经营开支，包括业务经营发展基金、职工奖励基金、职工福利基金等，是保险公司增强自身发展能力所必需的。所以保险公司应该从生产部门创造的剩余产品中分得一定的份额，合理取得社会平均利润。这部分平均利润除了留作企业专用基金外，也是一切非生产部门向国家缴纳所得税的主要来源。计算保险平均利润的公式如下：

$$保险平均利润总额 = 保险预付总资本 \times 平均利润率 \qquad (10-4)$$

在厘定财产保险费率时，采用的是保险成本利润率，其计算公式如下：

$$保险成本利润率 = \frac{保险平均利润总额}{保险成本总额} \times 100\% \qquad (10-5)$$

再次是保险税金。税金是国家为了行使其职能，按照法律规定的标准，强制地、无偿地向纳税人取得的财政收入。保险公司向国家纳税，是其应尽的义务。保险费率中的税金因素是指保险企业向国家缴纳的营业税，该税是含在价格内的税。营业税税率由国家税法规定。

$$营业税额 = 保险费收入总额 \times 营业税税率 \qquad (10-6)$$

最后，依据构成财产保险费率的各要素，计算毛保险费率，其计算公式如下：

$$毛保险费率 = [保额损失率 \times (1 + 稳定系数) \times (1 + 附加费率)$$
$$\times (1 + 保险成本利润率)] \div (1 - 营业税税率) \qquad (10-7)$$

例：假设某类财产保险标的统计资料及其他有关资料如下。

保额损失率　　　　　1.2‰

稳定系数　　　　　　10%

附加费率　　　　　　25%

保险成本利润率　　　2%

保险营业税税率　　　5%

计算该类财产保险的毛保险费率。

按式（10-7）计算应为：

毛保险费率 = [1.2‰ × (1 + 10%) × (1 + 25%) × (1 + 2%)] ÷ (1 - 5%) = 1.77‰

四、影响保险费率厘定的主要因素

在厘定保险费率时，有很多因素会影响到保险险种的费率，如风险损失、业务费用、防灾费用等，其中风险损失对费率的影响最大。因此，保险人要对风险损失进行分析，预测将来可能发生的风险损失。保险公司分析风险损失时，首先要将风险进行分类，然后再利用概率论和大数法则对风险损失进行估算。

风险分类是依据各保险标的差异性进行风险分类，将各类风险中可衡量因素进行统计，并测定每个主要风险因素可能引起的损失。例如，财产风险中的火灾风险、盗窃风险、责任风险等；人身风险中的死亡风险、疾病风险、意外伤害风险等。

风险损失估算是依据概率论和大数法则原理进行分类统计和测算，估算方法主要有事件统计法和分类统计法。事件统计法是统计保险标的总件数中发生风险损失的件数。运用这种方法时，必须是保险标的保额相同，而且是发生全部损失。实际上这种情况是很少的，因此用这种方法估算各个保险标的损失率时，容易产生误差。分类统计法是按照保险的危险特征及其他要素加以分类，统计出某一类保险标的总金额中所发生的损失金额，然后再得出损失率。分类统计法的实用性较强，许多险种的保险费率都是这样厘定的。

（一）财产保险费率厘定需考虑的因素

这里以国际保险市场上汽车保险费率厘定的实例来说明确定保险费率时所要考虑的主要因素。

1. 车辆使用区域。主要考虑汽车行驶和停放的区域。每个地区的交通、治安情况都有所不同，一般按城市、郊区和农村地区的汽车遭受损失的统计数据来计算汽车保险的基本费率。因为城市交通拥挤，城市汽车保险投保人缴付的保险费一般高于农村地区。

2. 驾驶员年龄、性别和婚姻状况。一般来说，年轻的驾驶员在车祸中占有较高的比例，因此，保险人对年龄在 25 岁以下的驾驶员一般规定的费率较高或要求另外的绝对免赔额。性别作为一个重要因素是因年轻未婚的女性驾驶员比同一年龄未婚男性驾驶员发生的事故少，同样，已婚的驾驶员开车更为谨慎。年轻已婚的男性驾驶员比同一年龄未婚男性驾驶员发生事故要少。

3. 汽车用途。私家汽车一般分为 5 种用途：（1）娱乐使用；（2）上下班距离在 15 英里以内使用；（3）上下班距离在 15 英里以外使用；（4）公务使用；（5）农业使用。农业使用的汽车保险费率最低，其次是娱乐使用，而上下班和公务使用的保险费率最高。

4. 驾驶员接受安全的教育状况。如果某个驾驶员通过了驾驶教育课程的考试，他就能得到费率优惠，一般能减少 10% 的保险费。

5. 对学习驾驶成绩好的学生可享受费率优惠。根据优秀学生的出色智力有助于汽车安全驾驶的假设，应对他们的费率给予折扣优惠。

6. 汽车数量和种类。对拥有多辆汽车的车主实行费率优惠。新车的保险费率要高于旧车，赛车的保险费率最高。

7. 个人驾驶记录。根据对汽车意外事故和违反交通规则的计分收取相应的附加保险费。汽车保险的车辆损失险基本保费取决于汽车使用区域、汽车购置价值、车龄、免赔额等因素。确定保险费率系数，首先要确定基本费率系数。基本费率系数是根据被保险人的年龄、性别、婚姻状况、汽车用途、接受安全教育等因素进行组合分类；其次再确定第二费率系数。第二费率系数是根据汽车性能和驾驶记录的分数把汽车分为多种类别。例如，某保险汽车投保车辆损失险，基本保费为500元，第一费率系数是2.20，第二费率系数为0.50。汽车保险的保险费计算如下：

$$保险费 = （2.20 + 0.50）\times 500 = 1350（元）$$

我国机动车辆保险的费率主要是根据车辆种类和自用、营业使用来分类的。

（二）人身保险费率厘定时需考虑的因素

在这里主要介绍厘定人寿保险费率的情况。

人寿保险是以人的生命为保险标的的保险，其保险费取决于预定死亡率、预定利率和预定费用率。

1. 预定死亡率。保险人要利用生命表来了解预定死亡率。生命表是以特定人群为研究对象，反映或概括特定人群的生命规律的一种表格。生命表一般可以带给保险人的信息有：（1）各整数年龄对应的生存人数、死亡人数、生存概率和死亡概率以及该整数年龄的平均剩余寿命；（2）生死人数总是以生命表基数为基础；（3）生死概率是相对的预期概率，反映特定群体中个体预期生死可能性大小；（4）生命表中独立的核心函数是死亡率，它是人寿保险费计算所必需的条件。

2. 预定利率。人寿保险的期限通常都比较长，因此投保人缴付保险费与保险金给付之间存在着时间差。保险人收取保险费时，要考虑在预定利率下，保险费存放到一定时期内所产生的利息与本金相加是否与将要给付的保险金相等。在人寿保险保险费的计算中，预定利率均采用复利计算。

3. 预定费用率。经营人寿保险过程中所发生的各项费用也应由被保险人负担，所以预定费用率也是人寿保险费计算的一项重要内容。预定费用应以会计为基础，通过分析同类业务过去长期发生的费用，以此决定预定费用的额度，预定费用率高，保险费增加；反之，保险费则降低，可见预定费率的高低，对人寿保险费的高低影响很大。

4. 影响人寿保险费的其他因素

（1）解约率。解约是指投保人因种种原因不继续缴费而使人寿保险合同解约失效。解约率是全年解约保额与该年初有效保额的比率。对于长期寿险合同，解约后保险单具有现金价值，因此，在计算人寿保险费时，还得考虑现金价值为基础的退保金及相应的解约率。

（2）分红率。保险单分红源于保险中的死差、利差和费差，但死差、利差及费差的根本原因又受到计算基础的影响。也就是说，采取较保守的计算基础，保险单分红的来源可能相对增加。如果事先已确定了保险单的分红率，那么在计算保险费时，就得在死亡率、利率和费用率等方面重新选择，才能使分红得到实现。

（3）残废率。残废率是指健康人在年内发生残废的概率。随着人寿保险的发展，寿险合同现已常常附有残废给付或残废优惠等条件。因此，残废率必须成为计算保险费的资料之一。残废率是由永久完全残废发生率与残废者死亡率求得。

北京市粮食作物保险费率厘定研究 ⅢⅢⅢⅢⅢⅢⅢⅢⅢⅢⅢⅢⅢⅢⅢⅢⅢⅢⅢⅢⅢⅢⅢ

与商业性保险相比，政策性农业保险的费率厘定也不同。以粮食作物保险为例，费率厘定应该依据粮食产量水平予以界定，由于不同地区的自然环境、生产风险、补贴程度不同，粮食作物的保险费率也不同；即使在同一地区，粮食作物类型不同，风险的来源不同，也导致其保险费率不同。

……

农业保险费率的厘定首先应对农作物的生产风险进行分析。农作物的生产风险是其实际单产偏离预期单产的程度，农作物随机单产波动序列表明了这一程度。所以可以通过作物单产预期值与实际值的偏离期望程度及概率分布来评估作物生产中所面临的风险。

保险费率厘定包括投保者的期望损失程度及损失发生概率的程度。在农业保险中，农作物单产相对于期望值的降低程度就是其灾害风险损失，因此，厘定农作物保险费率要计算农作物单产损失的分布。国内外研究表明，如果单产分布模型的选择出现偏误，则所厘定的农作物保险费率会和实际精确的保险费率产生较大的误差，导致高估或者低估费率，加大农业保险中的道德风险和逆向选择等问题。学术界针对农作物的单产分布模型提出了正态、Logistic、Weibull、Gamma等多种形态，并认为不同农作物单产分布模型对其保险费率厘定有着显著不同的影响。

↑ 资料来源：摘自韩婷、穆月英：《北京市粮食作物保险费率厘定研究》，载《中国农学通报》，2015（31）：247 - 255。

第二节　保险费率厘定的策略

保险费率策略是保险营销组合策略中最重要、最活跃的策略，与其他组合策略存在相互依存、相互制约的关系。因此，保险公司在制定保险费率策略时必须遵循这样的原则：围绕保险营销的总目标，以大数法则和概率论为依据，使制定的保险费率既有利于投保人，又有利于保险企业。

一、厘定保险费率的策略

保险费率策略为保险企业的经营提供明确方向，是企业确定整体营销策略时考虑的一项重要内容。保险费率策略一般包括以下几种。

（一）低费率策略

低费率策略是指以低于原价格的水平而确定保险费率的策略。这种定价策略主要是为了迅速占领保险市场，打开新险种的销路，更多地吸引保险资金，为保险公司资金运用创造条件。保险公司在实行低费率策略时，要严格控制在小范围内使用。因为使用不当，会导致保险公司降低或丧失偿付能力，最终损害被保险人的利益。正确使用低费率策略应考虑保险商品的具体情况，通常保险险种应该是与人们生活密切相关的、服务于家庭或个人的险种，如家庭财产保险和人寿保险；或者保险险种应该是政府或社会极为关注的，如农业保险。实行低费率策略，保险公司既要从自身利益出发，考虑到保险险种的促销作用，又要考虑公司的社会效益，如保险公司为支持政府发展农业的政策，对农业保险实行低费率策略。实行低费率策略，要建立在提高管理效率、加强成本与管理费用的控制、降低保险推销成本的基础之上。实行低费率策略，是保险公司在保险市场进行竞争的手段之一，但是如果过分使用低费率策略，就会损害保险公司的信誉，导致在竞争中失败。

（二）　高费率策略

高费率策略是指以高于原价格水平而确定保险费率的策略。保险公司实行高费率策略时，一般是因为某些保险标的的风险程度太高，尽管对保险有需求，但保险公司都不愿意经营，或者是因为投保人有选择地投保某部分风险程度高的保险标的，或者是保险需求过剩，等等。实行高费率策略，保险公司可以通过高费率获得高额利润，有利于提高自身的经济效益，同时也可以利用高费率拒绝高风险项目的投保，有利于自身经营的稳定性。但是，保险公司要谨慎使用高费率策略。保险价格过高，会使投保人支付保险费的负担加重而不利于开拓保险市场；同时，定价高，利润大，极容易诱发激烈竞争。因此，保险企业在运用高费率策略时，应根据"价格易跌不易涨"的道理，先高后低，当竞争者大量拥入后，及时调整保险费率。

（三）　优惠费率策略

优惠费率策略是指保险公司在现有价格的基础上，根据营销需要给投保人以折扣与费率优惠的策略。运用优惠费率策略的目的是保险公司为了刺激投保人大量投保、长期投保，及时缴付保险费和加强安全工作，提高市场占有率。保险公司经常采用的优惠费率策略主要有以下几种。

1. 统保优惠费率。如果某个地区或某个大公司所属的分支机构全部向一家保险公司投保，保险公司可按所交保险费的一定比例给予优惠。例如，某律师协会为所有律师统一投保职业责任保险，保险公司可少收一定保费。因为统保能为保险公司节省对各个投保人所花费的营销费用和承保费用，提高工作效率。

2. 续保优惠费率。它通常运用在财产保险中。保险公司对现已投保的被保险人，如果在保险责任期内未发生赔偿，期满后又继续投保的，可按上一年度所交保险费的一定比例给予优惠。例如，某人投保了汽车保险，在上一年度内未发生索赔，期满续保时，保险公司可按上年度保费的10%折扣收费。

3. 趸交保费优惠费率。在长期寿险中，如果投保人采取趸交方式，一次交清全部保险费，保险公司也可给予优惠。因为这样做减少了保险公司按月、按季或按年收取保险费的工作量。

4. 安全防范优惠费率。根据保险条款规定，保险公司对于那些安全措施完善、安全防灾工作卓有成效的企业也可以给予一定安全费返还，即按保费的一定比例给予优惠。

5. 免交或减付保险费。在人身保险中，有些险种规定，如果投保人在保险期限中途丧失交保费的能力，保险公司允许免交末期保险费或减少保险费的数额，而保险合同可继续有效。如子女教育婚嫁保险，投保人死亡或完全残废无法继续缴付末期保险费时，子女到约定年龄仍可领取保险金。

（四）差异费率策略

差异费率策略包括地理差异、险种差异和竞争策略差异等。

1. 地理差异。地理差异是指保险公司对同一保险标的在不同地区采取不同的保险费率的一种策略。例如，不同地区盗窃案发生率是不相同的，经济发达、流动人口多的地区盗窃案一般要多于经济落后、流动人口少的地区。因此，盗窃保险的费率应当有所区别，发案率高的地区费率高，发案率低的地区费率低。在我国广东沿海地区，如深圳，汽车盗窃案件较多，因此附加盗抢险的费率高于全国其他地区。又如，旅客人身意外伤害保险，因旅游的地点不同，其地理条件和气候状况也不同，保险公司制定保险费率时也应因地制宜，加以区别。但是，在同一地区，风险基本相同或比较接近的保险标的的费率应保持一致。

2. 险种差异。每个险种的保险费率标准、计算方法都有一定的差异，但保险公司在实务中常将一些不同险种组合在一起，以满足不同投保人的需要。因此，保险公司要对险种组合的多种费率进行必要的调整，使其符合市场需求和竞争需要。调整保险费率的具体做法有：第一，如果在同一险种中，保险标的的风险相近而保险费率相差较大的，对费率要作出相应调整，使其保险费率也相近或相同。第二，如果在一个险种组合中，其中某个保险险种的风险发生显著变化，应及时调整该险种的保险费率，即保险费率应反映出该险种风险的变化情况。

拓展阅读 10－2
死亡率是有差别的

1. 国民生命表的死亡数据是根据人口普查数据的抽样结果经统计分析和修正而编制的，大体适合人口寿命的平均分布，但对某一地区、某一群体就不一定适用。

2. 保险公司的经验死亡率因公司的不同而不同，差别极大，高的经验死亡率可能是低的经验死亡率的 1.5 倍。

3. 我国人口的地域分布极其广泛，各地区发展也不平衡，卫生条件也有所差别，人口的平均寿命因地区的不同而不同。根据《2016 中国统计年鉴》的数据整理出下表。

地区	出生率（‰）	死亡率（‰）
北京	7.96	4.95
天津	5.84	5.61
上海	7.52	5.07
重庆	11.05	7.19
西藏自治区	15.75	5.10
新疆维吾尔自治区	15.59	4.51

4. 保险公司的一般做法是将统一的生命表与各公司的经验数据相结合，从而找到最合适的实际死亡率数据。

5. 第一张中国人身保险业经验生命表颁布的时间是 1997 年 4 月 1 日，保监会要求各保险公司使用此表。

➊ 资料来源：《2016 中国统计年鉴》。

二、调整保险费率的策略

保险企业在厘定了保险费率后，在具体执行过程中，还要根据实际情况进行适当的调整，使保险费率更趋合理。此外，保险费率的调整也会给投保人和竞争者带来一定的影响。

（一）保险费率的调整策略

保险企业调整保险费率的策略有保险心理策略、促销策略、竞争策略等。

1. 保险心理策略。这是根据保险消费者购买保险时的心理对险种的费率进行调整，使之成为消费者可接受的保险费率。例如，利用保险公司良好的信誉和强大的实力来调整保险费率，这也叫作声望调价。尤其像保险这种不易鉴别质量的商品，消费者只有靠这种崇尚信誉的心理来识别，因此，即使调高价格，也会吸引消费者的注意力。自我国银行利率不断调低以来，人身保险费率一直上扬，但是近两年来，向中国人寿保险公司购买人身保险的人不仅没有减少，反而不断增多，中国人寿保险公司的保险费收入和市场份额仍为国内 28 家保险公司之首。

2. 促销策略。针对不同消费者的需求和不同竞争者的策略，保险公司要适当调整保险费率，以利促销。常用的方法有：普遍下调保险费率和调整个别险种的保险费率。普遍下调费率，实际上是采用薄利多销的方法来争取更多的客户以获取整体保险费的增长，同时还可以提高保险公司的市场占有率。但是要注意如果保险公司的规模较小，资金实力不强，不要轻易采取这种策略。对个别险种费率的调整，是为了适应保险标的的风险情况、需求情况和市场竞争情况的变化。例如，保险公司在汽车盗窃风险显著增加、市场需求增大时，就将汽车盗抢险的费率适当提高。再如，航空人身意外伤害保险的赔付率降低了，保险公司就降低其费率，以适应市场需求和竞争的需要。

3. 竞争策略。在保险费率厘定的问题上，我国保险监督管理委员会做了一些限制，不允许保险公司对一些主要险种（如机动车辆保险、企业财产保险等）随意降低保险费率，同时也规定了保险费率浮动的幅度不得超过 30%。因此，保险公司在竞争中，只能对那些非主要险种的保险费率进行调整。保险公司在调整费率时采取的策略主要有以下三种。

（1）与竞争者同时进行调整。当获悉竞争对手要下调保险费率时，保险公司应立即研究对策，调整费率。根据保险公司的具体情况，可以将费率调整到与竞争者同一幅度或不同幅度，以确保自己在保险市场上占有的份额。

（2）保持费率不变。虽然竞争者已调整了费率，但是本保险公司保持原来的保险费率不变，以这种策略来维护保险企业的声誉和形象，并可以获得较高的利润。

（3）采取跟随策略。当知道竞争者调整保险费率时，先不急于调整本保险公司的保险费率，静观其变。如果竞争者调整后的费率，对本保险公司会造成威胁，保险公司要考虑跟随竞争者调整相关的费率；如果竞争者调整费率后，对市场的影响不大，本保险公司可不调整费率。

（二）调整费率带来的影响

调整保险费率既会给投保人带来一定的影响，也会对中介人和保险人产生一定的影响。

1. 对投保人的影响。投保人（包括准投保人）对保险费率调整的反应，在很大程度上影响着保险的销售量。例如，我国在1997年底，在保险公司调整保险费率前的一周内，许多顾客了解到保险费率将要上调，蜂拥而至保险公司购买保险，形成了前所未有的购买保险热潮，保险销售量急剧上升。不过，总的来说投保人对保险费率调整的反应是很复杂的。费率下降，保险销售量一般会上升。而实际上投保人，特别是理性的投保人会认为购买该险种意义不大，因为没有什么风险损失；或者认为保险公司的服务质量差，投保不方便；或者认为保险费率不会下降，等过一段时间再购买；等等。费率上调，保险销售量理应减少，但是投保人会认为购买该险种确实有利，如分红人寿保险推出后，尽管保险费率提高了，但是投保人认为分红保险不但具有保障功能，还可以年年分红，符合自己的消费心理和实际需求，也会踊跃购买。可见，调整保险费率对投保人会产生许多影响，保险公司应对险种及费率作出相应改变，以适应投保人心理需求和市场变化。

2. 对中介人的影响。保险代理人和保险经纪人在保险费率调整之时也会产生许多想法。因为调整保险费率可能使保险销售情况发生变化，而保险代理人和经纪人的收入取决于保险销售量的高低。如果保险费率的调整促进了保险销售，则保险代理人和经纪人的积极性会大增；反之，如果保险费率的调整阻碍了保险销售，则会挫伤保险代理人和经纪人的积极性。例如，近两年来，我国的人身保险费率受到银行利率下调的影响，频繁调整，当保险费率高于银行利率时，投保人积极购买保险，使得保险销售量上升，这时保险代理人的收入急剧增加，许多人都会拥入保险代理这个行业；当保险费率与银行利率持平时，投保人的资金大部分就流向了银行、证券和其他方面，保险销售量明显下滑，保险代理人也会受到影响而离开保险代理行业。当然保险代理人和经纪人为了扩大市场占有率和市场销售总额，也会有希望保险费率下调的时候。总之，无论保险费率是下调或上扬，都会给保险代理人与经纪人带来显著的影响，保险企业应了解保险代理人和经纪人对保险费率调整的心理状态，及时把握市场脉搏，做好保险费率调整的宣传工作。

3. 对保险同业的影响。保险公司在研究调整保险费率问题时，还必须预测同行业其他保险公司的反应。如果保险公司面对几个竞争对手，还要分析每个竞争对手可能产生的反应。如果所有竞争者的反应相似，在进行分析时，只要分析一个典型的竞争者即可；如果竞争对手的规模、市场占有率和营销策略存在较大差异，他们各自持有不同的态度，那就要进行逐个分析，预测他们可能采取的对策。保险公司如何预测竞争对手可能作出的反应呢？如果面对一个强大的竞争对手，保险公司可从两个方面预测竞争对手的反应：一方面，假设竞争对手作出与本公司相同的保险费率调整；另一方面，是假设竞争对手根据自身的情况作出相应的保险费率调整。如果竞争对手的目标是取得较高的市场占有率，它可能很快进行相应的费率调整；如果其目标是想获得较高的利润，它可能不急于调整保险费率，而是采取增加广告开支、提高服务水平等策略。

本章小结

1. 保险费率是影响保险产品需求的重要因素，也是保险公司进行竞争的必要法宝。保险费率由纯费率和附加费率两部分构成。纯费率是根据财产平均损失率和人口死亡率确定的，而附加费率是指一定时期的经营费用总额与保险金额的比率。

2. 保险费率策略是保险营销策略中的一个重要组成部分，与其他组合策略存在相互依存、相互制约的关系。一般包括以下几种策略：低费率策略、高费率策略、优惠费率策略、差异费率策略。

主要概念

纯费率 附加费率 自然纯保险费 趸缴纯保险费 年交均衡纯保险费 保险成本 保险价格 预定死亡率 预定利率 预定费用率 解约率 分红率 残废率 低费率策略 高费率策略 优惠费率策略 地理差异策略

思考与练习

1. 试述厘定保险费率的基本原则。
2. 以财产保险为例，说明保险费率的构成要素。
3. 影响厘定保险费率的主要因素有哪些？
4. 调整保险费率常采用的策略是什么？

第十一章
新险种开发策略

学习目标

  保险公司要想保持在市场竞争中的优势地位，就必须不断地开发新险种，这是保险营销的核心，而新旧险种的更替也可以体现在保险单的设计上。通过本章的学习，首先，可以了解新险种的含义、开发的程序以及开发过程中的注意事项。其次，知道保单设计意义，了解保单设计的原则和方法，并掌握保险单应包含的 11 项主要内容。

知识结构图

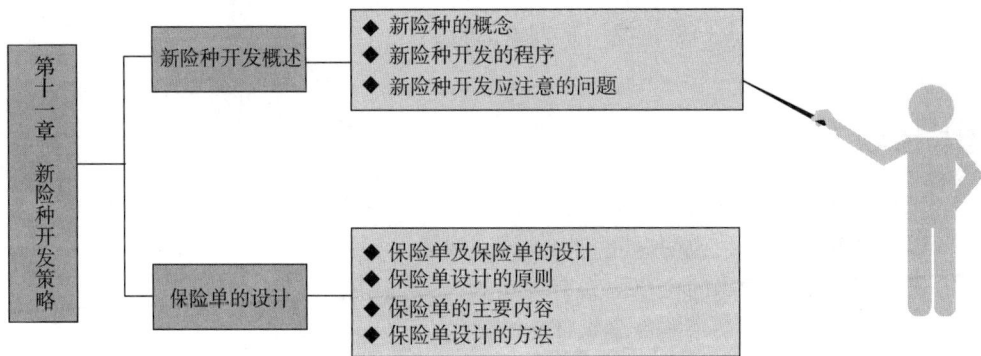

第一节　新险种开发概述

一、新险种的概念

  从市场营销的角度看，新险种是一个相当广泛的概念。新险种不一定是完全创新的险种，但必须是对原有险种进行了变革或变异。新险种是指整体险种或其中的一部分有所创新或改革，能够给保险消费者带来新的利益和满足的险种。也就是说，新险种应具有的特点是：第一，全新构思的险种，在使用性能或经济性能方面优于原有的险种；第二，具有新用途的险种。总之，新险种要体现出与原有险种显著的差异或本质的不同。因此，按照新险种的含义，新险种可以分为以下 4 类。

1. 完全创新的险种。这是指保险人利用科学技术进步成果研制出来的能给消费者带来崭新需求的产品。例如，卫星发射保险、核电站保险等险种。

2. 模仿的新险种。这是指保险人借鉴外国或外地的险种，移植学习，在本地区进行推广的新险种。例如，平安世纪理财投资连结保险、理财通终身分红寿险等险种。

3. 改进的新险种。这是指对原有险种的特点、内容等方面进行改进的新险种。这实际上是老险种的发展，赋予老险种新的特点，以满足消费者的新需要。例如，我国的牡丹国寿保险联名卡的开发和安居保险的推出。

4. 换代新险种。这是指针对老险种突出的某一特点，重新进行包装，并冠以新的名称，使其特点有显著提高的新险种。这种做法比完全创新险种的研制要容易些，向市场推广的成功率也高些。

为了保护保险消费者合法权益，完善产品管理制度，规范保险公司保险产品开发，提升保险产品供给质量，中国保监会不断致力于产品开发管理机制的完善工作，如 2009 年发布《关于贯彻落实新〈保险法〉做好人身保险产品变更管理工作的通知》，结合新保险法要求人身保险公司做好产品变更、报备及上线等工作。2016 年 12 月 30 日又发布了《财产保险公司保险产品开发指引》①，进一步解决近年来因个性化、定制化保险产品的推出，导致个别存在噱头炒作概念的新产品伤害了消费者的合法权益等新问题。

二、新险种开发的程序

新险种开发是一项十分复杂而又极具风险的工作，它直接关系到保险营销的成功和失败。因此，新险种开发必须按一定的科学程序来进行。新险种开发的程序包括构思的形成、构思的筛选、市场分析、开发设计、试销过程和商品化。

（一）新险种构思的形成

新险种概念的形成起始于构思。新险种开发的第一步就是收集新构思。据调查，新险种构思中约有 60% 来自客户、竞争对手和情报资料，40% 来自本公司的高层管理者和市场调研人员。

1. 客户的需求是新险种的构思之母。我们分析一些新险种的开发过程，就不难发现大多数新险种的构思来自于客户的需求。保险公司通常通过直接对客户的调查，收集建设性意见来发现客户需求。

2. 追随竞争对手是新险种构思的重要途径。由于保险商品具有服务特性，因此极易模仿。保险公司可以从自己的客户、保险代理人或保险经纪人那里收集到竞争者的新险种信息，借鉴过来构思自己公司的新险种。

3. 保险公司的调研人员是新险种构思的主要来源。保险公司的市场开发人员，专门从事新险种开发工作，对一些全面性、长期性的新险种开发有确定的计划。他们根据计划的要求，从事一些全新的、较大险种的构思。

---

① 《财产保险公司保险产品开发指引》详见：http://www.circ.gov.cn/web/site0/tab5225/info4055675.htm。

保险新险种构思的来源还有很多，如保险市场的一些重要信息、保险专家的构思，等等。

（二）新险种构思的筛选

保险公司在收集了大量新险种构思后，需进行筛选，要放弃那些不实际的构思，保留切实可行的构思。对新险种构思进行筛选时，要防止出现两种偏差：一是对新险种构思的潜在价值估计不足，造成误会，使保险公司失去开发新险种的机会；二是筛选有误，将没有发展前途的新险种，仓促推向市场，招致保险公司经营失败。后者带来的不良后果有：第一，新险种根本推不出去，损失了营销费用，损坏了保险公司形象；第二，新险种推到市场上后，销售收入不多，甚至没有利润；第三，新险种上市后，虽有一定的利润，但利润低于目标利润。

（三）新险种市场分析

对新险种的市场销售前景进行分析，其目标是为了避免误取构思。市场分析的内容包括以下几个方面：

1. 新险种有哪些特点，是否比市场上现有的同类产品好；

2. 新险种的目标市场在哪里，其潜在购买力如何；

3. 保险公司的资金和设备是否适应新险种的发展；

4. 新险种的成果如何，预期利润如何；

5. 新险种上市成功的可能性有多大，其竞争能力如何，社会效益如何；等等。

实际上，对新险种进行市场分析，就是要对这一险种的销售量、成本、利润等进行分析，看这些指标能否满足保险公司的目标。

第一，销售量分析。一个新险种是否应该开发，主要取决于它的销售量是否能够达到令保险公司满意的利润。保险公司应该根据市场预测方法，确定目标市场，由此估计销售量。

第二，成本利润分析。根据所预测的销售量，对新险种的成本和利润进行分析。成本分析一般由市场开发部、营销部和财务部共同来做，通过计算可得出新险种的成本。同样，保险公司根据市场销售量的预测，算出利润指标，从而判断新险种在经济上是否可行。分析新险种成本和利润的方法有很多，最简单的方法是损益平衡分析。这种方法要求保险公司分析在一定的价格和成本构成的情况下，应销售多少新险种才能达到不盈不亏。最复杂的方法是风险分析法。这种方法是在规定的时期内，在假定的营销环境和营销策略条件下，得到影响获利性的每一不确定变数的 3 种估计情况（乐观、悲观和最有希望），并计算出表示可能的投资回报率及其概率分布状况。

（四）新险种开发设计

新险种的开发设计包括保险单设计、保险条款设计和险种命名设计等。

1. 保险单设计。保险单是保险合同成立的书面证明文件，设计保险单时，一是要注意格式的标准化，能采用表格式的保险单时，尽量使用统一格式；二是要注意保险单的内容完整规范，符合我国《保险法》的要求。对于被保险人的名称、保险标的、保险期限、保险金额、保险费率和特别约定等重要项目要按规定设计，切勿遗漏（详见第二节的内容）。

2. 保险条款设计。保险条款是保险合同的主要内容。设计保险条款时要注意的问题有以下几点。

（1）明确保险标的的范围。例如，财产保险条款应对保险财产、特约保险财产和不可保财产明确区分，让投保人容易了解。

（2）确定保险责任和除外责任。保险责任是确定保险人承担风险的依据，是保险人对所承保的保险事故发生时就承担的损失赔偿责任或保险金给付责任。除外责任是保险合同列明的不属于保险人赔偿范围的责任。确定保险责任和除外责任时，既要考虑保险人承担风险的大小，又要适应市场的需求。

（3）确定保险金额和赔偿计算方法。保险金额是保险人承担赔偿或给付保险责任的最高限额。在财产保险中，保险金额确定的方法一般是以保险标的的保险价值为依据；人身保险的保险金额确定方法原则上是由投保人与保险人约定而成。保险赔偿和给付是保险人在保险标的遭遇保险事故导致被保险人财产损失或人身伤亡时，依法履行的义务，因此，其计算方法一般在条款中明确规定。

（4）确定保险期限。保险期限是保险人承担保险责任的时间。保险期限的确定有两种方式：一是定期保险，即规定半年、一年为保险期限；二是航程保险，即以某一事件的自然发生过程为保险期限。无论以何种方式确定，都应在保险条款中明确规定。

（5）确定保险费率及其支付办法。保险费是投保人付给保险人使其承担保险责任的代价。保险条款应对保险费率的数额、缴付保险费的方式、缴付保险费的时间和次数作出明确规定。

（6）列明被保险人的义务。被保险人是受保险合同保障，享有保险金请求权的人。在保险条款中应明确被保险人负有的主要义务，如损失通知义务、防止和减少损失义务等。

3. 险种命名设计。险种命名是否恰当，是树立险种形象乃至企业形象的关键。新险种命名是险种在消费者心目中的第一印象，如同有形物质产品的商标或包装。要求突出满足顾客需求，措辞寓意美好，并能因地、因宗教、因民族习俗而异，切忌使用忌讳的字眼。新险种命名方法有直观命名法和寓意命名法。

（1）直观命名法。这种命名法可以是责任命名或保障标的命名等。用命名直接反映险种的主要特征、业务内容及其保险目的。如机动车辆保险、雇主责任保险等。

（2）寓意命名法。一般根据民族习俗、宗教信仰、文化背景等，选择保险消费者喜好的具有祝福、祝愿含义的名称或诱导保险消费者美好联想的抽象命名。如我国寿险中的康宁、松鹤、平安、福寿安康等险种名称就属于这一类。

（五）新险种试销与营销策略的制定

新险种设计出来后，可在一定范围的市场上进行试销，以求得潜在客户、营销人员、市场潜力等方面内容的有价值的信息。例如，要在多大范围的市场上销售？用什么方法开展市场营销？等等。在新险种试销的基础上，保险公司应根据市场反馈的情况，修改或重新制定营销策略。将新险种推向市场，应注意不同险种的营销策略在实施时有所不同。

（六） 新险种的商品化

通过试销，保险公司要考虑新险种正式成为商品推向市场的问题。在新险种进行商品化销售时，要掌握上市时机、上市地域、预期目标市场的占领以及导入市场方法等。

1. 何时推出新险种。在新险种正式上市时，进入市场时机的选择是个关键问题。保险公司在推出新险种时会面临以下 3 种选择。

（1） 先期进入。一般情况下，首先进入市场的保险公司通常会得到好处，例如，掌握了主要的客户群和较高的声誉。但是，也应该看到，如果该险种未经过仔细的评估就匆匆上市，则会使公司的形象受到影响。

（2） 平行进入。保险公司如果知道竞争对手急于进入市场，自己也可采取同样的方式，以便与竞争对手共享好处。如果知道竞争对手不急于进入市场，保险公司也可这样做，利用上市前的时间来改进产品。保险公司这样做的目的是使新险种上市的促销费用由双方共同承担。

（3） 后期进入。保险公司可有意推迟进入市场，而等竞争对手进入市场后再进入。采取这种方法的好处有：第一，竞争对手已为开拓市场付出了营销费用；第二，竞争对手的险种可能暴露出缺陷，而后期进入者则可以避免；第三，保险公司可以进一步了解市场规模。

由此可见，选择进入市场的时机是值得细心考虑的。

2. 何地推出新险种。新险种正式上市时应考虑地域范围，即是在当地市场还是在某些地区市场，是国内市场还是在国际市场，是在城市市场还是在农村市场，推出该新险种。因为不同地域的风险是不同的。一般来说，新险种设计出来后，应先在小区域内推广，然后再推向其他地区乃至全国。保险公司应首先选择具有吸引力的地区将新险种推向市场。所谓具有吸引力的地区是指具备下列条件的地区：第一，有一定市场潜力，销售量可观；第二，在该地区市场上无竞争对手或竞争对手力量薄弱；第三，保险公司在当地的信誉较高；第四，该地区营销成本低、营销渠道畅通。

3. 向何人推出新险种。通过试销，保险公司可掌握主要潜在的消费者群。保险公司应将其营销路线和营销活动集中于最佳的潜在消费者范围，如保险公司推出中、小学生平安保险时，它的目标市场就是中、小学生的家庭，销售的渠道选择为教育局和各中、小学校。这样做，保险公司就能够获得较高的销售额，并能吸引其他的新的潜在消费者。

4. 如何推出新险种。在新险种上市之前，应作出详细的计划，对各营销组合因素进行预算，并列出各项活动的步骤及方法。不同险种或不同目标市场，它们上市的计划也不一样。为了对推出新险种的各项活动更好地排列顺序，可采用各种网络规划技术，如关键路线排列法（见图 11-1）。

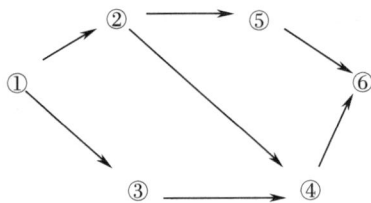

图 11-1 描绘了完成方案必须发生的事件。以圆

图 11-1 关键线路图

圈表示的事件被表示优先关系的箭头连接起来，图中事件⑥要待事件④和⑤完成后才会发生；事件⑤要待事件②完成后才会发生，事件④要等事件②和③完成后才会发生；以此类推。图 11 - 1 是规划、安排新险种上市方案的基础。

三、新险种开发应注意的问题

在开发新险种时，保险公司应在内容设计或是销售方式上狠下工夫。新险种开发过程中应特别注意事项有以下几个方面。

（一）　要适应消费者需求

新险种开发的首要条件，就是要投消费者所好。即对消费者而言，该险种的需要程度越高，就越有魅力刺激消费者的购买欲望。

其次，新险种必须是在消费者可能的负担范围内，否则销售必遭困难。也就是说，保险费水准必须维持在消费者可以购买的水准，或者说消费者经合理判断之后会产生购买意愿。

再次，一般消费者在购买保险商品时，持有被动姿态的倾向，因此在开发新险种时，要站在消费者的立场来设想，同时不忘保险企业一向扮演走在时代前面，创造消费新需求的角色。

（二）　要培养优秀的营销人员

近年来，因新险种的开发与组合更加复杂化，特别是寿险行业推出了许多创新险种，与传统寿险相比，其给付方式、给付时间以及缴纳保险费的方式等变化更加多样化。因此，保险公司在推销这些新险种时，要更加注意对保险营销组织及人员的选择和培训，要让他们对新险种的内容、销售知识与技术有十分的了解与掌握，以便他们能够胜任推销这些新险种。因为营销人员是直接面对消费者并说服消费者购买保险的，他们是提升保险商品销售业绩的最大功臣，他们的意愿直接影响到新险种能否成功进入市场。所以保险公司应在开发新险种的同时注意培养一支有高度热情的和良好营销技术的营销队伍。

（三）　要解决经营目标的问题

新险种的开发除了要迎合消费者需求之外，还要能解决保险公司在经营目标上的问题。保险企业的经营目标可能是要增加保险费的收入，或是开拓新的市场领域。不论保险企业的经营目标如何，都会产生预期与实际状况出现差距的问题。尤其是近年来，在保险市场日趋成熟、竞争更加激烈的情况下，经营目标的实现更非易事。因此，开发新险种要针对保险公司的经营目标，实事求是、有的放矢地对契合目标实际的险种进行研究，以达到实现保险公司经营目标的目的。

（四）　要开发能与对手竞争的险种

保险公司的竞争对手不仅仅是同行业各家公司，还有社会保险团体和各种金融服务机构，如银行、证券公司和信托组织等。面对这些竞争对手虎视眈眈的窥视，保险公司与之抗衡的本领就在于开发险种的差异性与优异性。也就是说，这些新险种既要具备与其他竞争商品相抗衡的内容，又能将保险商品的本来功能和特性发挥得淋漓尽致。例如，目前保险市场上的投资联结保险、分红保险和万能保险等寿险就是这种优异的新险种。

此外，在开发新险种时要能弥补原有市场的不足，以期达到提供全面服务、扩大业务的目的。例如，火灾保险只保障因火灾引起的直接损失，于是保险人设计出营业中断保险承保企业因火灾引起的间接损失。又如美国社会保障制度为 65 岁以上人口提供每年若干天的住院保险金，商业保险公司则设计出提供这个数目以上的住院损失保险险种。这样开发新险种，就使现有保险中不保的标的、事故和损失，由新的险种提供保障，以便防止发生承保脱节的现象。

总之，开发新险种的重点在于：第一，唤起消费者的需求，推出符合需要的险种；第二，这个险种必须是保险营销员乐于积极销售的险种；第三，这个险种应符合保险企业经营目标的要求；第四，这个险种应具有与其他金融服务产品互补的特点。新险种设计的秘诀就在于能顾及以上几点要求之间的平衡。

第二节　保险单的设计

一、保险单及保险单的设计

保险单简称保单。它是投保人与保险人之间保险合同行为的一种正式书面文件。一份完整的保险单由保险单格式和保险条款两部分组成，在保险交易活动中，前者是保险合同的证明文件。保险合同当事人双方在保险单上签字承认各自的权利及义务后，则保险合同成立。因此，保险单的内容要求完整，文意清楚准确，一般应详细列明保险人与投保人的权利、义务及各种证明双方权利义务的内容。保险单在特定的条件下，有类似有价证券的作用，常被称为"保险证券"。例如，长期寿险保险单具有现金价值，投保人可以用保险单作质押向其投保的保险人或第三者申请贷款。

保险单的设计是对保险标的、保险责任、除外责任、保险费率、保险金额、保险期限、被保险人义务等重要内容进行不同排列组合，从而形成满足各种不同消费者需求的保险险种的过程。保险单的设计依各种保险业务的不同而有所区别，但保险单作为保险合同的正式书面凭证，保险单都应包含如下重要事项，即声明事项、保险事项、除外事项和条件事项等。

保险单设计的重要意义在于它是保险经营的基础。保险单设计是一个严谨和科学的研究过程，同时也是一个动态的过程，其设计要根据保险市场的需求，这样保险单的设计就成为一个不断淘汰不适应市场的旧险种和不断推出新险种的过程。保险单的设计是保持保险市场活力、保持保险市场发展的重要因素。

二、保险单设计的原则

保险单设计过程中应遵循的原则如下。

（一）遵守法律的原则

设计保险单首先必须遵守的原则是符合法律规定，维护社会道德规范和习惯。保险单无论从内容到形式都必须符合国家的法律规定，如民法、商法、保险法和其他有关法律、法规和政策。如果有些具体事项缺乏法律依据，那么在设计保险单的内容时就应遵守社会公共道德和习惯。保险的本质是要分散和转移风险，因此设计保险单时还要维护社会道德标准，防止诱发道德风险和心理风险。如果保险单设计的内容会引发道德和心理风险，不但有悖于社会道德，也有悖于保险的本质。

（二）满足市场需求的原则

保险单的设计要适应市场供求关系，使保险商品在种类上和价格上都能满足保险市场的需求。

1. 保险险种要适应市场需求。在这一方面，保险单的设计应注意如下问题。

第一，设计保险单时应站在投保人和被保险人的立场上设计保障内容。对投保人和被保险人而言，保险保障的内容是否适应自己的需求，是在购买保险时首先考虑的问题。保险商品提供的保障包括保险责任、补偿或给付水平等。设计保险单就是对这些保险内容进行不同的组合，以尽量满足不同消费者的需要。因此，设计保险单时，在其他条件既定的情况下，尽可能多地提供保险保障。

第二，考虑保险消费需求的动态性质。像任何其他商品一样，保险险种只有满足消费者的需求才能有市场。保险消费需求是一个动态的范畴，它会随着经济水平、社会结构、人口结构和消费心理的变化而变化。所以保险单的设计不仅要考虑消费需求的静态状况，更要考虑影响消费需求变化的各因素的变迁，以便不断地创造出满足变迁着的保险需求的新保险单。例如，前些年由于我国居民收入水平较低、消费心理还不能接受太大额度的寿险险种时，人寿保险都是以传统的保险险种为主，保险金额也较低。经过连续几年来我国经济持续发展，人民生活水平大大提高后，越来越多的消费者不满足于现有的传统寿险，而是希望购买那些既有保障功能又能年年分红的新型险种。

第三，要充分考虑保险商品的生命周期性质，适时开发新险种。保险商品生命周期有4个阶段，也像其他商品一样，也有一种从进入保险市场开始，经历成长、成熟到衰退的全过程。为了保证有效的保险商品供给，在某一保险险种进入成熟期时，保险公司就应该研究市场，准备开发另一个险种作为替代品。

第四，保险单的设计还应积极主动地引导消费需求，创造消费需求。保险商品的使用价值不具透明性，它的使用价值的实现却又具有未来性，因而心理作用在保险消费方面表现比较突出。在这种情况下，设计保险单时，应考虑通过引导消费心理来创造需求并扩大保险市场就显得十分必要了。

2. 保险费率要尽量合理。所谓的合理保险费率有两层含义：一是指保险费率要遵守等价交换原则，保证定价对供需双方的公平性。在保险实务中，保险费率定得是否合理是非常重要的。费率定得过高，虽然有利于保险人一时的利益，但有可能会削弱保险人在市场上的竞争能力；费率定得过低，虽然有利于保险人争取较多的业务，但会影响保险企业经营的稳定性。二是指保险费率水平要与投保人的支付能力相匹配，否则保险提供的保障就不能成为有效需求。通常，投保人对保障的需求首先表现为一种潜在的需求，而这种需求在多大程度上能形成有效需求取决于投保人的支付能力。如果不考虑这一点而只考虑潜在需求的话，高于投保人支付能力的高保障保险商品就不会有市场需求。

（三） 简单明确的原则

保险单的设计要求文字、保险单结构和投保手段三方面体现简单明确的原则。

1. 文字清楚明确。保险险种及保险经营的适法性和技术性都是非常强的，保险单又是由保险人设计并制定的统一的标准文件。从签单或订立保险合同的过程来看，保险合同属于一种附合合同，在一般情况下投保人只有对标准保险单进行取舍的选择，而没有对保险单或条款进行修改的权利。这些因素决定了在保险单设计的过程中，信息偏向于保险人。用保险专门术语和法律术语堆砌的保险单不只是对投保人和被保险人的一种不公平，而且如果它不能广泛地被投保人或被保险人所了解和接受的话，也会影响保险市场的扩大。因此，晦涩的保险单受到了广泛的批评，新保险单的设计要求文意清楚准确、语言简单明了，易于为一般公众所了解。当前世界上不少国家还通过法律规定保险单语言的设计必须做到清楚准确、简单明了。

2. 保险单结构简单明了。保险单的结构是指保险单内容的逻辑安排。保险单内容的安排要合乎逻辑、顺序井然。如果保险单结构混乱，会对保险营销人员介绍保险单内容造成不利影响，也会对投保人和被保险人正确理解保险单内容带来困难，此外，还会给保险人在履行合同时造成麻烦。因此，保险单的结构要求简单明了，最好采用格式化，使投保人与被保险人对保险单内容一目了然，也能使保险人比较容易发现保险单上的错误以便及时改正。

3. 投保手续简单便利。过于烦琐的投保手续会使相当一部分的潜在投保人对保险望而却步，从而不利于提高保险销售量。团体人寿保险的快速发展就是一个很好的例证。团体人寿保险得以迅速发展，除了它的保险费率较低外，还因为它相对于个人寿险而言，投保手续也十分简便无须体检，也无须填写太多的投保文件。如果开发一些个人寿险险种，其投保手续也能像团体寿险那样简化，那么，这些险种将会受到广大营销员和顾客的欢迎，并可能迅速占领市场。

三、保险单的主要内容

设计保险单时应注意保险单的主要内容的完整性和准确性。保险单的主要内容是指保险合同当事人之间由法律确认的权利和义务。按照《保险法》的规定，保险单的主要内容应包括下列 11 项。

（一） 保险合同当事人和关系人的名称和住所

此项是关于保险人、投保人、被保险人和受益人的基本情况。上述这些人的名称和住所都必须在保险单上详细记载，以便保险合同订立后行使权利和履行义务。因为在保险期间内，只要发生对保险费的支付、风险增加的告知、风险发生原因的调查、保险金的给付等事项时，都会涉及当事人和关系人的姓名及住所，同时也涉及发生争议时的诉讼管辖权和涉外争议的法律适用等问题。

（二） 保险标的

保险单中必须明确载明保险标的。保险标的是投保人申请投保的财产及其有关利益或者人的生命和身体。保险标的是确定保险合同关系和保险责任的依据。保险标的性质不同，保险利益以及保险合同性质、保险责任也不相同。明确了保险标的，有利于判断投保人对保险标的是否具有保险利益。保险标的及其所处在何时何地环境，直接与它的风险程度和损失概率及损失程度有关。如商用写字楼与鞭炮生产工厂的风险是完全不同的，出租汽车与家用汽车的第三者责任也是有天壤之别的。因此，认识和区别不同的保险标的及其与之相关的风险，并据此设计不同的保险单是非常必要的。保险标的的设计常用方法有陈述法和列举法两种。前者是用陈述的方式规定保险对象，后者是将保险对象一一列举出来。

（三）　保险责任和除外责任

1. 保险责任。保险责任是指在保险合同中载明的对于保险标的在约定的保险事故发生时，保险人应承担的经济赔偿和给付保险金的责任。保险单设计就是要规定保险人在哪些风险（或条件）发生以及这些风险发生引起的何种程度的损失的情况下，保险人负赔偿或给付责任。因此，在保险单设计过程中，要考虑的问题有以下几点。

（1）保险责任的确定。是单一保险责任还是综合保险责任，是扩大保险责任还是缩小保险责任，这要根据市场的需求、现实的购买能力、经营的技术以及世界保险市场的发展趋势等因素来决定。

（2）特殊情况的处理。保险责任包括基本责任和特约责任两部分。如果保险标的比较特殊或所处的环境特殊，就要考虑设置附加条款或特约责任来处理这些特殊情况。

（3）文字表达的科学性。保险责任在多数情况下，不像保险期限和保险金额那样可以用量化的指标来说明，而要采用文字叙述方式，所以容易产生歧义。这就要求保险责任的表达要以一般公众对其内涵的理解为原则，如果保险单规定的保险责任与一般公众理解不一致，应在保险单上作说明或解释。例如，我国财产综合险的保险责任之一是洪水。关于洪水灾害，保单上没有作特别的说明，而保险公司所依据的条款解释对洪水的解释是江河泛滥，而一般公众理解的洪水是造成损害的大水。在这种情况下，保险责任的表达对一般公众有失公平，同时在理赔时也容易引起争议。

2. 除外责任。除外责任是指保险人不负赔偿或给付责任的范围。除外责任明确的是哪些风险造成的损失与保险人的赔偿责任无关，因此，在设计保险单时，要根据险种所承保的标的情况，确定除外责任。除外责任一般分为4种类型：（1）不承保的风险，即损失原因免除；（2）不承担赔偿责任的损失，即损失免除；（3）不承保的标的，包括绝对不保的和可特约承保的标的；（4）不承保的地区，即保险单对承保财产与责任一般限制于某一地区，以利于风险控制。

（四）　保险金额和保险价值

1. 保险金额。保险金额是指保险人承担赔偿或者给付保险金责任的最高限额。对被保险人而言，保险金额是最高保障额度，同时也是计算保险费的重要依据。险种不同，确定保险金额的方法也有所不同。保险金额的确定一方面要考虑市场的需要，另一方面还要考虑投保人的支付能力，同时还要考虑保险人的承保能力。保险金额要直接体现在保险单上。

2. 保险价值。保险价值是指保险合同双方当事人订立保险合同时作为确定保险金额基础的保险标的的价值，即投保人对保险标的所享有的保险利益在经济上用货币估计的价值额。在财产保险中，一般情况下保险价值就是财产的实际价值；在特殊情况下，保险价值也可以是财产的账面价值或重置价值。在人身保险中，由于人的生命难以用客观的价值标准来衡量，所以不存在保险价值的问题。保险价值一般不直接载明于保险单上，只有定值保险单除外。

（五）保险费率及其支付办法

保险费率是指保险人承保每一危险单位的价格。就被保险人而言，保险费率是被保险人对每一危险单位所付出的代价。保险费率是保险人根据保险标的的危险程度、损失概率、责任范围、保险期限和经营费用等诸多因素而确定的（有关保险费率及其厘定的方法在第十章已作详述）。

设计保险单时还必须列明保险费的缴纳办法及缴纳时间。如财产保险单一般规定为签订保险合同时一次付清保险费。长期寿险则既可以签订保险合同时一次交清保险费，也可以在订约时先付第一期保险费，在订约后的一定时期内采取定期交付定额或递增、递减保险费等办法。

（六）保险期间和保险责任开始时间

1. 保险期间。保险期间是指保险合同的有效期间。即保险人为被保险人提供保险保障的起讫时间也是保险合同依法存在的效力期限。保险期间一般为一个连续的时间段，既可以按自然日期计算（如财产保险、汽车保险等），也可按一个运行期（如货物运输保险、旅客伤害保险）、一个工程期（如工程保险）或一个生长期（如人寿保险、农作物保险）计算。保险期间是厘定保险费率的依据，也是保险人履行保险责任的依据。因此，它是保险单不可缺少的内容。

2. 保险责任开始时间。这是指保险人开始承担保险责任的时间，往往以某年、某月、某日、某时表示。《保险法》第十四条规定："保险合同成立后，投保人按照约定缴付保险费；保险人按约定的时间开始承担保险责任。"按此规定，保险责任开始的时间是由保险合同双方在保险合同中约定。我国财产保险实务中通常采用"零时起保制"，即以约定起保日后的零时为保险责任开始时间，以合同期满日的 24 时为保险责任终止时间。

（七）保险金赔偿或给付方式

保险金赔偿或给付方式是保险人在保险标的遭遇保险事故，致使被保险人经济损失或人身伤亡时，依法或依约定的方法、标准或数额向被保险人、受益人支付保险金的方式。这是实现保险经济补偿和给付职能的体现，也是保险人的最基本义务。在财产保险中表现为支付赔款，在人身保险中表现为给付保险金。

（八）违约责任和争议处理

违约责任是指保险合同当事人因其过错致使保险合同不能履行或不能完全履行，即违反保险合同规定的义务而应承担的责任。保险合同作为最大诚信合同，违约责任条款在其中的作用更加重要。因此，在保险单中必须载明违约责任条款。争议处理条款是用以解决保险合同纠纷适用的条款。争议处理一般采用协商、调解、仲裁、诉讼等方式。

（九）订立保险合同的时间

订立保险合同的时间通常是指合同成立的时间，以此确定投保人对保险标的是否具有保险利益，保险事故是否需要赔偿，保险费的缴付期限等。在特殊情况下，订立合同的时间对核实赔案事实可以起到关键的作用。

（十） 投保人或被保险人的义务

投保人或被保险人义务是与保险人的权利相对应的。我国保险单载明的投保人或被保险人的主要义务有：（1）如实告知的义务；（2）缴纳保险费的义务；（3）加强安全和防灾防损的义务；（4）保险事故发生后及时通知的义务；（5）危险增加的通知义务；（6）损失施救的义务；（7）索赔时提供单证的义务；（8）协助向第三者责任方追偿的义务。

（十一） 保险人的义务

保险人最基本的义务就是承担保险赔偿和给付的义务。险此之外，还负有以下义务：（1）说明保险合同内容（尤其是对责任免除条款必须明确说明）和询问投保人的义务；（2）及时签具保险单的义务；（3）对投保人或被保险人负有保密的义务；（4）促进防灾防损的义务；（5）支付其他必要特殊费用的义务。

保险单样本 11－1

× ×公司意外伤害保险单 ▪▪▪

本公司根据保险单正本后所附条款和投保单的各项内容，承保被保险人（　　）保险，特订立本保险单。

保险单编号＿＿＿＿＿＿＿＿

投保人		联系人			联系电话		
住（地）址					邮政编码		
个人填写栏	被保险人姓名		性别	年龄		职业	
	健康情况		受益人姓名与称谓				
	基本险保险金额	元	附加医疗保险金额				
集体填写栏	本保险单共承保		人		详见后附被保险人名单		
	每人基本保险金额		元	附加医疗保险金额		元	
	基本保险金额合计	元		附加医疗保险金额合计		元	
保险费率	每千元保险金额		元	角	每千元基本保险储金		元
保险费合计	人民币（大写）			￥			
保险储金	按第 档次	每千元基本保险储金		元			
	每千元附加医疗保险储金		元		保险储金合计￥		
保险期限	自 年 月 日零时起至 年 月 日24时止						
备注	受益人应由被保险人指定，如未指定受益人，则以法定继承人为受益人。				保险公司或 签章 代办单位 年 月 日		

四、保险单设计的方法

如前所述，保险单的设计过程就是将保险单主要内容的各要素进行不同组合的过程。由于保险单是一种专业性强的法律文件，投保人不可能对保险单中的每一条款都十分了解，从而与保险人处于平等地位。因此，保险单设计的主体就成了一个重要的问题。保险单设计的主体在不同的国家有不同的情况，有些国家是由保险公司自行设计的，有些国家是由保险同业协会设计的，有些国家是由保险监管部门设计的。在前两种情况下，设计的保险单往往要求保险监管部门审核批准后方能投入使用。

《保险法》第一百三十五条规定："关系社会公众利益的保险险种、依法实行强制保险的险种和新开发的人寿保险险种等的保险条款和保险费率，应当报国务院保险监督管理机构批准。国务院保险监督管理机构审批时，应当遵循保护社会公众利益和防止不正当竞争的原则。其他保险险种的保险条款和保险费率，应当报保险监督管理机构备案。"

保险单设计的常用方法有下列几种。

（一）组合法

组合法是通过保险险种要素的重新组合而设计保险单的方法。组合法就是在充分考虑市场供求状况的情况下，将这些要素进行不同的排列组合，创造出不同的保险单或险种，以满足市场的各种不同需要。构成保险单的主要要素有保险标的、保险责任、除外责任、保险金额、保险费率及其交付方式、保险期限、保险金赔偿或给付方式等。在设计保险单的过程中，可以通过改变保险单的任何一个或几个参数构成新的保险单，从而创造出品种繁多的保险种类。例如，在人寿保险中附加意外伤害保险、住院医疗保险等新保障；又如在保险金给付方式上设计适合保户期望的红利发放办法；再如将人寿保险中的死亡保险与生存保险的保险责任进行综合，就产生了养老保险单，这既承担死亡责任又承担生存责任。目前市场上定期养老保险、儿童保险等都属于这一类。

（二）反求工程法

反求工程法是在对保险市场上已有险种的分析基础上，根据具体情况，取各个险种的特点，并在此基础上设计新的保险单。其通常的做法是，收集保险市场上已有的保险单，然后对其在保险市场的表现和消费者的反应进行总结和分析，最后将不同保险单长处进行组合，形成新的保险单。如家庭财产两全保险就是寿险的储蓄性质和财产险的保障性质结合的产物，使得这种保险具有到期还本和经济补偿的双重性质。

本章小结

1. 新险种开发是一项复杂而又极具风险的工作，它直接关系到保险营销的成功与失败。因此，新险种的开发必须按照一定的科学程序进行。新险种开发的程序包括构思的形成、构思的筛选、市场分析、开发设计、试销过程和商品化。

2. 保险单设计要根据保险市场的需求进行。它是保持保险市场活力、保持保险市场发展的重要因素。

主要概念

　　新险种　模仿新险种　改进新险种　换代新险种　保险单　保险标的　保险责任　除外责任　保险金额　保险价值　保险费率　保险期间　组合法　反求工程法

思考与练习

1. 试述新险种开发的程序。
2. 开发新险种应注意的问题有哪些？
3. 保险单的设计如何才能满足市场需求？
4. 保险单设计的方法主要有哪几种？

Master Series

21st

Century

第四篇 —————————————————

分销与促销篇

第十二章
保险公司的分销渠道

学习目标

通过本章的学习，要求首先掌握保险分销渠道的含义及其类型，了解保险公司采用的主要分销渠道，掌握传统的两种保险分销渠道即直接分销渠道和间接分销渠道；其次了解新型的三种分销渠道包括交叉销售、电话销售和互联网销售渠道；最后要掌握保险公司分销渠道的设计与管理及其各自分销渠道的优化组合。

知识结构图

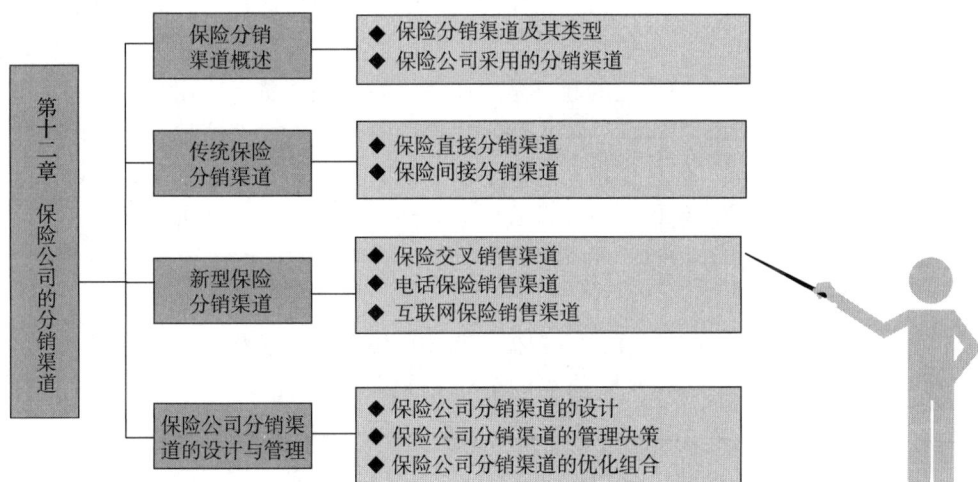

第十二章 保险公司的分销渠道	保险分销渠道概述	◆ 保险分销渠道及其类型 ◆ 保险公司采用的分销渠道
	传统保险分销渠道	◆ 保险直接分销渠道 ◆ 保险间接分销渠道
	新型保险分销渠道	◆ 保险交叉销售渠道 ◆ 电话保险销售渠道 ◆ 互联网保险销售渠道
	保险公司分销渠道的设计与管理	◆ 保险公司分销渠道的设计 ◆ 保险公司分销渠道的管理决策 ◆ 保险公司分销渠道的优化组合

第一节 保险分销渠道概述

一、分销渠道及其类型

（一）分销渠道的含义

肯迪夫和斯蒂尔给分销渠道下的定义是：分销渠道是指"当产品从生产者向最后消费者或产业用户移动时，直接或间接转移所有权所经过的途径"。

菲利普·科特勒认为："一条分销渠道是指某种货物或劳务从生产者向消费者移动时取得这种货物或劳务的所有权或帮助转移其所有权的所有企业和个人。因此，一条分销渠道主要包括商人中间商（因为他们取得所有权）和代理中间商（因为他们帮助转移所有权）。此外，它还包括作为分销渠道的起点和终点的生产者和消费者，但是，它不包括供应商、辅助商等。"

在现代商品经济条件下，大部分生产企业并不直接把产品销售给最终用户或消费者，而要借助于一系列中间商的转卖活动。商品在流通领域内的转移，包括由商品交易活动完成的商品所有权转移过程和由储存、运输等完成的商品实体转移过程两个方面。商品实体转移的动向和经过的环节并不一定与商品所有权转移的动向和经过环节完全一样。例如，商品从生产者到零售商可能经过两道批发商与商品交易活动，但这些批发商实际上并没有运送或保管过该商品；此外，即使有若干专业的运输公司或仓储公司参与了商品实体转移活动，但它们却从未介入任何商品的买卖交易活动，它们只是提供了服务。因此，分销渠道的含义，一般仅指由参与了商品所有权转移或商品买卖交易活动的中间商组成的流通渠道。分销渠道的起点是生产者，终点是消费者或用户，中间环节包括各参与了商品交易活动的批发商、零售商、代理商和经纪人。严格地说，后两类中间商并不对商品拥有所有权，但他们帮助达成了商品的买卖交易活动，因此，也可作为分销渠道的一关或一个环节。所以，只要是从生产者到最终用户或消费者之间，任何一组与商品交易活动有关并相互依存、相互关联的营销中介机构均可称作一条分销渠道。

（二）分销渠道的类型

1. 直接分销渠道和间接分销渠道。根据有无中间商参与交换活动，可以将上述两种模式中的所有通道，归纳为两种最基本的分销渠道类型：直接分销渠道和间接分销渠道。

（1）直接分销渠道，是指产品在从生产者流向最终消费者或用户的过程中，不经过任何中间商，而由生产者将其产品直接销售给消费者或用户。直接分销渠道是两个层次的分销渠道，也是最短的分销渠道，其优点是有利于节省费用、保证企业信誉，更可以获得较高的利润。

（2）间接分销渠道，是在产品从生产者流向最终消费者或用户的过程中经过一层或一层以上的中间环节，消费者市场多数采用这种间接渠道。间接分销渠道根据中间环节的多少又可细分为三种。①一层渠道。制造商和消费者（或用户）之间，只通过一层中间环节，这在消费者市场是零售商，在生产者市场通常是代理商或经纪人。采用这种分销渠道的企业通常生产耐用消费品和高级选购品。②二层渠道。制造商和消费者（或用户）之间经过二层中间环节，这在消费者市场是批发商和零售商，在生产者市场则可能是销售代理商与批发商，主要适用于中小企业。③三层渠道。在大批发商和零售商之间，再加上二道批发商，因为小零售商一般不可能直接向大批发商进货。此外，还有层次更多的渠道，但较少见。

2. 密集性分销渠道、独家分销渠道和选择性分销渠道。渠道类型除长度问题外，还有宽度问题。分销渠道的宽度是指在分销渠道中，每一个流通环节使用同种类的中间商数目的多少。如果使用的中间商多，这种产品的渠道就宽；如果使用的中间商少，这种产品的渠道就窄。根据分销渠道的宽度，有三种可供选择的分销形式。

（1）密集性分销。即企业运用尽可能多的中间商分销，使渠道尽可能加宽。消费品中的便利品（如香烟、火柴、肥皂等）和工业用品中的标准件、通用小工具等，适于采取这种分销形式，以提供购买上的最大便利。

（2）独家分销。在一定地区内只选定一家中间商经销或代理，实行独家经营。独家分销是最极端的形式，是最窄的分销渠道，通常只对某些技术性强的耐用消费品或名牌货适用。独家分销对生产者的好处是有利于控制中间商，提高他们的经营水平，也有利于加强产品形象，增加利润。但这种形式有一定风险，如果这一家中间商经营不善或发生意外情况，生产者就要蒙受损失。

（3）选择性分销。这是介乎上述两种形式之间的分销形式，即有条件地精选几家中间商进行经营。这种形式对所有各类产品都适用。它比独家分销面宽，有利于扩大销路，开拓市场，展开竞争；比密集性分销又节省费用，并较易于控制，不必分散太多的精力。有条件地选择中间商，还有助于加强彼此之间的了解和联系，使被选中的中间商愿意努力提高推销水平。

二、保险公司采用的分销渠道

（一）保险分销渠道的含义

保险分销渠道又称保险营销渠道、保险销售渠道、保险分销体系，是指由为完成保险市场交换活动而进行一系列保险营销活动的组织和个人形成的体系，包括保险产品从保险公司转移至投保人的过程中，所有起协助作用的组织和个人。

在保险分销渠道中，出售保险产品的保险公司是分销渠道的起点，购买保险产品的消费者即投保人是分销渠道的终点，参与保险产品从保险公司转向消费者的每个人都是分销渠道的组成部分。因此，分销渠道不仅包括提供保险产品的保险人和消费保险产品的投保人，还包括为保险产品从保险人转向投保人提供便利的所有中介人，如保险代理人、保险经纪人等。

（二）保险公司的分销渠道类型

一般来说，保险分销渠道分为传统分销渠道和新型分销渠道。

1. 传统分销渠道。传统分销渠道根据有无中间商参与交换活动，可以分为直接分销渠道和间接分销渠道。直接分销渠道，也称直销制，是指保险公司利用支付薪金的业务人员向准保户推销保险产品和提供服务。这种方式适合于实力雄厚、分支机构健全的保险公司。间接分销渠道，也称中介制，是指保险公司与投保人之间不进行直接的接触，而是通过一个或几个、一层或几层中间商把保险产品销售出去，我国目前主要是通过保险代理人和保险经纪人等中介机构向准保户推销保险产品。

2. 新型分销渠道。新型分销渠道是保险产品为了适应社会的发展和竞争的加剧在传统的分销渠道的基础上演变发展而来。目前保险公司的新型分销渠道主要有：交叉销售、电话销售、互联网销售（包括保险公司官网、手机第三方应用程序（APP）、微信公众号、保险中介的网站、第三方电子商务平台如淘宝、京东）等。

在保险市场不健全的时期，保险企业大都采用直销制进行保险营销。但随着保险市场的发展，保险企业仅仅依靠自己的业务人员和分支机构进行保险营销是远远不够的，同时也是不经济的。无论保险公司的资金实力有多雄厚，都不可能建立一支足以包容整个保险市场的营销队伍，即使可能，庞大的工资支出和业务费用势必提高保险经营的成本。因此，在现代保险市场上，保险企业在依靠自身的业务人员进行直接营销的同时，更广泛地利用保险中介人进行间接营销。同时，由于保险产品及其服务的特殊性，并非所有产品都适宜新型保险营销渠道，未来会是各种营销渠道百花争妍。

第二节　传统保险分销渠道

一、保险直接分销渠道

（一）保险直接分销渠道的优势

直接分销渠道能够使保险公司和投保人之间进行直接交易，保险公司直接与投保人建立联系。在传统的直销制中，没有中介人身份的推销人员接触准保户。直接分销渠道的销售过程与其他分销渠道相似，也包括传递给准保户销售信息，接受投保申请，签发保险合同等。

直接分销渠道无论独立利用还是与其他分销渠道联用，保险公司均可有效控制承保风险，保持业务量的稳定，其主要优势有以下几方面。

1. 有利于控制保险欺诈行为的发生。由于保险公司的业务人员的工作稳定性强又比较熟悉保险业务，因而，不容易发生因不熟悉保险业务而欺骗投保人的道德风险，给保险消费者增加了安全感。

2. 有利于树立公司良好的外部形象。采用直销制，保险公司的业务人员直接代表保险公司开展业务，具有较强的公司特征，从而在客户中树立公司良好的外部形象。

3. 有利于降低业务的成本和分销成本。采用直销制，即使保险公司业务人员完成或超额完成预期任务，其收入也不会因其业务超额完成而大量增长。同时因为公司员工享有固定的工资和福利，员工的培训费用也少于代理人员的同类费用。因此维持营销系统较低的成本，使公司产品在费率上具有竞争性。

4. 有利于建立与保户之间的长期关系。直接营销人员能够准确地安排时间，在合适的时候去接触潜在客户，从而有利于建立与保户之间的长期关系。

（二）　保险直接分销的主要手段

1. 保险公司员工销售。传统的保险销售主要是跟公司签署雇佣合同关系由公司支付薪金的业务人员向准保户推销保险产品和提供服务，传统上称他们为外勤员工。保险公司的这些外勤业务人员由于工作的稳定性强又比较熟悉保险业务，有利于提高承保业务的质量，控制保险欺诈行为的发生，不容易发生因不熟悉保险业务而欺骗投保人的道德风险，给保险消费者增加了安全感。

保险公司的外勤业务人员直接代表保险公司开展业务，具有较强的公司特征，从而在客户中树立公司良好的外部形象。同时因为公司职工享有固定的工资和福利，其收入不会因业务超额完成而大量增长。如果保险公司业务人员在完成或超额完成预期任务的情况下，则维持营销系统的成本相对也较低。

2. 利用媒体销售。传统保险直销的媒体工具主要有印刷媒体和广播媒体。印刷媒体是各种形式的印刷出版物，如报纸、杂志。直接营销人员根据杂志或报纸读者群的人口统计、地理位置、心理特征等因素来选择使用特定的印刷媒体。印刷媒体中直销广告包括在报纸或杂志上提前印刷的插页、广告和在报纸、杂志的版面上刊登的广告以及在特别有趣的出版物上登载广告或在报纸的特殊部分刊登广告。保险公司能够瞄准特定的读者群。广播媒体由广播和电视组成，它们被用来在广泛的领域向广大的、通常无分别的视听众传播广告信息。通过广播媒体进行的直销广告的细分，主要通过发布广告完成，这些广告与特殊类型的节日结合在一起，或者在一天的一些时间段里播出，在这一时间，理想细分市场的成员更可能在收听广播或观看电视。一些保险公司使用有线电视广告来瞄准特定的居民区或邮政代码地区的消费者。

3. 设立零售中心和零售亭销售。保险公司在购物中心、银行和超级市场等中心设立保险产品零售中心或零售亭等销售网点，零售亭或零售中心一般由一些专职的保险销售人员组成，他们从总公司获得在线服务支持，现场回答顾客的询问并提供购买选择建议。这种直销方式在美国比较多见。

（三）　保险直接分销的过程

保险公司通过直接分销渠道来销售保险产品，其过程主要包括两个非常重要的阶段，即识别目标细分市场和进行广泛的营销调研。

1. 识别目标细分市场。通过直接分销渠道来销售保险产品时，确定目标细分市场所考虑的消费者群体的特征主要是：只需有限的或补充的保险；居住的地区比较偏远；需要的产品不是大众化的；属于特殊的利益群体；收入水平处于中低层；接近通路无障碍。根据以上特征，我们可以将下列消费群体确定为目标市场：（1）公司自己的老客户，这是直接分销的主要准保户；（2）最近经常咨询公司产品的消费者；（3）信用机构的持卡人，这是直接分销最青睐的；（4）年龄稍长，需要小额寿险与健康险保障的人；（5）中低收入群体中的消费者。

2. 进行营销调研。利用直接分销渠道的保险公司的营销调研活动主要集中在四个方面，即市场调研、产品调研、直销媒体和广告材料的调研。

（1）市场调研。市场调研主要是利用定性和定量的调研方法，研究直销产品的投保人状况，包括现实的和潜在的。通过调研识别他们的地理特征、人口统计特征、投保心理特征和投保行为特征，从而为保险公司确定目标细分市场提供依据。市场调研的内容包括：目标细分市场的保险和其他金融产品需求状况；目标细分市场上消费者的个人心理特征和行为特征，如他们对保险产品的偏好，他们了解保险的途径和投保的方式等；目标细分市场上消费者投保的频率及对某些特定产品的投保频率；区别不同险种投保人的方式；对公司提供的客户服务的满意度；导致保单失效的原因；保单持有人与没有投保的人之间的个体差异；消费者投保与否的原因分析；投保的时间间隔；不同类型直销方式之间的平均费率等。

（2）产品调研。产品营销调研一般是针对投保人对直销产品的好恶的研究。具体包括：产品和产品所提供的保障类型；对产品和保障的修改建议；通过直接营销的特殊类型产品的投保情况；市场上消费者对产品的接受程度。通过以上内容的调研可以确定消费者是否会真正投保、保费的承担额以及最喜欢的产品的保障与保费的最佳组合。

为了进行营销调研，保险公司在推出新产品的费用发生之前，经常使用模拟测试的营销调研方法，即以模拟直接邮件营销活动的方式进行信访调查。在目标市场中的消费者收到购买新产品的推销样本，并被要求将有关产品特征和促销方式问题调查表填好寄回。

由于模拟测试非常接近做出真实购买决策的情形，保险公司在将该产品备案并将其推向市场之前，可以根据测试结果对该产品或广告作出修改。但是，消费者置身于现实购买条件下时，他们并不总是按照其在调研环境下所说的那样去做，保险公司在进行模拟测试时还必须与实际市场引入相结合，从而保证模拟测试与相关的实际营销结果尽可能接近。

（3）直销媒体和广告材料的调研。当某公司决定向特定的目标市场提供某种产品时，还必须确定覆盖那个市场的最合适的媒体并对广告和其他促销材料进行设计和测试。

媒体营销调研内容有：消费者对于各种媒体的态度；哪种直销媒体对覆盖特种目标市场最为合适；哪种媒体的反馈率最高；时间对不同媒体反馈率的影响等。

利用直接分销渠道的保险公司进行营销调研的目的是确认公司营销努力是否有效。其中测试很关键。为此，直接营销人员在进行营销活动之前及之后均进行测试。这些测试包括媒体测试、文稿测试或两者兼而有之。媒体测试是记录及测量在不同媒体上发布同一广告的效果的一种营销试验。文稿测试是用于记录及测量在同一媒体中连续改变广告内容、设计或格调之后的效果的一种营销试验。从某种意义上说，每一直接营销努力都是一次测试，一次将营销计划预测与先前的直销努力结果进行比较的测试。

（四）适于直接分销渠道销售的险种

适于直接分销渠道销售的险种一般应具有四个特点。

1. 申请简便。运用直接分销渠道销售的险种必须简单，以便于向投保人作出清晰的解释。具体要求条款表述要严谨，措辞应浅显易懂。同时投保单本身也要尽可能简捷。

2. 核保简便。通常，运用直接分销渠道销售的险种有两种：一种是在无须体检的前提下得到核保；另一种是在保证签单的前提下得到核保。对于前者，准保户无须经过体检医生或医疗服务人员的体检就被承保。对此，该类险种投保单中设计有申请人健康状况的询问。对于后者，一般是就团体保险而言的，无须进行单独核保，团体中所有合格的成员都会自动获得一张签发的保单。为了防止逆选择，该类保单通常规定一定的给付限额。

3. 管理简便。由于运用直接分销渠道销售的险种比较简单，从而降低甚至消除了许多管理成本。通过直接分销渠道，采用系统化的投保和理赔处理程序，销售大量基本相同的险种。利用这种方法，直接营销人员进行核保和管理，使成本降到最低限度。

对于这类险种，保险公司通过设置了免费拨号电话，并在所有书面信函和营销材料上显著登载电话号码告知客户，大大提高了客户服务质量。许多保险公司通过电话网和国际互联网址提供全天候的服务。

4. 缴费简便。在运用直接分销渠道销售的险种，在其具体采取的销售方式如直接邮寄招揽方式中，都简明扼要地列明了直销产品的费率和缴费手续。在美国，直销产品所公布的保费通常是按月报价的，以强调支付能力与潜在客户的需求和预算的协调性。

二、保险间接分销渠道

间接分销渠道，也称中介制，是指保险公司通过保险代理人（含保险营销员）和保险经纪人等中介机构向准保户推销保险产品。

（一）保险代理人分销渠道类型

保险代理人分销渠道是指保险人委托代理人在其授权范围内代位销售保险产品。目前我国保险公司的代理人分销渠道主要有：保险专业代理机构分销渠道、保险兼业代理机构分销渠道、保险营销人员分销渠道、独立个人代理人分销渠道。

1. 保险专业代理机构分销渠道。保险专业代理机构是指根据保险公司的委托，向保险公司收取佣金，在保险公司授权的范围内专门代为办理保险业务的机构，包括保险专业代理公司及其分支机构。在中华人民共和国境内设立保险专业代理机构，应当符合中国保险监督管理委员会规定的资格条件，取得经营保险代理业务许可证。根据我国《保险专业代理机构监管规定（2015 年修订)》规定，保险专业代理机构可以采取的组织形式为有限责任公司和股份有限公司，代理销售保险产品是保险代理机构的主要业务范围之一。

2. 保险兼业代理机构分销渠道。保险兼业代理机构是指符合中国保监会规定的资格条件，并经中国保监会批准取得《保险兼业代理业务许可证》，经营保险兼业代理业务的单位（如银行、邮政、旅行社、车商等）。代理销售保险产品就是保险公司授权保险代理机构在从事自身主业的同时，接受保险公司的委托代为办理的保险兼业代理业务范围之一。

3. 保险营销人员分销渠道。保险营销员是指取得中国保险监督管理委员会颁发的资格证书，根据保险公司的委托，在保险公司的授权范围内为保险公司销售保险产品及提供相关服务，并收取手续费或者佣金的个人。

4. 独立个人代理人分销渠道。独立代理人是指同时独立为多家保险公司代理销售保险产品的代理人。如果保险公司使用独立代理人分销渠道，那么公司仅仅支付佣金，不用建立分支机构和承担管理代理人的额外费用，因此成本较低。但是公司对独立代理人的控制力较弱，而且渠道改进常受到独立代理人的反对。独立代理人是保险产品离普通消费者最近的渠道，在独立代理人制度已经盛行的美国，他们每年创造 5000 亿美元的保费，人均产能高达 200 万美元，不到 20 万的独立代理人创造了全美 70% 的保险业务。

拓展阅读 12–1
保险独立个人代理人 "顺诞" 的三道关 ||||||||||||||||||||||||||||||||||||||||

在 2015 年 9 月中国保监会出台的《关于深化保险中介市场改革的意见》（以下称《中介深化意见》）中，保险监管部门首次提出独立个人代理人概念，希望通过试点派生出一种保险中介主体，探索鼓励现有优秀个人代理人自主创业、独立发展。独立个人代理人概念一经提出，在保险业内立即引发热议，一种观点认为大势所趋，应当积极扶持、大力发展；另一种观点认为因为业务空间和竞争优势问题，发展前景堪忧。

独立个人代理人从概念到现实需要闯过的"三道关口"。

一、理论关

理论是实践的先导，是制度的基础。个人代理人从概念到现实，首先通过的第一道关口是"理论关"，需要从理论层面回答好以下几个问题。

一是主体定位问题。对于试点中的个人代理人定位问题，目前有两种观点。一种是独立说。持这种观点的人士认为，脱胎于目前的保险个人代理人（保险营销员）群体，与现在依托的保险公司或者保险中介机构脱钩，成为独立销售保险主体，与原有的个人代理人、保险中介机构成平行并列关系，成为与保险公司公平合作的主体。另一种是换壳说。持这种观点的人士认为，现有模式下，保险个人代理人（保险营销员）绝大部分与保险公司签约、少数部分与保险专业中介机构签约，而实行独立个人代理人实质只是赋予个人代理人销售更多保险产品的权利，而保险销售的管控责任、风险承担仍然在保险公司或保险专业中介机构，无法实现真正的独立性。

二是监管抓手问题。对保险个人代理人（营销员）的监管，存在一个监管抓手问题。以 2015 年 4 月通过的《保险法》（2015 修订）为时间节点，对于保险个人代理人的监管实行了重大的改革，取消了保险销售从业人员从事保险销售需取得保险监督管理机构颁发的资格证书的条件。改革前实行保险监管部门管资格、保险机构监管使用"管用分体"模式；改革后实行保险监管部门退出资格管理，由保险机构从资格到使用"一体式"管理模式。

现在试点的独立个人代理人，如果独立于保险机构，就需要制定专门的监管规定，保险监管部门需要面对的问题是，仅对独立个人代理人有资质要求、准入要求还是对全行业的个人代理人监管都重新回归到管理资格的模式上；如果不独立，与现行的模式别无二致，试点意义无从谈起，由此陷入一种"两难逻辑"。

二、制度关

现阶段，我国保险中介群体包括保险个人代理人（营销员）、保险专业中介机构和保险兼业代理机构三大块，但是在中介主体相对应的保险中介监管制度体系中，各块制度建设完备性、制度效力层级都参差不齐，亟待完善。

一是监管制度层级问题。第一，保险专业中介机构制度建设最完备。第二，兼代机构的监管规定分散且层级低，多数为规范性文件。第三，保险个人代理人（保险营销员）监管规定最缺乏，监管制度建设欠账较多。独立个人代理人要开展试点，面临的首要问题就是监管制度的设计问题。

二是门槛高低相互呼应。日前下发的《中介深化意见》，对于保险中介主体的市场准入进行了系统的制度安排，整体导向是降低门槛，核心的内容包括三点：（1）试点独立个人代理人；（2）降低保险专业中介机构注册资本金数额；（3）恢复并扩大保险兼业代理机构准入行业和代理险种范围。独立个人代理人要开展试点，面临的次要问题就是市场准入门槛确定问题。

三是监管标准相互一致。监管标准和尺度的把握涉及保险销售主体在展业过程中权、责、利一致问题。若把独立个人代理人看成保险销售市场中独立的个人存在，就需要与市场上其他代理主体一样，即实施同样的代理行为，制定同样的监管规定，避免监管套利。独立个人代理人要开展试点，同样面临监管标准问题。

三、操作关

业务空间是独立个人代理人的生命线和发展源。研究独立在保险业务一定的前提下，保险中介群体之间呈现相互替代的关系，一类主体的业务占比提高了，另一类主体占比必然下降。从业务空间看，现阶段独立个人代理人生存和发展其面临的渠道环境、竞争手段等形势更加严峻，具体来说有以下几点。

一方面市场渠道竞争加剧。当下独立个人代理人面临的渠道竞争对手主要包括：一是现有保险公司支公司等机构为保险公司的营业部、营销服务部等分支机构。二是新兴的电话销售、网络销售渠道、平台。三是汽车经销商渠道。四是保险公司相互代理渠道。五是新近扩容的金融类兼业代理机构群体。六是地摊式、可以进行多元金融营销的保险营销人员。独立个人代理人作为新生渠道，人力、财力等资源配置相比以上发展多年的成熟直销、电销渠道或已有固定客户群体的兼业渠道都较为薄弱，如何在众多的保险渠道下寻求突破和生长是独立个人代理人取得发展的关键问题。

另一方面自身竞争手段有限。相对于汽车经销商渠道采取的保险公司大客户部的"专人服务"策略、汽车经销商"原厂配件、直赔、一定金额免现场"的竞争策略、检测线采取的"汽车检测保过"宣传、担保公司"指定购买保险"条款、网销渠道购买便捷售价更低的优势，保险门店的竞争对手的营销策略不可小觑。

总之，独立保险个人代理人的试点没有成熟的经验可以借鉴和成熟的模式搬套，需要结合保险业发展和保险中介市场发育具体情况，围绕提高服务经济社会发展和保险业发展的需要，围绕提高服务保险消费者的合法合理诉求，以保险市场主体的保险公司为依托积极主动稳妥先行先试。

⬆ 资料来源：作者：王小韦、高笑寒，载《中国保险报》，中保网。

（二）银行保险分销渠道

狭义银行保险分销渠道是指通过银行代理销售保险产品，广义的银行保险分销渠道是指通过银行、邮局、证券等兼业代理机构销售保险产品。银行代理销售保险产品一直是保险公司获取保费的主导，银行销售也越来越成为名副其实的主渠道。

相对于其他分销渠道，银行保险具有以下特点。首先，成本低。保险公司通过银行柜面或理财中心销售保险产品，可使公司的经营成本下降，保险产品费率降低，给消费者更多实惠。其次，安全可靠。消费者通过银行办理投保相关手续，可确保消费者的资金安全。最后，购买便捷。银行网点遍布城乡各地，通过银行柜面或理财中心进行购买，简单、便捷，同时便于与家庭预算相结合，选择符合实际需求的产品。

银行的保险销售方式大致可分为两类：人员销售和电子商务销售。人员销售是销售人员和客户进行面对面的直接销售。电子商务销售包括了以免费电话、邮件、互联网等方式完成的保险产品销售。

（三）保险经纪人分销渠道

保险经纪人是代表投保人或被保险人的利益参与保险活动的个人。保险经纪人分销渠道是指保险人依靠保险经纪人销售保险产品的一种营销方式。我国只允许机构经营保险经纪业务。根据中国保险监督管理委员会发布的《保险经纪机构监管规定（2015 年修订）》，保险经纪机构是指基于投保人的利益，为投保人与保险公司订立保险合同提供中介服务，并按约定收取佣金的机构，包括保险经纪公司及其分支机构。保险专业经纪机构可以采取的组织形式为有限责任公司和股份有限公司。在西方国家，保险经纪人是保险公司推销保险单的主要形式，保险经纪人作为投保人的代理人，从被保险人的利益出发，代为设计保险方案，更容易被消费者认可和接受，也越来越成为保险公司采用的重要的销售渠道。

第三节　新型保险分销渠道

一、保险交叉销售渠道

（一）交叉销售与保险交叉销售的含义

所谓交叉销售，是指通过客户关系管理，发现并满足现有客户的多种需求，实现销售多种相关产品或服务的一种营销方式。与传统销售方式的区别在于，交叉销售注重从横向角度开发产品市场，在某次销售的基础上，通过对同一客户的深入挖掘，开拓并满足其更多的需要。由此可见，交叉销售的核心在于以客户需求为导向，通过多种营销渠道实现客户生命周期价值。

保险交叉销售是指保险集团下属子公司或参股公司之间客户共享，客户需求交叉挖掘的新型销售方法。比如人寿保险公司和财产保险公司的交叉销售就是通过向已购买了寿险的寿险公司客户兜售财产保险或向已购买了财产险的财产险公司客户兜售人寿保险。它是保险行业发展到一定阶段产生的一种保险营销模式，该模式已逐渐被大多数保险公司加以运用，称呼各有不同，有的称"交叉销售"，有的称"互动销售"。

（二）保险交叉销售的意义

保险交叉销售有诸如客户源广、客户容易接受、资产管理便捷和为客户提供一揽子理财计划等很多优势，所以也被很多公司所采用。

1. 提高客户忠诚度。对于投保人来说，从某一保险公司购买的保险产品越多，更换保险人时导致的转换成本也越高。因为退保时由于无法将所缴保费全额退回产生的退保成本，重新签订保险合同时的交易成本，由于对新保险人不熟悉导致的额外成本以及时间成本，等等。因此，保险交叉销售可有效帮助保险公司留住客户，对顾客的忠诚度有明显的正向作用。

2. 有效利用营销资源。同一家控股集团公司下的各子公司，各子公司之间可相互代理对方产品，渠道既包括保险公司内部的营销渠道，又包括公司外部的营销渠道，让同一客户拥有几家公司或带有不同渠道特征的产品。从而减少内耗，有效利用营销资源。

3. 提高公司利润。保险交叉销售通过提高客户忠诚度，可以从多个方面为公司带来利润额的增加。首先，客户忠诚度的上升包括续保率的增加和退保率的降低。这是因为保险公司为原有客户办理续保的成本远远小于向新客户销售一份保单的成本，因而续保率的增加可以在很大程度上降低交易成本。其次，退保率的降低则有利于保费收入的稳定，从而使公司能够更加有效地利用保险资金进行投资，提高投资收益。最后，较高的客户忠诚度还可以为公司赢得更好的声誉。从长期来看，这会给公司带来可观的利润和长久的发展。因为良好的企业形象不仅会带来更多的优质客户，帮助公司扩大市场份额，而且会吸引大量的资金，有利于公司未来的发展。

拓展阅读 12 - 2
保险可以利用财富、健康和养老管理实现跨界营销 ::::::::::::::::::::::::::::::

跨界营销就意味着要打破传统的营销思维模式，避免单独作战，目前我们的中小保险公司发展很困难，实际上营销员的留存率也很低，跨界营销实际上可以改善很多的东西。所以，跨界营销对拥有主平台的企业而言，其客户能认可其提供的跨界产品和服务，除了质量服务与价格，关键是企业与基础客户的关系，这就是黏性。

财险和人寿保险的跨界营销，通过跨界营销实现保险代理人或中小专业代理机构的佣金多元化，实现共同富裕是提升行业的总体形象、吸引优秀人才的基础。

通过车险主平台和相关附加值服务形成黏性业务，可以围绕衣食住行开展跨界营销。可是通过定期期缴寿险主平台黏性业务不仅可以实现保险姓保还可以围绕人的生老病死实现跨界营销。因为我们国家目前出台了一系列养老服务和健康中国的规划和计划，为我们的行业奠定风险管理，开展财富管理、健康管理和养老管理创造了前所未有的跨界机遇。

所以保险行业跨界营销范围，初级就是产寿险交叉销售。中级是基于集团平台、股东平台和合作平台开展的各类金融产品的交互销售。而高级的跨界营销是基于利益共同体的财富管理、健康管理和养老管理的产品与服务安排。

"十三五"规划提出要开展多层次合作，探索综合性经营为保险业实现终极跨界铺平道路。随着国家有关养老等计划的实施，保险业出现以财富管理、健康管理和养老管理相结合的高级的跨界需求。这是泰康和胡润做的一个调查，调查显示 2015 年中国高净值群体 99% 拥有健康保险，86% 拥有养老保险。

事实上其他与生老病死有关的话题已经可以进行深度的扩展。同样，这是今年 1 - 8 月各个险种的变化。同时，客户的获得感是形成黏性的机会，尽管长期的期缴寿险保单可以形成高价值的业务，但客户如果自我满足的获得感较低黏度也较低。所以客户与其所持有的长期期缴寿险保单是否具有获得感，不是其支付的保费而是其获得的保额。

从 1998 年开始，美国拥有定期寿险。根据年龄的状态可以看到 45 岁到 54 岁的美国家庭 1998 年拥有的定期寿险保额超过了 27 万美元，而中国台湾寿险保单和人均保额，去年整个台湾的人均保额达到了 176 万元新台币，当年的件均保额人均达到 83 万元新台币。

面对大数据时代形成的家庭和个人信息的扩散，自我保护隐私成为客观需求，网络平台的迅速发展，多种销售驱动的融合、跨界已经成为一种现实。所以寿险业具有的财富管理、健康管理与养老管理的超前黏性业务已经成为跨界营销平台最具竞争力的一个领域。所以，长期的期缴保单是个人零售领域黏性最牢固的业务，我国的"十三五"发展规划已经确定了金融综合目标，中介深度跨界融合的业务，基于大数据和家庭跨界营销服务将陆续形成，基于长期期缴寿险基础的业务将使寿险业务成为最大的跨界的综合销售平台，从而改善我们的低端营销员的收入来源，使整个行业能够可持续发展。

↑ 资料来源：节选自郝演苏教授在 2016 中国保险行业峰会上的演讲。

（三）　我国保险业交叉销售的几种模式

在初期，一些保险公司将这一模式仅局限于"团个险交叉"销售方面，充分运用公司内部资源，将团险的客户资源和个险营销员人力资源加以有机结合。随着时间的推移，各家保险公司已经或正在形成寿险公司、产险公司、健康险公司、养老金公司以及资产管理公司等多驾马车并行的集团化运营格局，这就为以客户为中心、资源共享的"寿销产""个销产""银销产""产销寿""产销团""产销银"等产寿险交叉销售、团个险交叉销售等多种销售模式提供了行之有效的发展空间。目前，我国保险行业中交叉销售的主要模式可归为以下几种。

1. 产代寿模式，即在产险的营销渠道同时销售寿险产品的方式。将产险业务作为主要利润来源的公司如中国人保，采用的就是这种模式。

2. 寿代产模式。它与产代寿对应，是利用寿险渠道代理产险业务的销售。采用这种方式要以寿险业务发展成熟为前提条件，满足此要求的公司有中国人寿等。

3. 全方位代理模式。它是指产险业务和寿险业务之间相互代理。采用这种模式的主要是一些保险集团，如平安集团、太保集团等。它的特点在于"交叉效率"高，是一种较深层次的交叉销售方式。相应地，此模式对保险公司的使用条件也比较严格，要求公司的产寿险业务均已建立各自的营销渠道，且发展很成熟。

✎ 拓展阅读 12 –3
中国人民保险集团公司交叉销售管理办法 （节选）............................

第三章　运作模式

第十一条，集团公司鼓励各地分支机构结合当地实际，创新交叉销售的运作模式和工作方法，不断完善工作机制。

第十二条，集团公司综合考虑有关运作模式的适用条件、运作效果、可复制性、战略意义等因素，选择有效模式和工作方法在全系统推广使用。

第十三条，交叉销售运作模式包括但不限于以下几种：

全面代理模式。在人保寿险或人保健康未设县级机构的地区，利用人保财险的营销队伍，代理寿险、健康险业务。

互派专员与乡镇机构共建模式。在人保财险、人保寿险或人保健康已设县级机构的地区，各方互派业务专员进驻对方机构，协助对方开展代理业务。同时，人保寿险或人保健康依托人保财险现有乡镇机构网点，或三家子公司在均未设乡镇机构网点地区联合新建机构网点，进行销售队伍共建，开展农村保险业务。

互动部与乡镇机构共建模式。在人保寿险或人保健康未设县（或地市）级机构的地区，由人保财险在县（或地市）级机构内部设立互动部，代理寿险或健康险业务。同时在乡镇依托人保财险网点，开展销售队伍共建，有效提高现有乡镇网点的业务获取能力。待互动部达到一定业务规模时，可以成立人保寿险或人保健康的分支机构。

共建团队模式。由人保财险和人保寿险或人保健康在县及以下地区，对销售队伍进行整合，利用中国人保整体品牌，共建联合销售团队，并在管理上进行有效协作。

第十四条，在各种运作模式下，可以综合运用全员展业、门店销售、联合展业、渠道共享、产品说明会、组建联合团队等多种具体的交叉销售展业模式。其中，产品说明会是在城市地区开展交叉销售的有效途径，是不同公司之间客户资源和营销技能深度结合的有效模式。相关子公司应就相关模式和展业方式及时总结经验，各自或联合制定具体操作细则或规程，并上报集团公司备案。

二、电话保险销售渠道

（一）电话销售及其优点

电话销售又被称为电销，一般指利用广泛领域的特定电话线进行销售。电话营销包括呼出电话营销和呼入电话营销，主要是指保险公司的销售人员利用专用电话与客户交流，从而开展保险产品介绍、讲解、报价、保单以及确认等过程，大多数情况下，电话销售采取短信、邮寄或者是传真等方式来辅助保险产品的销售。与传统的销售渠道相比，电话销售主要具有以下几方面的优点。

1. 能够有效确保客户的基本权益。传统销售渠道，因为利益关系问题，营销员推销保单时难免会存在一些有意无意的误导，更有甚者，会与客户串通起来提供一些不实信息，这些问题又往往在索赔时才能被发现，通常会给公司带来直接损失。通过电销渠道，由于系统对坐席与客户的沟通进行了全程录音，而且这份录音将保留到保障期满后的两年，随时可作为呈堂证供，因此坐席为了避免承担法律责任，不愿有意误导客户，更不会串谋，同时观察员随时能强插通话来纠正无意的错误，事后团队长还要复查成交的录音，这三道防范措施的设定大大降低了误导或串谋发生的可能性，有效确保客户的基本权益，也降低了保险业务的经营风险。

2. 能够确保客户资产公司化。在传统渠道下，客户资料是完全掌控在营销员手上的，不属保险公司所有，保险公司无权要求离司人员留下客户和业务，因此随着业务员的离开，保险公司不得不承担一些不必要的损失。电销渠道则不同，客户数据作为公司的一项资产，存放在数据库的服务器里，属于公司所有。系统中没有外接口，坐席毫无机会导出数据，只是每天分配到客户数据，在通话中完善客户数据，销售动作完成后还将数据归还到系统。电销管理办法规定，上线坐席不得用个人电话，不得记录下客户资料，电销职场还建立了"首责制"，即首个接触客户资料的人要对该资料负责，此外，所有坐席都签署了保密协议，在法律责任限制下坐席泄露客户资料的可能性更小了。这样的管理机制保证了客户资产不会随着营销员的离职而流失，业务也不会随着流失。

3. 降低了成本，提高了效率。保险公司通过电话与客户取得直接联系，大大缩短了公司与客户在时间、空间上的距离，更有直接性、便利性、低成本性。电销的成本主要有职场成本（包括职场租金、物业费等）、经营成本（主要指推动奖励方案的开支等）、运营成本（包括固定资产折旧费用和通信费等）以及人力成本（包括底薪和绩效开支等）。与传统渠道相比，除运营开支相对传统渠道较高外，电销渠道的经营成本很低，坐席佣金只相当于传统营销员的1/3。电销渠道的上述四项费用加总的每万元保费的销售费用要低于传统渠道。另外，电销产品基本都是保费低、销售成本比较低、简单易懂的保险产品，这些产品正好符合了广大客户的保险需求。这些优势都使得保险公司的人均业绩提升，目前大约比传统销售渠道高出好几倍。

（二）保险电销业务系统及流程

1. 保险电销主要系统

（1）客户与名单管理系统。该系统集中管理电销从各个渠道收集的新名单和客户信息，为交叉销售机会提供信息，为营销活动的策划与创建提供分析结果和名单支持。该系统通过对外部获取的数据源或销售系统回流的客户信息进行清洗、除重、切分及根据屏蔽规则对客户信息进行屏蔽处理，并标示出不可使用的客户信息。为电销客户资源分析提供统一的客户视图，定时批量提供名单信息供销售使用。

（2）坐席电话销售与管理系统。该系统为坐席提供电话渠道来对客户进行营销，并收集与完善客户、准客户信息、获取销售意愿及记录销售结果。针对各销售产品提供话术、获取客户购买意愿、进行销售促成与记录销售信息和销售结果，并把销售结果及信息传至各产品方（包括产险与寿险）核保。并记录销售的支付方式，支付信息，并发起支付请求。还提供生成与撤销配送保单的请求，并为坐席展示配送过程和结果。同时还为销售提供各类营销活动的设置，为销售现场管理人员提供管理应用支持，及各类销售相关任务的派工支持。系统提供各类销售相关任务的上载、批次的下发及名单任务的分配、回收等管理工作。

（3）配送管理系统。该系统作为统一配送管理平台，接收配送请求，并生成配送任务（如配送保单或促销品），分配配送任务给物流方，并对配送物品的交接进行记录。通过接收物流方的配送进展与结果反馈，对需要坐席人员跟进的任务流转至销售系统进行后续处理。

（4）人员管理系统。该系统作为电话销售外勤坐席的管理平台，提供组织机构的维护；人员信息的维护和人员的入司、离司、机构移动、职级的升迁，人员的考核等功能。

（5）寿险续期系统。作为寿险往年保单的续期收费和保全维护操作的平台，提供任务分配、电话催收、保全维护等功能。

2. 保险电销的销售流程

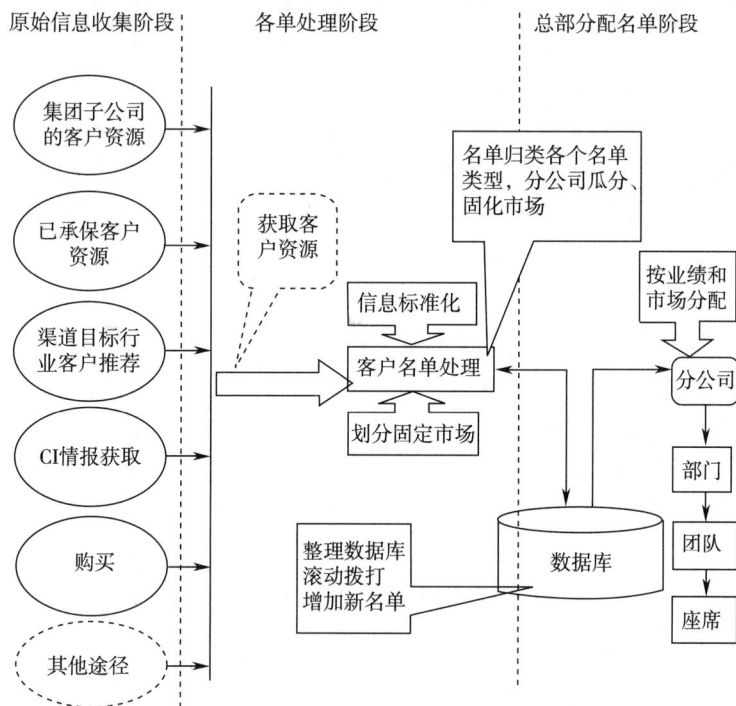

原始信息收集阶段　　各单处理阶段　　总部分配名单阶段

集团子公司的客户资源

已承保客户资源

渠道目标行业客户推荐

CI情报获取

购买

其他途径

获取客户资源

信息标准化

客户名单处理

划分固定市场

整理数据库滚动拨打增加新名单

名单归类各个名单类型，分公司瓜分、固化市场

按业绩和市场分配

分公司

部门

团队

座席

数据库

图 12 – 1　保险电销的销售流程

（1）原始信息收集阶段。公司通过各种途径获取客户资源，并且将客户的信息标准化处理，得到适合公司坐席拨打的客户名单。

（2）名单处理阶段。公司按照客户所属的地区这一属性将名单进行分类，并将其分配给各个分中心，一旦分中心确定所拨打的地区名单，以后分配名单就按此进行，这一过程为分中心固化市场。客户名单中有些是从公司已承保寿险客户资源中获取，有些是从公司已承保车险客户中获取，有些则是从以前未能承保的准寿险、车险客户中获取，等等，如此可以按照客户资源的获取来源属性将客户名单划分为各个名单类型，例如加保名单即是公司已承保寿险客户资源。

（3）总部分配名单阶段。名单处理完成后公司将客户名单上传至公司数据库，每月最后三日按照各分中心业绩和固化市场分配名单至各个分中心。值得注意的是名单下发拨打后有些不适合再拨打的名单数据库会进行规避，以后所有坐席不再拨打。有些名单由于客户本月无缴费能力或者客户没能联系上或者客户说考虑是否购买，最终未能承保的，这些名单将回收至总部数据库，停止拨打三个月至六个月后，再次拿出拨打，这叫作名单滚动拨打。

分公司在当月的最后一天将名单分配给各个营业部的各个团队，准备下月给坐席拨打。次月，团队长将名单下发至各坐席，坐席按照日清日结的原则进行拨打。完成一次销售，坐席先提交该保单，待团队长稳单后，该保单可以配送。公司在各省的各二级机构打印保单，安排经过专业训练的送单员上门送单，客户确认保单信息准确无误后刷卡缴费。经过十天的犹豫期，若客户不退保，则保单的实收年化保费就计入公司当年的保费收入，至此，一个完整的销售流程完成。

（三）我国保险电销经营模式

目前，我国保险电销经营模式主要有两种：一是呼出业务（Outbound Telemarketing，OB）。保险公司通过集团业务或合作的第三方机构的信息拨打客户电话进行保险销售。主要包括电销中心的陌生拜访、主动续保。二是呼入业务（Inbound Telemarketing，IB）。保险公司先利用电台、电视、网络等媒体宣传公司产品与服务，推介公司电销并广告公司统一的电销电话，吸引客户拨打公司电销中心的电话来咨询或购买公司的保险产品。

保险电销不管是 OB 还是 IB 都是电话销售人员在线上向客户介绍保险产品，征得客户同意后生成订单，在刷卡缴费后，公司再把保单派送给投保人。

三、互联网保险销售渠道

互联网销售渠道是指利用保险公司官网自销、手机第三方应用程序（APP）销售、微信销售、保险中介网站代理销售、第三方平台代销保险产品。

（一）官网自销

官网自销是指保险公司利用互联网的技术和功能，销售本公司的产品，提供保险服务，在线完成保险交易的一种销售方式。具体来讲，就是客户通过进入保险公司的专业保险服务网站，在线选择该公司所提供的保险产品，如有意愿投保某一险种，则在线填写投保单，提出投保要约，经保险公司核保后，作出同意承保或拒绝承保的回复，由投保人在线或通过其他方式支付保险费，保险公司收到保费后向其回复电子保险单或寄发纸质保险单。官网自销有利于品牌的建立和推广，如中国平安的平安直通（www. PA18. com）、人保财险电子商务（www. e - PICC. com. cn）、泰康人寿的泰康在线（www. taikang. com）、太平洋保险的"网上太保"（www. CPI. com. cn）等。

（二）手机 APP 销售

手机 APP 被称为移动展业神器，利用手机 APP 销售就是点开手机上的保险 APP，实现一键在线投保。与传统互联网相比，移动互联网突破了时间和空间上的限制，消费者只需一部可以随身携带的手机或是平板就可随时随地轻松上网，并完成网上购买的行为。当保险业搭上移动互联网的快车，一种全新的保险营销模式便诞生了。

保险 APP 将创新保险销售—购买模式，而且操作简便、成本低廉。但是 APP 仅是一种展业工具，而非严格意义上的销售平台。

保险 APP 分两类：一类是保险公司自己利用移动终端 APP 销售保险；另一类是保险中介机构 APP，即保险中介机构利用移动终端 APP 形式开展保险销售。保险 APP 在功能上不但实现了全流程出单，还可以进行销售管理、简易办公等活动。这种移动营销系统的出现摆脱了传统保险销售对时间和地点的约束，随时随地可以为客户提供专业服务，同时，极大地简化了整个投保流程，整个过程省时、省力、省心。

```
┌─────────────────────┐
│   建立电子商务平台    │
└─────────────────────┘
           ↓
┌─────────────────────┐
│  制作符合规定的电子保单  │
└─────────────────────┘
           ↓
┌───────────────────────────┐
│ 将网络直销商品在电子商务平台上发表 │
└───────────────────────────┘
           ↓
    ╭─────────────────╮
   │   客户通过互联网    │
   │   登录电子商务平台   │
    ╰─────────────────╯
           ↓
┌───────────────────────────┐
│ 客户在其所在城市选择需要购买的险种 │
└───────────────────────────┘
           ↓
┌───────────────────────────┐
│ 客户填写投保信息并提交给电子商务平台 │
└───────────────────────────┘
           ↓
┌─────────────────────┐
│   客户进行网上支付    │
└─────────────────────┘
       ↙        ↘
┌──────────────────┐  ┌──────────────────┐
│ 支付成功后提示客户记录投保单号 │  │ 系统发送投保确认书到客户邮箱 │
└──────────────────┘  └──────────────────┘
       ↘        ↙
┌───────────────────────────┐
│ 业务人员核保成功后，系统生成电子保单， │
│ 同时发送电子保单下载通知到客户邮箱   │
└───────────────────────────┘
           ↓
┌───────────────────────────┐
│ 客户可以在电子平台上输入投保单号    │
│ 和被保险人的身份证号下载电子保单    │
└───────────────────────────┘
           ↓
       ╭─────────╮
      │  交易完成   │
       ╰─────────╯
           ↓
       ╭─────────╮
      │  售后服务   │
       ╰─────────╯
```

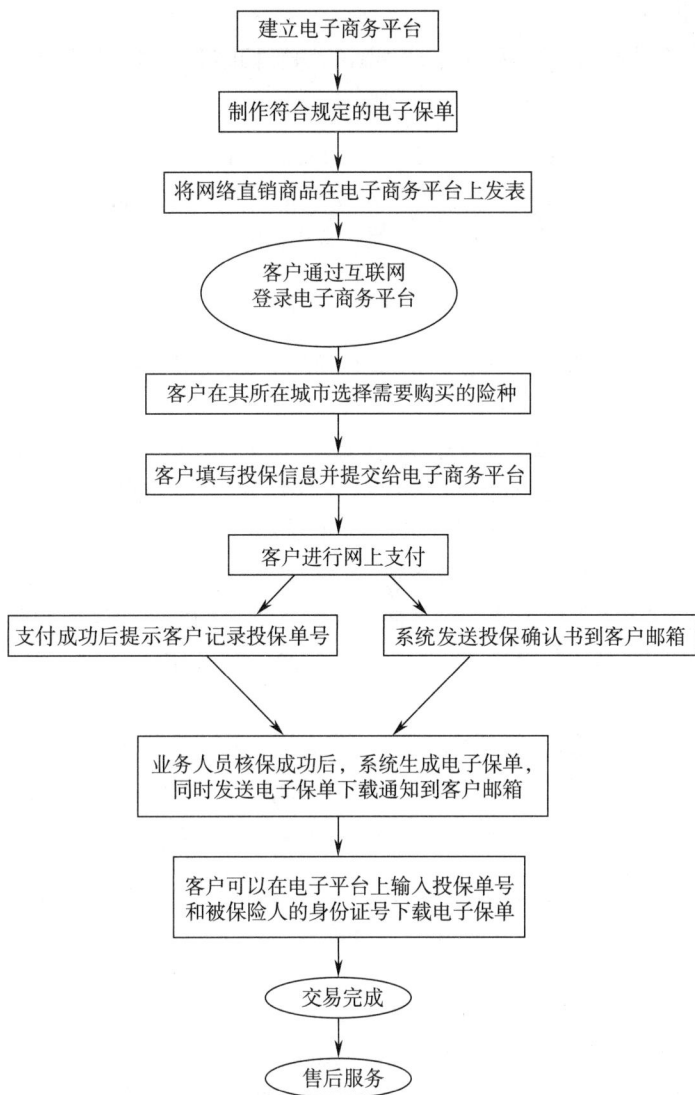

图 12 – 2　保险公司专业服务网站销售流程

保险 APP 拓宽了保险公司主营业务收入的来源方式，实现保险营销渠道的扩展、营销模式的创新，让客户做有准备的购买者；信息齐全，用户可通过任何移动终端设备对各种在线保险产品进行了解，实现人机互动，让用户可以有一个很好的体验，极大地增强了产品的体验功能，大大提高了保险产品销售的专业性、品质感与规范性，销售过程更为透明、合规、有效。

通过 APP 保险销售人员将更为方便地为客户测算保险利益，高效地提出保险计划书，完善保险销售手段。

拓展阅读 12 - 4

保险公司纷纷推出 APP 移动技术成为新的销售和服务渠道 （节选） ||||||||||||

移动互联网已经深刻地改变了我们的生活，十年前上车险，基本上都要去保险公司进行投保；现在已进入移动互联网时代了，点开手机上的保险 APP，就能实现一键投保。目前人保财险、平安产险、泰康人寿、新华人寿等保险公司已经纷纷推出各自 APP 应用程序，成为基于移动技术的新的销售和服务渠道。

便捷："一键续保"简单明了

从目前业务开展来看，APP 在车险业务中运用所产生的效果最为明显，这与客户对车险购买、勘探定损、损失补偿便捷性的诉求密切相关。

现在市面上保险 APP 分两类：一类是保险公司自己推出的 APP，如果你是喜欢盯着保险公司品牌投保的话，直接下载保险公司的 APP 就行了，比如人保财险的中国人保 APP、平安产险的好车主 APP、泰康人寿的泰康在线 APP 等；另一类是保险中介机构 APP。

在中国人保 APP 上，投保车险极其方便，车险投保方式分为两种类型：如果你是新客户，那就要填写车辆信息、车主信息等，然后根据报价来支付即可；而如果你是人保的老客户，只需要填写投保车牌号码和保单号（或被保险人身份证号），再点击"一键续保"即可完成投保。

记者接着又下载了平安好车主 APP，打开 APP 体验一番：打开 APP 即可看到买车险、办理赔、查违章等服务窗，点击进入买车险窗口，填写车辆信息、车主信息以及其他投保信息（是否过户车、承保城市、承保区域等），随后点击"立即报价"，再进行支付，即投保成功。

⬆ 资料来源：浙商网。

（三）微信销售

微信销售就是公司借助微信这一信息推送与交流沟通平台，进行保险产品在线交易达成的保险营销活动。保险公司可以设置自己的微信公众号并在微信平台登记注册，并利用专有的微信号定期或不定期地将保险产品信息推送给保险公司的关注人群。推送的信息可以为保险公司的企业文化、产品信息、投保或理赔过程中的注意事项，也可以是保险业的法规、实用性资讯、养老金和卫生保健知识的普及等。

随着微信的广泛应用，微信营销作为一种创新式的网络营销手段在当今的网络知识时代这样的大背景之下应运而生。微信营销作为一种新兴媒介平台，与传统营销方式相比较，其不受时段、地区及距离的制约，可与微信好友建立及时联系，可以达到"点对点"的营销且具备较强的针对性。在微信公众平台，完成推送信息以后不妨依据用户的信息回执再逐个进行对接，凭借消费者请求量体裁衣，形成因人而异的应对方法，这种经营模式留给消费者的印象是"个性化的"，而且是"私密的"。除此之外，微信的一个特色功能是 LBS（定位）功能，这种功能为保险公司供给了精准的营销平台。

拓展阅读 12 –5

保险开启微信营销时代 ⅢⅢⅢⅢⅢⅢⅢⅢⅢⅢⅢⅢⅢⅢⅢⅢⅢⅢⅢⅢⅢⅢⅢⅢⅢⅢⅢⅢ

微信营销作为一种新型的互联网方式应运而生，随着智能手机的普及，微信已经走进大众群体，作为网络经济时代企业营销模式的一种，发展前景更是值得期待。

2011 年 1 月 21 日，腾讯公司推出了为智能终端提供即时通信服务的免费应用程序——微信，微信支持跨通信运营商、跨操作系统平台，通过网络快速发送免费短信、语音、图片和视频，并将所展示的内容分享给好友以及将用户看到的精彩内容分享到朋友圈。微信作为目前最热门的社交信息平台，已慢慢转换成商业交易平台，微信营销作为一种新型的营销模式，正被大多数商家和消费者试用和关注。同样在保险营销中，微信作为一种新型的商业工具正被广泛应用。

微名片

营销员借助手机创办自己的微名片（个人微站），微名片不单是一个名片，里面包含了个人履历及所在公司的介绍、个人荣誉的介绍和个人风采照片的展示。这种方式可以迅速在自己的微信圈里打出自己的广告。当业务员建立起自己的微站平台后，每天都会有大量的图文信息和前沿资讯，包括保险理念、险种介绍、新闻信息、养生介绍、人生感悟等，营销员将每日精彩内容转发给朋友或分享到朋友圈，增加关注度，让准客户快速增长。

微方案

借助微信平台可以根据客户的需求设计出保险保障方案，用微信快速传递给客户。按照保险行业的专业化销售流程来说，保险销售要从准客户开拓、约访、接洽、收集客户资料、寻找购买点、方案设计及说明、促成等几个环节进行。一个流程下来，和客户至少要面谈三次以上才有望顺利签单。借助微方案流程中的某些环节可以省略，节省了彼此时间，提升了工作效率。

微活动

利用"微信平台＋二维码"销售产品，在短时间内让自己的微信朋友快速增长，并且免费让更多的人接收到公司的产品和客户回馈活动信息。吸引周边不认识的人成为自己的准客户或准增员，完全替代了过去街头发名片、发宣传单、发放问卷等方式。设计出营销活动，用时尚电子邀请函发送给客户，提升销售机会。

微服务

在法定节假日、客户的重要节日里，直接用微信发送微祝福，更好地维护与客户间的情感。同时在客户保单到期时提醒客户按时缴费，告知客户保单利益，为客户进行个人和家庭保单年检，提供更多的增值服务。

未来微信营销对传统的营销模式所带来的颠覆性的变化已经慢慢凸显，无论公司还是个人都在尝试用这个平台建立自己的销售体系和服务体系。利用微信召开微会议，即使在不同的地点也可以快速传达会议精神；建立企业的微信平台，快捷地为客户提供多方位的服务，包括财险公司即将推出的微信理赔服务；开通微支付功能，让客户直接在线购买保险产品，等等。

❶ 资料来源：节选并改编自 http：//www. xyz. cn ，发布日期 2015. 06. 23。

（四） 保险中介网站代理销售

保险中介网站代理销售主要有三种方式：一是建立类似于保险超市的专业代理渠道，以提供一站式在线服务（如慧择网）；二是建立类似于银行代理保险产品的网络兼业代理机构；三是利用手机 APP 营销。保险中介网站有多家公司的产品，而且经过筛选，性价比更高。

（五） 第三方平台代销

随着互联网的迅速发展，越来越多的第三方网络平台也开始涉足保险业务，市面上已有很多平台涉猎保险产品销售，如淘宝、京东、网易、OK 车险、最惠保、大特保等平台。第三方销售平台包括三种：电商平台、保险咨询平台和综合类平台。

1. 电商平台。电商平台是指类似淘宝和京东这类客户流量较大的第三方网络平台，其可以利用场景网络化，还可以参考其他购买者的点评，更容易激发客户购买保险的意愿，是一种方便快捷的投保平台，尤其是退货运费险和产品质量退换险这类与网络购物息息相关的小额保险。

2. 保险咨询平台。保险咨询平台是指如沃保网、向日葵保险网等，其可提供专家在线解答，100% 快速回答，用户可自由查询，也可参考其他用户的问题及解答。

3. 综合类平台。综合类平台如网易保险，是由网易公司与国内知名保险公司共同打造的一站式投保平台，涵盖健康险、旅行险、车险、意外险、家财险等各个险种，为用户提供便捷高效的网上保险消费体验。

作为投保人可能更愿意浏览第三方电子商务平台，因为那里有多家公司的产品，而且经过筛选，性价比更高，还可以参考其他购买者的点评（如客户会在旅游网站订购机票和酒店时，顺便购买旅游的有关保险）。

相比传统保险营销渠道，互联网渠道让客户能自主选择产品。客户可以在线比较多家保险公司的产品，保费透明，保障权益也清晰明了，这种方式可让传统保险销售的退保率大大降低。网上在线产品咨询、电子保单发送到邮箱等都可以通过轻点鼠标来完成。互联网让投保更简单、信息流通更快，也让客户理赔不再像以前那样困难，保险公司同样能从互联网保险中获益。

拓展阅读 12 -6

保险协会发布的数据显示，2013 年我国互联网保险销售渠道占比为 1.69%，与美、英、日等国家部分险种网上交易额早已超过 20% 相比，还存在较大差距。但随着互联网普及度的提高、互联网金融体系的逐渐成熟与消费者需求的增多，与发达国家的距离将逐渐缩小。前瞻综合保险规模、渗透率等因素，预计 2020 年互联网保险保费规模将达到 3000 亿元，渠道渗透率达 8.5%。

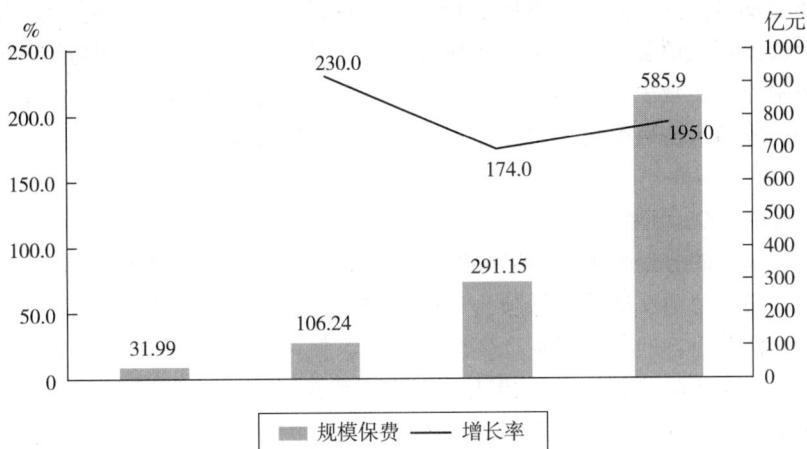

2013—2015 年互联网保险规模保费总体增长情况

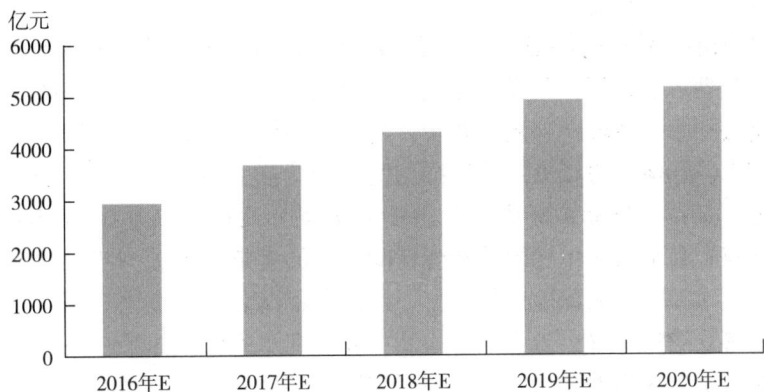

2016—2020 年中国互联网保险收入规模预测

🔼 资料来源：节选自智研咨询发布的《2016—2022 年中国保险公司市场调查及投资战略研究报告》。

第四节　保险公司分销渠道的设计与管理

一、保险公司分销渠道的设计

在设计保险分销渠道时，保险公司需要认真选择建立理想的、可行的分销渠道。这取决于不同的公司，在不同的地域，销售不同的产品等一系列营销机会和条件。例如，某保险公司开发了一种新的保险产品或产品系列；为现有产品开拓了一个新的目标市场；销售环境发生的变化使其与销售中介发生了难以协调的冲突等。这一切都会导致保险公司重新选择其分销渠道的结构和运作方式。而且，当实力强大的中介人控制着分销渠道，而该中介人要减少销售本公司产品时，本公司只能寻找和开发新的分销渠道。

保险公司分销渠道决策包含两方面内容：一是确定分销渠道结构；二是确定分销层次密度。

（一）确定分销渠道结构

保险公司采用的分销渠道不仅影响产品的设计、定价，而且影响其促销方式和市场理念。在选择某一分销渠道前，保险公司应根据自身需要权衡利弊，一旦作出决策，该分销方式会对营销组合的其他因素产生制约作用。保险公司要想以最好的效果、最高的效率把自己的保险产品顺利地推销出去，就要正确地选择其保险产品的最佳分销渠道。这就要求保险公司必须了解和分析影响选择分销渠道的因素，同时还要考虑与本公司其他营销策略的配合。保险公司在开发和选择分销渠道时，必须考虑的相关因素有：目标市场中消费者的特征；目标市场中保险产品的特征；本公司的自身特征及运作的营销环境；对分销渠道的控制程度。

1. 目标市场中消费者的特征。弄清目标市场上消费者想投保何种险种、在哪里投保和投保方式等消费者的特征，是设计保险分销渠道的第一步。因为分销的目的就是使保险产品从保险公司生产者转向保险消费者，所以选择保险分销渠道结构主要考虑满足消费者的保险需求。影响销售渠道结构选择的消费者特征主要包括目标市场中保险消费者的数量、类型、定位；目标市场中保险消费者为何喜欢投保该类保险产品、投保的时间、频率、地点；目标市场中保险消费者保险需求的复杂性等。一些消费者喜欢从一个代理人那里购买所有需要的保险产品，另一些消费者则喜欢"货比三家"择优投保，还有一些消费者喜欢通过邮寄广告而不喜欢从中介人那里投保。如果在一个目标市场上每种类别的消费者都有相当的数量，保险公司应采用多种分销渠道以满足不同消费者的不同偏好。

2. 目标市场中保险产品的特征。特定保险产品和产品组合特征也是影响保险公司确定分销渠道的主要因素。例如，相对复杂的保险产品，如终身寿险更适于利用代理人、经纪人和其他销售中介的个人销售分销渠道推销；相对简单的保险产品，如定期寿险，则可利用直接分销渠道推销。另外，处于生命周期的不同阶段的保险产品，也影响着保险公司分销渠道的选择。例如，处于投入期的新险种，为了尽快打开销路，以强有力的手段去占领市场，赢得消费者的兴趣并具备竞争力，一般利用直接分销渠道推销；而成熟期的险种，则需要通过间接分销渠道推销。

3. 保险公司的自身特征。影响保险公司选择其分销渠道的公司自身特征包括公司的人员、技术、经济实力、经营任务、经营目标、经营动机、公司文化、营销理念、销售经验以及现行销售方式等。

第一，各种分销渠道的运营成本影响其分销渠道的选择。例如，直接分销渠道需要雄厚的财力资源来维持和提高其水准，这对新成立的保险公司和规模较小的保险公司都是难以实现的。

第二，保险公司对销售人员的激励机制影响其分销渠道的选择。例如，一家保险公司如能满足销售中介人在补偿、推销水平、销售人员培训和产品更新等方面的要求，其直接与间接两种分销渠道都可以利用。

第三，保险公司的销售任务、经营目的、经营动机以及营销理念影响其分销渠道的选择。例如，保险公司在管理和协调销售活动中的作用、保险公司对某一分销渠道投资的多少、保险公司所期望的销售额、利润水平以及该分销渠道所能达到的市场份额等都会影响其分销渠道的选择。因此，无论选择何种分销渠道，应是以最能全面体现其战略计划为目标。

第四，保险公司对每种分销渠道的经验影响其分销渠道的选择。保险公司在进行分销渠道选择时，应首先考虑与其现有分销渠道最接近的类型。因为，新分销渠道越接近于原分销渠道，保险公司越容易适应这种分销渠道。例如，一家一直采用代理人分销渠道的公司，在选择其新的分销渠道时应首先介入经纪人分销渠道。

第五，保险公司原有的和现有的分销渠道将影响其未来分销渠道选择。分销渠道决策涉及法律合同的长期委托关系，而且保险公司要投入相当多的财力和时间维持与销售人员的良好的合作关系。分销渠道的改变将破坏与客户之间的关系。因此，分销渠道一旦建立，要改变它们需面临很多困难并将可能付出高昂的代价。

4. 保险公司运作的营销环境。营销环境也是影响保险公司分销渠道选择的一个重要因素。随着经济状况的改善和恶化、技术的进步、竞争加剧、法制和社会环境的变化，一种分销渠道结构的优势有可能丧失。随着金融服务的不断发展变化，保险公司不仅重视产品和市场，而且更加重视其现有和潜在的分销渠道。营销环境的变化，营销环境中的最佳分销渠道也会相应变化。

5. 保险公司对其分销渠道的控制程度。保险公司对其分销渠道的控制程度也是影响分销渠道选择的重要因素。对分销渠道的控制程度是指保险公司对销售的管理权限。为了加强对分销渠道的管理，保险公司采取了"纵向营销一体化"的发展策略。"纵向营销一体化"是相对于"横向营销一体化"（即保险公司控制一个或多个竞争对手）而言的，具体是指一个层次的分销渠道成员控制另一层次的成员。这种一体化分为向前一体化和向后一体化。若保险公司控制分销渠道，称为向前一体化。向前一体化使得保险公司在分销渠道中更多地控制产品销售。例如在美国，保险公司实行分公司制的代理人制度，即为向前一体化。相反，销售者在分销渠道中控制保险公司的组合称为向后一体化。向后一体化使得销售者在分销渠道中更多地控制产品。例如，美国代理人成立的自有再保险公司和直接承保公司即为向后一体化。向后一体化在信用保险市场中是很常见的。

（二）确定分销层次密度

分销渠道层次是指在保险产品从保险公司向消费者转移过程中承担工作的分销商的数量。很多保险公司可以利用多层次分销渠道进入不同的目标市场。多层次销售是指通过两种或两种以上分销渠道来推销保险产品。例如，一家同时销售个人和团体保险产品的公司就可用代理人或电话营销推销个人保险产品，可通过经纪人推销团体保险产品。在确定分销层次密度时，可供保险公司选择的策略有三种：独家分销、选择分销与密集分销。

1. 独家分销。独家分销是在一定市场上只采用一种分销渠道销售保险产品的销售方式。独家分销适用于保险公司想要严格控制自己的服务水平和中介人的服务水平，它需要保险公司与中介人的紧密配合。独家分销有利于优化保险公司的形象，并增加利润。对于保险公司来说，特殊风险产品（如飞机险和特大型商业风险）比较适合采用这种分销方式。

2. 选择分销。选择分销是指在所有愿意销售其产品的中介人中挑选几个最适合的中介人来推销其产品、占领市场的销售方式。选择分销适用于人寿与健康保险产品的销售，它能使保险公司取得足够的市场覆盖范围，并且比密集分销成本更低，控制力度更强。所以，传统的团险产品比较适合采用这种分销方式。

3. 密集分销。密集分销是指在特定市场上采用尽可能多的分销渠道销售其产品、占领市场的销售方式。分散性个人险种和大众型标准险种比较适合此种分销方式。

保险公司为拓展市场范围，增加销售额，有的从独家分销转变为选择分销，而有的保险公司只采用独家分销，还有的保险公司在某一市场上采用选择分销，而在另一市场上采用独家分销。

二、保险公司分销渠道的管理决策

保险公司在确定了渠道方案之后，就要对分销渠道进行管理，保险公司分销渠道管理主要包括选择、激励、评价渠道成员三种。

（一）选择渠道成员

渠道成员的选择是渠道管理的起点，也是影响产品市场营销效果的重要因素，因为好的保险中介（代理人或经纪人）是企业成功的保证。通常情况下只要产品好，价格公道，能迎合消费者需要，能给保险中介带来合理利润，就能找到保险中介，但是要找到能配合公司政策，符合公司需要，真正具有推销能力，能成为和公司长期合作的战略伙伴并不容易，所以渠道成员的选择一定要慎重。

一般来说，保险公司在选择渠道成员时，不管是保险代理人或保险经纪人，都应该遵循以下几个原则。

1. 目标市场原则。保险公司进行渠道建设，最基本的目标就是要把自己的产品打入目标市场，让那些需要本公司产品的最终用户能就近和方便购买，所以在选择渠道成员时，不应以公司产品性质为考虑的唯一因素，而应以消费者（潜在顾客）为前提，分析产品的目标市场（潜在顾客）以及他们的购买习惯与购物场所，以方便他们的购买为目的，使产品能以最快的速度，在最方便的场合，满足消费者的需要。

2. 效率原则。营销渠道的运行效率是指通过营销渠道的商品数量与该渠道的流通费用之比。随着外资保险公司的进入，保险公司之间的竞争会更加激烈，而竞争中很重要的一环就是渠道竞争。如果渠道运行效率低，成本上升，必然会增加公司成本，或者使渠道成员的利益得不到满足而丧失推广激情，两种情况都会对保险产品销售产生极大阻力，从而影响公司的整体竞争力。所以在选择渠道成员时，一定要保证有利于提高渠道运行效率的原则。

3. 树立形象的原则。在一个具体的局部市场上，显然应当选择那些目标消费者愿意光顾甚至愿意在那里出较高价格购买商品的保险中介。这样的保险中介在消费者的心目中具有较好的形象，能够烘托并帮助建立公司的品牌形象。

4. 共同愿望和共同抱负原则。把保险中介的利益和保险公司牢牢捆在一处，每个成员的利益均来自于成员之间的彼此合作和共同的利益创造活动，只有所有成员具有共同愿望、共同抱负，具有合作精神，才有可能真正建立一个有效运转的分销渠道。

以上是选择渠道成员应坚持的几个原则，但在实际操作中一定要认真把握"客户选择"和"选择客户"两个重要环节。"客户选择"是一个让客户认知企业及其产品的过程，突出的是市场宣传效应，使更多的客户接受、认同公司产品，为企业选择客户提供广阔的选择空间；"选择客户"指的是依据目标市场原则和效率原则确定适合本企业及产品的客户，突出的是一个双向选择、真诚合作的过程，只有这样，才能为后期合作过程中最大限度地发挥渠道成员功效奠定良好的基础。

总之，经营管理水平高、预期合作程度高、信誉好、实力强的保险中介机构以及营销能力强、对公司忠诚度高的个人代理人是保险公司的首选。只有这样，营销渠道效率才能提高，才能保证产品以最快速度、最低的成本摆到消费者的面前。

（二）激励渠道成员

营销渠道成员激励，简称为渠道激励，是指厂商为促进渠道成员努力完成公司制定的分销目标而采取的各种激励或促进措施的总称。无论是保险代理人还是保险经纪人都与保险公司属于不同的经济实体，也就是说，保险公司和分销渠道成员之间的关系不是严格意义上的上令下行的关系；而是一种合作关系。维系这种渠道成员之间、渠道成员与保险公司之间关系的纽带则是双方对利益的一致追求。因此，对于渠道成员的有效激励，就成保险公司渠道管理中的一项不可或缺的重要内容。

依据激励手段的不同，渠道成员激励可以分为直接激励和间接激励。

1. 直接激励。所谓直接激励，就是指通过给予渠道成员物质或金钱的奖励来激发其积极性，从而实现公司的销售目标。在营销实践中，保险公司都采用销量返利的形式奖励渠道成员的业绩。所谓销量返利就是为直接刺激渠道成员的销售力度而设立的一种奖励，其目的在于提高销售量和利润。在保险营销实践中，保险公司一般都有这样的规定，比如规定在一段时间内，根据你的销售额的多少来确定你所得的奖励。

2. 间接激励。所谓间接激励，就是指通过帮助渠道成员进行销售管理，以提高销售的效率和效果来激发渠道成员的积极性和销售热情的一种激励手段。间接激励的方法很多，比如，保险公司设计符合消费者需求的产品；对保险产品进行必要的宣传；对保险营销渠道成员进行销售技巧方面的培训；帮助渠道成员进行客户管理以及帮助渠道成员进行客户开发、攻单等。

（三）评估渠道成员

渠道管理的最后一项工作是对渠道成员的评估。每隔一段时间，保险公司就必须考察和评估保险中介的销售额完成情况，促销方面的合作，以及为顾客提供服务的情况。对表现好的予以奖励；对表现不好的予以批评，必要时可更换渠道成员，以保证营销活动顺利而有效地进行。对渠道成员的评价主要包括以下内容。

1. 销售额。这是一个最直接、最容易衡量的指标，虽然保险公司一般都是根据销售额的多少提取佣金，但是平均每个代理人或经纪人的销售额越大，公司可以减少选择渠道成员、培训渠道成员等方面的费用，从而减少保险公司的成本。

2. 营销的热情及态度。营销的热情和态度往往会直接影响到其销售额，而且一般来说营销热情高，态度好的营销员更能提高公司在消费者中的形象。

3. 对用户的服务水平。保险业属于服务行业，保险产品是一种无形产品，消费者买完保险后往往会觉得什么都没买到，这时保险的后续服务就非常重要，服务好了，就会吸引新的消费者；服务不好，就连买了保险的也可能会退保。而在很多情况下，消费者的直接服务者是保险中介。所以保险中介对用户的服务水平也是评价渠道成员的一个很重要指标。

4. 与其他成员的配合程度。渠道成员之间会有竞争，这就不可避免会有冲突，显然，渠道成员之间能够相互配合，不仅可以增加公司产品的销售量，也会给消费者留下好的印象。因为在消费者心中，保险中介往往代表着保险公司，如果保险中介之间互相冲突就会给消费者造成一个公司缺乏管理的不好的印象。

5. 顾客满意度的高低。顾客是否满意直接决定着公司的产品销售是否成功，只有顾客对他购买的产品以及服务感到满意了，才会继续买公司的产品，同时也会带动更多消费者，公司才能够长期、健康地经营。

三、保险公司分销渠道的优化组合

在一个保险营销渠道内或渠道与渠道之间都能发现不同程度的合作、冲突和竞争。

（一）渠道合作

渠道合作是指渠道中不同成员共同携手去达到某一目标，渠道合作通常是同一个渠道内纵向成员之间的主要话题。渠道代表不同公司或个人的结合，这些公司或个人为了共同的利益而彼此结合在一起。保险公司、保险中介机构或者个人代理人互相补充，满足彼此的需要，他们合作的结果所产生的利益通常大于各自分开干所产生的利益之和。通过合作，他们能够更有效地了解目标市场，为其提供服务，满足其需求。

（二）渠道冲突

各种不同的分销渠道，不管设计如何精良，管理如何优秀，因为存在不同的利益主体，总是难免相互之间存在冲突。分销渠道冲突是指因不同销售方式目标和不同行为方式而产生摩擦和对立。但分销渠道冲突并不是消极的，它常引起分销渠道的变革。

1. 分销渠道冲突的表现形式。由于各分销渠道成员之间缺乏共同利益，如果管理不力，各销售方式活动协调不好，各分销渠道成员之间缺乏沟通，就会引起不同的分销渠道的冲突。分销渠道冲突的表现形式有两种：横向冲突和纵向冲突。

（1）横向冲突。横向冲突是由同一分销渠道层次的两个或两个以上中介人之间发生摩擦而产生的冲突。例如，两个代理人在同一地区招揽业务产生的竞争即为横向冲突。横向冲突主要来自分销渠道成员之间的竞争。

（2）纵向冲突。纵向冲突是由同一分销渠道不同层次的成员之间的摩擦而产生的冲突，这类冲突更为常见。当保险公司采取扩展分销渠道的措施时，中介人就会面临更激烈的竞争，从而使保险公司和中介人之间产生利益冲突。纵向冲突是分销渠道冲突中最常见、最严重的表现形式。

2. 分销渠道的优化组合。尽管分销渠道中冲突程度不尽相同，可能表现为"公开战争"，也可能只是潜在的，仅仅引起分销渠道间的紧张关系。但是，无论程度如何，都将减弱分销渠道的销售效果，因此必须进行调节，以使各分销渠道之间相互合作。分销渠道合作是指同一渠道中不同分销渠道每一成员之间在经营目标和活动上彼此配合。保险公司调节分销渠道冲突的方法主要有以下几种。

（1）确立共同目标。这是解决冲突的最重要的方法。例如，树立一切以消费者满意为宗旨的营销理念，当消费者需求改变时，各渠道成员之间紧密合作，形成团队，就会战胜威胁。

（2）激励销售合作。当每种销售方式都被看作是分销过程的一个重要环节时，分销渠道之间就更易于合作。例如，在专业代理机构，所有代理人的补偿都是以代理机构的经营目标是否实现为前提的，这样，经验丰富的代理人就会帮助新代理人走向成功；当保险公司把中介人视为其业务的延伸时，分销合作就会加强。

（3）鼓励销售渠道成员的交流沟通。所有推销人员参加交流与沟通，了解并相互承认每一分销渠道的特定作用、预期效果，在形成问题前加以调节，要比仅仅认识冲突、讨论冲突的形成原因更好。

（4）加强管理力度。加强对主要销售活动的管理力度，并使其相互协调与配合。

总之，如果保险公司能有效调节各分销渠道之间的冲突，不同的销售方式就会彼此促进。因为推销产品的分销渠道越多，保险公司的知名度就会越高。

本章小结

1. 在决定营销策略之后，保险公司必须把选择分销渠道的问题放在重要位置来考虑，因为，对保险公司来说，如果不能使投保人在想买保险的时间和地点，买到自己想买的保险商品，就不能达成最终的营销目标。如果保险公司选择的分销渠道不当，会直接影响着保险营销策略的执行效果。因此，保险公司分销渠道决策就成为保险公司的最重要的决策之一。

2. 保险分销渠道又称保险营销渠道、保险销售渠道、保险分销体系，是指由为完成保险市场交换活动而进行一系列保险营销活动的组织和个人形成的体系，包括保险产品从保险公司转移至投保人的过程中，所有起协助作用的组织和个人。一般来说，保险分销渠道分为传统分销渠道和新型分销渠道。

3. 传统分销渠道包括直接分销渠道和间接分销渠道。新型分销渠道是保险产品为了适应社会的发展和竞争的加剧在传统的分销渠道的基础上演变发展而来的。目前保险公司的新型分销渠道主要有交叉销售、电话销售、互联网销售三种。

4. 保险公司采用什么样的分销渠道不仅影响产品的设计、定价，而且影响其促销方式和市场理念。在设计保险分销渠道时，保险公司需要认真选择建立理想的、可行的分销渠道，一是确定分销渠道结构；二是确定分销层次深度。在确定了渠道方案之后，就要对分销渠道进行管理，主要包括选择、激励、评价渠道成员等。

主要概念

保险分销渠道　直接分销渠道　间接分销渠道　保险代理人　银行保险　保险经纪人　保险营销员　保险交叉销售　保险电话销售　互联网保险销售

思考与练习

1. 什么是保险分销渠道？它有哪些主要类型？
2. 简述保险公司采用的主要分销渠道。
3. 简述直接分销渠道的优势及直接分销的主要工具。
4. 简述适于直接分销渠道销售的险种特点。
5. 对比分析新型保险销售渠道与传统保险销售渠道。
6. 简述各种新型保险销售渠道及其主要模式。
7. 简述保险分销渠道设计的主要内容。
8. 简述保险分销渠道管理决策的主要内容。
9. 如何优化组合各种保险分销渠道？

第十三章
保险人员促销

学习目标

　　人员促销是一种传统促销方式，在现代企业市场营销和社会经济发展中，仍然发挥着十分重要的作用。通过本章的学习，要求首先掌握保险促销及其主要手段，了解保险促销的主要类型及其策略，掌握影响保险促销组合的主要因素；其次了解保险人员促销的特有优势，熟悉保险推销人员的素质要求；最后要了解保险推销队伍的设计与管理，熟悉专业化保险推销的流程。

知识结构图

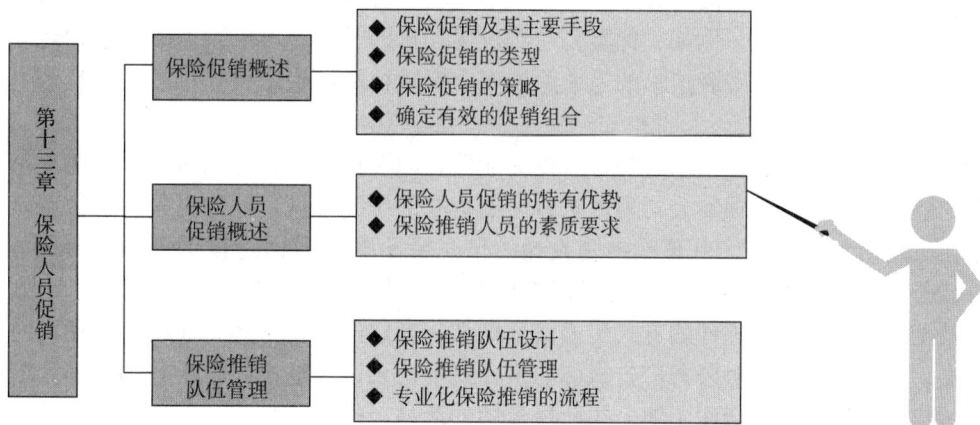

第一节　保险促销概述

一、保险促销及其主要手段

（一）保险促销的实质是信息沟通

保险促销是指保险公司通过各种手段将有关保险产品的各种信息传递给消费者，促使其产生投保欲望，增加投保的兴趣，并促使其做出投保决策的一系列活动。保险促销的实质是促进保险公司与投保人（包括现实的与潜在的）之间营销信息的沟通。

1. 信息沟通。信息沟通就是与他人交换信息、传递信息的过程。信息沟通的方式有很多，例如保险代理人介绍保险产品、通过保险广告招揽保险业务等。信息沟通主要由信息发送者、信息、信息沟通途径和信息接收者四个基本要素构成，沟通的基本模型可以用图 13 - 1 来表示。

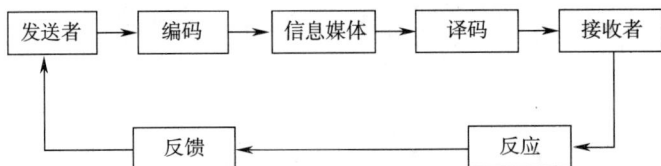

图 13 - 1 信息沟通基本模型

从信息沟通基本模型可以看出，信息发送者发送信息首先需要通过信息编码的程序将要发送的信息进行转换，然后通过信息沟通的途径把信息传递给信息接收者。信息接收者接收信息时需要通过信息译码的程序将接收的信息转换成有用的信息。如果信息接收者向信息发送者做出回应或反馈，则这又是一个信息沟通过程，只不过方向相反。

2. 信息沟通途径。信息沟通的成功与否，即信息能否按信息发送者的意图传送，能否被信息接收者正确理解和接受，关键在于对目标消费者的了解和信息沟通途径的选择。

首先，对目标消费者的研究，可以推断他们较为看重的信息，从而信息发送者能够创造具有吸引力的信息。例如，保险公司对投保动机的了解，可以判定哪类消费者更关注投资的回报，哪类消费者追求的是风险的安全保障，从而确定所提供的信息是否具有针对性。

其次，对信息沟通途径的选择，可以保证信息能够传递给目标消费者，以避免信息资源的浪费。例如，某保险公司通过对目标消费者的研究发现，他们更喜欢阅读某一种杂志而不是另一种杂志；更喜欢接受投递的信息而不喜欢电话打搅更不喜欢会面。因此，该公司选择信息沟通途径时就可以考虑在目标消费者喜欢阅读的那类杂志上做广告，甚至可以选择电子邮件的方式传递信息给某一特定的消费全体，而绝对避免面对面地会见、打电话。通过对公司广告媒体的研究发现，无论是电视广告还是印刷品广告中提供的信息，读者很难全面了解公司所要推销的产品，但印刷品广告可以反复阅读，并可以在信息沟通中消除噪音。因此，该公司可能更青睐于印刷品广告。

（二）保险促销的主要手段

保险促销的手段就是帮助保险公司传递营销信息的各种手段，包括人员促销、广告促销、公关促销、激励促销、宣传促销等手段。

1. 人员促销。人员促销就是保险公司的营销人员与准保户面对面地交谈或电话联系提供有关保险与保险产品信息的促销手段。由于保险产品是一种以保险条款反映产品内容的特殊型金融产品，而保险条款的专业性与复杂性是一般消费者难以读懂的。人员促销作为复杂的金融产品信息沟通的最恰当方式，也成为保险公司尤其寿险公司采用的一种最主要的促销手段。其最突出的特点就是灵活，它可以通过这种面对面的信息沟通方式，为那些具有特殊需要的准保户提供服务。

2. 广告促销。广告是指商品经营者或服务提供者承担费用，通过一定媒介和形式直接或间接地介绍自己所推销的商品或者所提供的服务。保险营销中，广告作为一种非常有效的促销手段，在保险公司与消费者之间的信息沟通中起着举足轻重的作用。而且，与人员促销相比，广告在为消费者传递信息上要经济得多。

广告促销的有效性在很大程度上取决于广告媒体的运用及其与目标市场之间的通路。从传统意义上讲，广告媒体大多是电视、邮政邮件、报纸、杂志等，而当今国际互联网已经成为大众认可的一种广告媒体，利用国际互联网，保险公司可以建立自己的主页，计算机用户可以下载有关公司产品与服务的信息，从而使信息沟通更快捷。当然，广告媒体选择与运用得恰当与否，关键还在于对目标市场的研究，如果选择的广告媒体难以进入自己的目标市场，就会造成广告资源的浪费。

3. 公关促销。公关即公共关系，是指保险公司为了在公众心目中树立良好的形象，向公众提供信息和进行沟通的一系列活动。公共关系作为一种重要的促销手段，在树立保险公司的形象、产品与服务的定位等方面具有很大的潜力。主要的公关工具包括典型事件、新闻、适时演讲、公益活动、出版物、公司识别媒体、电话信息服务等。

公关在形成企业知名度及品牌认识方面特别有效，而且，与广告费用相比，公关只需一半费用就可以潜在地影响公众的认知，而不必为媒体空间或时间付出代价。与广告的效果相比，公关对消费者的影响要大得多，且更具可信度。

4. 激励促销。激励促销（又叫销售促进）是指运用多种激励工具（大多是短期的），刺激消费者较大较快地购买保险产品或刺激各分销渠道成员如保险代理人、保险经纪人销售保险产品。其中以消费者为对象的促销称为消费者促销；以保险代理人、保险经纪人为对象的促销称为同业促销。激励促销提供了投保刺激，其目前的支出已超过广告支出，而且正以更快的速度增长。

5. 宣传促销。宣传是指利用大众媒体以新闻方式传播、提供有关公司、公司产品、公司服务特色信息，从而达到推销本公司的保险产品的目的。由于保险公司不承担媒体宣传的直接成本，它成为消费者、保险代理人与保险经纪人获得新产品信息的最可靠、最经济的方式。同时它也是一种消费者认为最可信的促销手段。

二、保险促销的类型

保险促销的类型主要有两种：同业促销与消费者促销。

（一）同业促销

同业促销是以各分销渠道成员如保险代理人与保险经纪人等为对象而举行的各种促销活动，其目的主要有两个。

1. 为分销渠道成员提供销售辅助。从事保险销售面临的最大的挑战是如何向准保户解释其所推销的产品如何满足他们的特定保险需求。这一方面是因为保险产品可以满足的绝大部分需求集中地体现为人们尽力避免谈及的各种灾难事故（如死亡、残废）的保障上；另一方面是因为保险条款的复杂性使销售人员难以通过口头的方式恰当地解释清楚各种产品的具体运作。为此，保险公司需要为他们提供各种销售辅助，设计出多种多样的促销材料。例如，用于解释各险种及其保障范围小册子或其他宣传材料、列明每一年的保费、现金价值等重要特征的个人投保建议书。

2. 激励销售人员的销售热情，刺激销售。针对销售人员开展一些促销激励活动，尤其是在销售处于低谷时，对促进销售额的增长非常有效。销售竞赛是促销激励活动经常采用的一种方式，如销售额达到一定标准的代理人有机会获得额外的奖励或奖赏（如颁发奖金、奖品、有资格参加会议）。激励活动可以侧重总销售额的增加，也可以侧重某一特定产品销售额的增加。

另外，各公司通过在自己的内部刊物上登载一些介绍名列前茅的销售人员的业绩（包括销售额和续保率）和销售人员获得的各种行业资格的文章，激励销售人员更加努力地销售。还可以以销售额的具体情况，确定参加不同层次会议的资格，一般来讲，销售额越高，出席会议的档次就越高，当然，销售人员的声誉也就越高。

（二）消费者促销

消费者促销是指以消费者（包括个体与团体）为对象举办的各种促销活动。消费者促销的方法主要有以下几种。

1. 费率优惠。为了吸引消费者，保险公司对那些连续在本公司投保的老保户，尤其是无险户或出险率较低的保户，采取费率优惠的办法鼓励投保。

2. 安全奖励。这一促销办法的典型做法是汽车保险条款中的"无赔款优待"，即被保险人续保时可以享受减收保费的优待。优待的条件为：保险期限必须满一年；保险期内无赔款；保险期满前办理续保等。无赔款优待的规定是为了鼓励被保险人及其驾驶员严格遵守交通规则、安全行车、减少保险事故。无赔款优待金额一般为本年度续保险种应交保险费的一定比例（如一年10%）。

3. 买主赠附。为了鼓励投保人购买甚至更多购买一些主险，寿险公司经常采用"买一赠一"的促销方法。即对那些投保某特定险种的保户附送一份附加险，或对投保金额达到一定标准的保户附送或优惠一份附加险。

4. 抽奖。抽奖是通过为保户的每次每单投保提供中奖机会，以刺激消费者重复投保的欲望。大多数情况下，保险公司是就保户的保单号进行幸运抽奖，对中签者予以物质奖励。

三、保险促销的策略

保险促销的策略是指促销是直接面向消费者还是面向分销渠道成员还是两者结合在一起综合考虑。据此保险促销的策略有三种：推动策略、牵引策略和组合策略。

（一）推动策略

推动策略也称推式策略，是将促销的主攻方向直接对准分销渠道成员，通过不同的分销渠道面向消费者推销保险产品。一般来说，推动策略主要依赖于促销，诸如竞争、特别的激励和直接面向分销商的广告宣传等。

保险公司采用推动策略，视不同的分销渠道而不同。采用经纪人分销渠道的保险公司，如果经纪人为某特定产品制定了特殊的销售目标，那么，可以对有关特定产品促销的一些费用给经纪人作为补偿。采用代理人分销渠道的保险公司，可以开展销售竞赛来推销新产品，并对优胜者予以奖励。推动策略可以只运用广告向分销渠道成员介绍产品特征。不论采用何种特殊的促销手段，所有推动策略都是面向分销渠道成员，而不是面向产品的购买者和消费者。

（二）　牵引策略

牵引策略也称拉式策略。这种策略是将促销的主攻方向对准消费者，使消费者对产品产生需求，带动这一产品在分销渠道中的销售。保险公司采用牵引策略把工作要点放在影响消费者去接触分销渠道成员并投保。例如在电视上连续做广告介绍某一新险种。

保险公司运用牵引策略是为了控制向消费者介绍公司及其产品的方式。当公司采用牵引策略时，分销渠道成员通常负有将公司信息反馈给消费者的义务，因此，信息的内容和效果会因分销渠道成员和具体情况的不同而不同。当公司保持对信息交流的控制时，它更容易树立一个统一的团体形象。

（三）　组合策略

大多数公司并非采用单一的促销策略，而是将推动策略与牵引策略的一定组合进行促销，即所谓组合策略。组合策略创造一种使分销渠道成员和消费者都关注公司产品和服务的氛围，有助于分销渠道成员宣传和销售产品，也有助于消费者搜集更多的相关信息或购买产品。

四、确定有效的促销组合

保险公司在确定促销组合时，需要考虑很多因素。其中最为重要的有目标市场特征、产品特征、公司特征与企业文化、竞争对手行为。

（一）　目标市场特征

与目标市场相关的三个主要因素影响促销组合决策。这些因素是：目标市场的准保户、目标市场的规模和地理分布以及目标市场上消费者的构成。

1. 准保户所处的投保准备阶段。准保户在签约之前，大多数都要经历几个阶段，一般称为投保准备阶段。这些阶段包括从简单的知晓产品，到对产品了解产生兴趣，再到对产品产生信任，到最后签约投保。如果准保户了解后产生兴趣同时又信任该产品，就会产生投保的欲望，并采取实质性的投保行动。在特定的目标市场上，准保户实际上处于不同的投保阶段，因此，在策划促销组合时尤其是促销工具的使用，保险公司对每一个阶段的特征应具有很强的针对性。

一般而言，准保户投保的准备阶段包括认知、了解、信任与投保四个阶段。在每一个阶段，各种促销工具的成本效应不同。

从13-2图可以看出，广告和宣传是吸引消费者注意力与兴趣的最普遍、最有效的手段，因而在产品的认知阶段发挥着最重要的作用；人员推销虽然对准保户认知产品和产生兴趣略微有些作用，但其更能发挥效力的地方则是使准保户产生信任并唤起其投保欲望和行动；投保行动则主要受人员推销和激励销售的影响较大。总之，广告与宣传在投保决策过程中的初期最具成本效应；而人员推销及销售促进在后期成本效应最大。公司经过详细论证哪种促销手段能更好地达到所希望的反应，来决定他们的促销组合。

2. 目标市场的规模和幅度。目标市场的规模和地理分布对促销组合决策有着极大的影响。一般规模小的和相对集中的市场需要采用人员推销，规模大而相对分散的市场则采用广告更为合适。当然，通过特定的媒体，广告也可用在规模小的目标市场上，同样，如果其他因素如产品特征对促销组合决策极为重要，那么人员销售也可用于规模大的目标市场上。

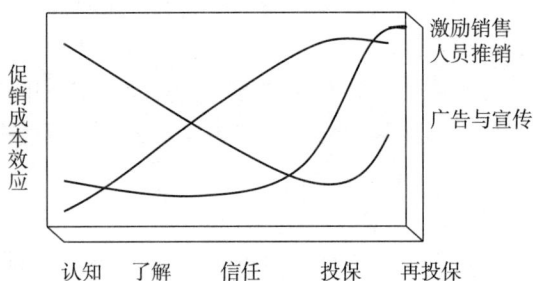

图 13 - 2　不同投保准备阶段不同促销手段的成本效应

3. 目标市场的准保户的构成。目标市场上的准保户主要是由团体投保人构成，还是由个体投保人构成，对促销组合的选择也非常重要。向个体投保人推销产品通过广告和人员推销方式，而向团体投保人推销产品却几乎总是通过人员推销方式。如果人员推销作为主要促销手段的选择，那么将个体投保人与团体投保人引入认知阶段就必须使用广告，没有认知，就既不会有个体投保人也不会有团体投保人与销售人员的沟通。

（二）保险产品特征

1. 保险产品的复杂性。一般说来，产品的价格越高，功能越复杂，产品被主动购买的可能性就越小，于是促销组合重点放在人员推销上。对于保险产品而言，其特有的复杂性特点，要求在人员推销上支出的费用比广告促销费用高得多。从消费者的角度而言，他们购买一个复杂的产品和服务也希望得到更详细的个性化的信息和服务，人员推销可以满足消费者的这一需求。

2. 产品的生命周期阶段。产品的一般生命周期包括引入期、成长期、成熟期和衰退期四个阶段。在产品生命周期的不同阶段，促销手段的成本效应各不相同。因而对选择产品促销手段影响也不相同（见图 13 - 3）。

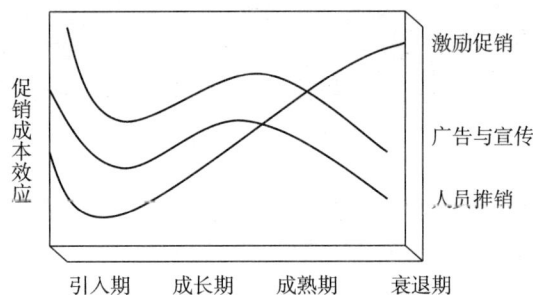

图 13 - 3　产品生命周期的不同阶段不同促销手段的成本效应图

在引入期，广告与宣传的成本效应最高，其次是人员推销。因此，公司应以消费者和分销渠道成员为对象，采用广告与宣传和人员推销的策略。

在成长期，由于已形成了品牌效应，需求保持自然增长的势头，各种促销手段的作用都有所减弱。

在成熟期，由于消费者和分销渠道成员已经了解了产品，保持市场份额是重要的。而这时激励促销比广告的成本效应大，广告比人员推销的成本效应大。这时的广告应重在提醒人们产品在市场上的价格，人员推销则掌握在引导分销渠道成员继续销售产品和使消费者对产品保持兴趣的水平上。

在衰退期，营销的目标是逐步淘汰产品，只有激励促销的作用在继续发挥，而广告宣传的作用减弱，人员推销的成本效应很低。所以，在这一阶段促销费用很少。

3. 售后服务要求。如果一种产品需要大量的售后服务，那么在确定促销组合时人员推销将占有重要的地位。对于保险产品而言，在投保人投保之前，需要推销人员帮助他们建立信任和强化投保的决心，尤其是对那些保险期限比较长的产品，强化其投保决心的促销工作更是必要的。这需要推销人员一对一的强化，才能确保较高的续保率。但是，产品广告活动也不能忽视，因为公司的信誉和稳定性仍需要传播和增强，这样才会使老客户愉悦地拥有产品。

（三）企业文化及其竞争对手的行为

如同企业文化影响其他营销决策一样，企业文化也影响促销组合决策。例如，一个一贯依赖于人员推销的公司对于在广告上增加开支的做法可能反应迟缓。此外，公司不大会采用缺少经验的促销手段。由于这些原因，公司的促销组合可能长时期保持不变。

另外，任何竞争对手的营销活动都会影响公司的促销组合决策。为了留住对公司忠诚的分销渠道成员，扩大销售或保持市场份额，保险公司不得不经常与其对手的促销活动进行较量。如果竞争对手在进行卓有成效的同业促销活动，也需动手做好同业促销工作，以避免失去分销商；如果所有其他公司在市场运作中投入了大量的广告费用危及到了本公司市场份额，则公司也需要增加经费投入以重新夺回市场。

第二节　保险人员促销概述

保险人员促销就是保险推销，是指保险公司的营销人员与准保户面对面地交谈或电话联系中提供有关保险与保险产品信息的促销手段。

一、保险人员促销的特有优势

与大多数其他促销方式相比人员促销具有明显的优势。

（一）为消费者提供即时的个性化信息

人员促销涉及两个或两个以上的人之间即时和相互的关系，每一方都能很方便地观察对方的需要及特点并作出及时调整。从一般购买的心理分析，很少有人购买他们不了解的产品。对于保险产品而言，更是少而又少的人愿意花费时间去全面了解所有有关保险产品的运作方式。因为保险产品是复杂的，而它们被用来满足某人的需求与目的的方式则更为复杂。这就需要保险专业人员能给他们提供更多的专业知识指导。推销人员能够从准保户的意见中确切地了解他们的需求，并据此设计推销介绍，对销售信息作出及时调整，尤其能对准保户的疑虑立即作出解释。这是一种个性化的服务。

（二）促使准保户作出及时的反应

人员促销使准保户感到有听取推销陈述后作出反应的责任，也许他们的反应仅仅是一句礼貌的"谢谢"。大多数情况下，准保户的投保动机需要外界的刺激才能形成，而其他的几种促销方式无法面对面地与之沟通，恰恰是人员促销这种方式可以以其及时且富有个性化的服务有效地唤起他们的投保欲望和激发他们的投保行动。

（三）为建立公司与消费者之间的关系提供了捷径

人员促销可能发展出各种各样的关系，突出的一个方面就是将买卖关系发展到了深厚的友谊关系。保险推销人员工作的一个重要方面是充当公司和保户的纽带。推销人员以其个性化的信息向准保户推荐的最适合其需求的产品，使消费者更信任他们。现实的确如此，从自己信任的推销人员那里购买了某种保险产品的满意的保户，会更容易购买其他保险产品。而且，还会向其周围的人推荐。另外，有关现有保户需求的信息也有助于公司进行以客户为中心的营销活动及新产品的促销选择。因此，这是一条建立公司与潜在的和现有的客户之间永久联系的最佳途径。没有其他任何促销手段能像人员推销这样在公司和最终消费者之间建立起如此直接和相互影响的联系。

（四）塑造了保险行业的基本形象

人员推销工作对公司乃至整个保险行业的信誉有着巨大的影响。保险推销人员不仅代表着保险人的职业形象并展示着自己的职业修养，而且还塑造着公司的基本形象。他为消费者提供的专业服务是其他任何一种促销方式都无法替代的直接的面对面的服务，是其所代表的保险公司乃至整个保险行业的形象。

二、保险推销人员的素质要求

有的时候，人的感觉重于理智。因此，在保险营销中，客户对推销人员的信任往往大于对产品的信任；客户认可保险首先是从对保险推销人员的认可开始的。所以，对保险推销人员而言，与其说是推销保险，还不如说是推销自己。因而，良好的素质是推销人员取得成功的至关重要的因素。

（一）仪表素质

1. 服装与装束——合宜得体。容颜不可变，但外表永远是人们评判初次见面者的重要项目。合宜的衣着是仪表的关键，得体的配饰会使人明亮有精神。合宜得体的服装与装束不仅对准保户而且对保险推销人员本身都会产生良好的效果。一个推销人员具备良好的仪表与装束，不是为了显示，而是为了与客户接触时不为仪表担忧。一个人如果知道自己的外表不会引起别人的反感，他就能产生一种自信心；相反，如果他忽略了衣着和装束，外表很不完美，客户不时地投来挑剔的目光，这种自信心就会消失。因此，合宜得体的服装与装束不仅会引起准保户的注意并产生好感，还会给推销人员自身带来自信心，更为营销沟通的顺利进行创造了良好的条件。

2. 谈吐艺术——清晰而又充满热情。言语可以弥补外表给人的印象。如果说仪表与装束是敲门砖的话，谈吐则决定了别人是否愿为你敞开大门。因为，从一个人的谈吐可看出这个人的教养与个性。而且，在相互沟通中，除了所要说的内容之外，语音本身也能向客户传达心意和思想。因此，保险推销人员在向准保户介绍产品时，语音要清晰并富有热情与温暖，语速适中，给人以感染力。

需要切忌的是说话叽里咕噜，语调单一，语速过快，发音出错，滥用俗语，表达时缺乏热情、冷冰冰。

3. 倾听——聚精会神。倾听是指一个人礼貌客气地听取他人讲话的一种能力，也是一种素养，这也是一个杰出推销员的特征。倾听，就是要聚精会神地聆听、点头示意表示理解。世界上充满渴望找到知音的人，让这种人能有机会，向一个明智而有理解能力并信得过的耐心听众交谈，这是发展友谊的最好办法。耐心倾听，倾听保户的意见、成就、目标、抱负、希望极为重要。让别人把话讲出来，别人也会允许你畅所欲言。况且，别人讲得越多你了解的情况也就越多，在推销时就可以有的放矢。

"沉默值千金"，这是一个人的优秀品格的一大要素。在与准保户沟通时，一定要切忌为急于表达自己，而不假思索地打断别人，尤其不要乱插嘴。

4. 行为举止——优雅。人与人之间的交流与沟通，肢体语言会散发出无言的信息，会在不知不觉中影响一个人的观感。适当的手势运用与会意的目光接触都会给对方以觉察，为交流是否继续、是否适时调整传递信号。不良的习惯，下意识的动作，例如坐姿不雅、谈话时咬指甲、敲打桌面、摇头晃脑等具有刺激性的行为举止，千万要努力修正，以免因小失大。

（二）品德素质

1. 礼貌为先，尊重他人。推销是从守时开始的。养成良好的守时习惯是身为保险推销人员必须谨记在心的原则。做生意讲究的是时机，商场上永远在追求时效。迟到不但耽误了对方的时间，也有可能使你失去客户对你的信赖。更严重的是会影响到客户对保险推销人员基本人格可信性的评价。因为，倘若一个人连守时都无法做到，那还能期待他遵守什么呢？尤其对于保险这样一种需要长期提供服务的产品，对于承诺的遵守要求更为严格。

另外，对于见面寒暄、握手、递名片等细枝末节，也是一个人的基本素质的表现。例如，握手时不要淡漠无趣像摸盘子或轻轻地抓一下手指，但也不要用力过大像"大力士"似的能把人骨头捏碎，稍微加点劲就能带来一个好印象。对于吸烟的推销人员，要切记不吸烟不会丢掉生意，相反，推销时吸烟往往会招致失败。

2. 充满自信，钟爱保险事业。自信是成功的第一秘诀。推销保险是与人打交道最频繁的行业，保险推销人员是最容易产生挫折感与压力的人群。因此自信对保险推销人员来说至关重要。但自信是来自于不断获取经验和逐步做到办事胸有成竹的过程的，没有一定的时间和艰苦努力是无法获得的。

自信是对所从事的职业的信心。"自重者，人恒重之。"一个能尊重自己，尊重自己职业的人，自然也能尊重他人及他人的一切，并赢得他人的尊重。一个连自己都看不起，对所从事的职业没有信心的人，又怎能期待他人的尊重？所以，对保险推销人员来说，对于保险真谛的深信是其全身心地投入保险事业并为之骄傲、为之自豪地工作的基本前提。

3. 独具个性的人格魅力。保险推销人员扮演的角色非常重要，其素质高低对消费者投保重要程度的影响比保险公司知名度的影响高出近十个百分点。营销路上，尽管荆棘丛生，但仍有很多成功的推销人员凭借其极富个性魅力的人格，排除了一个个障碍，取得了非凡的成绩。某公司一位优秀代理人，在给一位富商准保户的投保策划中，以该准保户曾接触过的几位代理人的方案为基础，做出了令该准保户非常满意的组合性方案，但是在该准保户决定签约，一笔可观的佣金收入到手之际，这位代理人却作出了惊人的举动。他表示他的方案可以被采用，但该准保户可以选择此前曾接触的任何一位代理人与之签约，因为他的方案是在他们的基础上的完善。该准保户最后仍决定与他签约，而且明确表示正是受了此举的感染。

4. 对公司对客户的责任感。责任感是以道德感为基础，是一种对自己应负责任的义不容辞的情感。当人尽到了自己承担的责任时，就会体验到满意、喜悦、自豪的情感；相反在没有尽到责任时就会感到惭愧、内疚、羞耻等，心理学上把一个人对自我行为从理智和情感两方面进行的统一评价，称为"良心"。当一个人在行为上尽职尽责时，会觉得问心无愧；反之，则会受到良心责备。保险推销人员，作为与客户打交道的代表，其举止言行是保险公司形象的代表。所以，推销人员应以高度负责的精神来塑造和维护企业的形象。更重要的是保险推销人员在为客户设计方案时，一定要设身处地，尤其要以客户的经济承受能力为前提，如果只把眼光盯在佣金收入上，而使客户因投保陷入经济困境将会受到良心的谴责。

（三）心理素质

1. 具有较强的自我心理调控能力。自我心理调控能力，是指适应人际关系和社会自然环境的校正能力。一个成功的保险推销人员能很有条理地使自己在友好的基础上推销业务，就毫无恐惧和紧张。当然推销人员无法控制准客户的情绪，但至少可以控制自己的情绪，这样在推销过程中，双方的情绪至少有一方处于正常状态，就可以有效面谈。

2. 面对挫折，具有容忍力。容忍是一种宽容忍耐的心理。人所能承受的心理负荷是有一定限度的，当外界刺激，即心理冲击超过一定限度时会产生心理突变。这个原理，称为心理容量原理。心理容量，是一个变量。容忍，就是心理容量的扩大，正如俗话讲的"虚怀若谷""宰相肚里能撑船"。能忍受挫折的打击，或承受住超过一定限度的外界刺激，仍保持个人心理活动正常的适应能力，叫作挫折容忍力。扩大其心理容量，提高其挫折容忍力，则能保持容忍的大度。这对保险推销来讲更为可贵。如被誉为推销之神的日本原一平曾为一笔大交易，在4年中拜访同一位顾客71次，每次都被一个貌似退休的老人挡驾。后来，他了解到那位挡驾的老人，就是他要拜访的这家公司的总经理。"天下之大竟有如此荒唐之事"，他忍住了心中的愤怒，重新拜访，终于感动了这位目标顾客，达到了创纪录的推销成果。

3. 具有坚韧不拔的毅力。毅力，是一种坚强持久的意志。因此，毅力又称坚毅性、坚持性。一个毅力强的人，为了达到预定目标。在执行决定的前进道路上，不论遇到什么艰难险阻，能始终百折不挠、坚定不移。如日本著名推销专家齐藤竹元助刚做推销员不久就制订计划，准备向五十铃汽车公司推销企业保险。可是听说这家公司一直以不缴纳企业保险费为原则。当时很多保险公司的推销员向他发动过攻势，均无济于事。但是齐藤竹元助却不愿放过这个机会，仍决定试一试。从此，他开始了长期艰苦的推销访问工作。从他家到五十铃公司来回一趟需要6个小时，一天又一天，他挟着厚厚的资料和一个又一个的方案，怀着"今天肯定会成功"的信念，不停地奔走，前后大约跑了300

多次，持续了 3 年之久，终于成功了。

（四）业务素质

1. 具有敏锐的洞察力。洞察力是指推销员对市场行情有特殊的职业敏感，善于捕捉市场信息，能耳听八方、眼观六路、见微知著，对市场发展趋势作出正确的判断。人们常说，信息是无形的财富，是企业兴衰的重要资源，要获得有价值的市场信息，就有赖于推销人员的一双"火眼金睛"。

专栏 13 – 1
一个经典的故事 ▪▪

一个美国鞋业公司要把自己的产品卖给太平洋一小岛上的土著居民。该公司首先派去了自己的财务经理。几天以后，该经理电报汇报："这里的人根本不穿鞋，此地不是我们的市场。"

该公司又把自己最好的推销员派到该岛上以证实这一点。一周之后，该推销员汇报："这里的居民没有一个人有鞋，这里是巨大的潜在市场。"

该公司最后又把自己的市场营销副经理派去考察。两周以后，他汇报说："这里的居民不穿鞋。但他们的脚有许多伤病，可以从穿鞋中得到益处。因为他们的脚普遍较小，我们必须重新设计我们的鞋。我们要教给他们穿鞋的方法并告诉他们穿鞋的好处。我们还必须取得部落酋长的支持与合作。他们没有钱，但岛上盛产菠萝，我测算了三年内的销售收入以及我们的成本，包括把菠萝卖给欧洲的超级市场连锁集团的费用。我得出的结论是我们的资金回报率可达 30%。因而我建议公司应开辟这个市场。"

营销启示：许多人常常抱怨难以开拓新市场，事实是新市场就在你的面前，只不过你没有发现这个市场而已。

2. 塑造知识渊博的完美专业形象。推销人员具有丰富的产品知识是非常重要的，知识与勇气能够造就伟大的事业。有丰富的知识，才能创造有利的契机。知识更能产生信心，推销员充满信心的时候，也会感染客户信心满怀。但是，客户的询问只要有一个得不到圆满回答，客户的信心就会动摇。即使客户的三个问题你回答了两个，十个问题回答了九个，那剩下的一个没有答案的问题也会让客户对你产生怀疑，认为你说的话缺乏权威性。在这里，需要纠正一种观念：有人认为，推销保险是与人打交道，只要会公关就可以。的确，推销保险，95% 靠对人的了解，仅有 5% 靠知识，但这 5% 的知识，保险推销人员必须 100% 地了解。

对于保险推销人员而言，要塑造完美的专业形象，需要把握的知识包括三个方面。一是要熟悉公司历史。因为如果头脑中装着公司起步和发展的背景，你就会有一种归属感。这种归属感会使你对公司产生忠诚和兴趣。二是对专业知识要精通。但是，保险知识是一个总的概念，它包括很多组成部分。对于保险推销人员来说，最重要的是应当知道，哪些是你推销的险种所能做到的，哪些是做不到的。人们之所以投保，是因为它有用并能提供服务。这也是客户唯一所关心的，即保单在特定情况下，能为他做点什么。

因而，一个保险推销人员必须精通每张保单的作用。三是对与保险及保险推销相关知识要博。拥有广博的知识，才能创造源源不断的话题，应付客户的各种疑问。保险推销人员除了具有专业知识和推销技巧外，还应广泛涉猎一些相关知识。如投资理财、法律、医疗保健、政治趋势、心理学、行为学等。

专栏 13 -2
推销之神——原一平的寿险行销经验

原一平在 50 年的寿险行销生涯中，积累了丰富的经验，主要有以下几点。

1. 成功推销的同时，使该客户成为自己的朋友。
2. 任何准客户都有一攻就垮的弱点的。
3. 对于积极奋斗的人而言，天下没有不可能的事。
4. 越是难缠的客户，他的购买力也就越强。
5. 当你找不到路的时候，为什么不去开辟一条路？
6. 要使准客户感到，认识你是非常荣幸的。
7. 要不断地去认识新朋友，这是成功的基石。
8. 说话时，语气要和缓，但态度一定要坚决。
9. 对推销员而言，善于听比善于辩更重要。
10. 成功者不但满怀希望，而且拥有明确的目标。
11. 不要躲避你所厌恶的人。
12. 忘掉失败，但要牢记从失败中得到的教训。
13. 过分的谨慎难成大业。
14. 世事多变化，准客户的情况也是一样的。
15. 推销的成功，与事前准备所下的工夫成正比。
16. 光明的未来都是从今天开始的。
17. 失败其实就是迈向成功所应交的学费。
18. 若要收入加倍，就要有加倍的准客户。
19. 在没完全气馁之前，不能算失败。
20. 好的开始就是成功的一半。
21. 空洞的言论只会显示出说话者的轻浮而已。
22. 错过的机会是不会再来的。
23. 只要你说的话有益于别人，那么你将到处受欢迎。
24. "好运"只眷顾不懈努力的人。
25. 储藏知识是一项最好的投资。
26. 推销员不仅要用耳朵去听，更要用眼睛去看。
27. 若要纠正自己的缺点，先要知道缺点在哪里。
28. 昨晚多几分钟的准备，今天少几小时的麻烦。
29. 若要成功，除了努力和坚持之外，还要加点机遇。

第三节　保险推销队伍管理

一、保险推销队伍设计

如前所述，保险推销人员工作的一个重要方面是充当公司和保户的纽带。对广大的保险消费者而言，保险推销人员就是保险公司。因此，保险推销队伍的设计是保险人员促销管理的一个首要问题。推销队伍设计包括制定推销队伍目标、策略、结构、规模和报酬。

（一）制定推销队伍目标

保险推销队伍目标的制定是以公司目标、市场特征和公司的市场定位为前提的。由于不同公司在特定时期的目标不同，保险公司通常给推销队伍制定了不同的目标。这些目标包括：进行营销调研，收集情报；寻找和培养潜在客户；对潜在客户拜访的时间安排；与消费者就产品和服务的沟通；推销技巧的掌握；为保户提供服务。有的公司甚至对推销队伍具体的目标还加以界定，如花在现有保户与潜在保户身上的时间各是多少。

（二）确定推销队伍策略

在保险市场竞争日益激烈的情况下，各公司之间的竞争实际上是保户开拓的竞争。因而，如何有策略地运用推销队伍，在适当的时间以适当的方法开拓适当的保户显得尤为重要。可以是一对一的拜访交谈，还可以是一对一群，甚至是推销小组对消费者群体的交流。

（三）设计推销队伍结构

推销队伍策略的确定对推销队伍机构的设计有直接影响。推销队伍的结构类型有区域性结构、产品性结构、市场性结构和复合性结构。如果某公司针对特定地区开发出一款新险种，则该公司可能对该新险种的推销采用区域性推销队伍。如果公司对这一新险种向不同类型的消费者推销，则可能按产品或市场的不同制定推销队伍结构即复合性推销队伍。

（四）确定推销队伍规模

一旦推销队伍策略和规模确定，对推销队伍的设计就应着手考虑规模。推销队伍虽然可以创造价值，却也是费用开支最大的。所以，在考虑队伍人数的同时，也要按照工作的负荷来确定推销队伍规模。

（五）制定推销队伍报酬

为了吸引推销人员，使他们的付出得到回报，公司必须制订一个合理且富有吸引力的报酬计划。包括报酬计划的水平和内容及结构和支付方式。是固定还是变动、是薪金制是佣金制还是复合制、有无福利或费用津贴、各自比重及其相关重要性等都要明确。

二、保险推销队伍管理

对推销队伍的管理包括招聘和挑选、培训、激励、评价推销人员。

（一） 招聘和挑选推销人员

推销队伍管理成功的关键在于选择高素质的推销人员。一项调查结果表明，27%的推销人员创造了52%的销售额。在对推销人员挑选时要从综合素质考虑（本章第二节已述）。

（二） 培训推销人员

成熟理性的保险消费者更希望推销人员成为他们理财的顾问和参谋，而这则要求公司加大对培训的投资。对保险推销人员的培训是推销队伍管理的基础性工作，也是一项持久性工作。培训的内容包括公司的简介如历史、目标、组织结构和权限；保险基本理论知识；本公司主要产品的条款；不同类型消费者的消费特征；竞争对手的特征；推销保险商品的程序与技巧。培训的方法可以是课堂讲授、情景模拟、经验交流、师傅带徒弟等。

（三） 激励推销人员

推销工作经常遭受挫折。通过科学有效的方法可以调动推销人员的积极性，激发他们的潜力，发挥他们的最大效能。激励是指对人的行为具有激发、加强和推动作用，并且指导或引导行为指向目标的一种精神状态。对推销人员进行激励的效果可通过如下模型反映出来：

激励→努力→绩效→回报→满意

这说明对于推销人员的激励越高，他就会付出更大的努力，取得更大的成绩，而成绩会得到更大的回报，更大的回报产生了更大的满意，而满意又能强化激励。

寿险公司经常用来激励推销人员的工具主要有两种。一是确定推销的系列指标。如签单金额、拜访客户的次数、续保率等。二是竞争。具体的方法有精神激励（如目标激励法、关怀激励法、榜样激励法、荣誉激励法等）和物质激励（如稳定公平的报酬）。

（四） 评价推销人员

定期对推销人员的业绩进行评价可以帮助他们提高工作质量。评价依赖于管理者所获取的信息，其中最重要的信息来源是销售报告，其他的信息还有个人的观察、保户的投诉信件、对保户调查的反馈以及与其他推销人员的交流。管理者根据销售报告和其他观察结果等原始资料评价推销人员的个人绩效；通过不同推销人员的业绩的比较与排序帮助找出差距；通过现在与过去销售额的比较考察业务进展情况；通过保户满意度的评价检验客户服务质量；通过对推销人员品质的考察评价公司及推销人员的市场形象。

三、专业化保险推销的流程

专业化保险推销流程通常包括五个环节，即准客户的寻找与接触、保险需求的识别与确认、保险方案的设计与介绍、客户疑问的解答与处理、签约的促成与售后服务。这几个步骤可能在一次会面时就全部发生，也可能每一步骤分开进行。但无论是一次发生还是同时发生，都有相应的技巧。

（一） 准客户的寻找与接触

寻找与接触准客户是保险销售流程中的首要步骤，也是最重要的环节之一，可以说，保险销售人员最主要的工作是在寻找和接触准客户。

1. 准客户寻找的途径。保险销售人员一般依据自己的个性和销售风格进行准客户的寻找。常被用来供选择的准客户寻找的途径有陌生拜访、缘故开拓、连锁介绍、直接邮件和电话联络等。陌生拜访是直接拜访素不相识的家庭和个人，由于这是一种无预约性的拜访，因此需要销售人员在拜访前有足够的心理准备。缘故开拓是利用已有的关系，如亲朋关系、工作关系、商务关系等从熟人那里开始推销，从动态上看，缘故法可以利用的关系是无穷无尽的，这是准客户寻找的一条捷径。连锁介绍是请已投保的保户以口头、便条、信函、电话等形式介绍新的准客户。直接邮件的方法是指利用事前拜访信与事后反馈信引导准客户并与之接近。电话联络是指通过打电话给事先选定的准客户，了解他们感兴趣的产品，以发现他们的真正需求，从而决定是否需要面谈或约定面谈的具体时间。

2. 准客户寻找与接触的步骤。准客户寻找与接触的工作可以分五步进行：第一，获取尽可能多的人的姓名；第二，根据这些姓名，了解情况，确认他们是否有可能成为保险的购买者；第三，建立准客户信息库，将准客户的资料储存起来；第四，经人引见，拜访准客户；第五，淘汰不合格的准客户。

3. 准客户的鉴定。对保险销售人员来说，合格的准客户有四个基本标准：有保险需求、有缴费能力、符合核保标准、容易接近。

首先最重要的是消费者必须有保险需求。但是在多数情况下，准客户投保时并不清楚自己的保险需求。所以保险销售工作的一个重要的任务就是帮助准客户识别其保险需求。但是由于保险产品涉及各类风险，容易使人联想起灾难，而且多数人本能地回避考虑自己死亡和残疾的可能性。所以，保险销售人员需要使用一定的技巧引导准客户从保险需要上升到保险欲望，最终形成真实的保险需求。

其次是准客户的缴费能力的鉴定，这是准客户能否转化为投保人的关键。保险销售人员作为准客户的顾问与参谋，需要根据准客户的家庭经济情况作出风险管理的合理方案，这也是保险销售人员创造能力的体现。

再次就是对准客户的保险条件的鉴定，即考核准客户是否符合保险公司的核保条件，也就是可保性。例如，在人寿保险核保中非常重要的一个标准是被保险人的身体健康状况，为此需要准客户提供体检证明予以核实。

最后是准客户还必须容易接近。一些人虽然以上条件都具备，但是由于工作关系、性格关系甚至是生活态度、生活方式等方面的原因也很难成为合格的准客户。

（二）保险需求的识别与确认

为了确认准客户的保险需求，必须对其进行识别。即通过对准客户的风险状况、经济状况的分析，来确定准客户的保险需求，从而设计出适合准客户的保险购买方案。准客户保险需求的识别内容主要有以下几方面。

1. 分析准客户所面临的风险。不同的风险需要不同的保险计划。每个人的工作状况、健康状况不同，每个企业的生产情况不同，决定了他们面临的风险也各不相同。保险销售人员要通过调查获取相关信息，分析准客户所面临的风险。

2. 分析准客户的经济状况。一个家庭或一个企业究竟能安排多少资金购买保险，取决于其资金的充裕程度。通过对准客户的财务问题及其财务目标建立的可行性分析，可以帮助准客户了解其财务需求和优先考虑的重点。

3. 确认准客户的保险需求。在对准客户面临的风险和经济状况进行分析后，需要进一步确认其保险的需求。就准客户面临的风险而言，可以将其分为必保风险和非必保风险。对于必保风险，最好采取购买保险的解决方式，而且对于有些风险只能通过购买保险才能有效处理，例如，机动车交通事故第三者责任风险就是必保风险，因为购买机动车交通事故强制责任保险是强制性的。而对于非必保风险，则可以自由选择决定是否采取购买保险的方式，例如，对于那些虽然会给家庭或企业带来一定损失和负担，但尚可承受的财产风险，如果家庭或企业具有购买保险的支付能力的话，就可以投保；如果没有，也可以不投保。

（三）保险方案的设计与介绍

1. 保险方案的设计。保险方案的设计既要全面，又要突出重点。保险销售人员根据调查得到的信息，可以设计几种保险方案，并说明每一种可供选择方案的成本和可以得到的保障，以适应准客户的保险需求。一般来说，设计保险方案时应遵循的首要原则是"高额损失优先原则"，即某一风险事故发生的频率虽然不高，但造成的损失严重，应优先投保。一个完整的保险方案至少应该包括保险标的的情况、投保风险责任的范围、保险金额的大小、保险费率的高低、保险期限的长短，等等。

2. 保险方案的介绍。保险方案的介绍是指对拟订的保险方案向准客户作出简明、易懂、准确的解释。一般而言，保险方案说明主要是对所推荐的产品作用的介绍，包括以图表形式表示出来的图示，书面的、口头的解释，或书面与口头兼而有之的解释。在向准客户表述保险方案时，应尽量使用通俗的语言和图表解释方案，避免使用专业性太强的术语和复杂的计算。对于有关重要的信息则要解释准确，尤其是涉及有关保险责任、责任免除、未来收益等重要的事项，一定要确认准客户确切了解了方案中的相关内容，以免产生纠纷。

（四）客户疑问的解答与处理

准客户对保险方案完全满意以至毫无异议地购买的情况是极为少见的，有异议是销售过程的正常情况。如果准客户提出反对意见，保险销售人员要分析准客户反对的原因，并有针对性地解答准客户的疑问。在多数情况下，准客户会提出一连串的反对意见，把保险销售人员的建议全部推翻，这时销售人员不要轻易放弃，因为有希望的购买者需要安慰和支持，需要正确的合乎逻辑的理由，以便他根据这些理由下决心去投保。有经验的保险销售人员能够深刻地领会这一点，并且能够一步步引导着客户进入签约促成阶段。

（五）签约的促成与售后服务

1. 签约的促成。促成签约是指保险销售人员在准客户对于投保建议书基本认同的条件下，促成准客户达成购买承诺的过程。签约过程中重要的环节是指导准客户填写投保单。投保人购买保险，首先要提出投保申请，即填写投保单。虽然投保单在保险公司同意承保并签章之前并不具有法律效力，投保人不能基于自己填写的内容提出任何主张，但投保单是投保人向保险人要约的证明，也是保险人承诺的对象并确定保险合同内容的依据。投保单是构成完整保险合同的重要组成部分，一旦投保单存在问题就可能导致合同无效，或者是部分内容无效。为了体现客户的真实投保意愿，维护客户的利益，避免理赔纠纷，如实、准确、完整地填写投保单是非常重要的，保险销售人员有责任和义务指导和帮助客户填写好投保单。

投保人在填写投保单时，应当遵守保险法所规定的基本原则，如实填写各项内容，确保所填写的资料完整、内容真实。需要特别约定时，要特别说明或注明。填写完毕并仔细核对后，投保人应当在投保单上亲自签名或盖章。切忌投保人代被保险人签字，保险代理从业人员代投保人签字，这样会使保险合同无效。

2. 售后服务。促成签约后，销售过程并没有完结，相反，进入了一个新的阶段——售后服务阶段。提供恰当的售后服务，使保户投保之后始终满意。为此，销售人员应经常对客户进行售后访问，坚定客户最初的投保决定有助于他们减少签约后懊悔的情况。

售后服务包括确信已签发的保险单和所有客户的回答是否已经确切并清楚地记录下来，保证体检顺利完成和尽可能地为需要体检的人员提供便利，协助检查报告及时得到处理，对任何投保人、公司所提出的问题和要求作出及时回答。

此外，保险单的交付也是提供售后服务的一个重要方面，它可以使保单持有者为其合适的家庭成员购买保险；通过提醒保单持有人现有的保险保障不足或未来的保险需求，为今后的销售打下基础；加强同客户的联系，比如对客户家庭中发生的重大事件给予关注和关心，建立起对每个客户在保单周年等日期进行定期回访制度，随时打个电话联络感情，不定期地拜访，以增进感情。

售后服务有助于树立保险公司良好的社会形象，保险销售人员的服务代表着保险公司的服务，通过他可以让客户更加了解保险公司，树立起良好的企业形象。同时，可以增加保险公司在竞争日益激烈的保险市场中的竞争能力。

本章小结

1. 保险促销的实质是促进保险公司与投保人之间营销信息的沟通，包括人员促销、广告促销、公关促销、激励促销、宣传促销等手段。保险人员促销就是通过保险销售人员帮助和说服投保人购买保险产品的过程。在保险企业中，销售人员推销是财产保险和人身保险促销的一种重要手段。

2. 在保险营销中，客户对推销员的信任往往大于对产品的信任；客户认可保险首先是从对保险推销员的认可开始的。所以，对保险推销人员而言，良好的素质是取得成功的至关重要的因素。这些素质既有展现外在形象的仪表素质，也有体现内在修养的品德素质；既有显示实力的精湛的业务素质，又有彰显个性的心理素质。

3. 对于保险公司而言，拥有一支高素质的推销团队，是其营销管理成功与否的关键所在。其中，推销队伍的设计是保险人员促销管理的一个首要问题，其次，如何招聘、挑选、培训、激励和评价则关乎推销队伍管理的效能，这些最终要落实于专业化的保险推销流程，以此来检验销售团队的专业素质。

主要概念

保险促销　人员促销　广告促销　公关促销　激励促销　宣传促销　保险促销策略　推动策略　牵引策略　组合策略

思考与练习

1. 简述保险促销的实质及其主要促销手段。
2. 简述保险促销的类型与策略。
3. 简述影响保险促销组合的主要因素。
4. 保险人员促销的优势有哪些？
5. 保险促销人员应具备哪些基本素质？
6. 如何设计与管理保险促销队伍？
7. 简述保险促销的技巧。

第十四章
保险广告与保险公关

学习目标

　　保险广告与保险公关作为保险公司促销的两种手段，在保险营销活动中起着很重要的作用。通过本章的学习，要求首先掌握广告的含义及保险广告的作用，了解保险广告的主要类型，熟悉保险广告决策的主要步骤，通过典型保险广告个案了解保险广告的表现手法；其次要掌握保险公关及其功能，了解保险公关的主要工具，熟悉保险公关决策的主要内容。

知识结构图

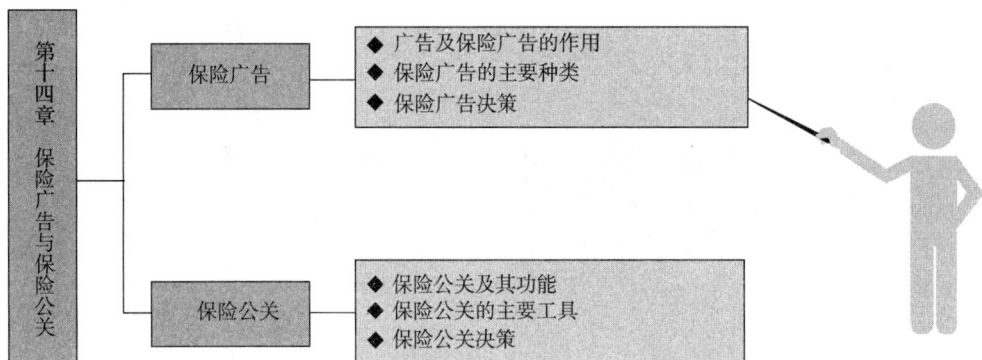

第一节　保险广告

一、广告及保险广告的作用

（一）广告的定义

　　《辞海》对广告的解释为："向公众介绍商品，指导服务内容和文艺节目等的一种宣传方式，一般通过报刊、电台、电视台、招贴、橱窗、商品陈列的形式来进行。"但它实际上源于拉丁文 adverture，在中古英语时代演变为 advertise，意为劝告、忠告、通知和报告。从一般意义上讲，是指利用大众媒介向公众传递某种信息的沟通方式。

广告有广义与狭义之分。广义广告包括营利性广告和非营利性广告；狭义性广告指营利性广告，也叫经济广告或商业广告。这里我们只讨论商业广告。根据《中华人民共和国广告法》，广告是指商品经营者或者服务提供者承担费用，通过一定媒介和形式直接或者间接地介绍自己所推销的商品或者服务的商业广告。

（二）保险广告的作用

广告作为保险公司与消费者沟通的一种有效手段，在保险营销中的作用突出表现为以下几方面。

1. 传递保险信息，沟通保险供求。传递信息是保险广告的基本作用。通过各种广告媒介，保险公司可以将其提供的各种产品和服务信息传递给消费者，使其了解本公司的产品和服务的主要特点，创造销售的机会。例如，各保险公司在推出新险种时，都会在报纸上对该产品做详细的介绍。

2. 传播保险理念，引导保险消费。在保险的消费中，我国消费者有很多错误、扭曲的消费观念，最突出的就是将投保作为纯投资，而忽略甚至根本不知保险最基本的风险保障功能。保险公司应该利用广告，向消费者传播正确的保险消费观念，尤其在新险种层出不穷时，更应引导他们正确地认识与辨别保险以及不同的险种的功能。例如，中国人民保险公司的"担四海风险，保五洲平安""天有不测风云，我有人民保险"传递的就是一种风险保障理念。

保险广告个案赏析 14−1
关于保险的最浪漫的诠释

3. 刺激保险需求，激发投保欲望。广告能够诱导消费者的需求，影响他们的心理。利用理性的或情感的广告诉求，可以在一定程度上刺激消费者的保险需求，激发起投保的欲望，并采取投保的行动。美国人寿健康保险教育基金会（LIFE）有一则非常经典的寿险广告。该广告的精彩之处是使用了引人注目的标题："你在意死一会儿吗？（Would you mind dying for a moment?）"该句广告词的创意就在于其向潜在客户传授了人寿保险知识，激发他们在未来财务计划中考虑人寿保险。

4. 传播企业文化，树立企业形象。广告除了推销功能之外，还能树立企业和产品的形象，加强消费者的记忆与好感，提高品牌知名度和声誉，增强企业无形资产价值。例如，平安保险公司的"漫漫人生路，平安保平安"，太平洋公司的"平时注入一滴水，难时拥有太平洋"，泰康人寿的"不求最大，但求最好"等都是各自企业文化与形象的象征。

二、保险广告的主要种类

根据广告的不同区分标准，可以将广告分为不同的类别。根据目的，可将广告区分为产品广告与企业形象广告。根据内容，可将广告区分为介绍性广告、提示性广告与说服性广告。根据使用媒体，可将广告区分为印刷品广告、视听广告、邮寄广告、户外广告等。这些不同的分类标准，有时也可以组合运用。下面介绍几类主要的保险广告。

1. 产品广告。产品广告是为促销某种商品或服务所做的广告。产品广告包括直接反馈广告（即刺激消费者立即订购其产品的广告）和产品意识广告（即在较长一段时间内刺激人们对某一产品的需求的广告）。

2. 企业形象广告。企业形象广告宣传的是理念、宗旨、企业或行业，而不是某一具体产品。与产品广告相比，保险业对企业形象广告的依赖程度大于对产品广告的依赖。企业形象广告可划分为形象树立性广告、主张性广告、信息性广告以及竞争性广告。

3. 信息性广告。信息性广告又称介绍性广告，是向消费者传播有关产品、服务或企业的有关信息的广告。这种广告用于发布和介绍新产品的特征及性能、公布产品价格的变化、告诉消费者购买到新产品的地点。同时，当企业发生兼并、收购、地址变迁等重大变化时，也采用这样的广告形式发布有关信息。因此，此类广告又可分为信息性产品广告与信息性企业形象广告。

4. 提示性广告。提示性广告主要是指提示性产品广告，其主要目的是加强现有消费者的态度或购买习惯，并通过促使消费者保持对成熟产品品牌的记忆来巩固早期的促销效果。保险公司通过发布提示性广告，让消费者放心，并确认他们所做出的选择是正确的。提示性广告的使用有助于防止保单转换和失效。

5. 说服性广告。说服性广告又称劝诱性广告或竞争性广告，其意图是使消费者对某一企业或某一品牌的产品产生偏爱。说服性广告用于促进销售、建立品牌忠诚与客户忠诚，并改变消费者对某一企业或某一品牌的现有看法。这类广告又可分为说服性产品广告与说服性企业形象广告。因此，保险公司有时采用比较性广告的形式，将促销品牌与竞争品牌在产品的某一种或多种性能方面进行直接比较。有时通过发布竞争性企业形象广告，将年金与银行出售的定期储蓄，将变额年金与固定年金，将保险公司的专项基金与银行基金相比较，从而推销年金、变额年金和保险专项基金。

6. 印刷品广告。印刷品广告是指利用报纸、期刊和其他印刷品传播有关信息的广告形式。报纸和期刊是保险宣传最有效的广告媒体。其突出的特点是有些报刊的发行量很大，广告篇幅也很大，而费用又较低。

7. 听视广告。即通过听觉与视觉产生效果的广告媒体如广播、电视等与消费者沟通的广告形式。广告效果主要在于语言表达要有吸引力，而电视广告效果有赖于画面和语言配合，要在短时间内给人以强烈印象。

8. 户外广告。户外广告通常有招贴、广告牌、交通广告以及电气广告等。户外广告的特点是行人随时随地都有可能看到，传递信息比较广泛。这类广告宜用醒目的图画和色彩，选择放在闹市、交通要道或公共娱乐场所附近。

三、保险广告决策

保险广告决策通常包括五个步骤：广告目标的确定、广告费用的预算、广告媒体的选择、广告的创意与制作、广告效果的测定。

（一）广告目标的确定

广告目标的确定是指保险公司广告活动的侧重点的确立，即侧重销售还是侧重传播。侧重销售即以销售额或市场份额的增长来描述预期效果，被称为销售导向目标。例如，某寿险公司在广告活动中确定的销售导向目标可能是大病医疗险的新单保费收入增长10%。侧重传播是增加消费者对本公司或本公司产品的认知、了解或兴趣，又被称为传播导向目标。例如，某公司传播导向目标可能是争取在目标市场成员中将公司的知名度提高10%。

确定广告目标时需要考虑的因素有：广告的目的是什么，预期应达到什么具体效果？为达到预期效果，需要向目标视听众传播的信息和主题是什么？广告宣传需要多长时间才能达到其目的？

大多数情况下，保险广告的目标是传播导向型的。因此，如何使消费者对本公司及本公司的产品认知、了解并产生兴趣，确定广告传播的主题信息就非常重要。

📌 **保险广告个案赏析 14 - 2**
太平洋寿险公司万能寿险产品广告 ∎∎∎∎∎∎∎∎∎∎∎∎∎∎∎∎∎∎∎∎∎∎∎∎∎∎∎∎∎∎∎∎∎∎

太平洋寿险公司推出万能寿险时的一则宣传该产品灵活性的广告。该广告直观、一目了然。

A 点：张先生25岁，缴纳了5000元投保了万能寿险，并在以后每年缴纳5000元。由于其尚未结婚，所以选择了较低的保额10万元。

B 点：张先生27岁，与女友结婚，由于要准备住房贷款并承担家庭责任，他认为自身的保障需要增加，将保额调高为15万元，同时将年缴纳费增加为10000元。保单的现金价值如下页图所示、逐年累积。

C 点：张先生30岁时，小孩出生，其对家庭的责任、对自身保障需求更大，因而将保额调整为35万元。考虑收入、支出情况，未增加保费。张先生再次符合保险公司的可保要求。

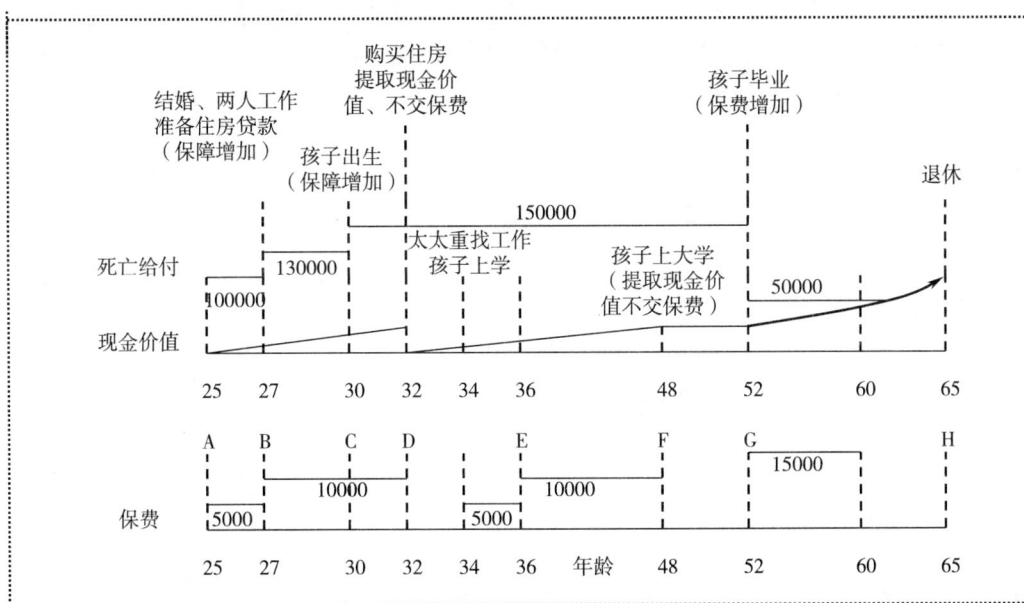

一张保单，维系一生保障（示意图）

D 点：2 年后，张先生从万能寿险保单中提领 20000 元以支付新购住房的首付款。像这样的部分解约，在传统寿险中会使得保额同比例降低，但在万能寿险中张先生可要求维持原有保额。同时，他停止缴付保费以支付房款。

2 年后，张先生收入增加，他恢复了年缴 5000 元。

E 点：再过了 2 年，张太太重新参加工作，张先生增加年缴保费至 10000 元。就这样，一家三口在一份万能寿险保单的保障下，幸福地生活着。

F 点：在张先生 48 岁时。小孩考取大学，在小孩就读大学期间。每年提取 25000 元用以支付教育费用，同时也停止缴付保险费。

G 点：4 年后，儿子大学毕业并能独立生活，张先生夫妇经济比较宽裕并开始重视养老保障的规划，他们每年缴纳 15000 元至张先生 60 岁，由于儿子已经长大成人，将保额降低至 5 万元。

张先生生存至 65 周岁，合同期满，张先生可领取约 55 万元的满期保险金。张先生可用这笔保险金进行规划。例如，按合同规定趸缴投保我公司的养老金保险，可享受 5% 的优惠。

从张先生的一生来看，上述万能寿险能提供恰如其分的保障，满足其人生不同阶段保障的需求。从实际的万能寿险来看，往往还提供一些附加疾病、意外保障，从而能实现一份保单保终身的目的。

当然，上述的举例仅仅是为了演示所用，所用的数据也仅仅是假设，实际的终身保障规划应根据实际的产品和客户的实际情况进行设计。

（二）广告费用的预算

广告费用预算是指在某一时期内，促销费的预算中需要支出的用于广告宣传的费用。做广告费用预算时，公司通常借鉴以往的经验、调研和反复实验。一般而言，所需考虑的费用因素包括广告媒体费用（该项费用受具体媒体的影响）、产品生命周期（通常新产品比成熟产品需要投入更多的广告费用）、市场特征（新开发的市场或竞争激烈的市场通常比已经开发的市场或较少竞争的市场需要更多的投入）。

（三）广告媒体的选择

广告媒体的选择是广告决策中最重要也是最复杂的一环。每一个决策都受一些因素的影响。

1. 目标市场中消费者的习惯和特征。这是最重要的因素。目标市场中的消费者喜欢观看哪一类电视节目？他们订阅哪份杂志？喜欢收听哪个广播电台节目？有多少人上网？他们喜欢通过哪种方式获得产品或服务方面的信息？

2. 产品特性。由于保险产品比较复杂，保险产品很少通过广播媒体进行广告宣传，而是经常借助一些印刷媒体来传播具体险种的专业信息。

3. 各种媒体的特性。每种媒体的成本各不相同，而且各有利弊。

报纸。报纸的优点是广告费用相对低廉，可信度高，地方市场的渗透力强；缺点是印刷质量差，不如杂志上登载的广告新颖、引人注目，接触频率低，竞争力差。

杂志。杂志的优势在于印刷精美，传阅广泛，可信度高，最重要优点还在于可以有针对性地选择一些具有特殊内容的杂志，从而与公司的目标市场相吻合。杂志作为广告媒体，其缺点是广告制作与登载的费用高，制作周期长。因此杂志对即时广告作品或信息来说并非最佳选择。

电视。电视集图像、声音、动作于一体，可以创造出便于记忆的广告信息，这对潜在消费者将会产生很大影响。但是，电视本身的费用非常昂贵，而生命周期却很短甚至是转瞬即逝，这是公司必须正视的一个现实。

广播。广播制作费用和媒体费用相对低廉，制作周期短，有特定的听众。但缺少视觉要素，因此不是一种传递复杂或抽象信息的理想媒体。加之，广播广告的生命周期也较短暂，广告播放时，听众还可能会调换电台。

直接邮件。直接邮件广告可以用来宣传或销售保险产品。一些保险公司通过直接邮件或直接反馈的方法销售其大多数险种。作为广告媒体的一种形式，直接邮件为企业提供了一些优于其他广告媒体的特点。保险公司可以用直接邮件传递复杂信息，其任意性较强，并可以利用有限传播向目标细分市场传递信息。直接邮件的成本低廉，因此其策划与制作的成本很低。但是，直接邮件也存在一些劣势。如直接邮件的反馈率较低，公司必须寄出大量的邮件以便获得可以接受的反馈率。邮费价格的提高，会使直接邮件广告变得非常昂贵。而且，虽然企业能够确保将直接邮件寄发给目标市场消费者，但无法确保他们一定会阅览这些广告。有些消费者将直接邮件视为垃圾邮件，未开封便扔进垃圾箱。正因如此，信封的设计成为一种重要的艺术手段，其目的便在于让消费者开启此信件。例如，北美人寿保险公司香港分公司的"平安保"住院现金保障计划，就是一种通过直接邮件推销的产品。其信封的左上角是枝繁叶茂喜人的红苹果，左下角有一行激发人投保兴趣的广告语"享受丰盛成果之时，别忘了未雨绸缪"。

（四）广告的创意与制作

"广告的魅力在于创意，广告的生命在于真实。""缺乏创意的传播毫无价值，没有传播的创意不起作用。"良好的创意是使传播有效的关键一步，但是广告创意并非简单的几个步骤。有效地将信息传递给目标视听众的广告创意也绝非一门简单的艺术。要创造出新颖有趣、引人注目的视听觉要素，将容易记忆的信息传递给目标视听公众，就是创意所要解决的。创意包括广告文稿、美术或图形以及听觉要素等。通过独特的表现手法将这些要素组合在一起，创造出特殊的格调，即吸引力。广告格调和表现手法的选择便是广告信息传递的功能。

1. 广告的吸引力。广告的吸引力是指一则信息的基本格调。制作广告时必须先确定一个总体格调，然后再决定如何表现这种格调。如若想吸引消费者对保险感兴趣，什么格调最适合本公司的目标视听公众呢？是以幽默方式传递信息，还是注入一种恐怖、欢乐、愿望或者解脱的情感；或者是直接将公司的产品与其他竞争者的产品进行比较。

2. 表现手法。表现手法即制作风格是指将格调转化成信息的一种具体表现手法。普通使用的表现手法有：生活片段式、故事式、演示式、证言式、情感式、生活方式式、音乐式、联想式以及科研式等。生活片段式是描述日常生活中某一产品的使用可以解决个人、家庭或工作中出现的问题；故事式又叫案例经过，是指在广告中首先呈现现实存在或假设存在的处境或问题，然后通过使用某一产品，使存在的问题得以解决；演示式是通过行动演示某一产品的特征；证言式叙述消费者或知名人士对某一产品的切身感受；情感式指通过感情的注入、格调的表达或者正面形象的刻画，以激发对某一产品的良好印象；生活方式式是将某一产品描述成为特定目标市场中人们生活方式的自然组成部分；音乐式指用音乐或歌曲方式传递大部分或全部的广告信息；联想式是将广告宣传的产品或企业与目标市场成员中具有良好形象的人物、状况或行为联系在一起；科研式指对某产品经过调研得出的事实情况展示出来。这些表现手法可以相互配合使用。

📍 保险广告个案赏析 14 −3
运用侧向思维创意技巧 ▪▪▪

运用侧向思维创意技巧即运用联想、比喻、移植等技法，产生新奇的创意。例如，上海电视台拍摄电视广告片《参加保险》的创意思维采用了借代、比喻、联想等多种技巧。广告一开始表现两条金鱼在鱼缸里悠然地游动（以鱼借代人）。突然鱼缸摔碎，金鱼落地垂死挣扎（暗喻天灾人祸）。然后运用倒片技术使破碎的鱼缸奇迹般地重新聚拢复原，金鱼依旧游动，推出字幕"参加保险，化险为夷"，点明主题（从中使人联想到人难免遇到天灾人祸，加入保险可以起死回生）。全片只有"啊呀""咦""噢"三个解说词，言简意明，创意独特。

📍 保险广告个案赏析 14 −4
利用恐惧手法劝说人们投保 ▪▪▪▪▪▪▪▪▪▪▪▪▪▪▪▪▪▪▪▪▪▪▪▪▪▪▪▪▪▪▪▪▪▪▪▪▪

从心理学角度来看，恐惧诉求广告只需要适度刺激就可以使广告有效。作为恐惧诉求广告，其恐惧的强度在于与商品或服务之间的关联性。如果恐惧的强度太小不足以引起受众的注意，而强度太强则会导致受众的逃避。一般的商品或服务多以比较弱的恐惧来传播，对于与生命密切相关的人寿保险，则应用强度大的恐惧诉求广告。奥美广告公司（台湾）创意总监孙大伟先生曾为美商保德信人寿保险公司所做的"智子篇"就是一个比较有效的恐惧诉求广告。

广告是依据一份空难遗书而设计的。画面很简洁，左边 1/3 是文案，右边 2/3 是一片沉重底色上的遇难者的模拟遗书手稿，有很强的视觉冲击力。广告标题是"智子，请好好照顾我们的孩子！"即遇难者谷口先生遗书的全部内容。文案类似新闻报道，平实中透着巨大的震撼力。广告原文如下：

"日航 123 航次波音 747 班机，在东京羽田机场跑道升空，飞往大阪。时间是 1985 年 8 月 18 日下午 6 点 15 分。机上载着 4 位机员、乘客以及他们家人的未来。"

"45 分钟后，这班飞机在群马县的偏远山区坠毁，仅有 4 人生还。其余 520 人，成为空难记录里的统计数字……"

"在空难现场的一个沾有血迹的袋子里，智子女士发现了一张令人心酸的纸条，在别人惊慌失措、呼天抢地的机舱里，为人父、为人夫的谷口先生，写下给妻子的最后叮咛：'智子，请好好照顾我们的孩子'，就像他要远行一样。"

"你为谷口先生难过吗？还是你为人生的无常而感叹？免除后顾之忧，坦然地面对人生，享受人生。这是保德信 117 年前成立的原因。走在人生的路上，没有恐惧，永远安心——如果你有保德信与你同行。"

📁 保险广告个案赏析 14 – 5
利用汉字本身的创意

奥美广告公司（台湾）创意总监孙大伟先生，为"保德信"人寿保险公司（美商）在台湾入市所做的主题广告（印刷平面广告），就是以"拆字"发展创意的。"保德信"三个黑体字居中。横排，几乎占了广告画面的 1/3。三条顶天立地的大黑杠把"保德信"三字的立人偏旁（两个单人旁，一个双人旁）反向托出，画面右上方是广告标题："三个字就有四个人。保德信的企业理念，就是重视人的价值。"简洁、平实、庄重而又形象地阐释了企业理念，体现出作者对汉字内涵的深刻认识与把握。

孙大伟先生依"拆字"之法而创作的 30 秒电视广告，简洁、明白、晓畅得令人赞叹。

画　面	音效、旁白
黑背景	每个人在世界上都不孤单
保德信三个反白字	一定有人对他关心在意
字淡出，只剩下"保"字的立人	一定有人与他息息相关
淡入"信"字的立人	但是，人生变幻无常……（音效）
淡入"德"的双人	（刹车声由远而近，碰撞声!!）
左边立人，随着碰撞声消失	他的任何遭遇
中间双人与右边立人陆续淡出	都会影响身边的人
保德信三字——淡入	保障、道德、诚信
三字融合成"没有恐惧，永远安心"	没有恐惧，永远安心
再淡入	美商保德信人寿

策划保险广告时会受到的一些相关法律的制约，同时还会受到具体战略中的特殊因素的影响，因为不同的格调和风格适合不同的信息、产品和视听公众。首先，一则广告的设计和版面布局常会根据广告目的而变化。直接反馈型广告的目的是通过向消费者传递所需的全部信息，以促进消费者购买其产品。这种广告通常要求大篇幅的文稿来介绍产品及其好处。相对而言，形象树立型广告通常只用少量的文稿，但要采用醒目的照片或图画形式。创意人员需要根据广告的目的，决定具体广告的版面布局或风格。其次，不同类型的产品对广告的设计和规格影响很大。保险公司本身就是企业形象广告中的产品。由于消费者倾向于将公司的规模和经济实力与其支付整版广告费的能力联系在一起，因此，通常企业形象广告的规格很大。另外，这种广告还通过使用大型图形要素，包括标题和大面积空白，以传递企业稳定与强大的形象。对于具体险种广告来说，宜采用小型广告。最后，广告的目标视听众对创意人员的具体广告设计也有影响。面向分销商发布的广告，在风格和格调上与面向消费者发布的广告不同。一般而言，面向分销商的广告与面向消费者的广告相比，可以多用一些文稿，专业性强一些，而少使用视觉要素。而且，目标视听众是地方市场还是全国市场，同样也影响广告的风格和内容。

（五）广告效果的测定

广告效果的测定可以帮助公司确定广告活动是否达到宣传目的；比较不同广告活动或广告作品的效果，比较不同种类的媒体的效果；确定广告所起到的重要作用；寻求改进今后广告的方法。具体的测定方法有前置测试和后置测试。

1. 前置测试。前置测试是公司在将必需的资源投入全面活动之前进行的各种测试，以衡量广告在某一限定的目标市场的运作情况。常用的广告前置测试的方法有业务测试、直接比较测试、实验室测试和提前播出测试。

（1）业务测试。在业务测试中（用于印刷品媒体广告），目标市场的一些成员被出示几则印刷广告作品，然后请他们尽可能对每一则广告的内容作出回忆。在向消费者出示的广告中，至少其中一则是测试广告。用这种方法测试的结果可以帮助公司测定该广告在捕捉注意力、与其他广告竞争、传递信息以及被公众了解、记忆等方面所具备的能力。

（2）直接比较测试。在直接比较测试（用于印刷品或广播媒体广告）中，将一些广告作品出示给目标市场的成员，然后让他们根据广告对其注意力的捕捉程度、兴趣的激发程度，对产品或公司态度的改变程度或对购买产品产生的诱惑程度，给每则广告打分。

（3）实验室测试。在实验室测试（用于印刷或广播媒体广告）中，测试广告作品引起的具体生理反应。通常，要求消费者看或听一则或多则广告，研究人员对该消费者进行一些生理反应测试，如眼神的移动、心跳、血压等。这种测试方法主要用于测定广告对消费者注意力的吸引程度。

（4）提前播出测试。在提前播出测试（用于印刷或广播媒体广告）中，将广告放在实际环境中向一个特定目标公众细分市场播出，然后让消费者对广告的效果进行评估。公司可以利用这种测试的结果，预测将该广告在大规模范围中播放的效果。

2. 后置测试。后置测试是在广告活动之中或之后评估广告效力的方法。公司依靠后置测试方法可以评估是否达到广告目标以决定对现有广告是否继续使用，并提出改进现有广告的办法。

测试广告是否达到传播定向目标，如提高消费者意识，或改变其对某产品或其公司的态度等，可以使用回忆测试、认知测试、态度测试和询问测试的方法。

（1）回忆测试。衡量消费者对广告的记忆情况的一种测试方法。回忆测试可分为无辅助回忆测试和有辅助回忆测试两种方法。无辅助回忆测试用于确认曾接触某一特定广告的公众成员，在无任何研究人员的提醒或暗示的情况下，是否仍能记得这则广告。在辅助回忆测试中，消费者被提示一些信息以唤起其对某一特定广告的记忆或回忆。

（2）认知测试。在认知测试中，消费者被出示以前曾有过接触的广告，然后回答是否记得这些广告。经过测试，可以将被测试者分为注意过、有部分印象和记忆较深三种类型。

（3）态度测试。用于检测比较消费者在接触广告前后所持的观点和信念。态度测试是衡量企业形象树立型广告、劝诱型广告的策略效果最突出的方法。

（4）询问测试。询问测试是通过所收到的反馈或咨询的数量来检测一则广告的效果。这种方法可以用来对所有类型广告的效果进行评估。

第二节　保险公关

一、保险公关及其功能

"公关"（Public Relations）是公共关系的简称，是指利用新闻发布、事件活动等手段，以使保险公司与公众间相互了解、相互合作，并吸引客户及社会公众的注意，达到塑造和提升企业、产品与品牌在客户与公众心目中的形象的目的。保险公关指保险公司为刺激消费者对其产品和服务的需求，建立与公众之间的良好关系并获得公众的信赖和支持，树立良好的企业形象而向公众提供信息和交流的一系列活动。公关作为一种促销的手段，主要是保险公司利用各种媒介发布重大商业新闻，或是对其产品、服务甚至企业形象进行有利的宣传。由于保险公司并不必为此付费，所以，人们又称公关为"软广告"。作为促销手段的保险公关具有以下几种功能。

（一）传播信息

保险公司争取一切机会和新闻界建立联系，利用新闻媒介可以及时将有新闻价值的信息传播送给广大消费者，增强人们的保险意识，同时宣传本公司和本公司提供的保险产品，树立本公司的良好形象，以引起消费者对本公司及其产品的注意。

（二）协作交流

通过报纸、杂志、电台、电视台等新闻机构和社会团体，公司能够争取新闻舆论对保险的理解与支持，争取对保险公司有利的宣传报道；同时协助其建立与投保人、社会团体、政府机构等部门的密切关系，建立和保持良好的企业形象，促进消费者对本企业的了解。

（三）游说与咨询

通过与立法者或政府官员的沟通，企业能够得到地方政府、社区群众等对保险的理解和支持，并与他们建立广泛长期的联系；或就公司定位以及企业形象等问题向管理层提出建议，来获得有利于企业发展的外部环境。

二、保险公关的主要工具

保险公司开展公关促销活动，可以采用的工具有以下两种。

（一）出版物

保险公司可以借助一些出版物来接触和影响目标消费者。出版物包括保险报刊、宣传小册子、视听材料和公司的业务通讯及杂志等各种书刊资料。在通知目标消费者时，这些出版物扮演着重要的角色，它传递给消费者的信息有保险的知识与理念、保险公司的运作、某些保险产品的具体介绍等。好文章能吸引对公司和产品的注意，帮助建立公司形象和向目标市场通告重要新闻。电影和带解说的幻灯片、录像以及录音带等视听材料也正越来越多地作为促销工具使用。视听材料成本要比印刷品广告高，但影响也较大。

（二）事件

保险公司可以安排特殊事件来吸引对新产品及公司的注意。包括新闻发布会、研讨会、旅游、展览、竞赛和比赛、周年庆祝、对体育和文化事业提供资助等可接触目标公众的方式。

⚫ **保险公关个案赏析 14 - 1**

华夏保险千万速赔演绎 "速度与温情" ∷∷∷∷∷∷∷∷∷∷∷∷∷∷∷∷∷∷∷∷∷∷∷∷∷∷∷∷∷∷∷∷∷∷

千万理赔彰显保险大爱

2016 年 12 月 28 日下午，华夏保险 95300 客服热线接到被保险人曹先生家属林女士报案称，曹先生于 12 月 21 日因病去世。接到客户报案后，华夏保险总、分公司高度重视，立即开通理赔绿色通道。

经核实，投保人曹先生分别于 2014 年 8 月及 9 月为其本人投保华夏财富一号两全保险（万能型，C 款）产品。12 月 30 日，华夏保险作出理赔决定，并将 939.73 万元理赔款打入受益人账户。收到理赔款后，林女士感动不已，多次通过电话、微信等方式表示感谢。"报案后，客服人员及时与我联系，不但专程上门指导收齐理赔材料，更感动的是，本以为如此高额的理赔要好多天才能结案，没想到从提交资料到完全结案，只用了不到5小时!"

优质服务树立行业标杆

本案具备"赔付金额较高，绿色通道创新服务""理赔人员上门服务，理赔效率树立典范"、"荣获客户高度赞誉，产生较大社会影响"等显著特征，对于提升全行业服务品质将会产生积极影响。

该赔案使华夏保险连续第三年入选保险业"年度十大赔案"，表明华夏保险逐渐成为保险业优质服务的标杆。

华夏保险相关负责人表示，未来华夏保险将始终坚守"客户利益至上"的核心价值观，秉承"为人民服务，让客户满意"的服务理念，主动履行积极赔付职责，发挥社会稳定器的作用，实现一家全国性寿险公司对客户和社会的责任担当，践行"让华夏充满爱"的企业使命。

（三）新闻

保险公关的一个重要职责是发现或创造有关公司、产品及人物的新闻。新闻创造需要一些技巧，包括制定故事中心思想、调查研究、新闻写作。但如何让媒体接受新闻稿件和参加新闻发布会更需要营销技巧和人际关系技巧。新闻机构需要的是有趣味性和时效性的故事，因此与新闻界的编辑及记者建立良好的关系，对公司获得更多更好的有关公司的采访与报道的机会至关重要。

（四）演说

演说是进行产品和公司宣传的另一个重要工具。越来越多的公司发言人要在电视上、广播中接受采访，回答提问，在销售会议上讲话，这对沟通公司与外界的关系，树立公司形象都是非常重要的。很多公司会仔细地挑选发言人，聘请专人写演讲稿，聘请老师进行辅导，以求提高发言人的演讲水平。

（五）公益活动

公司通过为公益事业作时间或资金上的奉献，能提高公司的公众信誉。例如，为参加奥运会的运动员提供意外伤害保险、为见义勇为者提供寿险等。

⚡ 保险公关个案赏析 14 –2
2016 中国保险慈善活动 10 强之九： 让爱回家 ||||||||||||||||||||||||||

"让爱回家"公益活动，是由中国平安联合中国青少年基金会等组织发起，中国平安服务大使、著名歌手平安倾力代言和支持的"一路平安 让爱回家"大型公益众筹活动。2015年，活动吸引了超过2000万人次关注，逾百万名网友通过多种形式为留守家庭、贫困大学生等群体，众筹到230个千元团圆现金红包和超过50张回乡机票，帮助近300个家庭羊年春节平安团圆。

2015年的"让爱回家"活动，中国平安首次通过业务端自有网络平台发起公益众筹，平安旗下的产险、寿险、银行、信保、支付、好车及科技等专业公司，开放网络平台，引导客户及网友关注行动，同时通过多样化、极富互联网思维的参与设计，降低参与门槛，让大众"点赞""围

观"的热情转化为实际行动，吸引大众和中国平安一起投身公益。

⬆ 资料来源：《保险文化》2016 年 9 月刊。

（六）识别媒体

通常，公司的广告材料要求有一个可识别的外表，否则它会经常产生混淆和失去创作或强化公司识别标志的机会。在一个高度开放的社会里，公司要尽力去获得注意。它们必须努力设计一个公众能立刻认知的视觉识别标志。这个视觉识别标志可用在公司的商标、文具、小册子、招牌、商业名片、建筑物等上面。

三、保险公关决策

保险公关决策的具体内容包括四大方面。

（一）确定公共关系营销目标

保险公司的公关目标包括四项。

1. 提高知名度。保险公司可以通过在媒体上发表故事来吸引消费者对产品、服务、公司及其理念的注意。

2. 建立信誉。保险公司可通过编辑报道来传播信息以建立信誉。

3. 激励销售队伍和中介人。公关能提高销售队伍和中介人的热情。在新产品推出之前先通过宣传加以披露，能帮助销售队伍向消费者推销产品。

4. 降低促销成本。公关的成本比直接邮寄和广告都要低。越是促销预算少的企业，运用能深入人心的公关手段越多。

（二）选择公关信息和工具

公关目标确定之后，还要选择达到这一目标的适当的公关信息和工具。假如某新设立的公司希望得到更多的认知，就需要选择创造可供新闻单位发表的故事来树立公司的形象。如参加公益活动，举办知识竞赛等。

（三）实施公关计划

实施公关计划首先应争取新闻机构的配合，特别在召开新闻发布会或处理一件较大的理赔案时，这方面的配合格外重要。此外，公关人员要有一个灵活的头脑，当发生意外事件时，临危不乱，恰当地解决问题。当公关宣传涉及各种层次的特别事件时，如纪念性宴会、新闻发布会、全国性竞赛等，需要格外慎重。

（四）评估公关的效果

由于公关作为促销工具经常与其他促销工具混合使用，衡量公关的效果是困难的。如果它作为唯一的促销工具单独使用，则它的效果是比较容易评价的。

1. 展露。衡量公关效果的最简易办法是看它在媒体中的展露次数。

2. 知晓/理解/态度转变。一个更好的衡量方法是看由公关活动引起的知晓/理解/态度转变。例如，有多少人能想起听说过这种新产品？有多少人向别人转告过它？有多少人听说过该产品后改变了主意？

3. 销售额和利润额。如果能得到销售额和利润额的话，它们是最令人满意的衡量标准。

本章小结

1. 保险广告与保险公关作为保险公司促销的两种手段，在保险营销活动中起着很重要的作用。

2. 富有个性的广告创意是现代保险公司越来越追求的目标。"广告的魅力在于创意，广告的生命在于真实。""缺乏创意的传播毫无价值，没有传播的创意不起作用。"良好的创意是使传播有效的关键一步。运用侧向思维创意技巧、利用恐惧手法劝说人们投保、利用汉字本身的创意，都是保险广告的一些经典作品。

公关作为一种"软广告"，是指利用新闻发布、事件活动等手段，以使保险公司与公众间相互了解、相互合作，并吸引客户及社会公众的注意，达到塑造和提升企业、产品与品牌在客户与公众心目中的形象的目的。保险公司利用各种媒介发布重大商业新闻，或是对其产品、服务甚至企业形象进行有利的宣传。

主要概念

保险广告　保险广告策略　前置测试　后置测试　保险公关　保险公关决策

思考与练习

1. 简述广告在保险营销中的作用。
2. 简述保险广告的主要类型。
3. 简述保险广告决策的步骤。
4. 简述保险公关及其主要功能。
5. 保险公关的主要工具有哪些？
6. 简述保险公关促销决策的具体内容。

第十五章
保险公司客户关系管理与客户沟通

学习目标

通用汽车公司的总裁杰克·史密斯先生曾经说过："把所有的一切——全部的资产、决策都集中在顾客身上，他们才是成败的最终裁判。"因此保持良好的客户关系是维持保险公司业务、对保险市场进行深度开发和保险公司精细化经营管理的基础，客户关系管理对保险公司具有重要的经济意义。

通过本章的学习，一方面了解保险客户关系管理的内涵和重要性，熟悉客户关系管理的内容和建立要件，并掌握客户管理技能；另一方面理解沟通对于保险营销的重要性，并掌握有效沟通的特征和技巧。

知识结构图

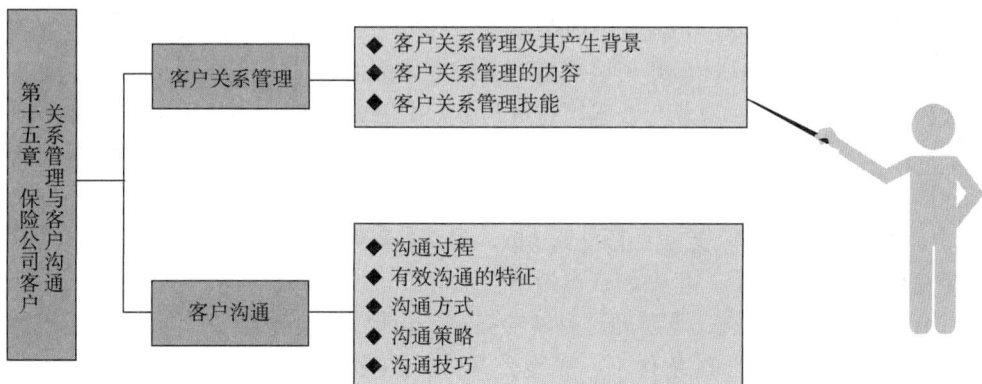

第十五章 关系管理与客户沟通 保险公司客户

客户关系管理
- ◆ 客户关系管理及其产生背景
- ◆ 客户关系管理的内容
- ◆ 客户关系管理技能

客户沟通
- ◆ 沟通过程
- ◆ 有效沟通的特征
- ◆ 沟通方式
- ◆ 沟通策略
- ◆ 沟通技巧

第一节　客户关系管理

一、客户关系管理及其产生背景

（一）客户关系管理的含义

客户关系管理（Customer Relationship Management，CRM）是指保险公司充分利用客户的信息资料，获得客户的忠诚，并在已有业务的基础上，保持长期客户关系，将客户的需求、利益和成本与保险公司自身的成本效益结合在一起，带动保险公司的产品开发，引导保险公司营销渠道和营销组合的变化，不断挖掘新的营销服务机会，从而最大限度地满足客户需要，获得更深层次的利润。

1. 客户关系管理思想

（1）客户关系管理重新诠释"客户"概念。客户不仅是已经与保险公司发生业务往来的现有客户，它还应包括保险公司的目标客户、潜在客户、业务合作伙伴等。

（2）客户关系管理重新定义客户管理范畴。客户关系管理除了包含传统的客户管理内容外，还包括相应的市场管理、营销管理、服务管理、分析决策、营销机会挖掘、合作伙伴管理、竞争对手管理、产品管理和员工管理等。

（3）客户关系管理强调业务进程管理。业务进程管理包括业务产生、业务跟踪、业务控制、业务落实和业务评价等环节。业务进程的管理是实现市场、营销、服务的协同工作，确保保险公司目标达成的有效手段。

（4）客户关系管理的核心是客户价值管理。对保险公司来讲，客户的价值是不同的。保险公司80%的利润来自于20%的价值客户，已是众所周知的实践真理。客户关系管理通过对客户价值的量化评估，能够帮助保险公司找到有价值的客户，将更多的关注投向他们。

2. 实施CRM的意义。CRM是一种旨在改善保险公司与客户之间关系的新型管理机制，通过客户关系管理保险公司可以清楚地了解和掌握客户的状态和特征。它主要实施于保险公司的市场营销、服务与技术支持等与客户有关的领域。CRM一方面是通过提供更快速和周到的优质服务吸引和保持更多的客户，另一方面通过对业务流程的全面管理降低保险公司的成本。

（1）由于客户关系管理提供了数据分析，可以使保险公司能够有效地找到自己的客户，避免到处撒网寻找客户带来的资源浪费。

（2）对保险公司来讲，重要的是能够给保险公司带来盈利的客户，而不是在于客户规模的大小。在资源有限的条件下，保险公司应该更多地关注那些能让自己盈利的客户，在必要时应剔除那些服务成本太高甚至给保险公司带来亏损的客户。

（3）客户关系管理可以帮助保险公司找出最忠诚的客户并且分析他们的特点，以此为标准可以使得营销人员寻找到新的忠诚客户。

3. CRM的认识误区。客户关系管理体系作为一种新的经营模式，目前我国保险公司对其认识上存在着一定的片面性和狭隘性，存在着认识上的误区，这些认识误区可概括为以下几点。

（1）客户关系管理能取代一切。这种观点认为，保险公司只要关注客户关系管理就行了，无须在其他环节花费力气，将客户关系管理体系神化。其实客户关系管理的实质是保险公司以客户关系为核心和出发点，但这并不意味着其他环节不重要。

（2）客户关系管理只是营销部门的事。实际表明，只靠营销部门是难以建立保险公司客户关系管理体系的，客户关系管理实质是一种整合营销，它要求保险公司各部门的支持和配合。

（3）将客户关系管理等同于"客户第一""服务第一"。客户关系管理是保险公司新的经营理念，新的运营模式，它不同于"客户第一"和"服务第一"，后者是"点"式经营，专注于营销的某个具体环节；前者是"体"式经营，专注于保险公司供应链的整个过程。保险公司引入客户关系管理将改造原有的流程，拉动整个保险公司运营模式和流程的变革，所有部门都必须变革原有的思维和模式。

总之，CRM 关心的是我们给客户提供了什么产品，客户对我们的产品和提供的服务过程是否满意，由此产生的客户与我们的接触是否足够让他心动、开始对我们忠诚，并将我们的产品和服务推荐给别人；在我们服务的过程中，我们提供的交流渠道是否有效，我们是否对我们客户的投诉和建议进行过特别关注，并据此改进我们的产品和服务；最重要的是，我们能否有足够的数据和分析工具辨别哪些客户是最有价值的客户，哪些客户具有再营销的潜力；我们是否将更多的精力放在了这些有价值的客户身上；对不同类别的客户，我们是否提供有所区别的服务和产品。CRM 还关心，在了解客户的基础上，我们是否运用我们的专业知识正确引导客户的购买行为；我们的业务覆盖模式是否合理；我们的市场活动和营销策略是否达到预期的目的等。总之，CRM 的最终目的是，客户的利润最大化，保险公司的利润最大化，保险公司与客户共成长。

（二）客户关系管理产生的背景

20 世纪 90 年代开始，随着市场买卖双方的角色地位的逆转，保险公司面对的客户和市场环境都发生了巨大的变化。

1. 客户日益成熟。在新型的市场竞争环境下，客户与原来相比拥有更多的选择空间和多样化的购买渠道。客户很难盲目地保持对某一保险公司的绝对忠诚，如果客户对保险公司感到不满意，会迅速转向其他供应商。而保险公司将为此用比留住一个老客户多几倍的投入来发展一个新客户，而且此消彼长，使竞争对手的实力日益强大。

2. 客户需求差异。在过去，保险公司通常用相同的产品及服务方式来满足不同购买特征和使用习惯的客户，但随着人们生活质量的提高，现有的这种营销模式很难满足客户日益增长的个性化、差异化需求。因此，随着市场经济的发展，保险公司的产品结构、营销及服务模式和工作流程都应该逐步从"以产品为中心"的模式向"以客户为中心"的模式转移，以满足顾客个性化、差异化的需求。

3. 产品的同质化。产品是客户选择保险公司的一个重要因素，传统保险公司的竞争力主要依赖于自身的产品优势，如先进的技术、精湛的工艺、独特的设计等。但在全球市场化、技术一体化的今天，技术的壁垒已经打破，产品无差异化的时代已经来临。保险公司的核心竞争优势已经从产品优势逐步向包含经营管理及服务优势等在内的客户关系管理优势转变。

4. 保险公司关注重点改变。很多保险公司往往将工作中心放在内部运营管理上，对市场环境的变化反应迟缓。在以客户、市场为驱动力的市场经济中，保险公司关注的焦点已从内部运作转移到客户关系上来，希望取得成功的保险公司，就必须关注公司外部环境的变化，牢牢抓住客户与市场。

5. 客户资源浪费。在传统的营销方式中，保险公司总是不断地投入人力、物力，去寻找新的潜在客户，却不注重对老客户营销机会的挖掘，结果造成客户流失和客户资源的浪费。来自北美和欧洲的统计数据表明，在全球 500 强保险公司中，它们在 5 年内大约流失 50% 的客户，但保险公司争取一个新客户的成本是保留一个老客户的 7～10 倍，留住 5% 的客户有可能为保险公司带来 100% 的利润。因此，保险公司如何才能留住老客户、提高客户的忠诚度，成为保险公司最关心的问题。

6. 营销与服务脱节。传统保险公司的组织结构是面向有形产品的营销设计的，营销人员缺乏与支持服务人员的沟通，使客户在购买产品过程中提出的服务要求，支持服务人员却茫然不知。支持服务人员在客户服务过程中发现的营销机会，也不能及时地提供给营销人员。营销与服务的脱节，严重阻碍了保险公司自身的发展。

7. 内部管理松散。在"以产品为中心"的经营模式下，保险公司在营销管理上仅凭口说笔记，重复报价、客户流失等现象保险公司却茫然不知。营销人员可以给出的折扣漏洞颇多，核心营销人员的跳槽可能会改变保险公司的营销预期，保险公司内部管理存在很大的盲目性和随意性。

在这种背景下，保险公司的经营应该逐步从"以产品为中心"的模式向"以客户为中心"的模式转移。为了实现这种转移，克服传统市场营销中的弊病，现代市场营销理论的核心已经由原来的 4P，即产品（Product）、价格（Price）、渠道（Place）、促销（Promotion），发展演变为 4C，即消费者（Customer）、消费者愿意支付的购买成本（Cost）、便利（Convention）、沟通（Communication），实现了真正意义上的以客户为中心。一切从客户的利益出发，建立以客户关系为中心的管理制度，目的就是为了维持顾客的忠诚，只有长期忠诚的顾客才是保险公司创造利润的源泉。

二、客户关系管理的内容

（一）保险公司客户的分类

建立客户关系首先是确定最有价值的客户，其次是满足客户需求的具体方式。保险公司的客户一般可分为内部客户和外部客户。保险公司的内部客户是公司的雇员，这些雇员被称为"客户"，是因为他们从公司其他部门那里得到产品和服务。保险公司的外部客户是使用或购买公司的产品或服务的消费者。建立关系营销时确定为之服务的客户是指那些认为公司的服务有价值的外部客户。保险公司的外部客户包括：曾经购买或正在使用本保险公司产品的个人或企业；准备购买或使用本保险公司产品的个人或企业；在公司不支付任何报酬的情况下向其他人建议购买或使用本保险公司产品的个人或企业。

保险公司的内部客户是接受本公司内其他雇员的服务的公司员工，即经常所说的搭档、团队成员或同事。所以，并非直接购买保险的人是保险公司的唯一顾客。从广义上讲，保险公司的客户不但包括公司的代理人、经纪人、售卖保险产品的营销代表、受益人、被保险人，还包括公司的股东、公司的管理人员、公司雇员和其他与公司有联盟关系的其他企业。

（二）客户关系管理的内容

从国内外保险行业客户关系管理发展的情况看，保险公司的客户关系管理主要包含以下几个方面。

1. 根据已有的客户信息，建立完整的客户信息档案。充分发挥客户服务中心的信息搜集功能，收集客户的抱怨与建议、客户的基本资料、偏好与关心的议题等信息，并定期整理分类。在此基础上对客户实力进行评价；根据客户的性质，对客户的深度需求进行评估；确定公司的险种开发及产品组合营销方向，寻找突破口或客户与保险公司利益的连接点，并以此作为指导下一步营销主攻方向的依据。

2. 留住老客户，提高续保率，以获得客户的长期忠诚。让客户了解公司，同时公司也了解客户的真正需求，据此留住老客户。有调查表明，吸引新客户的成本可能是保持现有顾客满意成本的 7~10 倍。这说明进攻性营销明显比防守性营销成本高，因为他需要花更多的努力和成本将满意的顾客从竞争对手那里吸引过来。因此，留住老客户，提高续保率，提高客户忠诚度，是客户关系管理的基本内容。

要留住老客户，首先，可利用 CRM 系统提供的完整的客户资料，对客户进行差异化分析，制定差异化服务策略。必须清楚老客户有哪些特征，他们的行为习惯和偏好，导致老客户离开的原因。当办理老客户的业务时，要尽量按照老客户喜欢的方式和他们的意愿提供服务。其次，要与客户保持良性的接触。在推出新的服务项目时，能够及时通知老客户，甚至提醒客户的子女什么时候过生日等这样的细节。这样，老客户一般就会选择这家保险公司，除非某些特殊的原因，比如搬家、工作调动等才会去选择别家保险公司。因为他已经习惯了这种服务方式，一下转变过来需要付出精神和心理上的成本。再次，要建立对客户需求的快速响应机制。要做到快速回应客户的抱怨，从速协助解决客户的困扰，并让客户感受贴心的服务。最后，一定要推出适合客户真正需求的产品和服务，找到客户与保险公司业务的利益结合点。

3. 细分客户、识别重点。有关保险公司利润与客户结构之间关系的一项数据表明，在保险公司的客户构成中，占客户群 20% 的金牌客户，实现利润往往占到保险公司利润总额的 80% 以上，而根据保险公司成本/利润分析，证明许多客户实际上并未给保险公司带来直接的利润，甚至招致亏损，CRM 所要做的事情就是根据对客户的成本/利润分析，来找出这些金牌客户，并对市场进行细分，重点处理，合理利用公司的资源。

4. 积极进行市场的二次开发，提高保单附加值。利用公司现有的产品充分合理开发客户的潜在需求，在续保的基础上，引导客户深层次的需求，进行市场的二次开发。具体做法是，分析客户信息，包括对客户的服务历史、对客户的营销历史进行分析，并针对客户的营销和收入，以及关于顾客的人口统计学资料和生活方式等方面的数据进行统计分析，建立一个完整的客户信息数据库。一旦顾客的信息被综合成为反映产品购买、收入、服务历史、人口统计学资料和生活方式的信息，就有可能将客户的行为和收益率进行归类，开发一种能预知将来顾客行为的客户关系管理模块。

（三） 建立客户关系管理的要件

客户关系管理无疑对保险公司的市场开拓具有重要的指导作用，但开展客户关系管理工作还需要满足以下条件。

1. 要建立较完善的客户档案。目前大多数公司的客户档案建设工作还处在初级阶段，其原因是多方面的。一方面，客户档案的建设工作还没有引起公司决策者的兴趣和重视，业务员和基层领导的热情不高，档案资料停留在基层营业机构，很多公司还没有规范的、系统的客户档案资料；另一方面，目前的客户档案仅限于续保警示、催缴保费、大客户回访等内容。营业机构的台账、客户资料摘要或客户资料卡内容也非常简单，信息不充分。因此，建立完善的客户档案，是开展客户关系管理的前提条件。

2. 建立客户信息分析模型，提高对客户信息的分析能力。根据客户的需求模式和盈利价值对其进行分类，找出对公司最有价值和最有盈利潜力的客户群以及他们最需要的产品和服务，以便更好地配置资源，改进产品和服务，牢牢抓住最有价值的客户，取得最大的收益。建立保险公司组织行为的自我评价体系及以客户为中心的保险公司组织体系。要对不适应客户服务的业务流程进行重组，并对保险公司的利润、成本、风险、赔付、服务、人员的分布以及各部门的协调情况有一个科学的评估体系，使全体员工各司其职，一致面向客户。

3. 加强业务员的职业道德教育，提高业务员的综合素质，树立保险公司良好的形象。市场的多变性不仅要求业务员具备一定的职业技巧，重要的是要具有熟练全面的业务知识和技能。职业技巧是敲门砖，而业务员对多种产品的理解和熟练程度，才是开展业务的秘密武器。否则，客户关系管理如同纸上谈兵。对一些保险公司而言，业务员是公司与客户之间最直接的联系人和联系途径。客户掌握在业务员手中，业务员的职业道德直接代表着公司的形象和信誉。

4. 规范公司的客户服务体系。公司的客户服务工作是公司接触客户，与客户深入沟通的基础。客户服务工作应有计划、有系统地展开，应做到既不会打扰客户，又能够收到理想的效果。

三、客户关系管理技能

（一） 客户分类管理

客户是保险公司的安身立命之本，但是不同的客户其盈利能力是不同的，而服务客户是要付出成本的。因此，保险公司应该对客户进行分类管理，将有限的资源配置到盈利产出最佳的客户身上。通过对客户进行差异分析，识别保险公司的"金牌"客户。

1. 客户分类管理的内容。

（1） 哪些客户导致了保险公司成本的发生？

（2） 保险公司本年度最想和哪些客户建立关系？如何选择出这些客户？

（3） 上年度有哪些大宗客户对保险公司的产品或服务多次提出了抱怨？列出这些

客户。

（4）去年最大的客户今年是否也继续投保？找出这些客户。

（5）是否有些客户从你的保险公司只选择一两种保险产品，却会从其他地方选择很多种保险产品？

（6）根据客户对于本保险公司的价值（如市场花费、保险收入、与本公司有业务交往的年限等），对客户进行分类。

2. 客户分类管理模型。下面介绍一种客户分类管理的四层层级划分的客户层级模型。

（1）铂金层级。铂金层级客户代表那些盈利能力最强的客户，他们对价格不太敏感，愿意花钱购买，对保险公司比较忠诚。

（2）黄金层级。黄金层级客户没有铂金层级客户的盈利能力强，他们对保险公司也没有那么忠诚，他们往往与几家公司进行合作，以降低其自身的风险。

（3）钢铁层级。钢铁层级包括的客户数量很大，但他们的消费支出水平、忠诚度、盈利能力不值得保险公司去特殊对待。

（4）重铅层级。重铅层级客户不能给保险公司带来盈利。他们的要求很多，超出了他们的消费支出水平和盈利能力对应的要求，有时他们是问题客户，向他人抱怨，消耗保险公司的资源。

3. 客户分类管理的意义。第一，能让保险公司分配资源更有效。因为许多客户挤占了保险公司的时间、精力和员工的情感，而对保险公司的回报很少或对保险公司无益，所以保险公司不应该在所有的客户上花费相同的时间。第二，通过对顶级客户提供优质服务，保险公司的声望可以提升，口碑宣传好，保险公司的竞争地位随之提升。第三，因为不同的层级的目标不同，所以向不同的客户提供不同的服务更能满足客户的需求，如果能清楚地划分客户需求，就能为不同层级开发新的服务，为目标市场提供更有针对性的产品，这样保险公司在市场上成功机会更大，更能满足客户的要求。

（二）客户忠诚度管理

客户忠诚是指客户始终忠于一个保险公司，购买其产品和服务，并帮助保险公司改进形象和经营。客户忠诚能够刺激保险公司的收益和业务增长，客户不仅会续签保单，而且还从这一保险公司购买额外的保险产品并可能将保险公司的产品介绍给其他消费者。一般情况下，保险公司可以通过两个指标分析客户忠诚度。

1. 保持率，是指始终坚持购买一个保险公司的产品的客户的比率。客户的保持率越高，就表明该客户的忠诚度越高。

2. 购买份额，是指客户的业务占公司拥有的特定产品种类或产品系列的比例。客户的购买份额越高，客户的忠诚度相对也越高。

（三）新客户的开发

对于保险公司来说，老客户并不是唯一的重要，新客户也绝非可有可无。美国著名的经销商波库克根据多年积累的经验提出了这样一个观点——新客户是招揽生意的有力来源。他认为："新客户对于他们刚买到的商品既是喜又是爱，如果此商品使用后确实很方便，他们会赞不绝口，乐于向他们的亲朋好友推荐。从这些新客户，你就可以开发出许多潜在客户。"所以，保险公司的营销人员必须不断地开发新的客户。进行新客户开发之前，应首先要搜集新客户的有关资料，然后将客户资料进行归档，实施"建档管理"。客户档案一般包括客户的特征、客户的需求、客户的交易能力等信息。日本保险大师原一平对准客户进行分类管理的方法就是其成功进行新客户开发的"助推器"。原一平从事推销保险工作50年，他积累的准客户近3万个，他把这些准客户依成交的可能性，分为A～E级，建立他的准客户卡。

"A"级是在投保边缘的准客户。这一级的准客户，经奉劝可以随时投保。

"B"级是因某种因素而不能立刻投保的准客户。但这一级的准客户，只要稍假时日，都会晋升到"A"级。

"C"级的准客户与"A"级的相同，原来都属随时会投保的准客户，但因健康上的关系，目前被公司拒保者。

"D"级的准客户健康没有问题，不过经济状况不太稳定。由于收入不稳定，长期支付保费就成问题。此类准客户则有待他们的经济状况改善后再行动。

"E"级的准客户对保险的认识还不够，这表示还须再下工夫进行深入调查。

原一平一旦与每一级准客户接触，就会将获得的信息资料记录在相应的卡片上，最后形成较完整的客户档案，针对不同的客户的特点进行开发。

应该注意的是，在开发新客户时，一定要考虑新客户的"质"。通常保险公司在开发新客户时，都因过多地考虑客户的数量而忽略其质量。比如，不能为了提高客户的数量，将所提供的险种的档次降低，这样虽然短时间会吸引更多的新客户，但从长远来看，会损害保险公司的盈利，使原来的老客户产生不满，因为开发过多的客户，可能会分散维系现有客户的精力。

（四）客户信息资料的管理

CRM可以通过先进的信息与通信技术、数据仓库和数据挖掘技术，分析现有客户和潜在客户相关的需求、模式、机会、风险和成本，从而最大限度地赢得保险公司整体经济效益。就保险公司来说，基于信息技术的CRM系统通过对积聚于保险公司的大量数据进行综合分析，识别在市场竞争中最有利可图的客户群，确定目标市场，将客户通过多种指标进行分类，针对不同的客户，实施不同的策略，为目标客户群提供一对一的、符合客户心理的服务。同时通过分析各种数据之间的关联，衡量客户的需求、忠诚度、满意度、盈利能力、潜在价值、信用度和风险度等指标，为保险公司管理层提供正确的决策支持，提升其竞争能力和盈利能力。

案例分析 15-1
中国保险业客户关系管理策略研究
——以中国人寿为例

一、中国人寿保险公司实施客户关系管理的现状

中国人寿作为我国寿险业的龙头老大，拥有雄厚的资金实力，服务网络机构齐全，在经营手段、营销策略和服务水平方面拥有显著的优势。在发展壮大的同时，中国人寿居安思危，依靠全新经营手段和客户管理理念提高企业核心竞争力，迎接来自国际国内竞争的挑战。

二、中国人寿保险公司客户关系管理存在的问题

（一）将保费作为经营目标……

（二）保险销售人员对客户关系管理认识不清……

（三）参保客户与保险销售人员缺乏互动与沟通……

（四）保险客户流失较严重……

（五）不能很好地挖掘保险大客户

三、中国人寿保险公司实施客户关系管理的对策研究

（一）创造以客户为中心的文化，树立永久经营的理念

首先，要建立客户关系管理统一的理念，对客户关系管理进行统一规划和控制，使公司对外的形象始终如一，客户不管是通过何种渠道与公司进行接触，都能得到一致性的服务。其次，充分理解客户关系管理的概念，把"以客户为中心"的经营理念贯彻到公司经营管理的每一个环节，在充分了解客户需求的基础上，高效率地向客户提供量身定制的产品和服务，从而最大限度地满足客户个性化的需求，提高客户的满意度和忠诚度，以获得和保留更多有价值的客户，而不再是将保费的多少作为公司的经营目标。

（二）培训保险销售人员客户关系管理知识，做好客户关系管理规划

如果对客户关系管理存在错误的认识，保险销售人员就不能全面细致地为客户服务和着想。所以，在开展业务之前，公司要全面地对保险销售人员进行系统的培训，使他们对客户关系管理能够有正确的认识，不能单纯地认为客户关系管理就是一对一营销、统计模型或者是数据库应用。能够充分了解并掌握客户关系管理的理念，并明确客户关系管理系统为企业和个人带来的利益，使企业上下做到真正意义上的"以客户为中心"的经营模式的转变。

由于实施客户关系管理是一个系统工程，为了保证实施客户关系管理，对公司客户关系管理进行需求分析和总体规划是必不可缺的。根据公司的发展战略、任务和目标、经营理念的状况，确定公司客户关系管理建设的任务和目标，对全面实施客户关系管理及相应的业务流程重组、组织结构调整、信息技术等进行总体规划。CRM 需要全公司范围的协调、信息传达和责任承担。员工要积极支持和参与，企业的理念反映在 CRM 的应用上，并且在上至高层下至可能与客户发生关系的每位员工之间进行及时沟通和落实。员工必须通过培训及时掌握和更新营销、技术知识及沟通技巧，在通过电话等形式解答客户问题时，尽量不使用晦涩难懂的技术术语，达到和客户有效沟通的目的。要求企业内部各部门之间共享企业范围内的信息，使原本"各自为战"的销售人员、市场推广人员、电话服务人员、售后服务人员等真正协调工作，从而提高企业内部运转效率，降低企业经营成本。

（三）通过客户关系管理加强参保客户与保险销售人员的沟通

1. 设专人不间断地搜集最新的、准确的参保客户信息。反映参保客户需求的信息远比一些数字重要得多。参保客户希望被看作是一个独立的个人，希望被尊重。他们希望你能了解他们，知道他们需要什么、想要什么、期望得到什么。

2. 为客户提供价值服务和个性化服务。无论客户何时打电话，无论客户是抱怨、咨询或有再次购买需求，要为他们提供价值服务。为顾客提供个性化服务也是客户关系管理的需要，我们要通过系统对客户进行细分，为不同的客户提供不同的服务，提高客户的满意度，只有满意度非常高的客户才能够成为忠诚的客户，而且还会为公司做口碑宣传。

（四）防止保险客户流失，与保险客户建立长期战略伙伴关系

1. 防止保险客户流失

由于客户的流失给企业利益带来巨大的损失，我们要加强对客户流失的管理，建立起有效的防止客户流失的机制。

（1）创新产品，使保险产品更吸引客户，留住客户。

（2）为员工提供职业发展计划和生涯规划，给员工晋级的空间，防止员工跳槽；建立数据库，防止员工跳槽带走老客户，当公司有人事变动时使客户的资料交接完整，避免客户的流失。

（3）在激烈的市场竞争下，防止竞争对手将客户吸引走，可以奖励客户的忠诚。

（4）增强理赔、客服、业务人员的服务意识。

2. 与保险客户建立长期战略伙伴关系

（1）维系老客户。研究结果显示，吸引一个新顾客所耗费的成本大概相当于保持一个现有顾客的 5 倍。客户维系策略的作用使客户资源已经成为企业资源的源泉，一个企业只要多维系 5% 的客户，则利润就可有显著增加。

（2）开发潜在客户。客户开发的前提是公司建立客户信息识别系统，进行客户细分、掌握客户知识后实施。当客户经过需求意识阶段、信息收集阶段、评估选择阶段后，对企业业务有所了解，或者在别人的推荐和介绍下会将某种产品或服务的期望同属于自己的价值观念密切联系在一起，客户决定使用或者购买时，他就由潜在客户上升为新客户。要开发新客户首先就要了解这个客户需要什么。其次要看客户的侧重点是什么，不要在刚接触时就忙着推销自己的保险产品，要在这个时候了解客户对产品的侧重点。最后分析你的客户是否有长期合作下去的价值。

（3）提升低端客户的盈利能力。

（五）针对重点客户、大型客户、普通客户的保险产品的服务应在服务手段上体现多样化、差异化、具体化

公司可以通过 CRM 中的数据挖掘系统对客户数据进行数据处理、数据挖掘、数据分析及评价，从中挖掘出最有价值的客户，为公司带来更大的利润。

总之，保险市场的激烈竞争导致了面向市场营销和客户服务的数据库的建设以及数据挖掘技术的应用，因为有价值客户在企业中占有较高的客户价值和影响作用，企业应实施基于客户价值的客户关系管理，采取项目组或团队的形式为其提供增值、个性化服务，提高满意度和忠诚度，培育良好的客户关系，从而提高企业的营销效率和效益。

⊕ 资料来源：摘自刘玲：《中国保险业客户关系管理策略研究——以中国人寿为例》，载《第六届（2011）中国管理学年会——组织行为与人力资源管理分会场论文集》，2011。

第二节　客户沟通

在保险产品和服务的促销中，保险营销人员通常直接与客户进行沟通，因此，保险营销人员必须要善于运用一定的沟通策略，才能准确地、清晰地获得客户的需求，更好地服务于顾客，得到客户的支持。沟通是基石，没有沟通，保险营销人员就很难了解客户的需求和欲望；很难了解他们关心的问题；很难解说保险公司提供的产品和服务以及

它们的运作；很难解决用户的各种疑难杂症并取得令保险公司和客户都满意的结果。

一、沟通过程

沟通是人与人之间交换信息和相互理解的过程，它包括认知元素的传递和情感元素的传递。它是一个人获得他人的思想、感情、见解、价值观的一种途径；是人与人之间、人与群体之间、群体与群体之间相互沟通的一座桥梁。

（一）沟通模型

沟通过程始于信息的发送者，在保险营销中营销者是信息的发送者，他们把信息发送给信息的接收者，即客户。由于信息的接收者事先并不了解发送者头脑中的所思所想，所以信息发送者必须把他的观点或思想转换成信息代码发送给接收者。信息代码的传递方式可以是面对面的，也可以通过电话或书面形式进行。信息接收者在接到信息代码后，对编码后信息进行解译处理，以试图了解发送者的真正含义。在沟通过程中，还可能出现干扰信息，被称为噪音，它会影响沟通的质量。由于沟通过程是双向进行的信息交流过程，所以信息接收者在接收到发送者的信息后，必须要有所反应，这种反应被称为信息反馈。

图 15 - 1 描述了一个完整的沟通过程，这一模型有七个必然存在的因素。

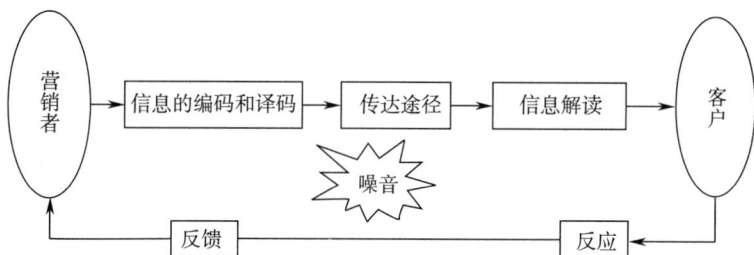

图 15 - 1　信息沟通模型

1. 信息的发送者。沟通过程始于信息的发送者，在保险营销中营销者是信息的发送者。

2. 信息接收者。保险营销中营销者信息发送的对象，即客户。

3. 信息的内容（信息的编码和译码）。

4. 信息的传递手段（传达途径）。

5. 沟通双方的参照系数（思想、知识结构、思维习惯、经历、经验等）。

6. 信息的反馈。

7. 噪音（对信息的各种形式的干扰）。

（二）沟通的步骤

一般来说，沟通过程包括六个步骤。

第一步：发送者向接收者发出信息。

第二步：发送者同时会细心观察接收者的表情、姿势和其他动作，以判断其理解程度。

第三步：接收者除了注意接受对方语言信息外，还必须注意他的表情、姿势和其他动作，以便接收完整的信息。

第四步：接收者向发送者表达自己的理解程度。

第五步：如果接收者还不能完全理解，发送者应该重申刚刚沟通过的内容。

第六步：如果接收者已经理解，发送者就可以继续刚才的话题，或转换话题，或终止沟通。

（三）沟通障碍

在实际与他人进行沟通的过程中，常常会产生一些沟通障碍，我们会发现原本我们认为十分清晰的信息最终会与我们的本意相距甚远，别人并没有理解我们的信息。究其原因主要有以下几点。

1. 时机不当。导致沟通无效的其中一个障碍因素是沟通时机选择不当。因为在接收信息时，接收者的感觉会影响到他对信息的解释，不同的情绪感受会使接收者对同一信息的解释截然不同。极端的情绪体验必然会阻碍有效的沟通。比如，在客户心情不好或对其产品厌恶时试图与其进行沟通，往往会导致失败。

2. 环境不佳。对话环境嘈杂，电话噪声过大，线路易出毛病，或印刷质量差、字迹模糊，都会使消费者对营销者传送的信息难以辨别，导致信息内容失真等，从而影响沟通的效果。

3. 语言表达方式不当。由于人与人之间的沟通主要是借助语言来进行，而语言又是交流思想的工具，所以语言表达方式是否适当，将会直接影响沟通效果。有的人语言修养好，表达能力强，表达方式恰当，不仅能够将自己的思想、想法等准确、清楚地表达出来，而且还能令人愿意倾听、乐于接受。相反有的人用词不当、词不达意或口齿不清，不仅难以将其思想、想法准确无误地表达出来，而且还会引起对方的反感或不悦，这就容易造成难解、误解、曲解，从而影响沟通效果。

4. 传达途径选择不当。信息是通过各种不同的途径——口头语言、眼神、手势、身体语言、文字图形、电子媒体等来传输的，用于传递信息的途径对于接收到的信息的准确性有巨大的影响，如冗长的信息使用书面方式传递比使用电话方式更易于让沟通对象理解。

5. 感知选择性的影响。人们往往通过五官感觉来感知外界事物，这种感知具有选择性，即人们习惯于接受他们愿意接收的信息，而阻塞或抛弃另一部分不愿意接收的信息。这样就会导致人们在接收一个信息时容易注意那些符合自己需要，与自己切身利益相关的信息，对一些不喜欢或不需要的信息"视而不见，充耳不闻"。再加上每个人心理感受、价值观念等的不同，在沟通时更易带有主观性从而有意或无意地歪曲信息，影响沟通效果。

6. 知识经验差异。当消费者与营销者之间存在知识经验方面的差异，缺乏共同的知识与经验时，就会产生沟通障碍。营销者认为简单、重要、迫切的信息，消费者可能并没有意识到，或者消费者非常关注的、迫切需要了解的信息，在营销者那里被认为不重要而忽视了，从而增加了沟通的难度。

7. 文化差异。生活在不同文化中的人们，在看待事物的方式、方法，价值观、道德观、偏好、态度、风俗习惯等都存在一定差异，这些差异必然会导致有效的沟通。

二、有效沟通的特征

为了更好地向客户提供服务，保险营销人员必须与客户进行必要的信息沟通，从而了解客户的各种需求。但在实际工作中，营销工作人员发现并不是每一次沟通都能达到最初的目的。所以，如何提高沟通的质量，成为营销人员关心的问题，实践表明，一次有效的沟通必须符合下列特征。

（一）主题突出，目的明确

不管进行什么样的沟通交流活动、信息发送者都必须事先明确与信息接收者沟通的主题，所有工作都应该围绕主题来进行，不能等活动都搞完了，还不知道自己究竟在干什么，目的是什么。例如，有些营销人员花费大笔的费用请客户吃饭，本来要达成什么样的目的都预计好了，但几杯烈酒下肚，却把应该做的事都忘了，有的高谈阔论，有的竟与客户称兄道弟，饭吃了，钱花了，该解决的问题却没解决，若再次宴请别人，这时还得看别人给不给面子，有没有时间。因此，营销人员在与客户沟通时，一定要主题鲜明，目的明确。

（二）内容清晰、简洁

沟通活动是信息的传递过程，在寻求沟通时，营销人员一定要将问题清楚、准确地表达，不能对要沟通的问题一知半解、含糊其辞。同时，要尽量将所沟通的问题用大众化的语言表达出来，以便于客户理解。所以，保险营销人员在与其客户进行沟通之前，应大量收集与问题有关的资料信息以及客户信息，并用客户易于理解的方式发送信息。

沟通需要花费时间，需要耗费精力，因而，沟通时一定要内容简洁，简洁有两个基本要求：一是善于在各类信息中归纳出重要的信息，避免烦琐的沟通；二是要避免以简单代替简洁而省略重要的信息。

（三）双向性

沟通必须是双向的。沟通活动涉及至少两个人——传播者和接收者。单独一个人不可能进行沟通。如果单方面传递信息，接收者无任何反应，或者发送者不注意接收者的反应，沟通就无法实现。为了提高沟通的有效性，哈佛营销管理学者提出了 10 项有效沟通的原则。

1. 了解自己的感受，学习自我沟通。

2. 查证别人的感受，注意信息的互动与反馈。

3. 不要强迫别人与你沟通，也不要太快放弃与对方沟通。

4. 同理不是同意，接纳不是接受。

5. 不同不是不好，不同只是双方不一样。

6. 正面表达自己的意思，减少扭曲、伪装、防卫。

7. 你认为"对的"，对方不一定认为是"对的"，对方所采取的方法对他而言才是"对的"方法。

8. 留个机会让别人说说他们的想法，留个耳朵听别人的说法，不要采取闭关自守的态度。

9. 沟通时要有感情，并能体会对方的感受，但也不是完全感情用事而失去理性，若沟通时不了解双方的感受，则不能算是完整的沟通。

10. 不采取敌对态度。发怒与敌对不同，告诉对方你对他发怒，可能无法与他沟通，但仍有沟通的可能；至于采取敌对态度，如嘲讽、批评、讥笑等，就很难沟通了。

三、沟通方式

沟通方式主要有语言沟通和非语言沟通两种方式。语言沟通主要指用口头语言、文字、图画、图案等形式表达信息；非语言沟通主要是指借助身体动作、说话时的语调或重音、面部表情与发送者、接收者之间的身体距离等身体语言表达信息，如一个眼神、一个微笑都能反映出一个人的内心状态与心理活动。恰当地运用身体语言，有时可以达到"于无声处听惊雷"的良好效果。

（一）语言沟通方式

语言沟通是指以语言文字符号作为媒介物的沟通，语言沟通包括口头沟通和书面沟通。

1. 口头沟通。口头沟通是人与人之间通过谈话获得的沟通，他可以是面对面的沟通，也可以是其他方式，如电话、电子邮件。口头沟通的特点是信息传递速度快、信息反馈及时。口头沟通不需要保险营销人员花费时间去写备忘录、向客户写信件，同时，由于是与客户面对面的交流，客户可以适时地将其想法、意见或建议迅速进行反馈。口头沟通的这种特点，可以尽快、尽可能消除沟通双方彼此的误解，提高沟通的效率。但口头沟通也有一定的缺点。如使用面谈这种方式，保险营销人员必须专门亲自拜访客户，需花费大量的时间、精力和费用；使用电话沟通存在两个问题，一是容易演变为闲谈，消耗掉双方的宝贵时间；二是因为不是面对面，所以无法注意对方的表情。同时，口头沟通存在着因信息传递过程中的失真和信息表达不准确而造成的理解上的偏差。所以，营销保险人员应在与客户谈话沟通时确立下列一般原则：言多必失，少说为佳；清楚而准确地表达出最重要的内容，尽量使用短句，语言表达简洁明了；谈话要通俗易懂。

2. 书面沟通。书面沟通是指通过书面记录的形式传递信息的沟通方式，它是以书面方式作为媒介物，也就是说，它是通过确定的、有形的文字形式将信息记录下来。通常使用的信函、备忘录、传单等都属于书面沟通方式。书面沟通有下列优点：第一，书面沟通比口头沟通表达形式更为准确。由于书面沟通前营销人员已经过深思熟虑，所以文字措辞讲究，更容易打动客户的心扉。第二，书面材料能给人一种直观的感觉，比口头洽谈的效果好。但书面沟通需花费一定的成本，如纸张、信封、打印、邮资、营销保险人员的时间。另外，书面沟通还不能做到及时提供反馈信息。

3. 书面沟通与口头沟通的比较（见表 15 - 1）

表 15 - 1　　　　　　　　　　书面沟通与口头沟通的比较

	书面沟通	口头沟通
传播速度	慢，但可以持久存在	迅速，消失快
反馈	或有或无，反馈速度慢	双向沟通，能立即获得反应
信息传播区域	广，不受地域限制	受地域限制，只在沟通地域产生影响
方便性	方便，不受时间和地点限制	受时间和地点限制
准确性	高，可以不断修正，确保正确	低，较个性化

（二）非语言沟通方式

研究者认为，每一个身体动作都有意义，没有一个动作是随意出现的。非语言沟通是指不以语言文字符号作为媒介物的信息传递方式，它属于一种间接的沟通方式。非语言沟通的内涵非常丰富，较常见的有身体语言沟通、副语言沟通。

1. 身体语言沟通。身体语言沟通是通过动态无声的目光、表情、手势语言等身体动作或者静态无声的身体姿态、空间距离及服饰仪态等形式实现沟通。身体语言是言语沟通的补充，并常使言语沟通复杂化。营销人员在利用身体语言与客户进行沟通时，为了使自己的话语更加可信，使自己信心更足，在与客户进行交流沟通中，必须注意以下几点。

（1）使用眼睛。沟通时看着别人的眼睛而不是前额或肩膀，表明你很尊重他。这样做能使听者深感满意，也能防止他走神，但更重要的是，你树立了自己的可信度。如果某人与你交谈时不看着你的眼睛，你就会有这么一个印象：这家伙对我所说的话不感兴趣，或者根本就不喜欢我！

（2）使用面部和双手。谈话的过程中使用面部和双手能大大改善影响他人的效果。据有关资料显示，延续时间少于 0.4 秒的细微面部表情也能显露一个人的情感，而且立即被他人所捕获。面带微笑使人们觉得你和蔼可亲，真心的微笑（与之相对的是刻板的微笑，根本没有在眼神里反映出来）能从本质上改变大脑的运作，使自己身心舒畅起来，这种情感能使人能立即进行信息的交流传达。另外，"能说会道"的双手能抓住听众，人们在用某种外语进行沟通时常采用一些手势，如使用张开手势给人们以积极肯定的强调，表明你非常热心，完全地专注于眼下所说的事。

（3）使用身体姿势。视线的接触和表情构成了沟通效果的大部分，但是使用身体其他部分也能有助于营销人员在客户心中树立良好的印象。如必要时坐着或站立时挺直腰板给人以威严之感，而耷拉着双肩或跷着二郎腿可能使某个正式场合的庄严气氛荡然无存；站得离人太近给人一种入侵或威胁之感（如果与人的距离不足 5 尺，听者会本能地往后移，这就是当对方过分靠近时产生的那种局促不安的感觉），反之，听者也会觉得你不在乎他，并产生一种与世隔绝的感觉（如果距离达 6 尺或更远）。不同的身体姿势能使沟通的内容增色或减色。只要意识到上述事项，就能轻而易举地对自己的身体语言加以控制。下面列一些常见的姿势及表示含义。

①当你的顾客用一只手抚住下颌，食指伸到面颊上，其他手指放在嘴唇下时，说明

他正在对你陈述的观点作严谨的批判性评估。

②顾客用一只手抓抚下巴，并用手指无意间去触摸上嘴唇，则表示他正在做出感兴趣的判断。

③顾客把眼镜摘下，嘴里咬着一只镜架，说明他正拖延时间以便仔细地考虑，以及需要寻找更有力的信息。但顾客如迅速地非常夸张地把眼镜抛在桌面，则表达其情绪崩溃或是表示"再等一等"的意图。

④用食指触摸或轻擦鼻子是表示怀疑或否定。

⑤当顾客准备好要让步、合作、购买或要说服你时，就会移坐到椅子前端。

⑥顾客如在听你说话时忽然身体前倾并目光直视，以手扯耳朵，表示他想插话进来。

⑦以手支着头，或用手捂着脸，视线朝下，表示厌倦。

⑧顾客如果平稳地坐在椅上，脚略分开，双手扶椅，外衣敞开，面色平和，则表明他此刻易于沟通。如其交叉手臂、跷起腿，把抬高的脚指向最近的一扇门窗，或重新翻开书报，则传达出他不感兴趣并想要送客的意图。

2. 副语言沟通。副语言沟通是通过非语言的声音、声调变化、停顿、反复等来传递信息。

（1）音高与语调。低沉的声音庄重严肃，一般会让听众更加严肃认真地对待。尖厉的或粗暴刺耳的声音给人的印象是反应过火，行为失控。但是，即使最高的音调也有高低之分，你也可以因此找到最低的音调并使用它，直至自然为止。使用一种经过调控的语调表明你知道自己在做什么，使人对你信心百倍。

（2）语速。急缓适度的语速能吸引听者的注意力，使人易于吸收信息。如果语速过快，他们就会无暇吸收说话的内容；如果过慢，声音听起来就非常阴郁悲哀，令人生厌，听者就会转而他就；如果说话吞吞吐吐，犹豫不决，听者就会不由自主地变得十分担忧、坐立不安。自然的呼吸空间能使人吸收所说的内容，建设性地使用停顿能给人以片刻的时光进行思考，并在聆听下一则信息之前部分消化前一则信息。

（3）强调。适时改变重音能强调某些词语。如果没有足够的强调重音，人们就吃不准哪些内容很重要；但如果强调太多，听者转瞬之间就会变得晕头转向、不知所云，而且非常倦怠，除了非常耗人心力之外，什么也想不起来了。美国传播学家艾伯特·梅拉比安曾提出一个公式：信息的全部表达 = 7% 语调 + 38% 的声音 + 55% 表情。我们把语调和表情作为非语言交往的符号，那么人际交往中信息的沟通就只有 38% 是由语言进行的。当然，在一般场合中，非语言行为是很少独立担当起沟通功能的，它往往起着配合、辅助和加强语言的作用，又可称为"伴随语言"，完全离开了口头语言的非语言行为，其传播作用是有限的。所以，保险营销人员在与客户的实际沟通中，既应使用语言沟通，又应使用非语言沟通，以提高沟通的有效性。

四、沟通策略

（一）沟通者策略

1. 确定沟通目标。沟通目标包括总体目标和行动目标。总体目标体现沟通的综合目的，可以激发沟通者构思沟通的过程；行动目标主要构思沟通者的行动方案，制定行动步骤，能够提高沟通的效率。

2. 选择沟通形式。沟通者根据沟通目的的不同，需选择不同的沟通形式。如需要客户了解保险产品时，可选择叙述和说服方式；当你需要客户向你提供信息时，可选择问卷调查形式或小范围的通信阐述方式；当你向客户介绍新产品、新服务、新理念时，可选择适当场合的答疑咨询形式。

（二）客户策略

1. 对客户进行选择划分。保险营销人员应对客户进行选择划分，确定客户范畴，划分客户层次，确定以客户为中心进行沟通，重点是区分主要客户、次要客户、意见领袖、关键决策者，要针对各自的地位进行沟通。

2. 了解客户的信息需求。保险营销人员应掌握客户需要在沟通过程中了解的信息，事先准备好充足的资料，以便满足客户对信息的需求。

（三）信息策略

保险营销人员在对客户传达信息时应注意所提供的信息要清晰、明确，信息对客户而言要有价值；同时，要做到对从客户那里收集到的信息进行认真分析、过滤、筛选和组合，选取有价值的信息，以便使自己的决策更准确、更合理。

五、沟通技巧

沟通中"沟"是手段，"通"是目的。怎样才是真正"通"了呢？"通"就是对方被你影响了，甚至按你的意思做事情了，就是"通"了。如果沟通以后，对方没有"通"，那就只被你"沟"了一下而已，没有达成沟通目的。因此沟通无定法，也没有固定的模式，个人风格不同、面对的对象不同、场景不同，就有不同的方法和技巧。没有什么普遍适用的沟通办法和技巧，只要可以达成目的，就是好技巧，一切都要在变化中把握。下面谈一些常用的沟通技巧。

（一）发问的技巧

语言沟通是人际沟通中的主要方式，在进行语言沟通时，营销人员经常通过询问的形式去了解客户的需求，从而为其提供适宜的产品和服务。实践表明，营销人员问题设计的好坏直接关系到与客户能否顺利沟通，下面一个小故事可说明表述的重要性。一名教士问他的上司："我在祈祷的时候可以抽烟吗？"这个请求遭到了上司的断然拒绝。另一名教士也去问这个上司："我在抽烟的时候可以祈祷吗？"抽烟的请求得到了允许。因此，在与客户的沟通过程中，我们应注意提问的表述。如一个保险营销员向一名女士提出这样一个问题："你是哪一年出生的？"结果这位女士恼怒不已。于是，这名营销员吸取教训，改用另一种方式问："在这份登记表中，要填写你的年龄，有人愿意填写大于21岁，你愿意怎样填呢？"结果就好多了。沟通中常用的提问方式有以下几种。

1. 求教型提问。这种提问是用婉转的语气，以请教问题的形式提问。这种提问的方式是在不了解对方意图的情况下，先虚设一问，投石问路，以避免遭到对方拒绝而出现难堪局面，又能探出对方的虚实。如一位保险营销员打算提出成交，但不知对方是否会接受，又不好直接问对方要不要，于是试探地问："这种保险不错吧？请评价一下好吗?"如果对方有意购买,自然会评价;如果不满意,也不会断然拒绝,使双方难堪。

2. 肯定句提问。在开始洽谈时用肯定的语气提出一个令顾客感到惊讶的问题,是引起顾客注意和兴趣的可靠办法。如"你已经购买了投资型保险吗?""你有万能寿险保单吗?"或是把你的主导思想先说出来,在这句话的末尾用提问的方式将其传递给顾客。"现在很多人都参加保险了,不是吗?"这样,只要你运用得当,说的话符合事实而又与客户的看法一致,会引导客户说出一连串的"是",直至成交。

3. 启发式提问。启发式提问是以先虚后实的形式提问,让对方做出提问者想要得到的回答。这种提问方式循循善诱,有利于表达自己的感受,促使顾客进行思考,控制营销劝说的方向。如一个顾客要购买保险,保险营销人员可以询问:"请问买受益大的险种还是小一点的险种?""当然是买受益大的!"

4. 协商型提问。协商型提问以征求对方意见的形式提问,诱导对方进行合作性的回答。这种方式,对方比较容易接受。即使有不同意见,也能保持融洽关系,双方仍可进一步洽谈下去。如"你看是否明天签单?"

5. 限定型提问。限定型提问是指在一个问题中提示两个可供选择的答案,两个答案都是肯定的。人们有一种共同的心理——认为说"不"比说"是"更容易和更安全。所以,内行的营销人员向客户提问时尽量设法不让顾客说出"不"字来。如与客户订约会,有经验的营销人员从来不会问客户:"我可以在今天下午来见你吗?"因为这种只能在"是"和"不"中选择答案的问题,客户多半会说:"不行,我今天下午的日程实在太紧了,等我有空的时候再打电话约定时间吧。"有经验的营销人员会对顾客说:"你看我是今天下午 2 点钟来见你还是 3 点钟来?""3 点钟来比较好。"当他说这句话时,你们的约定已经达成了。

上述几种提问的方法又可以归纳为开放式的询问和封闭式的询问两类。

第一,开放式的询问。开放式的询问是指能让潜在客户充分地阐述自己的意见、看法及陈述一些事实现况。例如,你对保险是抱着什么样的看法?

你对我们的工作哪些地方不满意?

对保障内容方面,你认为有哪些还要再考虑?

你的意思是……

你的问题点是……

你的想法是……

开放式询问的目的:

①取得信息。

②让客户充分表达他的看法、想法。

第二,闭锁式的询问。闭锁式的询问是让客户针对某个主题明确地回答"是"或"否"。例如,你是否认为每一个人都有保险的需要?

闭锁式询问的目的:

①获取客户的确认。

②获得客户确认后,可接着介绍有关的内容。

③引导客户进入你要谈的主题。

④缩小主题的范围。

⑤确定优先顺序。

（二）电话谈话技巧

1. 懂得电话礼节。

（1）保持应有的说话态度，不可因对方看不到你的说话表情或态度，就草率或不自重。

（2）通电话时间应该留意，慎加选择。打到公司时应避免中午休息或下班后或业务处理高峰时间；打到家中，应避免吃饭时间，上午8点前，下午9点以后，或询问顾客方便接电话时间。

（3）保持适度的亲切感，绝对不可用粗鲁口气说话。

（4）最好在清静地方打电话，以免引起对方不悦。

（5）不可所有事情均以电话处理，必要时应亲自拜访。

2. 电话说话要领

（1）拨出电话。

①当电话拨通对方接听时，要马上报出公司名称及自己姓名。

②简单问候及寒暄，不可单刀直入地马上切入正题。

③语气委婉诚恳地将内容简明地告诉对方。

④通电话时一定要使用准确、妥当的用语，以免弄巧成拙。

⑤若对方不在之时，须麻烦接电话的人转达时，应问清对方姓名。

⑥电话通话完毕，应有敬谢之类的话，方能挂上电话。例如，"谢谢你在百忙中接电话""很对不起，打扰了"之类的话。

（2）接听电话。

①应等第一声铃响完后才接听。

②说第一句话时，应先做深呼吸，以免造成不必要的误会。

③注意对方的第一句话，确定对方身份。

④电话中应答应求简洁明了、客气、正确。

⑤电话中要随时附和，表现自己倾听诚意，诱使对方迅速地将要点说出，并且获得对方的好感。

⑥将谈话内容正确地记在备忘录上，以免误事。

⑦电话谈完时，要确定对方完全挂上电话，才放下电话筒。

⑧答应对方之事，应遵守诺言全力办到，并给予电话回复。

（三）倾听的技巧

倾听是收集和给予正确信息的关键，它影响到过滤、筛选信息的效果。在沟通中我们会因不良的倾听态度，如漠不关心、不给予信息反馈、不耐烦、经常性的打断、表情呆滞等，给沟通造成障碍。当你渴望获得更多的信息或平息沟通中出现冲突时，最好采取积极倾听的态度。

1. 保持适当的视线接触。这样既表明你在专心倾听，又能鼓励对方继续发言。

2. 不要经常性地打断对方。确保对方思路的连贯性，尊重对方，让对方把话说完。

3. 信息反馈。通过微笑、点头、眼神等适当的身体语言，表示你对讲者所说内容的态度。反馈你赞同或持疑义的意见信息。

4. 解释与概括。用你自己的词汇将对方所说内容、事实进行解释或简单概括，这样在检查你理解的同时，让对方知道你对交谈的重视程度。

5. 适当地重复。重复对方信息中的重点词，表明你正在用心理解他的思路。

6. 以不明确的口吻概括你的理解。如"你好像认为——""你的想法是——"这种积极倾听的陈述句反馈，可以鼓励对方说出更精确、更完整的答案。

（四）非语言沟通的技巧

仪表是一个人的形象最直接的展现，主要是指人的着装、打扮。仪表是给别人的第一印象，我们要给人的印象是诚恳、大方，与我们的身份相符合，以免被访者先入为主，对我们产生某些成见，或某些不该有的其他的想法。因为这样会影响他们对我们所提出问题的回答。

行为表达相比言语表达要含蓄得多，但是它的重要性却常常被忽略。我们常说一个词，叫"小动作"。实际上是说人的习惯和受潜意识支配时的表现，比如，抓头发、挠耳朵、眨眼睛……这样的"小动作"其实很影响陌生人对我们的印象。所以，首先，要注意站姿，与人讲话时身体倾斜的角度和与人对视的目光（要正视对方的眼睛，千万别躲闪）；其次，在与人沟通的过程中，需要解释说明的时候，不要做太大的手势，以免给人以张扬的感觉；最后，要答谢并礼貌地与之道别。

这里简单地介绍 7 种使顾客觉得你更有信心、更具说服力、更易为人所接受的方法。

1. 走路时昂首挺胸。走进室内时应保持良好的姿势，举止有条不紊。这是你影响他人的第一步。

2. 设法学习你所要说服的对象的姿态，如果他双手叠抱在胸前，或把背向后靠，你则如法炮制。巧妙地追随对方的肢体语言以及所表达出的感觉，无形中也让他相信你的看法同他一致。

3. 当你的话将要讲完时，可渐渐放慢说话速度，降低音调；身体前倾，与之目光接触，以诱使对方开口说话。

4. 当对方开始表达意见时，要做个好的听众，不时缓缓点头，表示你对他的话深感兴趣。但千万不要点头点得太快，这样可能会变成暗示对方希望他赶快讲完的意思。

5. 只要对方一开口，你就应与之目光接触。这样可以表示出你很专心并尊重对方的意图。

6. 双方目光刚接触时注视对方的时间，一般不要超过 3 秒钟。有时移动目光向下看是一种表达尊敬的巧妙方式，而过久地盯着对方会让人感到不舒适，反而不会得到对方的好感。

7. 面带微笑，微倾头部，双手静置，再配以目光接触，能令你更易于与顾客沟通。

本章小结

1. 客户是保险营销工作的起点，只有保证富有潜在的客户群的数量，保险公司的经营才有可能进入良性循环。因此，为了维护原有的客户群，并深挖扩大潜在的营销机会和客户群，客户关系管理就显得尤为必要。

2. 在保险产品和服务的促销中，保险营销人员通常直接与客户进行沟通，因此，保险营销人员必须要善于运用一定的沟通策略，才能准确地、清晰地获得客户的需求，更好地服务于客户，得到客户的支持。

主要概念

客户 客户关系管理 内部客户 外部客户 客户忠诚度 沟通过程 语言沟通 非语言沟通

思考与练习

1. 保险公司客户关系有哪些？
2. 客户关系管理思想是如何产生的？
3. 如何进行保险公司的客户开发？
4. 什么是沟通？有效沟通应具备哪些特征？
5. 书面沟通方式应注意哪些问题？
6. 试述非语言沟通在客户沟通过程中的重要性。

参 考 文 献

1. ［美］菲利普·科特勒（Philip Kotler）、凯文·莱恩·凯勒（Kevin Lane Keller）著，何佳讯、于洪彦、牛永革、徐岚、董伊人、金钰译：《营销管理》（第 15 版），上海，格致出版社，2016。

2. ［美］加里·阿姆斯特朗（Gary Armstrong）、菲利普·科特勒：《市场营销学》（原书第 12 版），北京，机械工业出版社，2016 年。

3. ［美］斯蒂芬·罗宾斯（Stephen P. Robbins）、蒂英西·贾奇（Timothy A. Jodge）：《组织行为学》（第 16 版），北京，中国人民大学出版社，2016 年。

4. 粟芳：《保险营销学》（第三版），上海，上海财经大学出版社，2015 年。

5. ［美］菲利普·科特勒、阿姆斯特朗著，楼尊译：《市场营销：原理与实践》（第 16 版），北京，中国人民大学出版社，2015 年。

6. ［美］乔治·E. 瑞达（George E. Rejda）、［美］迈克尔·J. 麦克纳马拉（Michael J. McNamara），刘春江译：《风险管理与保险原理》（第十二版），北京，中国人民大学出版社，2015 年。

7. 郭国庆：《市场营销学通论》（第六版），北京，中国人民大学出版社，2014 年。

8. 郭颂平、赵春梅：《保险学》，北京，高等教育出版社，2014 年。

9. 吴健安：《市场营销学》（第五版），北京，清华大学出版社，2013 年。

10. 方有恒、郭颂平：《保险营销学》，上海，复旦大学出版社，2013 年。

11. 郭颂平、赵春梅：《保险营销学》（第三版），北京，中国金融出版社，2012 年。

12. 魏华林、林宝清主编：《保险学》，北京，高等教育出版社，2005 年。

13. 刘子操、郭颂平主编：《保险营销学》，北京，中国金融出版社，2003 年。

14. 郭颂平主编：《保险营销》，北京，高等教育出版社，2003 年。

15. 阴双喜：《网络营销基础》，上海，复旦大学出版社，2001 年。

16. ［美］德尔·I. 霍金斯等著，符国群等译：《消费者行为学》，北京，机械工业出版社，2000 年。

17. 刘茂山编著：《保险经济学》，天津，南开大学出版社，2000 年。

18. 陶铁胜主编：《市场营销理论与实务》，上海，上海三联书店，2000 年。

19. 江生忠、郭颂平主编：《保险专业知识与实务》，北京，经济管理出版社，2000 年。

20. ［美］C. 阿瑟·小威廉斯等著，马从辉等译：《风险管理与保险》（中译本），北京，经济科学出版社，2000 年。

21. 唐运祥主编：《保险中介概论》，北京，商务印书馆，2000 年。

22. 邓大松主编：《保险经营管理学》，成都，西南财经大学出版社，1998 年修订版。

23. ［美］菲利普·科特勒著，陈乃新译：《市场营销管理》（中译本），北京，科学技术文献出版社，1996 年。

24. ［美］小哈罗德·斯凯博等著，荆涛、高蒙等译：《国际风险与保险》（中译本），北京，机械工业出版社，1999 年。

25. ［美］肯尼思·布莱克等著，洪志忠等译：《人寿保险》（中译本），北京，北京大学出版社，1999 年。

26. 魏华林、俞自由、郭扬：《中国保险市场的开放及其监管》，北京，中国金融出版社，1999 年。

27. 刘茂山主编：《保险学原理》，天津，南开大学出版社，1998 年。

28. 张红霞编著：《保险营销学》，北京，北京大学出版社，1999 年。

29. 姚久荣、马云主编：《保险市场营销学》，北京，中国经济出版社，1997 年修订版。

30. 马鸣家主编：《中国保险市场》，北京，中国商业出版社，1994 年。

31. 段求平：《中外保险公司组织结构设计初探》，载《国际金融研究》，2007（7）。

32. 课题组：《人寿保险新实务讲座》，台湾，允晨文化实业股份有限公司，1992 年。

33. 中国保险行业协会：《保险行业企业社会责任年度报告》，2010 辑，北京，法律出版社，2010 年。

34. 2013 年中国家庭金融调查数据（CHFS）。

35. 《新中国 55 年统计资料汇编》《新中国 60 年统计资料汇编》《中国教育统计年鉴 2009》《中国教育统计年鉴 2010》。

36. 魏华林、金坚强：《养老大趋势：中国养老产业发展的未来》，北京，中信出版社，2014 年。

37. 郭静安：《五险一金——理论·制度·实践》，北京，经济科学出版社，2013 年。

38. 樊纲治、王宏扬：《家庭人口结构与家庭商业人身保险需求》，载《金融研究》，2015（7），170 – 189。

39. 维海、袁连生：《1982—2010 年人口受教育水平的增长与 GIS 空间分布特征》，载《人口学刊》，2014（5）：5 – 17。

40. 江生忠：《人身保险市场与营销》，北京，中国财政经济出版社，2004 年。

41. 杨树青：《消费者行为学》（第二版），广州，中山大学出版社，2015 年。

42. 郭国庆：《市场营销学通论》（第六版），北京，中国人民大学出版社，2014 年。

43. 吴健安：《市场营销学》（第五版），北京，清华大学出版社，2013 年。

44. 庞楷：《城镇居民人身保险消费行为研究》，西南财经大学博士学位论文。

45. 栾向晶：《营销调研与预测》，北京，科学出版社，2009 年。

46. ［美］朱迪·斯特劳斯（Judy Strauss）、雷蒙德·弗罗斯特（Raymond Frost）著，时启亮、陈育君译：《网络营销》（第 7 版），北京，中国人民大学出版社，2015 年。

47. 赵锋：《分销渠道管理》，武汉，武汉大学出版社，2015 年。

48. 胡介埙：《分销渠道管理》（第三版），大连，东北财经大学出版社，2015 年。

49. ［英］朱丽安·丹特（Julian Dent）著，杨博译：《渠道分销》，上海，立信会计出版社，2014 年。

50. 李先国、杨晶：《分销渠道管理》（第 2 版），北京，清华大学出版社，2014 年。

51. 黄英君：《中国互联网保险发展变迁与路径选择研究》，载《互联网金融》，2017（3）。

52. 唐金成、李亚茹：《中国移动互联网保险营销渠道研究》，载《金融与经济》，2015（3）。

53. 陈伟：《基于客户细分的保险电销保费提升的实证分析》，浙江工商大学保险硕士论文。

54. 林望道：《世界上最伟大的推销员：原一平与乔吉拉德的财富传奇》，上海，立信会计出版社，2016 年。

55. 郭富娜：《保险销售》，北京，中国人民大学出版社，2015 年。

56. 高淑芬：《赢在信任：保险销售冠军的 100 个利器》，广州，广东经济出版社，2015 年。

57. 饶德江、陈璐：《广告策划与创意》（第二版），武汉，武汉大学出版社，2015 年。

58. ［美］威廉·阿伦斯（William F. Arens）、迈克尔·维戈尔德（Michael F. Weigold）著，丁俊杰、程坪、陈志娟译：《当代广告学》（第 11 版），北京，人民邮电出版社，2013 年。

59. 尹瑾：《金融保险广告创意设计》，南京，东南大学出版社，2013 年。

60. 江生忠：《保险企业组织形式研究》，北京，中国财经出版社，2008 年。

21 世纪高等学校金融学系列教材

一、货币银行学子系列

★货币金融学（第四版）　　　　　朱新蓉　　　　　主编　56.00 元　2015.08 出版
（普通高等教育"十一五"国家级规划教材/国家精品课程教材·2008）

货币金融学　　　　　　　　　张　强　乔海曙　主编　32.00 元　2007.05 出版
（国家精品课程教材·2006）

货币金融学（附课件）　　　　　吴少新　　　　　主编　43.00 元　2011.08 出版

货币金融学（第二版）　　　　　殷孟波　　　　　主编　48.00 元　2014.07 出版

货币银行学（第二版）　　　　　夏德仁　李念斋　主编　27.50 元　2005.05 出版

货币银行学（第三版）　　　　　周　骏　王学青　主编　42.00 元　2011.02 出版
（普通高等教育"十一五"国家级规划教材）

货币银行学原理（第六版）　　　郑道平　张贵乐　主编　39.00 元　2009.07 出版

金融理论教程　　　　　　　　　孔祥毅　　　　　主编　39.00 元　2003.02 出版

西方货币金融理论　　　　　　　伍海华　　　　　编著　38.80 元　2002.06 出版

现代货币金融学　　　　　　　　汪祖杰　　　　　主编　30.00 元　2003.08 出版

行为金融学教程　　　　　　　　苏同华　　　　　主编　25.50 元　2006.06 出版

中央银行通论（第三版）　　　　孔祥毅　　　　　主编　40.00 元　2009.02 出版

中央银行通论学习指导（修订版）孔祥毅　　　　　主编　38.00 元　2009.02 出版

商业银行经营管理（第二版）　　宋清华　　　　　主编　43.00 元　2017.03 出版

商业银行管理学（第四版）　　　彭建刚　　　　　主编　49.00 元　2014.07 出版
（普通高等教育"十一五"国家级规划教材/国家精品课程教材·2007/国家精品资源共享课配套教材）

商业银行管理学（第三版）　　　李志辉　　　　　主编　48.00 元　2015.10 出版
（普通高等教育"十一五"国家级规划教材/国家精品课程教材·2009）

商业银行管理学习题集　　　　　李志辉　　　　　主编　20.00 元　2006.12 出版
（普通高等教育"十一五"国家级规划教材辅助教材）

商业银行管理　　　　　　　　　刘惠好　　　　　主编　27.00 元　2009.10 出版

现代商业银行管理学基础　　　　王先玉　　　　　主编　41.00 元　2006.07 出版

金融市场学（第三版）　　　　　杜金富　　　　　主编　55.00 元　2018.07 出版

现代金融市场学（第三版）　　　张亦春　　　　　主编　56.00 元　2013.01 出版

中国金融简史（第二版）　　　　袁远福　　　　　主编　25.00 元　2005.09 出版
（普通高等教育"十一五"国家级规划教材）

货币与金融统计学（第四版）　　杜金富　　　　　主编　48.00 元　2018.07 出版
（普通高等教育"十一五"国家级规划教材/国家统计局优秀教材）

金融信托与租赁（第四版）　　　王淑敏　齐佩金　主编　42.00 元　2016.09 出版
（普通高等教育"十一五"国家级规划教材）

金融信托与租赁案例与习题	王淑敏	齐佩金	主编	25.00 元	2006.09 出版

（普通高等教育"十一五"国家级规划教材辅助教材）

金融营销学	万后芬		主编	31.00 元	2003.03 出版
金融风险管理	宋清华	李志辉	主编	33.50 元	2003.01 出版
网络银行（第二版）	孙 森		主编	36.00 元	2010.02 出版

（普通高等教育"十一五"国家级规划教材）

银行会计学	于希文	王允平	主编	30.00 元	2003.04 出版

二、国际金融子系列

国际金融学	潘英丽	马君潞	主编	31.50 元	2002.05 出版
★国际金融概论（第四版）	王爱俭		主编	39.00 元	2015.06 出版

（普通高等教育"十一五"国家级规划教材/国家精品课程教材·2009）

国际金融（第三版）	刘惠好		主编	48.00 元	2017.10 出版
国际金融概论（第三版）（附课件）	徐荣贞		主编	40.00 元	2016.08 出版
★国际结算（第六版）（附课件）	苏宗祥	徐 捷	著	66.00 元	2015.08 出版

（普通高等教育"十一五"国家级规划教材/2012～2013 年度全行业优秀畅销书）

各国金融体制比较（第三版）	白钦先		等编著	43.00 元	2013.08 出版

三、投资学子系列

投资学（第三版）	张元萍		主编	56.00 元	2018.02 出版
证券投资学	吴晓求	季冬生	主编	24.00 元	2004.03 出版
证券投资学	杨丽萍	金 丹	主编	42.00 元	2012.05 出版
现代证券投资学	李国义		主编	39.00 元	2009.03 出版
证券投资分析（第二版）	赵锡军	李向科	主编	35.00 元	2015.08 出版
组合投资与投资基金管理	陈伟忠		主编	15.50 元	2004.07 出版
投资项目评估	王瑶琪	李桂君	主编	38.00 元	2011.12 出版
项目融资（第三版）	蒋先玲		编著	36.00 元	2008.10 出版

四、金融工程子系列

金融经济学教程	陈伟忠		主编	35.00 元	2008.09 出版
衍生金融工具（第二版）	叶永刚	张 培	主编	37.00 元	2014.05 出版
现代公司金融学（第二版）	马亚明		主编	49.00 元	2016.08 出版
金融计量学	张宗新		主编	42.50 元	2008.09 出版
数理金融	张元萍		编著	29.80 元	2004.08 出版
金融工程学	沈沛龙		主编	46.00 元	2017.08 出版

五、金融英语子系列

金融英语阅读教程（第四版）	沈素萍		主编	48.00 元	2015.12 出版

（北京高等教育精品教材）

金融英语阅读教程导读（第四版）	沈素萍		主编	23.00 元	2016.01 出版

（北京高等学校市级精品课程辅助教材）

保险专业英语	张栓林		编著	22.00 元	2004.02 出版
保险应用口语	张栓林		编著	25.00 元	2008.04 出版

注：加★的书为"十二五"普通高等教育本科国家级规划教材

21 世纪高等学校保险学系列教材

保险学（第二版）	胡炳志	何小伟	主编	29.00 元	2013.05 出版
保险精算（第三版）	李秀芳	曾庆五	主编	36.00 元	2011.06 出版
（普通高等教育"十一五"国家级规划教材）					
人身保险（第二版）	陈朝先	陶存文	主编	20.00 元	2002.09 出版
财产保险（第五版）	许飞琼	郑功成	主编	43.00 元	2015.03 出版
（普通高等教育"十一五"国家级规划教材/普通高等教育精品教材奖）					
财产保险案例分析	许飞琼		编著	32.50 元	2004.08 出版
海上保险学	郭颂平	袁建华	编著	34.00 元	2009.10 出版
责任保险	许飞琼		编著	40.00 元	2007.11 出版
再保险（第二版）	胡炳志	陈之楚	主编	30.50 元	2006.02 出版
（普通高等教育"十一五"国家级规划教材）					
保险经营管理学（第二版）	邓大松	向运华	主编	42.00 元	2011.08 出版
（普通高等教育"十一五"国家级规划教材）					
保险营销学（第四版）	郭颂平	赵春梅	主编	42.00 元	2018.08 出版
（教育部经济类专业主干课程推荐教材）					
保险营销学（第二版）	刘子操	郭颂平	主编	25.00 元	2003.01 出版
★风险管理（第五版）	许谨良		主编	36.00 元	2015.08 出版
（普通高等教育"十一五"国家级规划教材）					
保险产品设计原理与实务	石 兴		著	24.50 元	2006.09 出版
社会保险（第四版）	林 义		主编	39.00 元	2016.07 出版
（普通高等教育"十一五"国家级规划教材）					
保险学教程（第二版）	张 虹	陈迪红	主编	36.00 元	2012.07 出版
利息理论与应用（第二版）	刘明亮		主编	32.00 元	2014.04 出版

注：加★的书为"十二五"普通高等教育本科国家级规划教材。